②

PORE OVER
THE NEW OTC MARKET

啃碎新三板

新三板政策法规之透彻啃读

啃哥张驰◎著

中国市场出版社
China Market Press

图书在版编目（CIP）数据

啃碎新三板：新三板政策法规之透彻啃读/啃哥张驰著．—北京：中国市场出版社，2015.7

ISBN 978-7-5092-1377-3

Ⅰ．①啃… Ⅱ．①啃… Ⅲ．①中小企业-上市公司-公司法-研究-中国 Ⅳ．①D922.291.914

中国版本图书馆 CIP 数据核字（2015）第 126355 号

啃碎新三板：新三板政策法规之透彻啃读

责任编辑 辛慧蓉
出版发行 中国市场出版社
社　　址 北京月坛北小街 2 号院 3 号楼　　**邮政编码** 100837
电　　话 编 辑 部（010）68033692　读者服务部（010）68022950
发 行 部（010）68021338　68020340　68053489
68024335　68033577　68033539
总 编 室（010）68020336
盗版举报（010）68020336
邮　　箱 xhr1224@aliyun.com
经　　销 新华书店
印　　刷 河北鑫宏源印刷包装有限责任公司
规　　格 170 mm×240 mm　16 开本　　**版　　次** 2015 年 7 月第 1 版
印　　张 31　　**印　　次** 2015 年 9 月第 2 次印刷
字　　数 540 000　　**定　　价** 55.00 元

谨以此书献给所有
有理想， 有追求， 生命不息，
奋斗不止的人们！

Pore over
the New
OTC Market

引 子

在《三国演义》中，有一篇为“煮酒论英雄”。曹操指着天上的龙形云朵问刘备：“使君可知龙之变化?”刘备曰：“未知其详，请赐教。”

曹曰：“龙能大能小，能升能隐；大则兴云吐雾，小则隐介藏形；升则飞腾于宇宙之间，隐则潜伏于波涛之内。方今春深，龙乘时变化；犹人得志而纵横四海。龙之为物，可比世之英雄。”“玄德久历四方，必知当世英雄，请试为操言知。”

龙之为物，可比世之英雄。人人都希望拥有龙之吞吐，英雄之气概，华夏儿女都是龙的传人。但龙同时需要“隐介藏形，方可纵横四海”。

每个人都有可能成为英雄，机会很多，但关键是如何做好充分的准备，当机会来临时，可以一跃而起，从而“飞腾于宇宙之间”。

Pore over
the New
OTC Market

推荐序01

叶　檀

著名财经评论家

啃哥张驰，专啃新三板。我们初次见面录制《新财富夜谈》节目时，谈的也是新三板。他话不多，有些腼腆，但谈及新三板，数据可以精确到小数点后面两位，如果有的话。

他会写关于新三板的书，我并不奇怪，甚至可以预料，他会写一连串关于新三板的书，尤其面对新三板的火爆局面，面对新三板挂板公司、交易制度、未来转板制度的大幅变迁，面对创业群体、创新群体的大规模涌现，新三板是中国资本市场不可或缺的一个观察点，而啃哥将持续关注新三板，印证他对于中国资本市场、中国创业市场的预言。

中国需要新三板，原有的场内市场僵化陈旧、先天不足，无法满足中国经济发展的需要。虽然有创业板加以补救，但机制却与创业企业完全不匹配，新三板因此被赋予为创业企业、创新企业融资的重任。

从数量上来看，新三板不负所望，2013 年 1 月 16 号才正式揭牌，到 2015 年 4 月底，挂牌企业达到 2 343 家，总股本 1 058.51 亿股，流通股本 372.02 亿股，预计 2015 年全年挂牌总数可能超过 2 000 家，挂牌企业主要分布在电子、计算机、机械设备、通信等行业。

这样的挂牌效率使主板、中小板、创业板市场难以望其项背。不仅如此，2015 年 3 月到 4 月初，新三板出现新一轮财富井喷。正是在此期间，我认识的一个年轻人毅然辞职，专门从事新三板交易，其他年轻人表示震惊，“真没想到，他是个富二代”。确实，投资新三板需要一定的经济实力，但这个年轻人认定新三板具有非同寻常的前景，笔者愿意为他送上祝福，这是一个勇敢而颇具前瞻性的选择。新三板之路才刚刚开始。

市场化的证券市场才能诞生伟大的公司，有谁知道不会诞生像迪士尼、微软这样的公司? 20 世纪道琼斯指数推出时，迪士尼尚未成为公众公司，华特・迪士尼甚至还没有画出第一只米老鼠。而先天不以融资为最重要指向的市场，先天缺乏培养伟大公司的基因。

2014 年，中国成立新市场主体 1 000 万家以上，车库里的创客正成为时代的引领者，其创新能力之强令人关注。但目前的银行、主板等融资市场为大中型企业服务，从金融到设计，缺乏与创客相匹配的服务体系。新三板正是最大的容纳场所，目前从地图服务商到微信技术提供商，应有尽有。

新三板交易曾经非常冷清，笔者曾经去过全国股转公司，在公司电子墙上，数百只企业的股价冷清清地挂在电子屏上，多数时候数据一动不动，仿佛进入冰冻时代。很少有公司愿意进入新三板，也很少有大资金愿意介入新三板。

新三板的问题跟财富效应一样引发全社会关注，有活跃交易的公司是极少数，一些企业遭遇爆炒，从 2015 年年初至 4 月 3 日，三板成指已涨 103.59%，三板做市指数涨 151.02%。3 月 23 日，新三板做市指数收于 1 788.06 点，4 月 7 日收于 2 460.29 点。由于高价对倒交易，2015 年 4 月 7 日，全国股转公司对托管于中信证券中山市中山四路证券营业部的四家账户下达了处罚决定：限制证券账户交易三个月。而这四家高价对倒的账户也有苦衷，对挂牌公司暗箱操作不满。新三板的亏损率略高于创业板与中小板，这是市场正常现象，真实的披露可以让市场准确定价，定价准确的市场才是风险最小的市场。亏损最少的市场未必是风险最小的市场。

无论如何，这些问题得到及时处置，没有引起全局溃烂，没有热番薯掉进灰堆里上下不得的尴尬，500 万元人民币的投资门槛使得专业投资者集聚，风险被控制在一定范围内，而禁得起新三板专业投资者长期考验的公司，转为创业板上市公司时，也就水到渠成。

啃哥所在的公司恰好也在新三板挂牌，这当然不是啃哥为新三板鼓与呼的原因，相反，正是因为啃哥的鼓与呼，他所在的公司转而投奔了新三板。这个真诚的人在践行自己的理论，这本书不仅具有极强的操作性，还加上了他在安永等公司的工作底蕴，不同于泛泛之论。

书和人一样，认真不认真，忽悠不忽悠，一望而知。认真才是书籍有长久生命力的前提，张驰一定会“啃定三板不放松，不许三板见白头”。

Pore over
the New
OTC Market

推荐序02

王学明

九泰基金管理有限公司　总经理

我认识啃哥张驰的时间不算长，第一次见面就感觉他是一个内秀且干练的人，之后读了他的《四大那些事》，发现他逻辑思维极其严谨，很善于以小见大、由表及里地分析问题。近日啃哥新著《啃碎新三板》即将付梓，遵嘱附序，得以先睹为快，感觉较之前著，新书带读者进入了一个新的境界。如果说《四大那些事》作为啃哥的处女作尚偏重知识性和趣味性，《啃碎新三板》则饱蘸了作者对新三板市场的洞悉和诗意人生的泼洒，每一篇文章都从实践中来又回到实践中去，掰开了揉碎了，“啃”出新滋味，听出话外音，让读书和学习变得轻松、自然。

步入 2015 年，新三板市场可谓“大风起兮云飞扬”，“新三板”三个字几乎成为自媒体时代刷屏的代名词。不夸张地说，在“逐鹿大资管”的时代，不了解新三板，你将无法步入下一个“财富新时代”。啃哥的新著，如庖丁解牛，带你从一个全新的视角，由表及里“啃碎新三板”。

Pore over
the New
OTC Market

推荐序03

黄晓捷

北京同创九鼎投资管理股份有限公司　总经理

从北京到旧金山的航班上读了啃哥的新书稿，这本书啃哥给自己和读者都提出了一个振奋人心的目标——《啃碎新三板》。读完书稿，的确有那么点意思。

啃哥是我的师弟，也是我在九鼎的同事，所以我深知啃哥的日常工作有多繁忙。能在紧张的工作中，见缝插针地挤出时间写下这么多东西，无论是知识的整理、即时的评论还是一些随感，都让我很佩服。啃哥不是一个会被日常工作困住的家伙，他会思考，擅积累，这么多的文字，就是明证。

作为一个投资工作者，我对新三板一直高度看好。在2014年11月新三板扩容后的集体挂牌仪式上，我曾受邀发表演讲，那时我就说过：“衡量一个交易系统的标准，在于其是否能真正贯彻市场化的理念，而市场化的前提是法治和诚信。衡量一个交易系统的价值，在于其是否能让基于价值投资哲学的投资者获利，在于其是否能成长出伟大的企业。人类历史上市值最大的公司不是在交易所市场诞生，而是在场外市场诞生。我期待，也相信中国这一天会到来。”从过去一年多的时间看，新三板在极大的程度上贯彻了市场化，也推动了有创新基因企业的发展。当然，事物的发展不会一蹴而就的，新三板也会在发展中遇到挫折，比如可能出现大量的风险企业，一些投资者的不理性行为会让监管部门忧虑等，这些问题可能会大幅度地延缓新三板的发展速度。但新三板作为中国最具有市场化基因的交易系统，只要这个基因不失去，就一定会取得巨大的成就。所以，对新三板的研究，对于每一个投资工作者而言，都是必要的。

基于此，我推荐想了解新三板的朋友们读一读啃哥这本书，相信你们也会和我一样，有一些收获。

Pore over
the New
OTC Market

推荐序04

吴卫星

对外经济贸易大学金融学院　教授、院长

应校友啃哥张驰之邀，为他的新著写几句话，阅读的同时深感荣幸之至！

啃哥已经写了好几本有趣的书，均是好读好卖好口碑，尤其深得金融学院师兄师姐师弟师妹们“膜拜”，像我这样的在校老师也不免为有这样的校友自鸣得意。

一本好书的主要元素应该是伟大的事情、深刻的剖析、有趣的叙述和读者的关注。校友啃哥的这本《啃碎新三板》恰好有这四个方面优秀的元素。中国的新三板不管从哪一方面讲都是一个伟大的研究对象，对中国经济和金融未来发展的影响难以估量；新三板的书已经有了很多，啃哥没有抢先，两年来潜心研究，先后已经发表数十篇分析新三板的长文，几乎每一篇都会在互联网上引发一番争论，赞扬固然好，贬抑也是关注，至少啃哥的每一篇文章都触动了读者的心灵；啃哥的文笔洒脱，激扬文字同时不失严谨，已经积攒了不少“粉丝”。我想，在这个时候，啃哥这本书的推出是新三板关注者的福音，值得一读，乐为之推荐！

Pore over
the New
OTC Market

推荐序05

王 骏

中国财税浪子
中翰联合税务师事务所 合伙人

“新三板”和“啃哥张驰”都是眼下备受关注的热门词汇。我平时用一种很常见的拼音输入法打字，输入“kengezhangchi”，系统自然就会跳出“啃哥张驰”这个词组。足可见，啃哥已经在互联网和金融领域得到了充分的关注。

我常常想，“啃哥张驰”到底是什么意思呢？一张一弛，文武之道，搞金融、玩证券，确实是需要功力。而功力的磨炼就在于这个“啃”字。说一千道一万，“啃”表明一种态度，一种“钻研精神”。啃哥搞金融证券，浪子本人搞财税，其实都需要敢“啃”，啃新法规、啃新案例、啃新产品、啃硬骨头。

五一小长假外出游玩，在大巴车上浏览啃哥的书稿，其实我比啃哥大出许多，但也和大家一样称其为“啃哥”。啃读这一本啃哥所写的《啃碎新三板》，觉得很有啃劲。通过啃读，我了解了2014年以来新三板的各项重大政策，学习了新三板的诸多基础知识。尤其是书中大量采用了评点方式来直抒胸臆，这是我非常喜欢的一种表达态度、观点、思路的方式。我自己写的中国财税浪子的公共微信也大量采用点评的方式。啃哥的点评往往短小精悍、直击要害。或赞赏，或批评；或雪中送炭，或锦上添花；或怒其不争，或哀其不幸。

由于工作的缘故，浪子本人也在关注新三板，尤其是新三板的税务问题。啃哥的书，对我做好税务工作也很有帮助。比如，了解了新三板挂牌公司的基本架构，特别是“非上市公众公司”这样一个特点，更有利于我们去规划新三板公司及其投资者的税务风险。比如，我国企业所得税法及其实施条例规定，符合条件的居民企业之间的股息、红利等权益性投资收益属于免税收入，这一收入是指居民企业直接投资于其他居民企业取得的投资收益，但是不包括连续持有居民企业公开发行并上市流通的股票不足12个月取得的投资收益。那么，我国的居民法人投资者投资于新三板挂牌公司取得的股息红利收入是否会受到“不包括连续持有居民企业公开发行并上市流通的股票不足12个月取得的投资收益”这个条件限制呢？答案显然是肯定的，啃哥此书告诉我们，新三板挂牌公司根本不属于上市公司，因此也不会受到12个月这一条件的限制。再比如，通过此书，我们了解到做市商做市交易的实务操作，也便于我们去分析做市交易的涉税风险，在做市交易的情况下，券商可以依靠股份转让经纪业务、双向报价赚取差价以及给企业做增发等获得不菲的收入，我们从事税务工作的人士可以从中判断是否涉及传统的营业税问题。

有一位我很尊敬的老师曾说过，“胸有文章千万篇，无暇落笔亦悠然”。平时看啃哥的公共微信以及此书，深感啃哥虽然年轻，但积累和沉淀很深，一个人如果能将自己心中的千思万绪转化为对社会有用的价值，确实是一件非常有意义的事情。花叶菩提皆世界，一粒芥子纳须弥。浸淫在新三板之中，面朝大海，春暖花开。希望大家能够既有为又无为地来阅读这本好书。

Pore over
the New
OTC Market

推荐序06

刘 研

天星创联资本控股有限公司

北京天星创联投资管理有限公司 董事长

啃哥张驰的大著《啃碎新三板》出版了，可喜可贺。不能不说，“啃哥”的名号同新三板市场一样，影响力是越来越大了。

张驰号称“啃哥”，他啃的是新三板；我给张驰写序，倒想啃啃张驰——我们读张驰文章，更读张驰其人。从他文章对新三板的解读上，我们读到了这样一个张驰。

首先，张驰是有深度的。他对新三板的解读，文字上相当鲜活，而鲜活中却有相当的深度。他对新三板的见解，具有相当的专业性，在某些问题上，他的见解是入木三分的。譬如，他对主板市场弊端的阐述，以及对新三板市场交易制度的分析等，都能折射出他的专业与睿智——在某些问题上，他不但是“啃”树干与树枝，而且“啃”到了树根。

其次，张驰是有广度的。他对新三板确实是在啃，也啃出了深度。但这种啃，并不只是关注细节与局部，或者说“只见树木，不见森林”。一方面，他对新三板市场的解读，是相对系统化的，涵盖了市场的产生背景、制度与结构、运行方式以及发展走向等各个方面；另一方面，他对有关新三板政策问题的解读以及对新三板制度问题的剖析，一般都不是就政策谈政策，就制度论制度，而是具有多重视角和立体化维度的。

再次，张驰是有高度的。他对新三板的啃，不但啃出了新三板的全貌，而且也啃出了高度。从他的文章中，我们更能看到新三板市场对于多层次资本市场体系建设的战略意义，以及新三板市场对于中国经济结构转型与升级的战略意义。因此，他的啃，非但不是“只见树木，不见森林”，而是见到了天空。

最后，张驰是有厚度的。他的厚度一方面体现在他的专业底蕴与从业经验上，另一方面也体现在厚实的语言功底中——尽管他的语言首先给人以锐利的感觉。并且，在这种厚实背后，我们分明能够体会到他作为一个研究者和从业者的历史使命感与社会责任感，以及一种特别的人文情怀。

啃过张驰，我们再来啃一下新三板。其实，我们对新三板一直在啃——这种啃既体现在我们对新三板的认识上，更体现在我们在新三板股权投资领域的实践上。

在认识上，我们的观点是：第一，新三板市场建设体现了两大战略思维或曰战略目标，一是强力助推中国经济的结构转型与升级——匹配“经济新常态”；二是真正实现中国资本市场制度转轨——贯彻“去行政化”。第二，在这样的战略思维下，新三板市场是不是能够被称之为“中国的纳斯达克”并不重要——张驰先生就不赞同该提法，重要的是其一定能够成为中国资本市场的主战场，无论是在挂牌（上市）企业家数还是在交易量方面，甚至在市值方面，都将依次超越深圳市场与上海市场，成为中国最大的证券市场。第三，在这样的发展格局下，新三板市场的活力与效率将是无与伦比的。活力与成长是相关联的：新三板市场的价值灵魂是成长性，成长性意味着活力。挂牌企业以新兴行业为主，创新性与成长性为其基本特征——中国未来最伟大的企业将主要诞生于此；效率与制度是相伴生的：新三板市场的制度灵魂是市场化，市场化意味着效率。新三板市场制度设计创新空间极大，将使融资功能、定价功能以及流动性得到充分发挥。第四，新三板市场从投资领域看，是重大历史机遇，是名副其实的财富盛宴——主要基于成长性溢价与制度性红利。第五，在新三板市场的建设与发展进程中，资本市场的生态体系将发生重大重构：在市场结构方面，机构投资者特别是私募股权投资机构将发挥出主导性力量；而私募股权投资机构在角色与经营业态上，将趋向于“大资管”，真正将私募股权投资、投资银行与资产管理有机统一起来，在“蓝海”市场中遨游。毫无疑问，这将是一场颠覆。

在实践上，我们与新三板市场的建设与发展进程是高度同步的。天星资本真正运营一年多以来，专注于新三板市场的股权投资事业，着力打造互联网生态综合金融服务系统，力求以最专业化力量和最综合性服务推动优秀中小企业的创新与成长。在这样的发展方针下，我们一直占据着新三板市场股权投资领域遥遥领先的行业地位。当然，天星资本的发展也正如同新三板市场一样，一切也才刚刚开始。

是为序。

Pore over
the New
OTC Market

序言

新三板从无到有，从小到大，在 2015 年 2 月份突然火爆起来，微信、微博中到处可以见到新三板论坛、新三板培训、新三板沙龙等等各种活动。各个基金公司也在陆续推出新三板专项基金。

新三板的确火了！

我一直在想，难道新三板真的就是一夜之间火起来的吗？新三板一路走来的过程到底是什么样子的，相信很多人都会很感兴趣。所谓知其然，更要知其所以然。

孔子曰："众恶之，必察焉；众好之，必察焉。"

事物的发展有其自身的规律，都要遵循从量变到质变的过程。而整个 2014 年，新三板基本上都是在进行量的积累，积累到了一定程度，才有了 2015 年年初这般质的飞越。

从 2014 年 7 月至 2015 年 1 月，我陆续写了 30 余篇分析新三板的长文，在我本人运营的"啃哥张驰"

微信公众号中发布，大多数文章的转发阅读量都已过千次。我也有幸作为外部专家，在2014年11月受全国股份转让系统公司（新三板公司）之邀参加了“开门点评活动”，成了新三板方面的所谓“专家”。

同时，由我担任董秘兼财务总监的公司也已于2015年1月在新三板挂牌。

当初，我写这些文章的动机或者说目的，是希望让民营企业家们抓住这个大好机会，这个十年一遇的资本市场盛宴，能够从中分到一杯羹。因为当时市场对于新三板的质疑声音非常大，而很多质疑根本是缺乏依据的，但应者云集。面对此种状况，我非常愤慨，又因为实在没有那么多的精力一一驳斥，就选择了把它们都记录下来。

窃以为，对政策的分析，要以逻辑和数据为依据，才是最具有说服力的。并不是你说新三板有前途，我说新三板没前途，这么吵吵嚷嚷就能吵出结果来。而是应该摆事实，讲道理，认真分析，推导结论。

我是一个喜欢问为什么的人。现如今，新三板这么火爆，包括券商、基金、PE（私募股权投资）等在内的几乎所有金融机构，以及众多个人投资者，都对新三板产生了浓厚的兴趣。我的第一个反应是——为什么会这样？新三板是如何发展到今天这一步的，未来又会怎样发展下去？

【我为何要写这套书？】

1. 负责任地强调新三板这个机会的重要性

由于本人长期接触民营企业，同时在民营企业中担任过财务总监兼董秘工作，并负责过企业整个新三板上市过程，深知中国民营企业的艰辛和不易。大多数民营企业都是在极其恶劣的夹缝中生存并发展着，赚取着“刀尖上的利润”。它们迫切需要融资，需要进入资本市场发展壮大。那么，新三板无疑是大多数民营企业目前唯一的机会和希望。

为什么我说是“唯一”？因为目前可供民营企业选择的融资渠道极为有限，可供民营企业进入资本市场的机会少之又少。因此，机会一旦来临，如果不抓住，实在太可惜。

我始终认为，中国目前在快速发展和变革着，这是“快鱼吃慢鱼”的阶段。很多事情，等你能看得很清楚的时候，其实机会早已错过。“模糊的准确”永远比“精准的错误”更加有效有用，更加直接。也许模模糊糊地站对风口，就能飞起来。如果方向错了，再多的努力也是白费。正如同投资最重要的理论之“先选行业再选企业”，也如同哈佛大学的名句“选择永远比汗水更重要”，道理相同。

如果错过了这次机会，也许未来 3～5 年，民营企业将很难有类似的机会。所以啃哥非常着急，希望借一己之力，让更多的企业家看到这个市场的价值。刚开始的几篇文章，其实是写给几个熟悉的董事长看的，后来就一发不可收拾了。

整个 2014 年，我都被反复问到同一个问题——新三板交易这么不活跃，是不是没有价值？我的回答永远是：其一，请看我的公共微信号分析文章，自己判断；其二，当交易很活跃的时候，那想上新三板的还不得挤破脑袋，请问你还上得去吗？还有你什么事呢？

再犹豫，只会坐失良机。

2. 透彻解析新三板一路走来的历程

通过前后三十篇专题文章，透彻解析新三板一路走来的过程。随着众多领导讲话、政府政策的颁布，新三板最终走到了今天，啃哥会对核心政策逐字进行解读。

新三板是如何一路走来的，非常有借鉴意义，因为它还将继续走下去。只有了解其如何发展到今天，才能判断未来将如何继续发展。这是一个不断变化发展的动态过程，而不变的是分析的思路和发展的方向。

3. 分项阐释新三板政策之具体内容

毕竟新三板是一个新的板块，有其自身的各项规定。那么，这些特有的规定其具体内容又是什么？新三板如何申请挂牌？如何购买？挂牌后如何融资？那些让人读起来头大的条文，虽然有明确说明，但是具体实践中又该如何操作？

我希望通过此书，分项阐释透彻截至目前新三板已颁布的规则，以便专业人士随时查阅。

要说明的是，由于政策在不断推出，因此本书也只是分析到截至付印前的最新政策，后续新政策啃哥会在微信公众号中继续跟进分析。

4. 启迪激励更多可爱的读者

别人都说好，就真的好吗？别人都说不好，它就真的不好吗？专家的话都是真理吗？试问，又有几个股市评论专家自己炒股炒得好呢？如果炒得好干吗还要赚股市评论员这份薪水呢？

每个人都应该有自己的判断，适合别人的不一定适合自己。鞋得合你自己的脚才是好鞋呢。因此，通过这套书，我希望向可爱的读者分享一些思考分析经济现象的方式方法，期望能起到抛砖引玉的作用。

啃哥不希望此书仅仅作为简单的操作手册或者普及型手册，这样的手册市场上太多了，并且新三板公司本身也在整理发布着各种枯燥的手册。啃哥更希望此书除了介绍操作手册中实操性知识之外，更多的是提供给大家思考的方法以及对目前经济形势独立分析判断的方法。通过一篇篇的新三板政策分析，让更多的读者在获得基本的新三板知识之外，获得更加有用的思维分析方法，形成读者自己对新三板的认识，以及对整个中国中小民营企业、中国资本市场发展的深度思考。

各位读过此书后，若能掩卷而思，啃哥就非常非常满足了。

【行文说明】

啃哥所有文章的原则是：不随波逐流，只扪心自问。

■关于“啃”。在分析文章的时候，我想起了读高中时学习文言文，对于每一句话，老师都带领着我们先翻译成白话文，再加注释，解释其中的一些重要词汇。接下来再翻译第二句、第三句，直至全篇结束。于是，我就在想，为什么不能用这种“咬文嚼字”的精神分析精彩的演讲和政策呢？既然被称“啃哥”就应当有这种“啃”的精神，才对得起自己的名号。一篇一篇地啃文章，虽然累一些，但确实可以发现很多单纯阅读时发现不了的细节。那么，证监会、新三板公司重要的讲话、政策，一定有“啃”的必要。慢慢地，当啃了一篇又一篇文章后，我发现“啃”文章其实非常有滋味，也就成了不能离弃的习惯，经常工作之余“啃”到凌晨，一发不可收拾。

■所有的评论，只是在每篇开始的位置，重新进行了编撰注释，简要介绍评论的背景及概论，其他评论原文未作修改，原汁原味地收进了此书。当然，现在回头看来，一些分析略显稚嫩甚至有失偏颇，却是我当下的体会和心得，而原汁原味地保留，才能最准确清晰地看出新三板发展的轨迹。

■ 书中如无特殊说明，“新三板”均指“全国中小企业股份转让系统”，“新三板公司”均指“全国中小企业股份转让系统有限责任公司”。文中出现的各项制度，在“全国中小企业股份转让系统”网站的“法律法规”栏目中可以查询到。书中只列明制度的名称，不再详细说明具体出处。需要的读者可自行查询。

【内容构成】

■ **《啃碎新三板：新三板前世今生之深度啃析》**为大家深度解释新三板基础知识。

既然是基础知识，就都是概念性的内容，容不得半点马虎。啃哥不敢用自己的语言描写，尽量使用官方语言，这样更加严谨、准确，努力做到滴水不漏。书中主要引用全国中小企业股份转让系统公司 2 月份陆续发布的 5 个手册：《全国股份转让系统概况》《公司挂牌业务指南》《投资交易业务指南》《融资并购业务指南》《公司治理与信息披露指南》，并在晦涩之处加入注释，便于读者理解。

啃哥想说，这 5 个手册也是新三板公司第一次如此详细地编撰政策文件，之前都是晦涩的、散落的政策。我想，新三板公司也和啃哥一样，大家都是在摸着石头过河，走了一段，走出了一些路，将摸索出来的经验总结一下，再继续前行。新三板公司总结出了 5 个手册，而啃哥总结出了这本书。正如鲁迅先生写在《故乡》中的那句名言：其实地上本没有路，走的人多了，也便成了路。

■ **《啃碎新三板：新三板政策法规之透彻啃读》**是对新三板政策的分析。

此书是我从 2014 年 7 月以来完成的多篇新三板评论文章中，优选了 28 篇，再加上 2 篇总结性文章，共 30 篇，根据时间顺序集结而成的。便于读者清晰地看到新三板的系列政策是如何一步步释放，一点点成长，践行着承诺走来的。

最后，衷心感谢中国市场出版社辛慧蓉编辑及其同事们为本书倾注的大量心血，是编辑们的认真负责使本书得以第一时间问世。

啃哥张驰

2015 年 2 月于北京

Pore over
the New
OTC Market

目 录

04 微言大义的国务院指导意见

05 2014 年第一次重要的答记者问——全国股转系统就做市业务相关准备情况答记者问

06 重大创新之“接收即披露”“开门办市场”

20 政府买单，零成本上市，何乐不为？——全国27个省份185个地区新三板财政补贴汇编

21 关于降低投资门槛的探析

22 关于分层管理的讨论

23 新三板与PE转型之猜想

24 新三板董事长的“自卖自夸”

25 集大成之十二个隐含大招

29 关于新三板未来的猜想
——新三板不是中国的纳斯达克

30 数据说话：新三板交易量、排队数统计以及中介机构大排名

POROE OVER
THE NEW
OTC MARKET

01

从一篇被转阅上万次的文章讲起

——中小板、创业板与新三板对比分析

这篇文章，是我 2014 年 5 月完成的。当初写此文的目的，是写给所在民营企业的董事长及部分股东，说服其放弃申报创业板，改向申报新三板。

当时，我在广东省汕头市的这家公司工作已近 3 年，企业准备申报创业板也已 3 年有余，各项申报准备工作已完成 90%以上，中介机构的所有资料也完成了 90%以上，公司马上要向中国证监会报送材料。就是在这个节骨眼上，我写下了这篇文章，希望公司赶紧放弃申报创业板，立刻申报新三板。创业板的材料都准备好了，稍微修改一下，就可以作为新三板的报送材料使用。

当时，在这篇文章的基础上，公司内部多方讨论，最终决定申报新三板。当然中介机构都是持反对态度的，因为创业板的收费和新三板的收费不可同日而语。最后，在公司的强烈要求下，中介机构最终妥协同意。该公司已于 2015 年 2 月在新三板挂牌了，回头看看，当时的选择无疑是正确的。

2014 年 8 月，也就是此文完成 3 个月后，我略作更新，放到了我的微信公众号“啃哥张驰”中发布。始料未及地，立刻被疯狂转发，阅读量很快就突破万人。一些在中国人民银行、新华社、证监会的朋友都说在朋友圈中看到了这篇文章的转载！可见当时人们对新三板的迷茫和不解，以及渴望了解新三板的热切之情。

也正是这篇文章，开启了我的新三板专题分析之路，让我更有信心以自己的方式，不断地“啃”下去。

Ken Zhang 啃哥有话说

最近很多人开始关注新三板（中小企业股权转让系统），都在不约而同地让啃哥帮助分析分析到底申报中小板/创业板，与申报新三板，哪个更好，或者哪个对企业更有利。如果企业已经准备报材料，挤入中小板、创业板的队伍，有没有必要转过来申报新三板呢？

啃哥坚定地认为，目前，对于要申报中小板、创业板的中小型企业（指利润5 000万元以下的），真的不要再申报排队了，赶紧申报新三板吧。即使材料都已经准备好了，也别申报中小板、创业板了，赶紧申报新三板吧！

至于为什么，啃哥其实在两个月前就专门整理过相应的分析文字。这里重新回顾并列示如下：

主板，指上海证券交易所。

中小板、创业板，指深圳证券交易所的中小板、创业板。

新三板，指“全国中小企业股权转让系统”。

中小板、创业板存在的问题与风险

排队家数过多问题

截至2014年8月20日，根据中国证监会网站披露，申报中小板、创业板的在审企业有632家。该数字未包括已申报材料证监会暂时压着未受理的，初步估计也超过200家。

并且证监会主席的讲话明确指出，不鼓励企业再加入排队系列，同时2014年只允许100家企业上市的年初目标不变。

排队时间过长问题

根据证监会新闻发布会声明，2014年当年只会允许100家企业上市，也就是说目前已经在审的632家，2014年当年可以上市100家。即使企业2014年9月报上去，前面估计至少还会申报200家以上。那么，累计将有835家（632+200）。

再按照最乐观的情况预计，2015 年上市最多不会超过 250 家，2016 年不超过 250 家，2017 年不超过 250 家。如果企业 2014 年 9 月申报，根据前面的客观分析，最乐观也要到 2018 年才能完成上市。（该 250 家数量的预计已是郭树清时代年上市家数最多的时候，后面很难超过这个数字）

业绩波动压力的风险

从 2014 年至 2018 年，4 年时间，企业业绩不允许发生大的波动。要时刻注意利润、现金流量表、存货指标。同时要避免所有外界的负面新闻，避免所有对外大额投资。

将可能由于上市造成公司错过一些好的投资机会，因为需要时刻考虑利润指标，并且利润基本不允许下滑。

无法上市的风险

由于证监会审核的通过率在 70%左右，即使到了 2018 年，最终也可能无法上市，存在巨大的无法上市的风险。

低市盈率的风险

到了 2018 年，估计股市的市盈率已不会太高。因此，不一定会有太大的增值。4 年后的股市，市盈率肯定是一路下降的。

持续披露问题

申报材料“受理”后 3 个月内，将在证监会网站上披露。这样，所有公众就会看到公司的全部详细情况。而且这样的过程需要长达 3 年。将会出现无数的媒体炒作、敲诈、负面新闻等内容。届时公司将承受持续性的巨大压力。

新三板介绍

政　策

2013 年 12 月 13 日，国务院发布《关于全国中小企业股份转让系统有关问题的决定》（国发〔2013〕49号），强调“充分发挥全国股份转让系统服务中小微企业发展的功能”，“全国股份转让系统是经国务院批准，依据证券法设立的全国性证券交易场所，主要为创新型、创业型、成长型中小微企业发展服务。境内符合条件的股份公司均可通过主办券商申请在全国股份转让系统挂牌，公开转让股份，进行股权融资、债权融资、资产重组等。申请挂牌的公司应当业务明确、产权清晰、依法规范经营、公司治理健全，可以尚未盈利，但须履行信息披露义务，所披露的信息应当真实、准确、完整。”

Ken Zhang 啃哥有话说

以国务院发文强调进一步加强新三板，可见重视程度之高。据了解，正是由于国务院不满意证监会对于国内股市的现状，中小企业排队家数过多，无法实现企业股权流动、融资的功能，因此才加速设立了这个板块。为排队等待上市的企业提供一个通道。

新三板的地位，是为了建设多层次的股权交易市场

目前，我国股权交易市场分为四个层次，第一层次为主板、中小板，第二层次为创业板，第三层次为新三板（即全国中小企业股份转让系统），第四层次为区域性场外市场，结构如图1.1所示。由于现在主板、中小板、创业板排队家数过多，更多的企业将目标转向新三板。

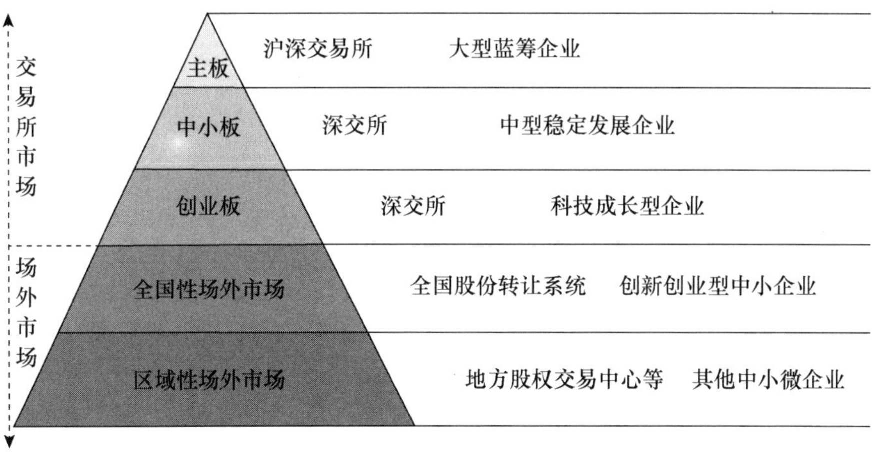

图1.1 多层次股权交易市场

新三板企业数量迅速增加

截至 2014 年 3 月 31 日，挂牌企业数量已达到 660 家。截至 6 月末，已达到 800 家。截至 8 月 20 日，已超过 1 100 家。预计到年末，会超过 1 500 家。

1 500 家的规模是什么概念？截至 2014 年 8 月 20 日，创业板上市企业数量为 387 家，中小板 721 家，上海主板 A 股总共 1 423 家。合计共 2 531 家。也就是说 2014 年年末新三板上市的企业数量将达到发展了 20 年的交易所上市企业数量的 60%左右。可见其发展之快。新三板企业数量的增长情况（截至 2014 年 3 月 31 日）如图 1.2 所示。

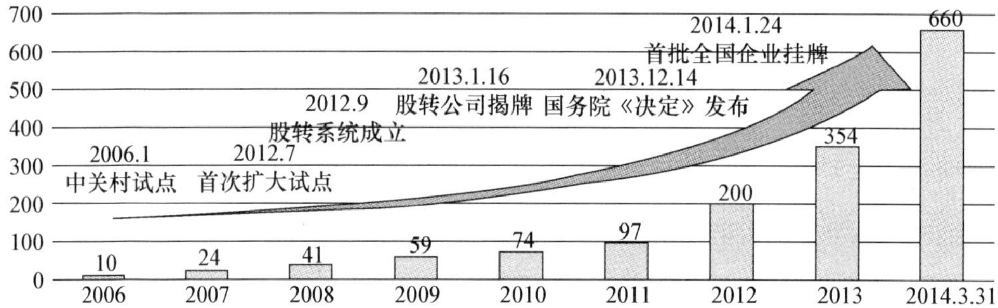

图 1.2　新三板挂牌企业数量增长情况

新三板企业市盈率不低

通过数据可以看出，新三板在 2012 年的平均市盈率已达到 20 倍，与中小板一些企业基本相同。最新上市的企业平均市盈率为 17.7 倍。新三板历年定向发行平均市盈率情况如图 1.3 所示。

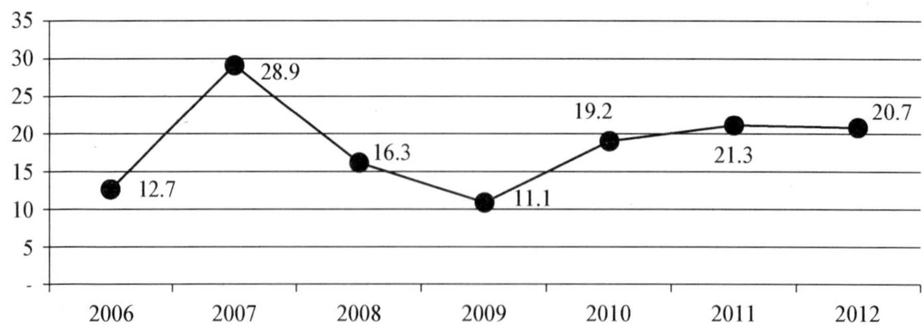

图 1.3　新三板历年定向发行平均市盈率

新三板企业品种构成

新三板挂牌企业的主要融资方式有：定向发行股票、发行债券、发行优先股、其他融资品种。融资品种也比较齐全。

新三板投资者要求

新三板要求机构投资者必须有500万元注册资本，合伙企业有500万元实缴出资，自然人有500万元证券资产和两年证券投资经验。对投资者，尤其是自然人投资者要求较高，因此市场更加理性。

交易模式

目前A股的成交方式是“竞价撮合成交”，即根据买卖双方的报价，系统自动匹配撮合完成。新三板2014年8月25日将上线“做市商制度”，参考的是美国纳斯达克股票市场制度。即以证券公司作为类似庄家，所有买卖均通过证券公司完成，买卖双方只向证券公司报价。通过建立做市商制度，能够更有效地提高市场交易活跃度，实现价值发现和合理，避免价值低估的问题。

转板机制

该类制度尚未建立，据传正在酝酿中。目的是使新三板的一些优质企业，可以以较为简便的方式登陆主板、创业板和中小板，而不用重新进行二次审核。

登陆中小板、创业板与登陆新三板的优劣分析

价格（即市盈率）

目前由于证监会新政压低首发市盈率，2014年7月，10家企业创业板、中小板上市的平均市盈率只有17.7倍，已和新三板平均20倍的市盈率基本持平。从这个角度比较，发行价格大体相当。

首次公开发行募集资金

由于新三板只允许“定向发行股票”，因此新三板挂牌并不会立即获得资金，只是股权可以流通。而在中小板、创业板发行上市可以立即稀释25%的股份，以便企业募集资金。

中小板、创业板：可以在发行时就立即募集大额资金。

新三板：挂牌无法立即获得资金，挂牌后增发，可以获得资金。优秀企业挂牌后市场价值得到认可，可以迅速增发而获得资金。例如九鼎在2014年6月22日就增发300万股，每股750元，募集资金22.5亿元。

流动性

中小板、创业板：上市后可立即流通，流动性较强。

新三板：挂牌后，只能定向发行股票。目前流动性一般。但是，随着2014年8月25日做市商制度的出台，发行股票将全部由“做市商”来完成。届时流动性一定会大为改观的。

时间成本

中小板、创业板：如果企业2014年申报开始排队，预计最快到2018年才能挂牌，弊端非常多，前文已做分析。

新三板：预计2014年当年申报，最长排队3个月，当年可以挂牌，更快。

成功率

中小板、创业板：不确定因素较多，不一定能够通过证监会审核。有可能2018年也无法上市。

新三板：以公司目前的规范程度，顺利挂牌新三板基本没有问题。成功率非常高。但是目前新三板也有趋严的趋势，未来是否像现在这样宽松也不可知。

日常要求的严格性

中小板、创业板：日常要求严格，2014年至2018年要求将非常严格，任何对外投资、大额费用支出都需要经过券商律师，并且需要慎重披露，考虑利润影响等申报期内多方面因素。同时受理后即披露，将面临巨大的长达 3 年的披露压力，将受到社会的持续监督。任何负面新闻都要全力避免。

新三板：日常要求比较宽松，该披露就披露，对业绩持续增长方面没有太严格的要求。

股东减持

中小板、创业板：挂牌后，过了禁售期，就可以通过转让退出。

新三板：股东在挂牌日，满足以下两个条件的，基本都可以通过二级市场减持完成部分退出。

（1）担任董事长、高级管理人员期间，每年转让的股份不超过本人所持有股份总数的 25%。本人离职后半年内，不转让本人直接或间接所持有的股份。

（2）控股股东要分三批解禁。所谓分三批解禁，指公司股票在全国中小企业股份转让系统挂牌前直接持有的股票分三批解除转让限制，每批解除转让限制的数量均为本人挂牌前所持股票的 1/3，解除转让限制的时间分别为挂牌之日、挂牌期满一年和两年。

关于收费

中小板、创业板：券商主要是在上市并且募集资金到位后，从募集资金额中收取 3%～5%的费用。假设募集 5 亿元，按照 3%计算，即 1 500 万元。律师费用一般 80 万元左右，审计费用也是 80 万元左右。

新三板：目前券商费用 100 万元以内，审计费用 30 万～50 万元，律师费用 30 万元左右。即企业总支出 150 万元左右就可以完成挂牌。同时当地金融局一般都有 100 万～200 万元的政府补助，计算下来企业甚至不用花钱。

可以看出，新三板“好吃还不贵”。

综上可知，在目前的状况下，相对于中小板、创业板而言，新三板绝对是一个更好的选择。

Ken Zhang 啃哥有话说

别犹豫了，听啃哥说，赶紧　的，各家企业，各位老总，快去申报新三板，过了这村就没这　店啦！

2014年8月20日
于北京

以汪国真的《只要明天还在》，结束此文，送给大家：

只要明天还在

汪国真

只要春天还在
我就不会悲哀
纵使黑夜吞噬了一切
太阳还可以重新回来

只要生命还在
我就不会悲哀
纵使陷身茫茫沙漠
还有希望的绿洲存在

只要明天还在
我就不会悲哀
冬雪终会悄悄融化
春雷定将滚滚而来

PORE OVER
THE NEW
OTC MARKET

02

一次精彩且富有深意的领导讲话

——证监会副主席姚刚关于新三板演讲的话里话外

证监会副主席姚刚的这篇演讲实录富有深意，啃哥当时读后就立即有了创作的冲动。

但若没有原文只进行分析的话，大家会不知其所以然，而如果将原文全部列出来再进行分析，又过于笼统，前后对照起来太累。

啃哥想起了高中时学习文言文的场景，从第一句文言文开始，老师带领着我们翻译成白话文，再加注释，解释其中的一些重要词汇。接下来是第二句、第三句，直至全篇结束。后来分析得多了，就让同学们每人解释一句，老师在课堂上当场纠正。

于是，我就在想，何不用这种“咬文嚼字”的劲头分析精彩的演讲呢？就应当有这种“啃”的精神，才对得起“啃哥”的名号。正是循着这样的思路，从这一篇演讲实录开始，我开始了如此“啃”析文章。“啃”文章虽然累一些，但确实可以发现很多单纯阅读发现不了的细节。

当慢慢啃了一篇又一篇文章后，我发现“啃”文章着实有滋味，和啃骨头类似，也成了我不能离弃的习惯。工作之余经常“啃”到凌晨，一发不可收拾。

2014 年 5 月 10—12 日，由清华大学主办、清华大学五道口金融学院和清华大学国家金融研究院承办、《清华金融评论》协办的首届“清华五道口全球金融论坛：改革——发展新征程”在清华大学举行。5 月 10 日，中国证监会副主席姚刚关于新三板发表了重要的演讲，以下为姚刚在本次论坛上的演讲实录。

啃哥有话说

姚刚的这篇讲话，前一段时间在金融圈传疯了。大家都认为总结得非常到位，简直是神来之笔。清晰描绘出了未来中国资本市场的方向。但是，啃哥订阅的31 个财经类公共订阅号中，全部是超级流行大号，竟没有一篇文章深入分析这些发言实录到底“好”在什么地方！

人们习惯了，你说好，我说好，大家都说好。孔子曰：“众恶之，必察焉；众好之，必察焉。”那么，在很多人说“好”，并且此文发出过去了 2 个月，仍然很多人说“好”的情况下，啃哥就要发挥啃到底的精神，详细地啃一啃，看到底好在什么地方。

啃哥认为，啃的精神不应只是考试时候的啃题目，更应该是在日常生活中，对于种种事件的不断啃下去的态度和习惯。如果大家都能啃下去，相信就会少几分浮躁，多几分冷静客观。“独立思考，表里如一”，这是梁漱溟的座右铭，也是啃哥的座右铭。

各位来宾，各位老师，各位同学，大家上午好。非常荣幸能够参加今天的清华五道口全球金融首届论坛。我今天想跟大家分享非常具体的事情，关于多层次股权市场建设当中的“新三板”，学名叫全国中小企业股份转让系统。

昨天下午，国务院发布了《关于进一步促进资本市场健康发展的若干意见》，我们俗称叫新的国九条，十年以前国务院也出台了一个意见，也是九条，现在叫老的国九条。新的国九条有这么一节，加快多层次股权市场建设，在这一节当中有这么一段话，新的国九条提出这个要求，要强化证券交易所市场的主导地位，充分发挥证券交易所的自律监管职能，壮大主板、中小企业板市场，创新交易机制，丰富交易品种，加快创业板市场改革，健全适合创新型成长型企业发展的制度安排，增加证券交易所市场内部层次，然后就提到了新三板，要加快完善全国中小企业股份转让系统，建立小额便捷灵活多元的投融资机制，后面还有一句话，在清理整顿的基础上，将区域性股权市场纳入多层次资本市场体系。

大家看了这段话以后，就可以理解经过二十多年的努力，中国所谓股权的市场基本上已经形成了一个多层次的格局，尽管刚刚开始形成，主要的就是交易所市场，交易所市场有二十多年的历史了，分开了主板、中小企业板，从事这个工作的人来看，上海的主板也好，深圳的主板、深圳的中小板也好，其实适用的是一个法律法规，适用的是一个上市条件，总体来讲这应该是一个板块。第二个层次就是创业板市场，它适用不同的法规、不同的上市条件，这和主板确实不一样，它是另外一个板块。所以，全国中小企业股份转让系统叫作“新三板”，大家都问为什么它叫“新三板”，而不叫“新四板”，主板、中小板、创业板，到它不应该是新四板了吗？我认为主要是针对主板、创业板这样一个市场，它并不是我们过去常说的所谓场外市场，现在随着科技、互联网的发达，交易方式的多元化，场内、场外市场这种过去经常使用的概念在如今已经不是那么合适了。

Ken Zhang 啃哥有话说

上面这两段话的信息量比较大，我们要理一理头绪。首先，大家有必要读一读《关于进一步促进资本市场健康发展的若干意见》(以下简称《意见》)，没读过没关系，啃哥在这里先为大家总结相关制度。不着急，啃就是一层层、一口口，就像是吃烤鸭、吃鸭脖，这样慢慢啃来，再掺和着毛豆、啤酒，才有滋味。

《意见》内容不长，是国务院2014年5月8日以国发〔2014〕17号文件发布的。号称新“国九条”，当然是九方面内容：一、总体要求；二、发展多层次股票市场；三、规范发展债券市场；四、培育私募市场；五、推进期货市场建设；六、提高证券期货服务业竞争力；七、扩大资本市场开放；八、防范和化解金融风险；九、营造资本市场良好发展环境。

请大家注意上面的用词。除了第一点外，后面的八点开头都有一个动词，强弱很明了：“发展”、“规范”、“培育”、“推进”、“提高”、“扩大”、“防范”、“营造”。看一看，最紧迫、直接、需要捋胳膊挽袖子立刻开始干的，莫过于“发展”这个词。发展，意味着不能延迟，意味着必须、立刻、马上。说白了，新国九条可以认为就一条，即“发展多层次的股票市场”。那么，问题又来了，什么是“多层次的股票市场”？不急，姚副主席在上面有了回答。多层次，显然是要显示出层次来。由于上海主板、深圳中小板适用的法律法规相同，可认为是第一层次；深圳创业板适用的法律法规与前不同，是第二层次；新三板，又适用新的法律法规，因此是第三板。三个板块都出现了，就是为了搭建“多层次”的股票市场。

啃哥在大学学习《金融市场学》时，对其中“市场”的概念总理解不了，认为金融没有像菜市场那样的有形的市场，哪来的市场。直到后来才慢慢了解，市场只是一个概念，交易双方不一定必须见面。同样，记得教科书中说金融市场按照交易场所分为“场内交易”和“场外交易”，顾名思义，也比较容易理解。但是，姚副主席在发言中明确说了，由于技术的进步，不会再有所谓的“场外交易”了，所有的交易都可以在场内完成。新三板也是场内交易。场内的好处是便于监管。

啃哥会心一笑，姚副主席还真是与时俱进，了不起。

想跟大家分享几点：

新三板的定位

第一，市场的定位。全国中小企业股份转让系统，我们俗称的“新三板”主要是为创新型、创业型、成长型中小微企业提供服务的这么一个场所，是为了弥补证券交易所的不足。大家可能不是特别关注这个市场，这个市场是 2013 年 1 月 16 号在北京揭牌运营的，当时运营的时候只是在北京、上海、天津、武汉四个高新园区当中的企业进行试点，到交易场所进行挂牌。2013 年 12 月，也就是不到半年以前国务院发布了一个《关于全国中小企业股份转让系统有关问题的决定》，这是一个国务院层面的行政法规，明确了全国中小企业股份转让系统是经国务院批准，依据证券法设立的全国性的证券交易场所。为什么这么强调这个事情呢？就是咱们公司法、证券法有一条规定，股份公司股权的转让只能在证券交易所和国务院批准的证券交易场所进行转让，如果不是这样一个场所，转让股份公司的股份，严格意义上来讲是违反了现在仍然生效的《公司法》和《证券法》的。所以，国务院这个决定就定位这个市场是一个全国性的证券交易场所，主要是为创新型、创业型、成长型中小微企业服务，境内符合条件的股份公司都可以到这个市场进行挂牌，并进行融资，进行股份公开的转让，可以进行资产的重组和债券的融资。国务院这样一个决定给这个市场很明晰的法律定位，也给这个市场一个很明晰的服务的定位，同时将试点从四个园区扩大到了全国。所以，现在全国只要是股份有限公司符合一定的条件，都可以申请到这个市场来挂牌。

Ken Zhang 啃哥有话说

文中提到了第二个国务院的文，即《关于全国中小企业股份转让系统有关问题的决定》（以下简称《决定》），这是 2013 年 12 月 14 日由国务院颁布的。啃哥想说，国务院这半年真勤快，不断地从最高层面来规范股票市场。难怪有人说证监会主席就是火山口，因为中间没有缓冲，直接面对国务院！而且是国务院的政策的执行者，能不紧张吗？就像啃哥做董事会秘书的时候，直接面对董事长，那是啥心情，随时保持清醒、明白、关注、紧张。所以，啃哥特别理解证监会主席的压力，真的是比山还大。

《决定》包括六方面内容：一、充分发挥全国股份转让系统服务中小微企业发展的功能；二、建立不同层次市场间的有机联系；三、简化行政许可程序；四、建立和完善投资者适当性管理制度；五、加强事中、事后监管，保障投资者合法权益；六、加强协调配合，为挂牌公司健康发展创造良好环境。这六个方面，就是新三板的整体出发点和亮点。由于是国务院的要求，因此这六个方面必须不打折扣地执行，必须“义无反顾，死而后已”地执行。最近有人问，万一转板机制不推出，企业上了新三板以后上不了主板怎么办？而且还是一些专业机构的问题。啃哥没直接回答，但是心里认为，国务院的决定很清楚，其中有一条，即第二条，“有机联系”，只要有这条在，证监会就必须排除万难，百分之三百地执行！所以，放心吧！

从上文可以看出，姚副主席解释了为什么必须由国务院出面，才能设立这个股份转让系统，而且是全国范围的。但是，他不是圣人，估计给他写演讲稿的人犯了一个明显的错误。姚刚提到“股份公司股权的转让只能在证券交易所和国务院批准的证券交易场所进行转让”，丢了“公开”两个字。如果想“公开转让”，当然只能在证券交易所和国务院批准的证券交易场所转让。但是如果股份公司想私下转让股份，又妨碍谁了呢？所以说，领导也有出错的时候，但是瑕不掩瑜，这篇文章整体水平还是极高的。

截止到5月8号，在还不到半年的时间里，现在这个市场挂牌公司已经达到了740家，总市值已经达到了1 434亿元，已经初具规模。大家都知道，我们国家现在企业融资难、融资贵，刚才两位领导都谈到了这个问题，特别是中小微企业，特别是小微企业，得到的金融支持更是比较薄弱。比如股票市场，我们两个交易所已经有二十多年的历史了，上市公司才有2 500多家，也就是平均每年新上市公司大概100多家，2 500多家的上市公司，相对于中国庞大的企业数量，那是非常之小的。所以，想靠证券交易所这个市场来达到提升或大幅度提升直接融资比重这样一个想法是不太现实的。据不完全统计，中国各类企业有1 400万家，2 500家上市企业在数量上可以忽略不计，尽管规模很大。所以，只有极少数的非常高端的企业才能进入到资本市场，这也不是中国的资本市场的特殊情况，全球市场也都是这样。这些中小微企业，特别是小微企业在获得贷款方面，获得间接融资的支持方面具有天生不利的地方，这也是大家都知道的。所以，它对于资金的需求是非常巨大的。

Ken Zhang 啃哥有话说

啃哥读了这一段，突然有种似曾相识的感觉。1 400万家企业，2 500家上市公司，这不正是投资机构出去忽悠时经常说的吗？——“现在国内有1 400万家上规模的企业，只有2 500家上市公司，可见投资市场前景多么广阔。接受我们的投资吧，未来，一定会有上万家上市公司的，而您的企业，将会是其中的一员，我们的增值服务包括……”或许姚副主席经常和PE投资机构打交道，完全活学活用。

在上文中，他道出了很多中小微企业的心声。中小微企业资产不多，向银行贷款的时候，由于没有什么可抵押的，基本无法贷到款项，十分无奈。因此，在高速发展时，只好借高利贷，于是就背上了沉重的负担。如果有一个股权融资市场，能够快速融资，对中小微企业当然是绝对的利好。看来，姚副主席还是很深入群众的。啃哥在此竖起大拇指，为他赞一个。

同时，资本市场有一类投资资金叫私募股权投资资金，大家还赋予它各种各样的名字，天使基金、创投基金、私募基金、PE，等等，这些基金是愿意承担风险，但是也在寻求高回报的这样一个股权投资的投资者，这两者需要对接，资本市场需要给它提供这样一个平台。

Ken Zhang 啃哥有话说

上述这段话虽然短，但是姚副主席犯了一个小错误。就是即使是“私募股权投资基金”，也分为投资一级市场的私募股权投资基金，以及投资二级市场（股票市场）的私募股权投资基金（也叫“阳光私募”），显然，这里指的是投资一级市场的私募股权投资基金，但是，严谨来说，我觉得应该强调“投资一级市场”更好。

建立全国中小企业股份转让系统，建立这样一个平台，我想这是国家为促进创新型、创业型、成长型中小微企业的发展，推动国家产业结构调整和经济发展方式的转变，激活民间投资，发挥市场在配置资源中的决定性作用的一个非常重要的战略举措。

Ken Zhang 啃哥有话说

上面这段是官话，他一说，咱一听。其实谁都知道，如果不是经济增长乏力，国务院哪有动力去整这个烂摊子呢。不过也好，终于见到曙光了。

这个“新三板”是全国性的证券交易场所，在这个地方挂牌的公司在法律上纳入了非上市的公众公司，是公众公司就要满足信息披露的要求，但是它不是上市公司，所以，非上市的公众公司的股份是可以进行公开的转让的。从这个意义上来说，这个市场在法律上的定位和两个交易所没有本质上的差别。但是差别在什么地方呢？差别主要在于服务对象不同，刚才我给大家汇报了，它主要服务于那三类的中小微企业，特别是小微企业，比如大家一听说深交所中小企业板，深交所创业板是不是都是中小企业，在那儿上市的企业，按照咱们国家官方对中小企业的定义来说都不是中小企业，都是大企业，这些地方可以为中小企业提供服务。所以参与这个市场投资者的结构不同。还有，股份的转让方式不同。

Ken Zhang 啃哥有话说

此段明确了新三板企业是“非上市公众公司”，有时候不得不佩服汉语言的魅力，可以用简单的语言精准概括复杂的概念。如果翻译为英文，不知道外国人能不能看懂。这就是说，新三板企业是公众公司，但是，是非上市的。啃哥理解，公众公司是需要监督的；而非上市，意味着散户不能买，有门槛。

在这段话中，姚讲了大实话，其实很多人心里都明白，只是没讲出来，即“深交所中小板、创业板都不是中小企业，而是大企业”，因为利润都超过了2 000万元。有读者要问啃哥了，那为什么中小板、创业板不是中小企业、创业企业呢？啃哥认为，因为中国想上市的企业太多了，在这样的情况下，证监会本着为股民负责的态度挑大的企业上市，最终结果就是，中小板企业不小，创业板企业不创业。据说，未来两个板块要合并。当然，上海主板的企业还是很大的，在上海主板上市要求企业一般利润超过5 000万元或者上亿元。说白了，在中国的股市中，至今都没有中小微企业！

交易所是资本市场，他们是股权市场顶层的市场，具有高度的公众化的特征，就是散户非常多，多到什么程度？多到我们证券交易所一年交易量的85%基本上是由散户投资者贡献出来的，中国资本市场的流动性是很高的，融资效率也是比较高的，但是上市的标准也是很高的。

Ken Zhang 啃哥有话说

这里，说到85%交易量是由散户完成的，姚副主席就不敢说下去了。为什么？因为散户意味着缺乏理性，不进行理性分析，只听消息，最后导致A股市场成了政策市场。这其实是他要说的。

但是点到为止，大家都明白就行了，说出来了反而不好。啃哥比较直，喜欢说出来。姚副主席其实也是在变相批评目前的股市，从“在中国的股市中，至今没有中小微企业”就能明显看出来。

“新三板”为了一些还达不到上市的标准，可能股权转让的需求也不是那么强烈，大规模融资的需求也不是那么强烈的这一类的中小微的企业提供一个资本市场服务的平台，由于这一类企业可能成立的时间不长，商业模式还不是太固定，处于产业周期的不同阶段，风险比较高，大进大出的可能性是有的。所以，在这么一个市场里我们不希望像交易所那样引入大量的散户投资者进入这个市场，我们交易所市场散户投资者比较多，换手率比较高，投机氛围比较强，各种各样的毛病，被市场所诟病，“新三板”的市场里我们引入了比较高的投资者的门槛，比如注册资本金 1 000 万元以上的法人，个人金融资产 500 万元以上的个人，所以，基本上算一个准机构间的市场。这些投资者具有比较高的风险的识别能力和风险的承受能力。所以，这个市场是一个风险外溢性比较小的市场，社会公众基本上没有参与，也正是在这么一个前提之下，这是很重要的前提，在这么一个前提之下，这个市场的制度才能做一些和我们证券交易所不同的一些安排。

Ken Zhang 啃哥有话说

姚副主席说市场不成熟，因此不想引入散户。其实是说散户抗风险能力弱，由于都是中小微企业，所以不引入散户，说得很委婉。这种说话方法啃哥很难学会。而他后面的话一语中的，说明白了目前 A 股市场的弊端，以及引入新三板的必要性。

这是想给大家报告的第一个内容，就是市场的定位。

新三板的制度安排

第二，想跟大家汇报一下“新三板”的市场的制度安排，体现了现在中央国务院要求的简政放权，让市场在资源配置当中发挥决定性作用这么一个基本的理念。

一是最大限度地减少行政审批，要到这个市场来挂牌，要到这个市场来融资，你要是上市公司，大家都知道批评很多，审核很复杂，排队很长，经常还由于各种各样的原因停止发行股票，每次一说要恢复发行股票市场就起轩然大波，这两天媒体又报道5月份大量新股上市，于是乎股指承压怎么怎么样，交易所市场摆脱不了这个魔咒。很多人提意见那主要是因为政府审批太严的原因，管得太多的原因，审批权下放给交易所就好了。我们今天不讨论这个问题，在“新三板”这个市场上，中国证监会基本上豁免了所有的行政许可，而把审核的职能交给了市场本身。所以，申请挂牌，来申请融资，只要股份公司的股东人数不超过200人，这个200人是法律规定的，200人是公众公司和非公众公司的一个法律上的界限，只要不超过200人，中国证监会豁免行政许可，全部由场所来进行审核核准，挂牌公司什么时候进行融资，以什么价格进行融资，完全由市场，由公司来决定，政府不干预，就是这么一个市场。由于在这个市场挂牌的企业大部分是中小微企业，时间都不长，股东人数绝大多数都是200人以下，所以，实际上在这个市场的挂牌和融资证监会没有行政许可这样一种安排。

还有并购重组，并购重组在上市公司当中是一个非常重要的安排，有诸多的法规和规章的限制，当然需要维护公众投资者的利益，在这个市场上由于社会公众参与的比较少，风险外溢性比较小，所以，在并购重组这个问题上没有对双方的定价做硬性的规定，双方可以自主定价，等等，做了这些安排，就是在行政许可方面做了简化的安排。

Ken Zhang 啃哥有话说

姚副主席说得太好了。“魔咒”这个词恰到好处，正是目前A股的问题，而且短时间内很难摆脱。那么，新三板从建设开始就简化、简化、再简化，彻底吸取A股市场的经验。所以，它有什么理由做不好呢？

二是大家也比较关心的挂牌条件，上市公司上市条件设不设财务门槛，在“新三板”这个市场没有任何的财务的门槛，不管交易所主板、中小板和创业板，财务门槛是个非常重要的门槛，你这个企业没有一定的盈利，没有一定的持续盈利能力是不能上市，不能融资的，而在这个市场没有任何财务的门槛。从这个意义上来说，尚未盈利的企业也可以到这个市场来挂牌。大家批评很多互联网企业到了境外，不在中国内地市场上市，大家批评说为什么不来上市，是因为你上市的要求太高，你有盈利的要求，大量的互联网企业早期都是在烧钱的，都不盈利的，你这个市场没有包容性，其实互联网企业不能在境内上市原因很多，今天也不讨论这个问题，但是这也是其中的原因之一，“新三板”市场是没有财务指标的，但是你需要对你财务的状况披露两年的情况，而且需要有资格的会计师事务所进行审计。

Ken Zhang 啃哥有话说

啃哥大赞一个！放眼四周，中国那么多优质的企业都要跑到国外上市，多么令人痛心！百度、新浪、当当、腾讯、京东、新东方……现在好了，大家终于看到了希望。姚副主席也道出了大伙儿的心声。可以断定，在不久的将来，更多的大数据公司、移动互联网公司、手游公司将陆续登陆新三板。(此处有掌声！)

三是以信息披露为中心，我们现在讲公开发行审核也好，注册制的改革，注册制改革有一条，以信息披露为中心，就是政府审核部门不对企业的好、坏、价值做判断，而是要求企业把自己的信息充分地披露给投资者，消除直接融资里容易产生的信息不对称的问题。

“新三板”是贯彻了这样一个基本的理念。同时，它还和上市公司不一样，上市公司是有一个模板，你必须披露什么，有很详细的要求，“新三板”对信息的披露除了有必须披露的要求以外，企业还可以根据自己所处行业的特点、区域的特点，所处发展阶段的特点自行披露信息，这种通用的信息和特质的信息相结合的信息披露制度，更利于这些专业的机构投资者进行筛选。

Ken Zhang 啃哥有话说

这是正途，减少了人为干预，减少了腐败的可能，同时更增加了灵活性。这样就给了企业一定的灵活性。其实对于干得好的企业更有利。好的企业愿意详细披露，公众对它理解得更深刻，那样反而市场估值更高。而那些不愿意详细披露的企业，市场不了解，估值就会下降。最后的结果是大家争着抢着详细披露，带来了市场的繁荣。就和美国市场一样。

四是不同的交易方式。大家知道证券交易所就是一种交易方式，集中竞价交易，而在这个市场里由于挂牌的企业规模小，股份数量不是很多，股权非常集中，这种家族企业，甚至夫妻两个人的企业，员工持股的企业都不在少数，所以，他们对股权转让的需求是不一样的，远远不同于上市公司。所以，在这个市场里提供了三种交易的方式，一种就是最原始的协议交易，张三和李四谈好了，我们可以通过协议转让。另一种是做市商制度，目前咱们国家的交易场所里还没有用做市商这样一个制度来安排股份转让的。第三种就是对一些流动性确实很强，准备转板的公司可以设置集中竞价的制度。这三种制度今后会并行，由企业自主挑选，"新三板"本月就要系统切换升级，今年八九月份就能够正式地提供这三种转让的方式。

Ken Zhang 啃哥有话说

这里国内首创做市商制度。太给力了！连A股市场都没有。可能有些读者不了解什么是做市商制度，做市商可以简单理解为赌场的庄家。但是，又有很多读者说我没有赌博过（啃哥也没有赌博过），还是不理解什么是"庄家"，不急，我们慢慢看下去。

做市商制度，就是让上百家券商成为整个市场的买方和卖方。做市商（券商）买来企业的股份，放在手里，看投资者，谁的价高就卖给谁，赚取差价；或者觉得企业发展前景好，买了企业的股份，放在手里，等企业利润增长了，再转手赚取差价。当市场中有多个做市商（Market Maker）存在时，做市商之间也相互竞争。一家优质企业的股份想卖，多个做市商就会竞争性地抬高购买价格，直到价格达到企业真实的被认可的价值为止。企业的股份卖出，卖了一个好价格。然后，做市商再把股份倒手卖出，当有了多个做市商后，买入的价格不会太低，因为太低了其他做市商会抬价买。因此，最后卖出时，做市商估计也就只能赚个辛苦费。

另外，也有独具慧眼的做市商，愿意以一定价格买一家企业的股份，而别的做市商看不懂这家企业为什么这么贵而不敢买。结果，被这个做市商说对了，之后这家企业利润激增，这个做市商转手卖出大赚一笔。这样，就促进了做市商（券商）行业研究的紧迫性和严谨性，提高了行业研究方法的水平，促使做市商寻找价值洼地，进行价值投资。

总之，通过上面分析可以看出，做市商制度是一个有百利而无一害的制度。因此，美国的纳斯达克等股市，盛行做市商制度已有几十年了。

那么，又有人问了，既然有这么好的制度，为什么A股市场迟迟不推行呢？其实，这些问题也是啃哥“小”时候的疑惑。A股不是不想推行，而是推行不了。因为，正如前文所述，散户占了85%，当散户太多的时候，抗风险能力弱，监管机构不得不维稳，不敢推出做市商制度，担心一旦推出，做市商（券商）把散户（股民）的钱全部赚走了，那样岂不天下大乱了？想想股市跌到将近2 000点，就有央企开始托市，可见监管机构对股市维稳的重视。所以啃哥认为，中国的A股市场也许永远都是“政策市场”。而新三板，将来或许能够成为更优秀的第二个A股市场。

我上面跟大家报告的四个方面，“新三板”这个市场根据它服务对象和定位的不同，安排了一些和主板交易所市场不同的制度安排。

关于新三板的几个认知

第三，也是最后一个方面，给大家分享一下对“新三板”几个认识的角度。

第一个方面，不宜用交易所的思维来看待“新三板”市场。刚才给大家报告了这个市场有很多特点，因为我们二十多年资本市场只有交易所，大家不管是投资者还是监管部门，包括我们在内都是这样，说着说着就说回到交易所市场里了，容易用交易所的观点或者交易所的指标来判断这个市场。比如前不久有篇报道说“新三板”挂牌，一家企业首日转让发生了一个价格，这个价格暴涨了700%多，“新三板”遭遇爆炒，重演交易所弊端，有这么一篇报道，其实这完全是两个概念，因为“新三板”的挂牌公司在挂牌的时候和交易所的上市公司不一样，上市公司在上市的时候要先发行股份，然后再上市，发行股份有发行价，上市成交有成交价，一般涨幅是说上市首日的成交价相对发行价涨了多少，我们国家很高，“三高”或者爆炒，等等。新三板市场挂牌的公司绝大多数是不发行股份的，股份的转让也非常少。所以，第一天挂牌能有转让的实属罕见的企业，转让价格比如七块，股份的面值一块衡量的话那就涨了700%，也可能100万股，你就得出一个结论，这个市场是被爆炒的，和实际情况相去甚远，因为大家比较习惯用交易所过去的指标衡量，容易引起误解。

还有投资者关注能不能通过频繁的交易获得交易价格的价差，因为交易所市场每天那么多交易量，咱们国家两个市场交易量平均两千多亿，短进短出的非常多，大家都在博取价差，很关心这个市场是不是这样，然后说这个市场不行，太不活跃了，没有交易的机会，这种观点也是交易所市场的观点。实际上在这个市场挂牌的公司，它对股权转让的需求并不是非常的强烈，两个人的公司正在蓬勃发展，充满了创业的喜悦，价值还没有充分体现出来的时候，我把股权转让给别人是需要认真考虑的。所以，用这种方式来判断这个市场是否成功，是否不成功我觉得都不合适，还是应该有一套适应这个市场的、判断这个市场的指标来加以评判。这是第一个方面。

Ken Zhang 啃哥有话说

姚副主席在这里批评了一些媒体不理性地乱炒作，大快人心！也说出了目前有太多的人缺少基本的资本、金融知识，听风就是雨。哎，可叹可悲。但同时又为“一家企业”做了广告。因为大家都知道，这里是在说“九鼎投资”，九鼎投资真是高明，在不知不觉中，让证监会副主席给自己做了广告，而且还是非常正面的广告！也正应了那句话——“于无声处听惊雷”。

姚副主席第二段话说得太好了。股权交易，本来就是一个愿意买，一个愿意卖的过程。不活跃，一方面说明上市的公司想卖的少，另一方面说明投资者想买的少。再往深里啃，原因有很多。例如，已挂牌的企业好的太少，投资者不感兴趣；已挂牌的企业好的太多，以至于要的价格太高，投资者买不起；投资者太不专业，找不到好的企业；在进一步等待做市商制度，希望能够卖个好价格，等等。市场上很多人诟病“新三板交易量不活跃，没戏”，不活跃又如何？企业挂在这里，待价而沽，很正常。好的东西当然不活跃了。

第二个方面，也不宜仅用这个市场的挂牌公司是否转板上市了或者一次融资了多少来判断这个挂牌企业是否成功。我相信这个市场挂牌企业的数量会非常多，不到半年已经740家了，今年铁定超过1 000家，会以很快的速度超过两个交易所上市公司的总量，但它的规模是非常小的，相信大量在这个地方挂牌的企业，今后都不会转为上市公司，因为上市公司有很高的门槛，有很高的成本，要得到投资者认可，这里面的很多公司可能会发生我们在主板市场看不见的大进大出，比如在交易所市场退市是个很困难的问题，在这个地方退市可能就比较简单，因为它风险外溢性是很小的，很多企业可能在挂牌过程中就被收购兼并掉了，很多已经被装到上市公司里，实现了间接上市，它的方式是多种多样的，不一定千军万马都要走上市公司这条路，这也是不现实的，再有，企业处于这种发展阶段，它对于稀释它的股权是很慎重的，不会像上市公司那样大量地发行股份稀释股权，因为主要股权是自己的，所以，每次融资几千万就是非常大的数额。很多人说三板也可能圈钱分流主板的资金，等等，这些都是不正确的看法，不能用这种看法来判断这些挂牌公司它到底成功与否，实际上这些挂牌公司通过股份公司改制，健全公司治理，披露信息来提高本身的透明度和公司的信用来吸引这些 PE、一些专业的投资者，甚至一些我们的银行。银行一般不愿意把钱随便贷给中小微企业，但是对于挂牌公司，由于这些公司有一定的外在监管的约束，我们几大行都跟“新三板”签订了合作协议，就是给你一定的授信额度，是可以给这些公司进行贷款的。所以，在这个平台上还实现了直接融资和间接融资的结合这样一个非常好的效果。

Ken Zhang 啃哥有话说

这段文字的信息量超大。大伙慢慢看。

姚副主席认为：

■ 在这个板块，不一定非要转入主板。因为转入主板意味着超过 200 人的股东，意味着监管的加强，意味着维稳。在这个板块更多的是实现并购、重组，以及经营不好的企业的退市。也许以后新三板将成为一个并购重组、交易超级活跃的市场。而主板将是一潭死水，啃哥认为极有可能。慢慢地，主板甚至会被淘汰。

■ 中小微企业珍惜自己的股份，不愿意多稀释股份。因此一次的融资额度不会太大，也就间接否定了所谓的“分流”说。即因为资金都转向投资新三板，结果 A 股市场将由于缺少资金大跌。要知道，现在不是资金从 A 股市场跑过来投资新三板的问题，而是资金根本不进 A 股市场，甚至退出 A 股市场的问题。那些“分流”学说是站不住脚的。市场那么多的热钱，怎么可能一个小小的新三板就分流了资金呢？简直胡扯。

■ 新三板企业更容易从银行借款了。因为新三板企业“有一定的外在监管的约束”，因此新三板企业实现了“直接融资和间接融资的结合”。一箭双雕，一举两得。这一点，啃哥也是很佩服。好事，好事啊！

第三个方面，要把全国中小企业股份转让系统和区域性股权市场加以区分。刚才给大家报告的这个市场是一个全国性的市场，是一个可以公开转让的市场。所以，股东人数可以超过 200 人，搞企业的人认为这个很重要，股东人数超过 200 人，它的公众性就比较强了，风险的外溢性就比较强了，作为监管部门要纳入比较严格的监管。区域性的股权市场在法律上是非公开的市场，国务院专门有文件做了几条政策的限定，就是你不能搞集中竞价的交易，你不能向不特定对象转让股份，你不能转让以后股东人数超过 200 人，你的买卖，当天买不能当天卖，必须 5 天以后，也就是著名的“T+5”，有一系列的安排，另外你挂牌的企业应该是区域性的，而不是全国性的，等等。所以，“新三板”是一个公开性的全国性的市场。在区域性市场挂牌的企业如果希望进一步发展壮大，进一步引入全国性的投资者，进一步提高透明度和知名度，可以申请在全国中小企业股份转让系统来进行挂牌，这个道路是通的，也有人叫转板，也可以是通的。

Ken Zhang 啃哥有话说

这一点，其实是在说新三板的向下兼容性，好的区域性股权市场（可以叫作四板）的企业，可以申请进入新三板，起码要卖自己的股权，也要向全国卖，没必要只向一个小区域卖。其实是在说“那些区域市场已挂牌的企业，别犹豫了，来新三板吧”，这是在给新三板壮大队伍。

第四个方面，对这个市场的监管也有一些误解，大家认为因为你放松了前端的管制，认为这个市场是没有监管的，会不会劣币驱逐良币，会不会骗子横行，其实这是不正确的。对这个市场我们采用了一个前端放松管制、加强事中事后监管的方式方法，不管从媒体，从对中介机构的监管措施和处罚，以至于触犯法律我们的刑事追究这个市场都是健全的，今后中国证监会还会在《证券法》修改的时候，将和这个市场相对应的法律的罚则写得更清晰，进一步加强对这个市场的监管，特别是欺诈挂牌的情况。

Ken Zhang 啃哥有话说

姚副主席再一次明确了“监管”的力度问题，扫除了之前很多人的担心。其实就是这样，不用太管，只用重罚，绝对解决问题。用法家思想治理新三板是完全行得通的。现在看来，证监会也慢慢认识到了。可喜可贺。

最后是对这个市场挂牌公司的低标准和投资者的高门槛这样一个矛盾，很多人提出质疑，说这个市场的门槛太低了，什么公司都可以进来，会不会把这个市场挂牌的主体搞得比较乱，是不是应该提高门槛；对于投资者来说，你把个人投资者金融资产提到500万元，基本上只有极少数的人可以参与，市场参与者比较少，交易不活跃，是不是应该让散户进来等不同的看法。我们的想法是，正是因为我们有比较高的投资者适当性的安排，所以，才把挂牌的门槛放得比较低，让市场来筛选，而不是通过设置门槛来筛选。

Ken Zhang 啃哥有话说

这里肯定了“投资者适当性”的出发点问题。说明监管机构立志要把新三板做成一个良性的板块，来不得半点马虎。

以上给大家简要地汇报了一下“新三板”在多层次股权市场当中一个上接交易所市场，下接区域性股权市场这样一个承上启下的市场平台，我们的一些基本看法，中国证监会有意在这个市场平台上做一些交易所市场现在还不太适合做的一些监管方面的探索，比如注册制的一些探索，在这个市场上因为有一些条件，我们去做一些尝试，我们会和市场的各个方面保持密切的互动，倾听大家的声音，也希望大家除了关注交易所市场之外，也关注这样一个市场，努力把全国中小企业股份转让系统建设成为一个充满活力，包容性强，富有特色的综合性的金融服务平台。

Ken Zhang 啃哥有话说

啃哥先偷着乐一会儿。这哪是“个人看法”，这就是贯彻国务院要求证监会采取的措施。这些不是什么“看法”，而是“正在做的事情”，太谦虚了。

在仔细阅读了上文后可知，很明显，证监会目前极其鼓励企业上新三板，而极不鼓励去排队创业板、中小板。600多家排队的企业，再排下去，估计证监会、股民跳楼的心都有了。在这个长队里，没有两三年根本出不来。

现在又出现了一个历史性的机遇。即2009年是创业板推出，现在是新三板，这是所有企业的一次机会。8月份推出做市商制度必然会是火爆的，因为这是国务院的要求，证监会绝对不允许做市商制度失败，也绝对不允许新三板失败。这俨然已经成了很大的政治任务。所以，抓紧上新三板吧，不用犹豫。九鼎已经走在了前面，这个"大家伙"都敢去，我们没有什么好害怕的！

在中国，许多事情永远是快鱼吃慢鱼，政策在不断的变化中，现在是最宽松的时刻，谁都说不好随着新三板企业家数的增加，证监会监管压力的增大，后面会不会收窄？或者证监会发生了重要的人事变动？再或者，中国经济在别的方面有了起色，而又不将重点放在股权市场了？

只能说，加油吧，那些还未上市的公司们！

2014年7月23日

于北京英蓝大厦

以文天祥的《过零丁洋》，结束此文，送给大家：

过零丁洋

〔宋〕文天祥

辛苦遭逢起一经，
干戈寥落四周星。

山河破碎风飘絮，

身世浮沉雨打萍。

惶恐滩头说惶恐，
零丁洋里叹零丁。

人生自古谁无死，
留取丹心照汗青。

POORE OVER THE NEW OTC MARKET

03

一个非常蹊跷的处分

——全国股转系统就近期纪律处分措施答记者问

这是 2014 年 8 月 11 日新三板公司的一个答记者问。本来新三板公司答记者问就寥寥可数，而为了一个董事长从公司借款的事情，专门以长篇幅来澄清，啃哥起初觉得这也太小题大做了，谁都知道民营企业老板自己从公司借钱是很平常的事情。但是，仔细阅读后发现，新三板公司此举是有深意的，是通过“杀一儆百”的方式，树立新三板的严肃性，明确新三板公司本身规则绝对不容违反。

Ken Zhang 啃哥有话说

全国中小企业股份转让公司（简称全国股转系统）不像证监会，它是很少答记者问的，而且很不固定。而这次对新三板企业的处罚，却破天荒地进行了答记者问。啃哥认为，所有的答记者问，其实都是监管机构希望借此机会，澄清社会的一些误解。做法很好，很可取。啃哥赞一个。

纪律处分措施的实施

1. 近期，全国股份转让系统对挂牌公司相关责任人采取了纪律处分措施，请介绍一下具体情况？

答：湖南泰谷生物科技股份有限公司控股股东、实际控制人、董事长兼总经理曹典军于2013年12月向公司借款1 031.63万元，用于偿还个人贷款，构成控股股东违规占用公司资金。经主办券商督促，曹典军于2014年5月21日偿还全部本金和利息。

曹典军的上述行为违反了《全国中小企业股份转让系统业务规则（试行）》第4.1.4条的规定，同时，曹典军作为公司控股股东、实际控制人、董事长兼总经理，对泰谷生物公司治理不规范、内部控制薄弱负有重要责任。根据《全国中小企业股份转让系统业务规则（试行）》第6.3条的规定，我司对泰谷生物控股股东、实际控制人、董事长兼总经理曹典军给予了通报批评的纪律处分措施，并记入诚信档案。

Ken Zhang 啃哥有话说

啃哥找到《全国中小企业股份转让系统业务规则（试行）》，将两个条款引用如下，以便于加强理解。

条款4.1.4：控股股东、实际控制人及其控制的其他企业应切实保证挂牌公司的独立性，不得利用其股东权利或者实际控制能力，通过关联交易、垫付费用、提供担保及其他方式直接或者间接侵占挂牌公司资金、资产，损害挂牌公司及其他股东的利益。

条款6.3：申请挂牌公司、挂牌公司的董事、监事、高级管理人员违反本业务规则、全国股份转让系统公司其他相关业务规定的，全国股份转让系统公司视情节轻重给予以下处分，并记入诚信档案：（一）通报批评；（二）公开谴责；（三）认定其不适合担任公司董事、监事、高级管理人员。

通过条款可以看出，这个曹典军董事长，确确实实违反了上述规定的4.1.4条，因此，要承担6.3条的处分。

事情似乎到此就应该为止的，本来，控股股东从自己公司里面借款，也就1 031万元，金额并不算很大，并且在5个月后进行了归还。嚼哥见过太多的中小民营企业，老板自己的钱与公司的钱混在一起，相互往来。如果事情就这么简单，也许全国股转系统就会睁一只眼闭一只眼了，但是，第一单，必须有特殊意义。咱们继续往下看……

对不同责任主体的自律监管措施

2. 除纪律处分措施外，全国股份转让系统对该挂牌公司及其董事会秘书同时采取了自律监管措施，主要原因是什么？

答：泰谷生物控股股东、实际控制人、董事长兼总经理曹典军于2013年12月被检察机关要求协助调查，2014年1月27日曹典军因涉嫌滥用职权罪、行贿罪被检察机关采取逮捕强制措施。自上述事件发生至2014年4月16日期间，公司未履行信息披露义务。2014年4月25日曹典军被取保候审。同时，曹典军违规占用公司资金，自资金占用行为发生至2014年4月28日期间，公司未履行信息披露义务。

公司的上述行为违反了《全国中小企业股份转让系统业务规则（试行）》第1.5条、4.1.1条及《全国中小企业股份转让系统信息披露细则》第46条的规定。同时，公司董事会秘书兼财务总监作为信息披露负责人，未能恪尽职守、履行诚信勤勉义务，违反了《全国中小企业股份转让系统业务规则（试行）》第1.5条的规定，对上述违规行为负有重要责任。鉴于泰谷生物及相关当事人的上述违规事实和情节，根据《全国中小企业股份转让系统业务规则（试行）》第6.1条的规定，我司对泰谷生物公司及其董事会秘书采取了自律监管措施。

Ken Zhang 啃哥有话说

啃哥先将法律条文列出：

■《全国中小企业股份转让系统业务规则（试行）》

第1.5条：申请挂牌公司、挂牌公司及其他信息披露义务人、主办券商应当真实、准确、完整、及时地披露信息，不得有虚假记载、误导性陈述或者重大遗漏。

第4.1.1条：挂牌公司应当按照法律、行政法规、部门规章、全国股份转让系统公司相关业务规定完善公司治理，确保所有股东，特别是中小股东享有平等地位，充分行使合法权利。

第6.1条：全国股份转让系统公司可以对本业务规则1.4条规定的监管对象采取下列自律监管措施：（一）要求申请挂牌公司、挂牌公司及其他信息披露义务人或者其董事（会）、监事（会）和高级管理人员、主办券商、证券服务机构及其相关人员对有关问题做出解释、说明和披露；（二）要求申请挂牌公司、挂牌公司聘请中介机构对公司存在的问题进行核查并发表意见；（三）约见谈话；（四）要求提交书面承诺；（五）出具警示函；（六）责令改正；（七）暂不受理相关主办券商、证券服务机构或其相关人员出具的文件；（八）暂停解除挂牌公司控股股东、实际控制人的股票限售；（九）限制证券账户交易；（十）向中国证监会报告有关违法违规行为；（十一）其他自律监管措施。监管对象应当积极配合全国股份转让系统公司的日常监管，在规定期限内回答问询，按照全国股份转让系统公司的要求提交说明，或者披露相应的更正或补充公告。

第1.4条：申请挂牌公司、挂牌公司及其董事、监事、高级管理人员、股东、实际控制人，主办券商、会计师事务所、律师事务所、其他证券服务机构及其相关人员，投资者应当遵守法律、行政法规、部门规章、本业务规则及全国股份转让系统公司其他业务规定。

■《全国中小企业股份转让系统信息披露细则》

第46条：挂牌公司出现以下情形之一的，应当自事实发生之日起两个转让日内披露：（二）控股股东、实际控制人或者其关联方占用资金……

可见，曹董事长最大的罪行其实是“未履行信息披露义务”，最后被“采用自律监管措施”，这个自律监管措施，啃哥觉得，象征意义更大一些，没啥实际性处罚。其实监管机构也就只能做到这些。但是，这段话感觉很突兀：“2014年1月27日曹典军因涉嫌滥用职权罪、行贿罪被检察机关采取逮捕强制措施。自上述事件发生至2014年4月16日期间，公司未履行信息披露义务。2014年4月25日曹典军被取保候审。”

可以看出，其实曹董事长借用资金，也就是属于违反了上面的关于保护中小股东利益、不独立等问题，进行“自律监管”就完事了。但是，偏偏又出现了“滥用职权罪、行贿罪”这两个罪名，并被逮捕了！也就是说，从自己的公司借钱出来，还被捕了，这是咋回事情呢？啃哥有点“丈二和尚摸不着头脑”了。

滥用职权罪的定义[1]为：“滥用职权罪是指国家机关工作人员故意逾越职权，违反法律决定、处理其无权决定、处理的事项，或者违反规定处理公务，致使公共财产、国家和人民利益遭受重大损失的行为。”根据定义，滥用职权罪基本上只针对“国家机关工作人员”，那么，和曹董事长有什么关系呢？

行贿罪的定义[1]是指，为谋取不正当利益，给国家工作人员以财物（含在经济往来中，违反国家规定，给予国家工作人员以财物，数额较大，或者违反国家规定，给予国家工作人员以各种名义的回扣费、手续费）的行为。

啃哥有点笨，明明是曹董事长从公司借钱这一件事情，怎么会使检察机关介入，还涉及两个与国家机关人员有关的罪名呢？难道是另外的关于曹董事长行贿的问题吗？最后还是未披露该事项。

啃哥猜测，这是两件事情。

[1] 资料源自百度。

这个曹董事长最大的问题是未披露两件事。一个是其向公司借款事件，一个是其被检察机关逮捕事件。因此会被自律处罚。

3. 全国股份转让系统对中介机构采取了自律监管措施，主要是基于什么考虑?

答：泰谷生物主办券商未能在 1 月 22 日披露的公开转让说明书中对上述重大事项进行披露，其在申报稿截止日到首次信息披露日期间的补充尽调程序存在瑕疵，违反了《全国中小企业股份转让系统主办券商管理细则（试行)》第 26 条以及《全国中小企业股份转让系统主办券商尽职调查工作指引（试行)》第 2 条、第 3 条的规定。此外，在泰谷生物挂牌后，主办券商未能督导泰谷生物及时履行信息披露义务以及完善公司治理，违反了《全国中小企业股份转让系统业务规则（试行)》第 1.6 条、第 5.7 条，以及《主办券商管理细则》第 29 条的规定。鉴于上述违规行为，根据《全国中小企业股份转让系统业务规则（试行)》第 6.1 条的规定，我司对主办券商采取了自律监管措施。

Ken Zhang 啃哥有话说

这一段话里面涉及很多制度，啃哥啃到底，都摘录出来：

■《全国中小企业股份转让系统主办券商管理细则（试行)》第 26 条：因突发性事件而影响股票转让的正常进行时，全国股份转让系统公司可以采取技术性停牌措施；因不可抗力的突发性事件或者为维护股票转让的正常秩序，可以决定临时停市。全国股份转让系统公司采取技术性停牌或者决定临时停市，应当及时报告中国证监会。

■《全国中小企业股份转让系统业务规则（试行)》第 5.7 条：主办券商应持续督导所推荐挂牌公司诚实守信、规范履行信息披露义务、完善公司治理机制。主办券商与挂牌公司解除持续督导协议前，应当报告全国股份转让系统公司并说明理由。

■《全国中小企业股份转让系统主办券商尽职调查工作指引（试行)》第 2 条：尽职调查是指主办券商遵循勤勉尽责、诚实守信原则，以形成有利于投资者做出投资决策的信息披露文件为目的，对公司进行调查，以有充分理由确信：（一）公司符合《全国中小企业股份转让系统业务规则（试行）》规定的挂牌条件；（二）公开转让说明书中所披露的信息真实、准确和完整。

第3条：本指引是对主办券商尽职调查工作的一般要求。主办券商应按照本指引要求，认真履行尽职调查义务。除对本指引已列示的一般性内容进行调查外，主办券商还应根据公司的具体情况，对其在公开转让说明书中应披露的、足以影响投资者决策的其他事项进行调查。

■《全国中小企业股份转让系统业务规则（试行）》第1.6条：全国股份转让系统实行主办券商制度。主办券商应当对所推荐的挂牌公司履行持续督导义务。

■《主办券商管理细则》第29条：主办券商应持续督导所推荐挂牌公司诚实守信、规范履行信息披露义务、完善公司治理机制。主办券商应配备合格专业人员，建立健全持续督导工作制度，勤勉履行审查挂牌公司拟披露的信息披露文件、对挂牌公司进行现场检查、发布风险警示公告等督导职责。

■《全国中小企业股份转让系统业务规则（试行）》第6.1条：全国股份转让系统公司可以对本业务规则1.4条规定的监管对象采取下列自律监管措施：（一）要求申请挂牌公司、挂牌公司及其他信息披露义务人或者其董事（会）、监事（会）和高级管理人员、主办券商、证券服务机构及其相关人员对有关问题做出解释、说明和披露；（二）要求申请挂牌公司、挂牌公司聘请中介机构对公司存在的问题进行核查并发表意见；（三）约见谈话；（四）要求提交书面承诺；（五）出具警示函；（六）责令改正；（七）暂不受理相关主办券商、证券服务机构或其相关人员出具的文件；（八）暂停解除挂牌公司控股股东、实际控制人的股票限售；（九）限制证券账户交易；（十）向中国证监会报告有关违法违规行为；（十一）其他自律监管措施。监管对象应当积极配合全国股份转让系统公司的日常监管，在规定期限内回答问询，按照全国股份转让系统公司的要求提交说明，或者披露相应的更正或补充公告。

读完了什么感觉？就一个字，累！啃哥也有同感，啃得太累。其实全国股转系统公司只是为了说明其做法是有理可依的，因此引用了好几个之前颁布的制度条款。

当然，啃哥还是很欣慰的，这也表明了全国股转系统公司很尊重自己颁布的制度。这样一个市场必须通过制度来规范。为此，啃哥也更加看好新三板的发展了。

实施纪律处分或自律监管措施的依据

4. 全国股份转让系统为什么对本次违规事项中的不同责任主体分别采取了纪律处分和自律监管措施？两者有何区别？

答：按照《全国中小企业股份转让系统业务规则（试行）》的规定，我司可以对监管对象采取自律监管措施，除监管措施外，对于监管对象严重违反业务规则及我司其他相关业务规定的，我司视其情节轻重，可给予通报批评、公开谴责等纪律处分，并记入证券期货市场诚信档案数据库。考虑到此次泰谷生物及相关主体违规行为情节较为严重、性质较为恶劣，而且涉及多个违规行为和违规主体，为了区分不同主体的责任，体现监管措施的差异性和层次性，我司对本次违规事项中的不同责任主体作了区分，分别给予了纪律处分和相应的自律监管措施。

Ken Zhang 啃哥有话说

此案例中，对董事长进行了纪律处分，对董事会秘书和券商，采取了自律监管措施。处罚有轻有重，还是比较合理的。

申请挂牌期间的信息披露

5. 上述重大事项发生在提交挂牌申请至首次信息披露之间，针对申请挂牌期间的信息披露，股转系统目前有何规定？

答：我司于 2014 年 4 月 26 日正式发布了《关于申请挂牌期间公司信息披露相

关问题的通知》，其中明确规定，自提交挂牌申请之日起至我司出具同意挂牌函之前，公司在此期间发生的所有重大事件均需及时报告挂牌业务部。在我司出具同意挂牌的函至首次信息披露期间，公司已纳入全国股份转让系统的自律监管，应严格遵守《全国中小企业股份转让系统挂牌公司信息披露细则（试行）》等有关规定，履行信息披露义务；如公司发生涉及申请挂牌条件的重大事件，应及时报告挂牌业务部，并根据具体情况对公开转让说明书等首次信息披露文件进行更新调整。

Ken Zhang 啃哥有话说

全国股转系统公司再次明确，正如案例中的一样，只要企业已经申报了，即使还没有在新三板挂牌，也必须遵守全国股转系统公司的各项规定。而非只有挂牌了才遵守这个规定。很明确地打破了模糊地带。

总体而言，这是新三板的第一张罚单。对于控股股东从公司借钱大张旗鼓地进行通报和处分，可见其严谨程度。充分起到了“杀一儆百”的作用。但是，美中不足的是，全国股转系统公司的处罚权力太低，从6.1条可以看出，没有和罚款多少金额有关的规定，如此一来，处罚又能有多大的效力呢？违规成本太低，是造成前几年A股造假频发的重要原因。但愿这次新三板不要步其后尘。

2014年8月14日

于海南

以汪国真的一首《唯有追求》，结束此文，送给大家：

唯有追求

汪国真

生活是一望无际的大海

我是大海上的一叶小舟
大海没有平静的时候
我也总是
有欢乐　也有忧愁

即使忧愁
如一碗苦涩的黄连
即使欢乐
如一杯香醇的美酒

把它们倾注在大海里
都太淡了　太淡了
一如过眼烟云
不能常驻在我心头

唯有追求
永远和我相伴
在风平浪静的时候
也在浪尖风口

PORE OVER
THE NEW
OTC MARKET

04

微言大义的国务院指导意见

此篇分析的是《国务院办公厅关于多措并举着力缓解企业融资成本高问题的指导意见》（国办发〔2014〕39号）。初看似乎和新三板没有直接关系，其中却又是在重点推新三板。“一叶落而知天下秋”，从政策的字里行间，分析挖掘有价值的信息，这是啃哥“啃”的目的。本篇就是在挖掘国务院发文到底和新三板有多大关系。仔细啃下来，会发现整篇指导意见，真正能够落实到位、具有可操作性的，其实只有新三板的相关内容。

啃哥有话说

从2014年4月份以来，国务院出台了一系列微刺激措施。国务院总理李克强2014年7月23日主持召开国务院常务会议，部署多措并举缓解企业融资成本高问题，随后证监会、央行等纷纷落实降低企业融资成本的各项措施。

2014年8月14日，国务院办公厅又正式发布《关于多措并举着力缓解企业融资成本高问题的指导意见》。这个意见是对7月23日会议的正式书面化、标准化补充，是7月23日的会议精神的书面具体落实。

因此，一些新闻标题党们就使用了“国务院一月内两提”这样的吸引眼球的标题。其实，在啃哥看来，一次是会议，一次是文件。内容是完全一样的，只是这次以文件的形式显得更加正式，也显示了执政者的决心。

标准的指导意见如下文所示，啃哥关注的是，除了内容外，还有括号中的负责部门，这一内容格外醒目。

国务院办公厅关于多措并举着力缓解企业融资成本高问题的指导意见

国办发〔2014〕39号

各省、自治区、直辖市人民政府，国务院各部委、各直属机构：

当前，我国经济形势总体向好，但仍存在不稳定因素，下行压力依然较大，结构调整处于爬坡时期，解决好企业特别是小微企业融资成本高问题，对于稳增长、促改革、调结构、惠民生具有重要意义。当前企业融资成本高的成因是多方面的，既有宏观经济因素又有微观运行问题，既有实体经济因素又有金融问题，既有长期因素又有短期因素，解决这一问题的根本出路在于全面深化改革，多措并举，标本兼治，重在治本。金融部门和金融机构要认真贯彻落实国务院第49次、第57次常务会议精神，采取综合措施，着力缓解企业融资成本高问题，促进金融与实体经济良性互动。经国务院同意，现提出以下意见：

保持货币信贷总量合理适度增长

继续实施稳健的货币政策，综合运用多种货币政策工具组合，维持流动性平稳适度，为缓解企业融资成本高创造良好的货币环境。优化基础货币的投向，适度加大支农、支小再贷款和再贴现的力度，着力调整结构，优化信贷投向，为棚户区改造、铁路、服务业、节能环保等重点领域和“三农”、小微企业等薄弱环节提供有力支持。切实执行有保有控的信贷政策，对产能过剩行业中有市场有效益的企业不搞“一刀切”。进一步研究改进宏观审慎管理指标。落实好“定向降准”措施，发挥好结构引导作用。（人民银行负责）

Ken Zhang 啃哥有话说

看看括号中的内容，啃哥印象中以前国务院办公厅发文，很少直接点名哪个部门负责，而是以含糊的“有关部门”代替。

而这次，连负责部门都写得这么明确！足以见得这次这项政策是国务院铁了心要推行下去，要把政策落实。啃哥相信，责任落实到部门，意味着做不好要打板子，岂有做不好的道理？

而这第一项政策由人民银行负责，也是有深意的。人民银行是银行的银行，是主管货币发行的。因此，货币信贷总量的控制就应该归口人民银行。这一段非常明确。

请注意每句话的动词，其实含义不完全一样。“继续”、“综合运用”、“维持”、“优化”、“适度加大”、“着力调整”、“有力支持”、“切实执行”、“进一步研究”、“落实”。可以看出，最有力的词语是“着力调整”、“切实执行”，这也是央行下半年工作重点中的重点，即着力调整结构，优化信贷投向；以及切实执行有保有控的信贷政策，对产能过剩行业中有市场有效益的企业不搞“一刀切”。而其他的内容，无非就是我说说，你听听而已。央行哪有三头六臂，做好这两项就算完成全年绩效考核的90%了。

啃哥认为，这些总的任务虽然很多，但也是有轻重缓急之分的。仔细理解文中动词的含义，很多时候会有意想不到的效果。

抑制金融机构筹资成本不合理上升

进一步完善金融机构公司治理，通过提高内部资金转移定价能力、优化资金配置等措施，遏制变相高息揽储等非理性竞争行为，规范市场定价竞争秩序。进一步丰富银行业融资渠道，加强银行同业批发性融资管理，提高银行融资多元化程度和资金来源稳定性。大力推进信贷资产证券化，盘活存量，加快资金周转速度。尽快出台规范发展互联网金融的相关指导意见和配套管理办法，促进公平竞争。进一步打击非法集资活动，维护良好的金融市场秩序。（人民银行、银监会、证监会、保监会、工业和信息化部等负责）

Ken Zhang 啃哥有话说

啃哥觉得，还是需要通过动词阅读这段话，要不然信息太多，太杂。任何时候处理信息啃哥都喜欢去粗取精，嚼烂精华，其他的就随他去吧。人生苦短，时间有限。

此处比较有力的动词有“大力推进”、“遏制”，就是说现在、立刻、马上，捋胳膊挽袖子，甩开膀子开干吧！而另外“进一步”、“尽快”的意思就是说，干也行，明年再说也行。反正在这里提出了，干不干也不要求。

那么，重点显而易见，即“大力推进信贷资产证券化，盘活存量，加快资金周转速度”，“遏制变相高息揽储等非理性竞争行为”。接下来就是运用什么手段来完成上述目标了。

显然，对于“大力推进资产证券化”这个目标，证监会早有准备，在这个政策还只是7月24日会议精神的时候，证监会就已经在网站上公布了资产证券化征求意见稿。可见证监会的反应速度之快。

为什么要进行资产证券化呢？其实就是增加资产的流动性，很多学者都认为，资产证券化是“潘多拉的魔盒”，打开了，就很难再合上。因为可以证券化的资产实在太多。这样的好处当然是资金更加充裕，银行把自己对外的贷款证券化了，可以拿到资金进行扩张。企业也是同样。而过度扩张的结果就是“虚胖”。现在提出资产证券化，而且还是“大力发展”，可见目前中国市场上资金流动性是多么的缺乏，而资金流动性缺乏的结果，就是阻碍了经济的快速发展。像这样的政策，在经济向好的时候，是绝对不会出的，因为本身就是一种饮鸩止渴的方式。这种政策是可以刺激经济的发展，但是，必然带来经济的“虚胖”、通货膨胀、违约率等问题，为将来的经济问题再次埋下隐患，就如同当年的4万亿给这几年经济带来的痛苦一样。是一种不得已时才使用，杀敌一千、自损八百的最差的选择方式。

关于“遏制变相高息揽储等非理性竞争行为”，使用“遏制”这个词，可见紧迫性和重要性。啃哥提出的第一个问题是“什么是变相高息揽储等非理性竞争”。是不是就是指信托类的高收益产品呢？随着银行竞争的加剧，为了拉存款而不断提高的存款利息，以及银行自己的各种“宝”算不算呢？怎么判断什么是“非理性竞争”？或者现在认为的“理性竞争”真的就是理性吗？还是低存款利息本身就是不理性呢？啃哥觉得，提出“遏制变相高息揽储”这个命题本身就是错误的。我愿意高息揽储，我有实力，对储户是好事啊，可以多拿利息。公平竞争，我愿意给高息，就有我的理由，也没有妨碍谁，为什么要管呢？也许，政府的手有时候伸得太长了。

此处又出现了“进一步打击非法集资活动”。由于浙江吴英案件，关于“非法集资”这种说法和罪行，很多律师、经济学家提出质疑，认为早应该取消。现在在中国进行集资，只要不出乱子，能还上钱，就不属于“非法”。而还不上钱了，造成社会较大影响了，就属于“非法”。这是什么逻辑？这是按照结果来定性的逻辑。假设啃哥集资，给高利息，对应的必然是高风险。出钱的人应该明白，这种存款肯定比存在银行风险高。那么，如果发生了损失，就应该认倒霉，因为是自己愿意拿钱出来的。但是，国家却认为，还不上就是违法。再次强调这个问题，只能说明民间金融环境没有进步。啃哥对这一点感到很失望，也许国务院希望循序渐进吧。

这个政策，啃哥数了数，由

五个部门来落实，同时还有一个“等”字。这么多部门来落实一个任务，又没有牵头的部门，真要落实也实在有难度。

缩短企业融资链条

督促商业银行加强贷款管理，严密监测贷款资金流向，防止贷款被违规挪用，确保贷款资金直接流向实体经济。按照国务院部署，加强对影子银行、同业业务、理财业务等方面的管理，清理不必要的资金“通道”和“过桥”环节，各类理财产品的资金来源或运用原则上应当与实体经济直接对接。切实整治层层加价行为，减少监管套利，引导相关业务健康发展。（人民银行、银监会、证监会、保监会、外汇局负责）

啃哥有话说

看看这些词，就知道这点完全只是走个过场。“督促”、“防止”、“加强”、“清理”、“引导”，丝毫体现不出急迫性。可见，第三条是凑数的一条。

清理整顿不合理金融服务收费

贯彻落实《商业银行服务价格管理办法》，督促商业银行坚决取消不合理收费项目，降低过高的收费标准。对于直接与贷款挂钩、没有实质服务内容的收费项目，一律予以取消；对于发放贷款收取利息应尽的工作职责，不得再分解设置收费项目。严禁“以贷转存”、“存贷挂钩”等变相提高利率、加重企业负担的行为。规范企业融资过程中担保、评估、登记、审计、保险等中介机构和有关部门的收费行为。在商业银行和相关中介机构对收费情况进行全面深入自查的基础上，在全国范围内加强专项检查。对于检查发现的违规问题，依法依规严格处罚。（银监会、发展改革委等负责）

Ken Zhang 啃哥有话说

啃哥还是通过动词来解读政策："坚决取消"、"一律予以取消"、"严禁"、"依法严格处理"，这些词都是"字字见血"。而且执行的单位就两个，相对上一条更加明确，就是银监会、发展改革委部门负责。

但是，即使词语用成了这样，啃哥还是坚定地认为，这一条还是只会"雷声大雨点小"。因为，银行自身没有降低收费的动力，没有或者很少有更好地服务客户的动力。其实降低收费、优化收费结构本身，就是更好地为客户服务，给客户更高的性价比。但是，对一个躺着都赚钱的行业喊出这样的口号，结果就是"落入草丛都不见"的尴尬场面。正如证监会前两年天天喊叫券商"创新"，而在那个IPO躺着都赚钱的年代，又有几家会去真正创新？这两年不太喊叫了，又由于IPO停闸，反而券商各个都积极主动探索转型创新。

其实，啃哥总觉得，这些政府部门真没必要提。给出合理竞争的市场，自然会带来好的服务和低廉的收费。啃哥觉得，政府要么是精力旺盛，打了鸡血，没事找事干；要么就是人太多，总得干点事情吧，不能闲着，所以才会出这样的一条看似合理的内容。

提高贷款审批和发放效率

优化商业银行对小微企业贷款的管理，通过提前进行续贷审批、设立循环贷款、实行年度审核制度等措施减少企业高息"过桥"融资。鼓励商业银行开展基于风险评估的续贷业务，对达到标准的企业直接进行滚动融资，优化审贷程序，缩短审贷时间。对小微企业贷款实施差别化监管。（银监会、人民银行负责）

Ken Zhang 啃哥有话说

这一条针对的是银行对"小微企业"的问题，并且直接由"银监会"、"人民银行"负责。注意没有"等"这个字，可见落实责任非常明确。

啃哥觉得如果从商业银行自身的角度讲，除最后一句话以外的要求都难以做到。让一家商业银行去做这些高风险、低收益的“小微企业贷款”，如果啃哥我办银行，我也不愿意做，除非允许我收取更高的贷款利息。而央行又有贷款利息的要求，所以基本是没戏了。

但是最后一句，又有了希望，即“对小微企业贷款实施差别化监管”。也就是说，人民银行允许小微企业可以更高的坏账率存在，或者类似的含义。如此一来，商业银行肯定是愿意的。因为多贷款，可以有更高的收益。以前小微企业与其他企业贷款所允许的坏账是一样的，而现在监管机构已“差别化监管”了。那么，小微企业的春天是真的要来到了吗？且待明细的“差别化监管”方式出台再做定夺。总之，啃哥觉得小微企业融资难这个世界性难题，不是那么好解决的。如同陈宇师兄（风吹江南）所说的，如果小微企业贷款都不难了，那还有谁贷款难呢？

完善商业银行考核评价指标体系

引导商业银行纠正单纯追逐利润、攀比扩大资产规模的经营理念，优化内部考核机制，适当降低存款、资产规模等总量指标的权重。发挥好有关部门和银行股东的评价考核作用，完善对商业银行经营管理的评价体系，合理设定利润等目标。设立银行业金融机构存款偏离度指标，研究将其纳入银行业金融机构绩效评价体系扣分项，约束银行业金融机构存款“冲时点”行为。（银监会、财政部负责）

Ken Zhang 啃哥有话说

这一条，啃哥认为是在进一步规范商业银行，更是说给银监会听的。国务院办公厅似乎认为，造成商业银行不以利润为导向、“冲时点”等行为，银监会应负有一定的责任。

另外，关于“存款偏离度指标”，其实就是看存款余额的波动情况，避免“冲时点”问题发生。根据央行公布的数据，2014 年 6 月和 7 月存贷款数据大幅波动。6 月，人民币存款激增 3.79 万亿元，同比多增 2.19 万亿元，创 15 个月新高；7 月，银行贷款与存款都出现大幅回落，其中存款减少 1.98 万亿元，同比多减 1.73 万亿元。可见存贷款余额数据波动多么剧烈。而这又对实体经济产生了多么不利的影响啊！

啃哥想象，银监会主席尚福林看到这一条时或许也会感到压力山大。确实，这一条明显是在批评银监会制定的指标不合理。但是反过来想，也许是银监会自己希望改革，只是通过国务院办公厅发文说出来也未可知。

加快发展中小金融机构

积极稳妥发展面向小微企业和“三农”的特色中小金融机构，促进市场竞争，增加金融供给。优化金融机构市场准入，在加强监管前提下，加快推动具备条件的民间资本依法发起设立中小型银行等金融机构。积极稳妥培育立足本地经营、特色鲜明的村镇银行，引导金融机构在基层地区合理布局分支机构和营业网点。（银监会负责）

Ken Zhang 啃哥有话说

这条很明确地指出由“银监会”负责，没有“等”，也没有其他任何部门。

啃哥边读边想，到底什么是“特色中小金融机构”，还要服务三农，面向小微？再向下读，噢，原来在目前，指的就是“中小型银行”、“村镇银行”。

这对于民营资本而言，可是绝对的重大利好啊！啃哥记得去年开始，民营银行这个概念就吵得沸沸扬扬。很多民营企业都跑去申请设立民营银行，先做了工商的名称预先核准。例如淘宝银行、阿里银行、腾讯银行、京东银行，等等，据说工商名称预核准的民营银行已超过 200 家了。

但是，啃哥认为，民间资本进

入银行，又谈何容易？那是在砸现有银行的饭碗啊！因为市场就这么大点，你挤进来，别人的空间肯定小了，其中的阻力可想而知。

所以，才出现了“吵吵嚷嚷了一年，还是雷声大雨点小”的状况。

但是，这里，国务院办公厅的文件再次明确提出，并且明确了只由“银监会”负责，因此银监会任务重大。

啃哥要为银监会捏一把汗。这么大的事情，让一个银监会来全权负责，将银行这个大蛋糕分出一块来，而且还是银监会这样的部门来分，啃哥觉得，多少有些分量不够，估计银监会也很难“下刀”吧。

大力发展直接融资

健全多层次资本市场体系，继续优化主板、中小企业板、创业板市场的制度安排。支持中小微企业依托全国中小企业股份转让系统开展融资。进一步促进私募股权和创投基金发展。逐步扩大各类长期资金投资资本市场的范围和规模，按照国家税收法律及有关规定，对各类长期投资资金予以税收优惠。继续扩大中小企业各类非金融企业债务融资工具及集合债、私募债发行规模。降低商业银行发行小微企业金融债和“三农”金融债的门槛，简化审批流程，扩大发行规模。（证监会、人民银行、发展改革委、财政部、银监会、保监会等负责）

Ken Zhang 啃哥有话说

这一段，啃哥认为是内容最丰富的一段，每一句、每一个标点符号，都可以说，可以写很多。

啃哥认为，加强企业直接融资能力（即通过股权融资，而不是贷款或者发债），才是解决目前在房地产疲软情况下，促进 GDP 发展的为数不多的方式方法，显然，政府也清楚地看到了这一点。

啃哥向来非常看好新三板，就在 8 月 15 日，新三板已经突破了 1 000 家，而 2014 年年初的时候还不到 500 家，估计全年有可能突破 1 500 家。而主板、中小板、创业板发展了20年，加起来才2 500家。新三板用2年时间应该就可以超过这个数字，有时真让人冷笑。此处明确提出“支持中小微企业依托全国中小企业股份转让系统开展融资”，确实，这也是该篇文章那个吸引眼球的标题，所谓的“国务院一月内两提降低融资成本，力挺新三板”的所在和所指。

下一条“进一步促进私募股权和创投基金发展。逐步扩大各类长期资金投资资本市场的范围和规模，按照国家税收法律及有关规定，对各类长期投资资金予以税收优惠”，是对啃哥所在的PE等投资机构的绝对利好。由于国内PE等投资机构发展处于前期，各种规定政策还没有完全正式颁布。但是，这一条终于给了PE等投资机构一个定心丸。起码国务院办公厅是支持的，并将有（不会遥远）优惠政策逐步落地。

至于最后一项内容“降低商业银行发行小微企业金融债和‘三农’金融债的门槛，简化审批流程，扩大发行规模”，啃哥觉得，前半句只是说说罢了，三农问题，永远是大问题，也是难以解决的问题。而后半句“简化审批流程，扩大发行规模”啃哥要点个赞。审批流程简化确实是利国利民的大好事情。

积极发挥保险、担保的功能和作用

大力发展相关保险产品，支持小微企业、个体工商户、城乡居民等主体获得短期小额贷款。积极探索农业保险保单质押贷款，开展“保险+信贷”合作。促进更多保险资金直接投向实体经济。进一步完善小微企业融资担保政策，加大财政支持力度。大力发展政府支持的担保机构，引导其提高小微企业担保业务规模，合理确定担保费用。（保监会、财政部、银监会、工业和信息化部负责）

Ken Zhang 啃哥有话说

啃哥觉得，这项政策绝对是对多年来一潭死水的中国保险业的一个重大利好。啃哥对保险行业比较了解，曾经的大学专业就是金融保险方向，又从事了多年保险审计工作，对中国的保险业可以说是又爱又恨。

谁都知道，保险公司最有价值的，是它的低成本长期资金。可以毫不夸张地说，在政策放开的前提下，“得保险者得天下”。巴菲特投资做大就是靠收购了顶级保险公司而带来的现金流。国内保险资金之所以无法大规模动用，和保监会的资金运用限制政策有很大关系。

尤其是“促进更多保险资金直接投向实体经济”，也就是保险资金将不仅仅是买买债券了，而是可以更多地“投向实体经济”。这对于保险行业是绝对的好事。手里面握着宝藏，只是因为政策原因无法投出的保险业，在不久的将来，会迎来它自己的春天。

有序推进利率市场化改革

充分发挥金融机构利率定价自律机制作用，促进金融机构增强财务硬约束，提高自主定价能力。综合考虑我国宏微观经济金融形势，完善市场利率形成和传导机制。（人民银行负责）

Ken Zhang 啃哥有话说

提请各位注意，这一项又是只有“人民银行”一个部门，并且没有“等”字样，用词是“有序”。

也就是说，人民银行自己把握节奏好了，不用太快，但也不能不办。找个好的机会，或者等待一个好的机会，实现利率市场化。

这个目标，2000 年啃哥读书的时候，老师就在讲要最终实现，时间已经过去了 14 年，现在还未实现。啃哥只能说“英特纳雄奈尔，一定会实现”了。

从中长期看，解决企业融资成本高的问题要依靠推进改革和结构调整的治本之策，通过转变经济增长方式、形成财务硬约束和发展股本融资来降低杠杆率，消除结构性扭曲。围绕使市场在资源配置中起决定性作用和更好发挥政府作用，继续深化政府职能转变，推进国有企业改革和财税改革，简政放权，打破垄断，硬化融资主体财务约束，提高资金使用效率。落实对小微企业的税收支持政策，切实增强小微企业核心竞争力和盈利能力。引导小微企业健全自身财务制度，提高经营管理水平。各地区、各部门要高度重视降低企业融资成本的相关工作，加强组织领导和分工协作，注重工作实效。对各项任务落实要有布置、有督促、有检查。国务院办公厅对重点任务落实情况进行跟踪督查。各部门有关落实进展情况，由人民银行定期汇总后报国务院。

啃哥有话说

这段话是对上述的总结，有用的信息主要是最后一句，“国务院办公厅对重点任务落实情况进行跟踪督查。各部门有关落实进展情况，由人民银行定期汇总后报国务院”。

啃哥印象中，以前发文说到跟进、汇总、再汇报回来，这样详细的规定，好像没看到过。可见这个文的重要性，也可见这一届国务院办公厅的决心和水平。还是那句话，不是办不了事情，而是办事情之前人要先摆顺。现在人已经摆顺了，正是干事情的时候，才出了这样一个政策，而且是必须严格落实的政策。

综上，国务院办公厅针对金融的这十条要求内容不多，但也不少。完全落实到部门，甚至具体落实到具体跟进部门（国务院办公厅亲自进行跟踪督查），并最终上报“国务院”。这在以前是非常少见的。可见这次要求落实的魄力和决心，啃哥也认为，只要是党想做的事情，没有做不到的。同时又是方向完全正确的方式，那么，怎能不带来一次新的金融领域的巨大机遇呢？

上述十条中，最核心的还是直接融资那部分。最核心的是新三板。其次是对保险资金的放松，以及对银行监管指标的调整。

通读全文，啃哥明显有一种强烈的时不我待的感觉。中国新一轮金融改革的步伐明显已经开始并提速。新的领导团体魄力十足，令人耳目一新。那么，在这个历史性的机遇面前，啃哥，还有读者们，在这个全球仅有的金融改革机遇浪潮中，能做，又该做些什么呢？这是值得我们每个人思考的问题。

2014年8月20日

于北京

以汪国真的一首《跨越自己》，结束此文，送给大家：

跨越自己

汪国真

我们可以欺瞒别人
却无法欺瞒自己
当我们走向枝繁叶茂的五月
青春就不再是一个谜

向上的路
总是坎坷又崎岖
要永远保持最初的浪漫
真是不容易

有人悲哀
有人欣喜
当我们跨越了一座高山
也就跨越了一个真实的自己

PORE OVER
THE NEW
OTC MARKET

05

2014 年第一次重要的答记者问

——全国股转系统就做市业务相关准备情况答记者问

这是新三板公司 2014 年关于做市商的答记者问。与证监会不同，新三板的答记者问次数非常有限，通常隔一两个月才有一次。这次，为了要在 8 月 25 日上线的做市商交易制度，专门做了一次答记者问，重视程度可见一斑。因此啃哥当时专门分析了这一次答记者问。

Ken Zhang 啃哥有话说

自2014年8月25日做市商制度推出后，至28日已有3天，各种文章铺天盖地。新事物的出现，总是充满争议，毁誉参半是常态。只有不断分析并不断啃下去，才能更加客观、理性。才能做到不随波逐流，只扪心自问。

这篇答记者问出自全国股份转让系统（新三板）的网站，是在8月21日做市商制度尚未上线时发布的。主管机构希望通过答记者问的方式，解答大众关心的问题，并非真的有记者提出这样的问题。

各方对做市业务的准备情况

1. 截至目前，全国股份转让系统市场各方对做市业务的准备情况如何？

答：近期，全国股份转让系统公司统筹协调首批参与做市的挂牌公司和主办券商，积极推进关于做市业务的各项准备工作。截至目前，技术层面、制度层面和市场层面的准备都已基本就绪。根据统计，已有66家主办券商获得做市业务备案，做市业务正式实施之日将有43家挂牌公司采取做市转让方式，涉及42家做市商。这些做市商前期在制度、人员、技术系统等方面进行了充分准备，完成了做市业务申请、技术系统测试、做市交易单元和做市账户开通、初始股票获取等系列流程，做好了参与通关测试并首批参与做市的准备。

Ken Zhang 啃哥有话说

这段话告诉读者，已在技术层面、制度层面、市场层面做好了准备。技术层面即电脑、软件、程序方面。制度层面即各项规章制度方面，新三板公司确实已推出了多项制度。市场层面，即需要有企业参与到做市商业务中来，并有券商加入进来才行。

对于技术层面、制度层面，

不用多说，之前新三板公司已准备了若干月。对于市场层面，答记者问继续了回答。目前已有66家主办券商获得做市业务备案，即获得资格。而在8月25日，将有43家企业采取做市转让的方式，同时将有42家做市商参与进来。

66家券商有资格，根据8月29日中国证监会网站“机构名录”可以看出，目前证券公司共有111家。也就是说截至8月21日，共有59%的券商获得了资格。再看这43家企业，占目前新三板1 100家企业比例低于5%，可见刚开始只是试点。同时可以看出券商充满期待，因为有过半数券商积极参与进来了。

从回答的文字语气，也可以看出回答者很有底气，足见其对新三板和做市商制度充满信心。

首批参与做市的挂牌公司及分布行业

2. 首批参与做市的挂牌公司总体情况如何?

答：对于挂牌公司而言，选择做市转让方式有利于形成连续价格曲线、发掘企业内在价值和提升流动性。从各方面指标看，首批申请采取做市转让方式的挂牌公司在规模、质量、财务状况等方面总体较好。43家挂牌公司2013年平均总资产2.32亿元，较挂牌公司均值高出47.8%；平均净资产1.16亿元，较挂牌公司均值高出92%；平均净利润2 034.23万元，较挂牌公司均值高出154%。其中资产规模最大的为中海阳，总资产达17.91亿元，净资产达6.74亿元；资产规模最小的为联合永道，总资产为1 184.47万元，净资产618.74万元。净利润最高的蓝山科技2013年净利润6 930.66万元。值得关注的是首批参与做市的挂牌企业中还有两家2013年度净利润为负的公司——彩讯科技和金泰得，这一方面反映了全国股份转让系统的包容性，另一方面也表明全国股份转让系统正在形成有别于交易所市场的全新市场估值方式和投资选股方式。

Ken Zhang 啃哥有话说

第一句很重要，说明了做市商制度的目的、好处。即有利于形成连续价格曲线；发掘企业内在价值；提升流动性。

■ 有利于形成连续价格曲线。只有形成连续的价格曲线，才能带来价格的稳定，并促进交易量。

■ 发掘企业内在价值。通过做市商制度，券商会主动要求购买优质的、具有潜力的企业，从而让好的企业不再被埋没。

■ 随着好的企业逐渐被发现，连续价格曲线的实现，将会带来交易量进一步提升，流动性进一步加大，更多的投资者再参与进来，市场会变得活跃。

由后面一系列数字可见新三板公司的一片苦心。这43家企业的平均总资产、平均净资产、平均净利润都远高出行业平均水平。同时还专门选了两家利润为负的企业，这明摆着是给那些互联网类的企业看的。其中传达的意思是，都来新三板吧，这里也可以实现融资功能，将来也不比纳斯达克差。

另外，其实啃哥在想，用这种方式给企业做广告蛮好的，省下了那么多的广告费，还会被各个媒体转载，真是不错。

3. 首批参与做市的挂牌公司主要分布于哪些行业?

答：首批参与做市的43家挂牌公司的所属行业中，制造业和信息技术业公司数量最多，分别为17家和15家，占首批企业的39%和35%。这一比例与挂牌公司总体行业分布情况基本一致（目前，全国股份转让系统挂牌公司中，制造业占比为46.9%，信息技术业占比为33.7%)。做市商在选择做市的标的公司时主要关注的是企业业绩及成长潜力等因素，没有明显的行业倾向。

Ken Zhang 啃哥有话说

这段也体现出了新三板公司的煞费苦心。所选取的制造业和信息技术公司的比例，与这两类企业在新三板中的占比趋于一致，避免失之偏颇。

同时，还强调了“做市商在选

择做市的标的公司时主要关注的是企业业绩及成长潜力等因素，没有明显的行业倾向"，就是鼓励各个行业都放心进来，这里很公平。

挂牌公司与做市商之间的双向选择

4. 挂牌公司与做市商之间的双向选择有何特点？遵循了哪些原则？

答：全国股份转让系统市场各方在推进做市业务准备方面，都遵循了市场化原则，即由挂牌公司和主办券商双向选择、自由"结合"，通过自由遴选和竞争实现市场在资源配置中的决定性作用。

从首批参与做市业务的挂牌企业看，主办券商对企业的选择已呈现出明显的差异化特征，部分挂牌公司受到主办券商追捧。首批参与做市的挂牌公司做市商数量平均为2.6家。其中，做市商数量最多的星和众工和中海阳则各有5家券商为其做市。也有挂牌企业因不足两名做市商而未能赶上首批做市业务的"头班车"。从中介层面看，主办券商的做市业务也呈现出差异化特征。首批参与做市的42家做市商平均做市股票数量为2.6只，而排名前三的券商上海证券、东方证券和申银万国，则分别达9只、7只和7只。这一排名与主办券商推荐业务排名并不一致，这表明，随着全国股份转让系统业务链条的拓展，主办券商正结合自身优势确定业务重点，逐步推进差异化竞争格局。

啃哥有话说 Ken Zhang

■ 开篇提到"自由"，要遵循市场化，这就是新三板最大的进步。啃哥赞一个！摆好摊子，上来了大家都是自由的，爱咋整咋整，规则统一。这样的理念太难得了。相比之下，A股市场喊叫了多年市场化，最终连退市机制都没能推出，实在叫人无语。其实新三板的好也反衬出了A股的差。当然，大家都理解，这是利益错综复杂，太难做。

■ 新三板公司明确，此次做市商制度一推出，就已经出现了差异化。此次"排名前三的券商上海证券、东方证券和申银万国，则分别达9只、7只和7只”。并强调“这一排名与主办券商推荐业务排名并不一致”。可以看到，这三家除了申银万国外，另两家都是没什么名气的小券商，而这正是小券商“弯道超车”的好机会。那些还抱着保荐业务不放的券商，如果还不转变观念，很有可能在下一轮竞争中被淘汰。很明显，新三板业务已打破了券商原有的“躺着赚钱”的保荐业务高额收费的盈利模式。啃哥大胆推测，券商新的盈利模式，一定会从新三板诞生。

■ 最后画龙点睛，总结说明“随着全国股份转让系统业务链条的拓展，主办券商正结合自身优势确定业务重点，逐步推进差异化竞争格局”。其实，岂止是券商差异化竞争大幕已经来临，企业的优胜劣汰在新三板亦将更加剧烈。优秀的企业将受到追捧，平庸的企业将被冷落。

而只有这样，让企业融资平台回归市场，经济发展的发动机才能被启动，才有可能带来实体企业的进一步发展。

2014年，在中国房地产市场不景气、出口疲软、内需不振的关口，让更多的企业登陆新三板，获得融资，进而促进经济发展，是很明显的大趋势，啃哥在之前解读国务院新九条时早已指出。

这也就是为什么啃哥一直让企业赶紧上新三板的原因。这次企业如果再落下，以后想要再有机会又是多年后的事情。今年、明年，将是国务院、地方政府，从上到下大力发展金融的关键时期，尤其在A股不振的情况下，只有新三板了，没别的选择。那么，连国务院都过问并关注的事情，能做不好吗？还需要怀疑吗？啃哥有时会想，这明摆的事情，为什么那么多人看不透，或者是不愿意看透呢？啃哥猜测就是因为很多文章的分析浮于表面，很多人道听途说，妄加分析造成的。

2014年8月30日

于汕头格林豪泰宾馆

以张九龄的《望月怀古》，结束此文，送给读者：

望月怀古

〔唐〕张九龄

海上生明月，天涯共此时。
情人怨遥夜，竟夕起相思。

灭烛怜光满，披衣觉露滋。
不堪盈手赠，还寝梦佳期。

PORE OVER
THE NEW
OTC MARKET

06

重大创新之 “接收即披露” “开门办市场”

该新闻是新三板公司 2014 年 8 月 20 日发布在官网上的。这篇文章很重要，是新三板公司第一次明确提出并落实“接收即披露”“开门办市场”的概念。这样的概念在 A 股申报环节被媒体和学者无数次提到，但是一直无法实现。而诞生时间仅一年多的新三板，从一开始就走在了 A 股的前面，历史性地实现了“接收即披露”，不得不让人感慨！

自2013年2月8日发布实施新的业务规则以来，全国股份转让系统挂牌审查工作一直坚持公开透明的原则，不断推进标准的明晰化和程序的规范化，积极践行“开门办市场”的理念。根据分步实施的计划和部署，全国股份转让系统挂牌审查信息公开工作按照以下步骤展开：

Ken Zhang 啃哥有话说

对“开门办市场”这句话啃哥必须要给个大大的赞。这个词啃哥第一次听到，“开门”即开放、包容、海纳百川、从谏如流。啃哥想，新三板之所以能有今天势如破竹的发展态势，其中有四个重要原因：

■ 国务院的强力推动和大力支持（这一条啃哥在之前多篇文章中已分析，不再赘述）。

■ 另起炉灶，打破原有利益格局。

这一点非常重要。A股（包括上海主板、深圳中小板、创业板）怎么改也改不好，为什么？因为A股20年中形成了太多的利益格局和链条。国企、地方企业、民营企业，以及无数的上市公司股东，及股东背后的实际股东、媒体、券商，等等，存在一条非常巨大的成熟的产业链，其中有明有暗，错综复杂，盘根错节。然而，任何改革都必然会触动现有集团的利益。

所以，另起炉灶意义就十分重大，原有格局不触动，用一套新的制度来做新的市场，从一开始，就是完全市场化、公开化。只有这样，才能迈开步子，有所作为。这和20世纪80年代刚刚改革开放时的价格双轨制有异曲同工之效果。

■ 新三板管理者思想开放，敢想敢做。

啃哥没有仔细分析新三板现有领导的背景和经历，但是，从新三板所作所为可以明显看出，这些领导都是想做事情、又有能力的一群人。这点很重要：想做事情，没能力不行；有能力，不想做事情也不行。想做事情，又有能力，再加上没有后顾之忧（没有既定利益格局羁绊），就可以一展身手了。

新三板从一开始就多次强调市场化，前面有A股的经验和教训，后面有这些领导超前的西方思维和雷厉风行的做事风格。那么，还有什么做不了的呢！

■ 民营企业的板块。

这一点啃哥认为也很重要。正是由于新三板中很少有国有企业，因此可以按照西方市场化的思维进行。而民营企业家们也很受用，大家都是完全平等的。不管是利润1个亿的，还是利润100万的，或者是亏损的，都按照同一套规则运行。充分强调市场化、公开化，不存在特殊性。

而A股之所以问题多多的一个重要原因，是其中国企，尤其是大牌国企太多。从上市一开始，国企与民企就不可能站在同一条起跑线上。虽然规则是同样的，但是国企往往有绿色通道。而新三板充分尊重市场，做到了“开门办市场”。

请关注“坚持公开透明的原则，不断推进标准的明晰化和程序的规范化”这句话。拆开来啃，原则是“公开透明”，即没有特例，而公开的前提是透明，只有透明了才能做到公开。再往下啃，“不断推进”，即需要不断努力，做到“标准的明晰化和程序的规范化”。即新三板的所有标准必须明晰，也就是制度建设层面必须明晰，制度要“不厌其烦”，要细致、明确、易于操作，避免有灰色和模棱两可的地带。程序必须规范，所有企业按照同一个程序推进，也没有特例。

为了达到上述目标，“全国股份转让系统挂牌审查信息公开工作按照以下步骤展开……”不得不佩服写这段话的人的水平，用词短小精炼，微言大义。

在审企业基本情况表公开

一是在审企业基本情况表（含审查进度）已于6月13日在全国股份转让系统官网（www. neeq. com. cn）“首页—信息披露—审查信息公开”栏目挂网公开，并每周定期更新。

Ken Zhang 啃哥有话说

为了做到公开透明、开门办市场，第一步就是“公开信息”。

在全国中小企业股份转让系统网站，可以随时查询到正在排队的企业信息。啃哥一直在关注这个“审查信息公开”栏目。8月31日网站信息显示，截至8月28日，共有409家企业排队，状态包括“待出具反馈意见”、“落实反馈意见中”、“反馈意见回复审查”三种。

不过不用担心，新三板8月29日一天就上了18家，所以这409家最多3个月就可以上完。不像A股那600多家，排上3年也不一定能上市。

想想A股，4年前才开始顶着压力陆续公开审核进度，而新三板从一开始就公开审核进度。谁更市场化，显而易见。

全国股转系统官方微信平台发布

二是7月底通过全国股份转让系统官方微信平台（“全国股转系统发布”）发布《关于到全国股份转让系统申请挂牌有关问题的温馨提示》，向市场告知挂牌审查标准即“审什么”、审查流程即“怎么审”、审查过程中的沟通机制以及注意事项，其中特别提到审查人员在接到审查通知后会主动通过电话/邮件与主办券商项目负责人和申请挂牌公司董秘/信息披露负责人联系，告知审查员姓名和联系方式，实现了审查人员对主办券商和申请挂牌公司等市场参与主体的公开，明确了开门办公的工作机制和顺畅的沟通渠道。

Ken Zhang 啃哥有话说

啃哥看到这个“全国股份转让系统官方微信平台”，第一时间在微信公共账号中进行了关注，之前确实不知道。

《关于到全国股份转让系统申请挂牌有关问题的温馨提示》的信息量比较大，啃哥会在下一篇专门分析这个“提示”。

值得关注的是，新三板会“告知审查员姓名和联系方式，实现了审查人员对主办券商和申请挂牌公司等市场参与主体的公开”。这件看似简单的小事，却是开天辟地的大事情。要知道，A

股上市，到底是谁在审，我们是不知道的。而新三板打破传统，明确告知企业“审查员姓名和联系方式”，难道不怕企业送礼，搞腐败吗？啃哥第一反应就是这个。但是，再仔细想一想，所有的企业都知道了自己的审查员，其实是更有效防止腐败的重要举措，因为都公开化了。这样一来，即使企业要送礼请客，审查员自己也不敢拿啊！

正应了那句话——阳光是最好的杀虫剂。

挂牌审查电子化系统上线运行

三是挂牌审查电子化系统已于8月4日上线试运行，申请挂牌公司将不需专程前来北京进行挂牌申请材料的报送，通过设在主办券商的远程端口即能实现挂牌申请材料的上报、反馈意见的接收、反馈意见回复以及归档等审查程序。通过电子化系统报送的企业挂牌申请，全国股份转让系统公司将在其申请材料正式接收后，即在全国股份转让系统信息披露网站按受理顺序披露其公开转让说明书（申报稿）、财务报表与审计报告、法律意见书和推荐报告等文件。目前，通过电子化报送平台接收的申请挂牌公司的上述申请材料已在全国股份转让系统网站“首页—信息披露—审查信息公开”栏目披露，供投资者查阅。随着挂牌审查工作的推进，通过挂牌审查电子化系统报送企业的反馈意见及其反馈回复也将挂网公开。届时，全国股份转让系统将实现挂牌审查工作的全公开。

Ken Zhang 啃哥有话说

这是重磅信息！啃哥务必要啃一啃。现在是中午1点钟，虽然啃哥周日早上吃饭较晚，可现在也是腹中空空。但是，看到上面的话题，已然兴奋地忘掉了饥饿。因为有了希望和曙光，比啥都重要！

上文主要包括两部分内容，我们折开来看。

（1）第一部分：

■“申请挂牌公司将不需专程前来北京进行挂牌申请材料的

报送”。

啃哥感觉这句话有一半是说给A股听的。众所周知，A股申报材料，需将纸质文档送到证监会。所以带火了北京金融街证监会对面的荣大打印店的生意。据说这个“荣大”，现在已经相当牛了，集打印、餐饮、住宿、会议于一体，律师、券商、审计师为了报材料，在里面住半个月甚至1个月，是很平常的事情。他们天天熬夜打印，修改格式、材料，再报送，蜕几层皮那是小事情。关于“荣大”的故事有很多，甚至微博中有个“荣大会”，专门记录申报材料中的心酸历程，感兴趣的朋友可以关注。当然，报送纸质材料是一个花费巨额成本的艰辛历程。而且，报送的时候，有的接收人挑肥拣瘦、爱答不理、没事找事，那就少不了请客吃饭等等。

很明显，新三板避免了如此申报材料的弊端，不再要求报送纸质文档，避免收材料的人与企业人员见面。较少接触是防止腐败的有效方式，这一点，新三板已经做到了。

■“通过设在主办券商的远程端口即能实现挂牌申请材料的上报、反馈意见的接收、反馈意见回复以及归档等审查程序”。

这一句明确，包括反馈意见接收、回复，甚至最后归档，全部在系统中提交完成。这样做的好处就是啃哥之前做内控时常常提到的“留痕”。因为每一步都有时间、经办人姓名在系统中的记录，而且是今后多少年都没法修改的。那么，就可以把造假、腐败等问题的发生减少到最小概率。而且，因为全部留有痕迹，以后的人员也可以检查！啃哥忍不住要大大地赞一下，太先进了！

■“通过电子化系统报送的企业挂牌申请，全国股份转让系统公司将在其申请材料正式接收后，即在全国股份转让系统信息披露网站按受理顺序披露其公开转让说明书（申报稿）、财务报表与审计报告、法律意见书和推荐报告等文件”。

这句话明确了“接收即披露”。企业通过系统上报了材料，只要材料齐全，就会在新三板公司网站上进行披露。

目前A股市场的要求是，根据《中国证监会关于进一步推进新股发行体制改革的意见》（证监会公告〔2013〕42号）中的规定："进一步提前招股说明书预先披露时点，加强社会监督。发行人招股说明书申报稿正式受理后，即在中国证监会网站披露。"但是此处的"正式受理"有些含糊，留下了人为操作的空间。

而新三板将"正式受理"改为"只要材料齐全"，这就大大缩小了人为操作的空间，增加了披露的透明度和及时性。

同时，新三板明确了"按受理顺序披露其公开转让说明书（申报稿）、财务报表与审计报告、法律意见书和推荐报告等文件"，啃哥提请各位注意"按受理顺序"这几个字，在A股市场是"正式受理后"披露。"正式受理"比"受理"多了两个字，别小看这两个字，其实是加入了人为的影响和操作。而新三板一开始就摒弃了"正式"字样，直接按照"受理顺序"，一步到位，对所有企业一视同仁，没有特例，没有插队的可能。真可谓开一代先河。啃哥点赞！

（2）第二部分：

■"目前，通过电子化报送平台接收的申请挂牌公司的上述申请材料已在全国股份转让系统网站'首页—信息披露—审查信息公开'栏目披露，供投资者查阅"。

明确告知投资者去哪里查这些资料。

■"随着挂牌审查工作的推进，通过挂牌审查电子化系统报送企业的反馈意见及其反馈回复也将挂网公开。届时，全国股份转让系统将实现挂牌审查工作的全公开"。

啃哥再赞一下。也就是说现在的按受理顺序公开还只是万里长征第一步，以后还会将反馈意见及反馈意见回复都公开，实现"挂牌审查工作的全公开"。读到此处，啃哥心潮澎湃。新三板提出并逐步践行着全新的游戏规则，有一股"初生牛犊不怕虎"、"长江后浪推前浪"的勇气！因为，如果连反馈意见和回复都公开，意味着在报材料的第一步，企业、券商都需要很谨慎，要披露得尽量详细，想得尽量周到。如果被新三板的反馈意见问到了敏感问题，或者不好回答的问题，那么全国就都知道了！这一方面要求企业提供更高水平的申报材料；另一方面也要求证监会审核人员具备更高的水平，避免问那些低层次的问题。另外，还要求券商更加投入去制作材料。整个过程都将接受社会全体的监督，对各方要求都提升到了更高的层次。这个“挂牌审查工作的全公开”的目标，实在是太有种有胆了，啃哥佩服这般自我改革与救赎的勇气。

此外，企业务必要抢在“挂牌审查工作的全公开”完成前，尽快挂牌。一旦过程全公开了，对于企业而言，要求不是更低，而只能是更高。更严格的要求意味着挂牌周期更长，上市更难。所以啃哥一直在说，中国的事情，永远是快鱼吃慢鱼，过了这村就没这店了。趁着现在政策利好，企业应该赶紧捋胳膊挽袖子，抢着上去，先占了坑再说。一旦一步落后，将会步步落后，这样的情形在 2009 年的创业板发生过，在新三板同样会再发生。机不可失，时不再来！

在审查标准清晰、审查流程明确、审查过程中沟通机制顺畅的基础上，全国股份转让系统将进一步探索和创新挂牌审查工作公开透明的机制和方式。近期，全国股份转让系统公司将在不断总结案例的基础上，邀请机构投资者、主办券商、律师、会计师和行业研究员等市场参与主体参加的挂牌审查工作“开门点评”、案例总结等，加强与各市场主体的互动交流，逐步使“以信息披露为核心”的理念具体化，并与市场各主体达成共识，提高市场运行的效率和质量。

Ken Zhang 啃哥有话说

这段话是总结，基础是“审查标准清晰、审查流程明确、审查过程中沟通机制顺畅”，涉及标准、流程、沟通机制三部分，新三板目前可以说大部分都做到了。同时，新三板非常接地气，主动“邀请”中介机构开会以吸取经验，并提出了“开门点评”的概念，与文章开头“开门办市场”遥相呼应。相比之下，A 股市场很少使用“邀请”这个词，证监会总把自己放在老大的位子上。而新三板的管理者，一开始就把姿态放得很低、很低，非常务实，令人佩服！

新三板的管理者最后再次提出“逐步使‘以信息披露为核心’的理念具体化，并与市场各主体达成共识，提高市场运行的效率和质量”，可见其极为谦虚。虽然新三板制度较 A 股已领先很多，但是，仍然不为此满足，强调还要把“以信息披露为核心”具体化，提高市场运行效率和质量。至于怎么“具体化”，其实是一个逐步推进的过程，啃哥相信“挂牌审查工作的全公开”一定是第一步，同时在交易环节、退出环节会进一步设计“具体化”的内容，新三板任重而道远。

同时，对于“提高市场运行效率和质量”，啃哥认为，这句话是针对新三板交易不活跃而言的。新三板管理层把交易活跃作为头等大事来抓，并已于8月25日推出了做市商制度。啃哥大胆推测，新三板交易活跃指日可待，不会太久，少则半年，多则一年，新三板的交易活跃度会赶上甚至超越A股市场。

2014年8月31日
于汕头

以一首《挡不住的青春》，结束此文，送给大家：

挡不住的青春

汪国真

曾经有过那么多惆怅
想起往事
令人断肠

我不知道
我的追求在何方
道路在何方

问风问雨问大地

却没有一点回响
岁月无声地流淌
可是谁甘心总是这样惆怅
可是谁愿意总是这样迷惘

我要飞翔
哪怕没有坚硬的翅膀
我要歌唱
哪怕没有人为我鼓掌

我用生命和热血铺路
没有一个季节
能把青春阻挡

PORE OVER
THE NEW
OTC MARKET

07

极具深意的“温馨提示”

——关于到全国股转系统申请挂牌有关问题的温馨提示

这篇“温馨提示”非常重要，是新三板公司通过微信公众号发布的关于企业申报新三板的一些细节问题的说明。但并未出现在网站上，这不得不让人猜测，啃哥猜测新三板公司是想低调发布。

这篇“温馨提示”第一次使用了“竭诚为您服务”如此谦虚、近距离的语言，并从“审什么”、“怎么审”、“如何沟通”、“特别提醒”四个方面展开平易近人的叙述，如同邻家大哥般娓娓道来，令读者不仅得到了所需的知识，同时心里面暖暖的，这样的方式让人耳目一新。

Ken Zhang **啃哥有话说**

这篇文章很有意思，没有出现在全国中小企业股份转让系统网站，而是在8月6日出现在上线不久的新三板公司的公共微信账号“全国股转系统发布”中。啃哥猜测，新三板公司是想通过这种方式增加粉丝数量，在8月20日的全国中小企业股份转让系统网站上，提到曾经发布过这个通知！如果不是啃哥在啃，可能关注的人真不会太多。

但是，啃哥觉得，这个“温馨提示”非常非常重要，它是管理机构希望自己阳光化，而主动、专门要告诉企业的一些内容。它明确了很多关系重大的问题。对于如此重要的文章，就是掘地三尺，啃哥也要分析透彻。

另外，有一个细节值得一提。这个标题中“温馨提示”这样的用词，无形中又拉近了读者与新三板公司的距离。新三板公司就仿佛是邻家大哥，将各项规定向大家娓娓道来。在我印象中，证监会从来没有用过这个词。新三板公司开一代先河，在这些细节的地方做得细致入微，可见用心至极。啃哥点赞！

尊敬的申请人、主办券商及其他参与主体：

您好！当接收您报送的挂牌申请材料之日起，挂牌申请材料即进入挂牌审查程序。我们将竭诚为您做好服务，现就挂牌审查有关事项告知如下：

Ken Zhang **啃哥有话说**

新三板公司很谦虚。“竭诚为您做好服务”的用语让大家很受用，充分体现共服务理念和意识。无论内容如何，啃哥都要先赞一下！

审什么?

全国股份转让系统挂牌审查工作坚持公开透明原则，强化以信息披露为中心的理念，主要围绕挂牌条件和信息披露的合规性、有效性展开：

K en Zhang 啃哥有话说

新三板公司开门见山，想要告诉企业，我们审什么。那么，就必须把原则说清楚，也就是中心思想。啃哥觉得这个非常重要，也许读起来虚了点，但是这就像是中心思想，或者是企业文化，是潜移默化的作用。所谓纲举目张，有了思想，还怕没有内容吗?找对方向，一切都会迎刃而解。术和道的问题解决了，后面就好推动。好在新三板公司从一开始就对这个问题认识得很透彻、高度也足够高。

原则是："坚持公开透明原则，强化以信息披露为中心的理念"，这是"理念"，即公开透明，强化信息披露。啃哥提请注意"强化"二字，铿锵有力，说明了工作重心是"强化"，而不是其他，是进一步推动，有强制的意味。可见新三板公司从一开始就把"信息披露"放到了非常重要的位置。啃哥想起了上一篇中的几个关键词，即"开门办市场"、"开门点评"，其实就是上面的"公开透明原则"的进一步深化和体现。

"主要围绕挂牌条件和信息披露的合规性、有效性展开"，明确了只要挂牌条件、信息披露满足要求就可以。没有模棱两可的字样，没有给自己留余地，这更是一种自我救赎的精神。不给自己留退路，不给未来自己设置特权的机会。啃哥对起草者深表敬意!

（1）按照《全国中小企业股份转让系统挂牌条件适用基本标准指引（试行）》，关注申请挂牌企业是否符合挂牌基本条件，这是作为挂牌公司的最基本要求。

K en Zhang 啃哥有话说

根据这个"指引"，挂牌基本条件包括六点：依法设立且存续满两年；业务明确，具有持续经营能力；公司治理机制健全，合法规范经营；股权明晰，股票发行和转让行为合法合规；主办券商推荐并持续督导；全国股份转让系统公司要求的其他条件。这些基本要求其实很宽松，没有严格的盈利要求。

没错，只要满足就可以登录新三板，这不是痴人说梦。新三板本来就是给中小民营企业设定的，不能太高大上。新三板从一开始就明确自我定位，可见其用心良苦。挂牌“基本标准”专门出制度，这在A股市场中也从来没有。中小板、创业板规则中，都是将标准混在大的规则中。而这里，针对“基本标准”，以专门文件明确，可见创立者目标明确，定位清晰！

（2）按照《全国中小企业股份转让系统公开转让说明书内容与格式指引（试行）》和《全国中小企业股份转让系统挂牌公司信息披露细则（试行）》等规则，关注申请挂牌公司信息披露的真实性、准确性、完整性和及时性。

Ken Zhang 啃哥有话说

这里，啃哥不再引用这个规则了。“格式”、“披露细则”都是死杠杠，人为控制不了。只要认真披露，就能满足。

关注“信息披露的真实性、准确性、完整性和及时性”，在这里，再次强调“信息披露”，与文章第一句中心思想遥相呼应。同时，啃哥细品后发现“真实性、准确性、完整性和及时性”是四个方面。啃哥在四大（即四大会计师事务所之一，下同）制定对资产类科目的审计方法时，也是从这四个方面分析是否合适，包括完整性（Completeness）、存在性（Existence）、价值（Valuation）、所有权和披露（Rights &Obligation），对比一下，除了“及时性”以外，其他都差不多。充分说明了各个领域的知识，多少是相互关联的。[1]

（3）关注主办券商、律师和会计师等中介机构是否归位尽责，是否严格履行尽职调查、内核等必备程序，并围绕挂牌条件和信息披露等如实客观、逻辑清晰地发表专业意见，同时也鼓励中介机构在遵守现有法律法规、部门规章和业务规则的前提下，为企业提出创新性、建设性和可操作性的解决方案或规范措施，提高服务实体经济的专业水平。

Ken Zhang 啃哥有话说

这点很重要，是对中介机构提出的要求。

[1] 啃哥所著的《四大那些事：四大会计师事务所工作生活实录》一书，写尽了啃哥在四大工作的经历和感触，酝酿十载，终得成书，相信对大家有所裨益。

首先，对三家机构同时提出，新三板公司会关注中介“是否归位尽责，是否严格履行尽职调查、内核等必备程序，并围绕挂牌条件和信息披露等如实客观、逻辑清晰地发表专业意见”。一方面要求中介机构尽责，内部程序必须完备；另一方面要求中介发表的意见必须“如实客观”、“逻辑清晰”。啃哥感觉这几句话虽然文字不多，确实句句说到心坎上。都是大实话，务实，是啃哥读出的味道。啃哥赞一个！

其次，先提出要求，再提出期望，逻辑层层递进。“也鼓励中介机构在遵守现有法律法规、部门规章和业务规则的前提下，为企业提出创新性、建设性和可操作性的解决方案或规范措施，提高服务实体经济的专业水平”，鼓励中介“提出创新性、建设性和可操作性的……”，这是从三个方面，即创新性、建设性、可操作性，鼓励中介提升水平，放手去做，既然是鼓励，那么做错了也能容忍。

从一开始新三板就给了中介机构这种“试错理念”鼓励。难得！

综上，关于第一大点“审什么”，新三板公司寥寥数语，说得明白透彻。字不在多，有用则灵。这寥寥数语胜得过几万字的长篇大论。正如刘邦立法三章安天下那样。规定不在多，不在细，而在恰到好处，这一点新三板公司在努力践行。

怎么审?

全国股份转让系统严格按照已发布的《股份公司申请在全国中小企业股份转让系统公开转让、股票发行的审查工作流程》规定的程序开展挂牌审查工作，按照申请挂牌材料的接收顺序和反馈意见的回复顺序安排审查工作流程。因此，挂牌申请审查工作的效率，主要取决于申请挂牌公司的重视程度、中介机构的执业态度与工作质量、企业信息披露的全面准确与有效性、以及反馈意见回复落实的速度与质量等因素。

Ken Zhang 啃哥有话说

关于“怎么审”，啃哥本以为会看到长篇大论，但事实上只有短短一段话，令啃哥拍案叫绝！

首先映入眼帘的是醒目的“严格按照”，第一句就强调了自己的态度，遵守自己颁布的规则，而且是“严格”遵守。这点明确了方向。

第二句，“按照申请挂牌材料的接收顺序和反馈意见的回复顺序安排审查工作流程”。也就是说，没有关系，没有插队，大家都按照顺序来。从一开始就杜绝了灰色地带。明了，简单。

第三句，“挂牌申请审查工作的效率，主要取决于申请挂牌公司的重视程度、中介机构的执业态度与工作质量、企业信息披露的全面准确与有效性以及反馈意见回复落实的速度与质量等因素”。这句话其实回答了企业最关心的话题——如何快点挂牌，而且回答得很清晰明了。挂牌的速度将取决于企业的重视程度、材料的质量、信息披露的准确与有效性，以及回复落实的速度与质量。又是寥寥数语，该说的点全部点到了。也就是说，只要材料质量好，只要反馈意见及时，就没问题，可以报。同时也在说“你找关系也没有，这个新三板不靠关系，大家一视同仁，按照规则办事”。明里暗里解答了萦绕所有企业却不好直接问的问题——“如何找关系”。

综上，关于如何审核，只有短短三句话。但说得很到位、很清晰。没有多余的废话，没有假大空的官话，字字落地有声，铮铮然。

如何沟通?

首先，秉承“开门办公”的精神，审查人员在接到审查通知之日起5个工作日内会通过电话/邮件与主办券商项目负责人和申请挂牌公司董秘/信息披露负责人联系，告知审查员姓名和联系方式；因此，请务必在申请文件《申请挂牌公司基本情况和联系表》中留下完整的项目负责人、申请挂牌公司董秘/信息披露负责人以及签字律师、签字会计师的电话和邮箱，保持通讯方式的畅通，以便能够有效地通知和发出反馈意见。

Ken Zhang 啃哥有话说

啃哥又看到了"开门"这个词，这个词在新三板相关文件中使用频率已非常高了。在啃哥印象里，A股管理者、证监会，从来没用过。看到新三板管理者如此喜欢"开门"，啃哥很受用，相信小伙伴们也会很受用的。

第二句是重点。其中"5个工作日"、"告知审查员姓名和联系方式"，这样裸查（裸体审查）着实厉害！全部阳光化、透明化。其实，这更是一种自信！只有自信才敢于裸查，不怕送礼，不怕找关系。因为阳光是消除腐败最好的"杀虫剂"！而且明确5个工作日反馈，把时间节点落实到了纸面。这是以前在企业才有的雷厉风行的态度，新三板公司做到了，实属可圈可点！

啃哥想起了毛泽东的那句"自信人生两百年，会当水击三千里"的豪迈与自信，以此送给新三板管理者。

其次，挂牌审查期间，主办券商项目负责人及项目组成员或申请挂牌公司，董秘/信息披露负责人均可直接通过电话、邮件、传真等方式，与审查人员就反馈问题、在审期间的重大变化及其他或有事项等进行沟通，需要当面沟通的，请与审查员联系约定时间，在正式办公场所进行沟通，并由审查人员做好记录存档。需提请注意：一是项目负责人要切实履行全面的职责，杜绝只签字不负责的现象；二是主办券商项目组成员、签字律师、签字会计师以及其他参与人员在沟通时要有针对性，不得无故干扰审查工作，影响审查质量和效率；三是在沟通中如遇存有分歧的问题，要坚持平等原则，采取直接积极沟通的方式，避免信息不对称；四是审查中如果申请文件内容（包括信息披露文件公开后所发生的应披露而未披露事项）有变化，应及时反映，确保在挂牌时信息披露文件的真实、准确、完整；五是沟通中若存在不顺畅的情形，可直接向挂牌业务部咨询电话反映，我们将予以认真处理和协调；六是对于严重干扰审查的人员，挂牌业务将予以备案登记。

Ken Zhang 啃哥有话说

第一句：强调可以随时与审查员沟通。而且中介、企业都可以，沟通的内容是所有项目相关内容。这样的规定保证了无障碍沟通，不用找关系，也没必要找关系。企业当面与审查员沟通、解释，是最有效的方式。

第二句：强调“在审期间的重大变化及其他或有事项等进行沟通，需要当面沟通的，请与审查员联系约定时间，在正式办公场所进行沟通，并由审查人员做好记录存档”。啃哥看到这个“在正式办公场所进行沟通”的语句不禁鼓掌。因为正式办公场所进行沟通的话，就没有腐败、送礼的机会了，同时审查员还要做好记录并存档，更减少甚至杜绝了腐败的机会。文中明确强调了“在正式”而且是“办公”场所沟通，并且必须记录和留档。那么无论是审查员还是企业，都不再敢越雷池半步！这一规定考虑全面、细致，啃哥佩服这个新三板“温馨提示”制定者的缜密心思！

第三句：“需提请注意：一是项目负责人要切实履行全面的职责，杜绝只签字不负责的现象”，这是要求券商必须负起责任来。经常有券商为了业务数量，而忽视质量的情况存在，因此新三板管理者从一开始就对此严格要求。

第四句：“二是主办券商项目组成员、签字律师、签字会计师以及其他参与人员在沟通时要有针对性，不得无故干扰审查工作，影响审查质量和效率”，这是要求沟通必须有利、有礼、有节，不能无理取闹。大家都是成年人，必须讲道理。这确实是沟通的基础和前提。

第五句：“三是在沟通中如遇存有分歧的问题，要坚持平等原则，采取直接积极沟通的方式，避免信息不对称”，强调了“平等的原则”、“直接积极沟通”，就是说别不管什么问题都去找审查员的领导，多多和审查员本人沟通。审查员而非审查员的领导负责具体业务。这句话说得真有水平，佩服！

第六句：“四是审查中如果申请文件内容（包括信息披露文件公开后所发生的应披露而未披露事项）有变化，应及时反映，确保在挂牌时信息披露文件的真实、准确、完整”，申请文件必须及时更新，这是审查的前提，过时的申请文件没有审查的必要。在理！

第七句：“五是沟通中若存在不顺畅的情形，可直接向挂牌业务部咨询电话反映，我们将予以认真处理和协调”，这里引入了第三方，可以认为是投诉电话或者调解电话。可见其考虑的全面性。

第八句：“六是对于严重干扰审查的人员，挂牌业务将予以备案登记”，这一条是必需的，对于不按规则做的人，必须严格处罚才能确保大家都按照一个规则运行并遵守。赞！

第三，在审企业基本情况信息（含审查进度）已在我司网站公开，每周更新一次，可根据需要自行查询；随着电子化报送审查系统的上线，主办券商可随时查询所推荐企业的相关信息，如有问题，请与审查人员联系沟通。

Ken Zhang 啃哥有话说

这里告知了网站会每周更新审查进度。并且，“随着电子化报送审查系统的上线，主办券商可随时查询所推荐企业的相关信息”。请仔细看，是“随时”，厉害！处理进度一清二楚，再赞！

特别提醒

财务资料的有效期

财务资料有效期为最近一期审计截止日后 6 个月，为切实降低企业成本，提高审查工作效率，请申请挂牌公司注意提交申请文件时，财务资料有效期应不短于 2 个月（不含特殊情况下可申请延长的 1 个月）。

Ken Zhang 啃哥有话说

“特别提醒”让啃哥心头一热。

材料有效期是“最近一期审计截止日后 6 个月”，即如果以 2014 年 6 月 30 日的财务数据作为申报数据的话，12 月 31 日企业必须在新三板挂牌，不然需要补充审计报告，更新“股份转让说明书”等一系列文件中的财务数据。

“提交申请文件时，财务资料有效期应不短于 2 个月”，即如果计划以 2014 年 6 月 30 日财务数据申报，要在11月1日前报送，剩下的有效期不能少于2个月，因为少于2个月意味着即使报了材料，还没轮到企业挂牌又要补充新的材料了，何苦呢。

这里告诉了企业各个时间节点，很重要，也很贴心，啃哥很受用。

申请挂牌公司与中介机构应积极沟通

信息披露既是挂牌公司的权利，又是应尽的义务。申请挂牌公司董事长（或总经理）、董秘（或信息披露负责人）、财务负责人等人员应积极参与企业挂牌申请工作中，并与中介机构主动沟通、积极配合，共同做好信息披露工作，提高信息披露质量。主办券商及其他中介机构应归位尽责，及时组织各主体，认真落实我司出具的反馈意见；各方在审查过程中有任何不配合的情形，均可向审查员反映，希望大家共同提高挂牌审查工作效率。

全国中小企业股权转让系统有限责任公司

2014年8月13日

Ken Zhang 啃哥有话说

第一句：“信息披露既是挂牌公司的权利，又是应尽的义务”，说得真好。以前觉得都是义务，是企业的负担，其实也是企业的“权利”，是两方面看待一个的问题，啃哥的观念也得到了纠正。

第二句：明确了“积极沟通”的具体负责人，真正落实到了人，是企业的董事长、董秘、财务负责人。那么，就意味着如果企业不积极沟通，是有处罚措施的。明了、务实，这是企业的作风！啃哥赞！

第三句：“主办券商及其他中介机构应归位尽责，及时组织各主体，认真落实我司出具的反馈意见”，这是针对中介机构的，虽然寥寥数语，却也掷地有声，说明了中介的责任。

第四句：“各方在审查过程中有任何不配合的情形，均可向审查员反映，希望大家共同提高挂牌审查工作效率”，这句是总结和希望，同时给了审查员权利，因为“各方在审查过程中有任何不配合的情形，均可向审查员反映”，也就是说审查员有足够的权利去协调处理，是第一负责人。同时提出希望，目标是“提高审查工作效率”，明了、简单、务实。

这篇“温馨提示”全文共计1 742没有一个字多余，没有半句废话。可见创作者语言组织能力、表达能力之高！也充分体现了新三板管理者务实、低调、一切以成果说话的态度！这是啃哥最佩服的地方。

这不只是“温馨提示”，只是借用了这个名称。这不仅是给企业看的，也是给新三板中介机构、新三板公司内部工作人员看的。不仅是对流程的介绍，也是对腐败、暗箱操作的警示牌！

啃哥再点一个大大的赞！

2014年9月2日

于汕头

啃哥的大学好友王斯梦最近创作的一首诗歌，读来很有感觉，以此作为结尾：

Want to give some words so late now

浪吞沙屋造，金龟入粉眠。
蹄踏激流洗，缰羁难归林。
万源理归一，静破化诸元，
南现星十座，北国马巡天。
狼行冬日，夏走蝎踪。
蟹巨孵星团，蜂腰扣云端。
冷月掌潮力，古阳沃新芒。
歌载意，乐飘想，生计忙，
道大人心配，器满不思量。
为匠为为将，供瓦供供房。

PORE OVER
THE NEW
OTC MARKET

08

就关键热点问题的答记者问

新三板公司2014年9月1日发布了一篇非常全面的答记者问，共回答了9个问题，详细解答了截至9月1日市场对新三板公司的各种质疑。共用5 600字，内容非常庞杂，同时又极其重要。为了“啃”清楚，啃哥分了4天，每天写一篇，最终得以完成。

此篇共9个问题，全部正面回答，各个直击要害。可以看出新三板公司毫不避讳问题的态度和极力解决问题的决心。

请大家注意，这些问题其实并非真的是记者提出的，而是新三板公司为消除市场疑虑进行的自问自答。

啃哥有话说

2014年9月1日，全国中小企业股份转让系统网站上发布了“全国股份转让系统就近期热点问题答记者问”，回答了9大问题，啃哥认为这9个问题都非常重要。

有人问啃哥，为什么总分析答记者问，或者新三板官方发布的信息，写得没有别人热闹，而且标题也太土了。啃哥觉得，正是由于很多信息被不同的人解读，存在很多的标题党，使大量信息被歪曲和误解。而啃哥更愿意从最原始的地方啃起，啃出最客观、最真实的东西。

“千磨万击还坚劲，任尔东西南北风”，不管别人如何分析，啃哥永远用自己的眼光冷静分析新三板管理者的一举一动，永远只扪心自问。

做市业务的市场运行和交易情况

1. 全国股份转让系统做市业务实施一周，请问市场运行和交易情况如何？

答：自8月25日全国股份转让系统做市业务实施以来，市场整体运行平稳，各项业务操作顺畅有序：一是技术系统运行稳定。上周，市场的委托申报、交易撮合、清算交收、行情接收揭示等各项业务功能正常，较为充分地验证了全国股份转让系统做市业务运行的稳定性和业务操作的准确性。

啃哥有话说

做市商业务自8月25日开始实施以来，各种文章铺天盖地而来。新三板管理者显然也意识到了这个情况，因此专门对整体情况进行说明。

这一段是针对技术系统运行情况而言的，整体运行平稳，达到了“运行的稳定性和业务操作的准确性”目的。显然，做市商系统运行必须“稳定”，即不能突然死机或者突然出现错误程序，同时必须“准确”，也就是操作人员操作过程中，不能把小数点点错，不能多敲几个零。

这个系统新三板管理者从 4 月份就开始调试，券商数次联网测试，才有了 8 月 25 日的最后上线，非常来之不易。据称，为了新三板，第一批做市商的券商仅仅系统投入就达到近千万元，可见这样的事情，也只有土豪级别的券商能做。有人说，未来 3～5 年，一半以上登陆主板的企业将从新三板市场中诞生，啃哥深以为然。啃哥更进一步大胆推测，新三板有可能超过主板，成为民营企业最主要、最活跃的融资平台。这不是不可能，在中国的资本市场什么都有可能发生。

二是做市业务对股票价格的发现功能有所提升。上周，43 只做市股票全部有成交记录，且多数股票形成了连续的价格曲线。做市业务实施后，市场整体涨跌幅和振幅逐日收窄。做市上线首日即 8 月 25 日，多只做市股票涨幅超过 50%，涨幅最大的行悦信息（430357）当日涨幅为 128.03%；成交价格振幅最大的新眼光（430140），当日振幅达 351.67%。到了 8 月 29 日，有成交的 38 只做市股票中，有 37 只涨跌幅在 10%以内（另 1 只股票涨幅为 11%），振幅最大值为 10.70%。从做市商报价表现来看，平均价差在 4%左右，且有进一步缩小趋势，做市商普遍积极参与做市报价。

Ken Zhang 啃哥有话说

这一段说明新三板的作用是“对股票价格的发现功能有所提升”，即好的企业可以卖出更好的价格，而不是萝卜白菜、人参海蜇都一样价格。

“43 只股票全部有成交记录”，啃到这里，啃哥还是很欣慰的。有成交意味着这 43 家企业有了新的估值。不管成交量如何，只要有了成交价格，根据股份数量比例，就能倒推出企业的估值。新三板的一个重要作用就是市场给企业估值，企业有了估值，才可以做后面的很多事情，例如股权质押融资等。

“多数股票形成了连续的价格曲线”，这点啃哥认为也非常重要。有了连续的价格曲线，意味着企业股票的买卖连续，而不是仅仅一笔完成。二级市场上面交易活跃了，且不论交易金额多少，起码说明交易次数是非常多的，没有足够多的交易次数，报价买卖成交是无法形成这样连续的曲线的。

“做市上线首日即8月25日，多只做市股票涨幅超过50%”，这说明企业之前的价格偏低，新三板实现了价值发现功能，对于优质的企业，被低估值的企业股价自然会上涨，企业价值回归真实，而不会虚高或者虚低，这也是好事情。

“涨幅最大的行悦信息(430357)当日涨幅为128.03%；成交价格振幅最大的新眼光(430140)，当日振幅达351.67%。”由于新三板不设定涨跌幅限制，因此出现了涨幅128.03%的情况，可见该股票还是受到热捧的，这和企业的题材价值有关。振幅高达351%是盘中买卖造成的。

“到了8月29日，有成交的38只做市股票中，有37只涨跌幅在10%以内（另1只股票涨幅为11%)，振幅最大值为10.70%。”可以看出，通过8月25日到8月29日的交易后，38只有交易的股票整体涨幅又落了回来，基本都在10%以内。也就是说没有出现做市商制度推出前媒体普遍推测的被恶炒的情况。这比创业板刚推出时上百倍市盈率好太多了，说明所有投资者都很理性。这样的结果是新三板管理者从一开始就很小心、很理性带来的。

也许有人觉得5个工作日后没有大的涨幅，似乎新三板没啥用处。其实啃哥反而觉得，正是没有超预期的涨幅，才预示着新三板会更加理性地平稳发展，投资者更加关注长期投资。正是不愠不火，才会带来未来的繁荣。啃哥反而对新三板更加有信心了。

“从做市商报价表现来看，平均价差在4%左右，且有进一步缩小趋势，做市商普遍积极参与做市报价。”4%看起来好像很小、很低，但是，请注意，如果交易额巨大，这个金额的绝对数字就会很大。如果有1亿元的交易额，4%就是400万元。IPO券商是按照融资额的3%～5%收费的，因此4%不低。而且4%只是平均值，说明也有很高和很低的情况存在，因此，考验券商眼力的时刻来了！一个新的时代开启了！

三是做市业务推动改善市场流动性。一方面，市场成交频率显著增加，8月25—29日，成交笔数环比增加338%。2014年以来截至8月29日，挂牌公司股票成交笔数共计13 236笔，其中，做市业务实施以来的一周，挂牌公司股票成交了6 569笔，占今年以来总成交笔数的一半。另一方面，做市转让方式提升了股票的换手率。8月25—29日，挂牌公司股票整体换手率为0.65%，其中做市转让股票成交5 814笔，换手率为1.03%，协议转让股票成交755笔，换手率为0.59%。做市转让股票换手率远高于协议转让方式股票换手率。

Ken Zhang 啃哥有话说

这段话说明做市商制度确实改善了市场流动性。因为有了做市商，“成交笔数环比增加338%”，做市业务实施仅仅一周，就占到2014年新三板交易数量的一半！

当很多人对啃哥说做市商制度不行，做市商制度不解决流动性问题时，啃哥都懒得争辩。没有数字，谁都没有发言权，主观臆断是没办法争辩的。做市商一周的交易数量6 569笔，是新三板全年交易数量13 236笔的一半！说成功也许过早，但是，可以肯定，做市商制度的的确确、实实在在地改善了新三板的股权流动性。

“另一方面，做市转让方式提升了股票的换手率”，那么，换手率的定义到底是什么？多少换手率才是合理的？啃哥不是全才，也不知道。但是，要啃下去，就必须啃掉每一个问题。因此，啃哥去百度百科查了一下：

“换手率”也称“周转率”，指在一定时间内市场中股票转手买卖的频率，是反映股票流通性强弱的指标之一。英文为：Turnover Rate。换手率的计算公式为：换手率＝某一段时期内的成交股数/流通股数×100%。

一般情况，大多股票每日换手率在1%～2.5%（不包括初上市的股票）。70%的股票的换手率基本在3%以下，3%就成为一个分界。那么大于3%又意味着什么？当一只股票的换手率在3%～7%之间时，该股进入相对活跃状态。在7%～10%之间时，则意味着强势股的出现，股价处于高度活跃（广为市场关注）当中。换手率在10%～15%，表示大庄密切操作。超过15%换手率持续多日的话，意味着此股也许成为最大黑马。

可以看出，在成熟的市场，换手率一般在3%左右比较合理。因此新三板目前1%左右的换手率确实表明交易不是很活跃。

但是，从新三板内部比较，“8月25—29日，挂牌公司股票整体换手率为0.65%，其中做市转让股票成交5 814笔，换手率为1.03%，协议转让股票成交755笔，换手率为0.59%”看来，协议转让换手率更低。因此内部比较做市商制度确实提升了换手率，而且基本提升了1倍，功不可没！啃哥也觉得，由于新三板是新生事物，换手率只能逐步来，不能要求新三板的换手率达到成熟的主板市场的水平。事物发展都有一个过程，万不可拔苗助长。只要有进步就值得鼓励！而新三板做市商制度带来的换手率提高更是明显的结果，因此还是卓有成效的，啃哥必须表扬！

啃哥认为，我们不能总把我们和全球最优秀的股票市场做比较，而永远说我们不行、别人行，长别人志气，灭自己威风，真没必要！鼓励、认可、包容，才是我们现在对待新三板应有的态度！

四是投资者参与市场的意愿增强。做市业务实施以来，新开通全国股转系统交易权限的合格投资者共计397户，其中机构投资者49户（含产品类投资者1户），自然人投资者348户。合格投资者成交金额持续净买入，成为投资者主要参与主体。

Ken Zhang 啃哥有话说

可以明显看出，机构投资者数量只有49户，而个人投资者达348户。个人投资者数量虽多，但交易的买方主力还将是机构投资者，个人投资者就是凑个热闹罢了。

个人投资者的门槛其实是很高的，根据规定，“个人投资者需要有两年以上的证券投资经验，或具有会计、金融、投资、财经等相关专业背景，并且要求投资者本人名下前一交易日日终证券类资产市值在300万元人民币以上”。

因此，这49户确实不算多。但是，啃哥相信，随着越来越多的优秀的企业被发现价值低估，越来越多的做市商或者投资者赚到大钱的事件出现，那个疯狂热捧的时刻应该不远。

用发展的眼光看问题，这是啃哥的态度。啃哥不是盲目乐观，而是理性看好。

做市对市场的长期影响

2. 做市业务的实施对市场的长期影响是什么？就近期而言，还将有多少挂牌企业会加入做市行列？

答：做市业务是中国境内证券市场的一项全新尝试，也是资本市场支持中小微企业发展的一项制度创新。做市业务的实施对全国股份转让系统丰富市场交易方式、完善市场功能、促进市场稳定健康发展具有重要意义。对挂牌公司而言，做市业务将促进创新、创业、成长型企业估值定价体系的形成，通过做市转让，企业能进一步分散股权、提升公众化程度，增强市场流动性，畅通投融资渠道。对于证券公司而言，做市业务将开启全新的盈利模式，促使券商在推荐业务中更加注重从投资者的视角去谨慎选择企业，更加注重通过整合业务链条，形成与企业共同成长的良性合作关系。对市场整体而言，做市业务有利于全国股份转让系统夯实市场化运行机制，理顺业务逻辑，提升市场的深度和广度，增强市场运行的稳定性。值得注意的是，首批采取做市转让方式的43家挂牌公司中，有两家公司2013年度的净利润为负。这一方面反映了全国股份转让系统业务制度的包容性，另一方面也表明全国股份转让系统正在形成有别于交易所市场的全新市场估值方式和投资选股方式。

Ken Zhang 啃哥有话说

这一段对“做市业务的实施对市场的长期影响是什么”展开分析，分析得全面而又具体，没有夸夸其谈，都恰到好处。

回答先从整体上肯定了新三板做市商制度。首先是“全新尝试”，开宗明义，是对“中小微”企业发展的一项“制度创新”。这句话再次强调“中小微”企业，即新三板的服务对象很明确。其次是“制度创新”，因为这个做市商制度在整个中国的资本市场中，都属于首次尝试，因此，确实是“创新”。而最终是“对全国股份转让系统丰富市场交易方式、完善市场功能、促进市场稳定健康发展具有重要意义”。这里再次层层递进，只有丰富了交易方式，完善了市场功能，才能做到市场稳定发展。逻辑严谨科学。

文中从三个方面展开分析，“对挂牌公司而言”、“对证券公司而言”、“对市场整体而言”。挂牌公司和证券公司是两个市场参与者，而市场整体是整个新三板市场。作者采用了从小到大、从局部到整体的分析模式。

对于挂牌公司而言，当然好的价格认定和流动性最重要，即目标是挂牌公司股份可以卖个好价钱，而且能够比较容易地卖出去，这个目标对于挂牌公司最重要。而新三板做市商制度“促进创新、创业、成长型企业估值定价体系的形成，通过做市转让，企业能进一步分散股权、提升公众化程度，增强市场流动性，畅通投融资渠道”，就是说，做市商制度使“创新、创业、成长型企业估值”这个A股历史上最大的难题得到了一定的解决。因为有很多互联网公司因为目前亏损，无法在A股上市，被逼无奈去了美国和香港上市。而且以后预计还会有更多，例如阿里、淘宝、京东。而做市商制度可以留住这些企业，让这些明日中国最有希望的企业在国内上市，不可谓不是壮举！“企业进一步分散股权，提升公众化程度，增强市场流动性”，确实，企业的股权过度集中是目前大多数民营企业的通病，因为过度集中，其结果就是一言堂，就是家族化，不利于现代企业制度的形成。而通过新三板做市商，分散股权，提升公众化程度，最终实现流动性增强，对于企业是莫大的好处。

对于“证券公司”而言，核心确实是“将开启全新的盈利模式”，因为做市商就是考验券商眼力的时刻。优胜劣汰时刻到来了。111家券商无论大小，终于可以在同一个起跑线上拼力厮杀了！做市商制度将“促使券商在推荐业务中更加注重从投资者的视角去谨慎选择企业，更加注重通过整合业务链条，形成与企业共同成长的良性合作关系”。因为做市商买了企业的股份，最终还是要卖掉赚取差价的。因此，券商有动力和决心去谨慎选择企业，去研究企业上下游产业，选择好的投资标的，这样才有可能赚取更高的差价。最终的结果就是，发现好的企业，买来股份，然后卖掉，同时也就"形成了与企业共同成长的良性合作关系"。

对于"市场整体"而言，是更宏观的方面，对于新三板市场，通过上述方式稳住企业和券商，会进一步夯实市场运行机制，理顺业务逻辑（也就是价值发现的逻辑），提升市场的深度与广度（即更好的企业，以及更多的企业挂牌新三板），市场就会运行得更加稳定与活跃，不会出现A股市场的大起大落。

最后，新三版公司强调，43家首批挂牌的企业中，有2家是负利润，说明了自己业务的开创性，即不以利润为挂牌目标的大胆探索！确实是走在了A股市场的前面。

上周是全国股份转让系统运行保障期，整体运行情况和运行效果基本符合预期。需要说明的是，做市商制度并非简单地提供了一种新的交易方式，概括地讲，市场流动性的完全改善，受制于诸多因素，除交易制度以外，还包括挂牌公司股份的分散程度、市场可流通股份的总量、投资者结构、投资者的交投意愿等。就目前而言，全国股份转让系统做市业务仍处于起步阶段，对市场流动性改善的程度仍需要参与各方的共同推动，其效应也还需要实践的持续检验。从长远看，我们对做市改善市场运行质量有信心。

Ken Zhang 啃哥有话说

第一句，说明新三板做市商制度运行一周，一切正常，无大起大落，符合预期。

第二句，其实在说不要对做市商制度短期内抱以太大的期望，也是对社会所谓的做市商制度没有大幅度提升交易活跃性质疑的间接回应。啃哥是十分看好新三板做市商制度的。而这里的新三板管理者的回答，正说到了啃哥的心坎上。现在很多评论都太急功近利，觉得一个政策推出了，没有立刻活跃市场，就是失败的；而如果活跃了，就是成功的，以短期成效论英雄。那么，试问2008年的四万亿政策，是成功还是失败呢？啃哥毫不恭维地说，从2008年、2009年看是成功的，但是，从现在看，是彻彻底底失败的政策，是完全只顾眼前不管长远的政策。而新三板的做市商制度，确实是落实长远政策的一种方式。因此，在短期看，似乎不是那么立竿见影。但是，正如中药，文火慢炖，长期调理，才能从根上解决问题，显然新三板管理者看到了这一点，也在践行着，稳步完成自己的目标。

新三板公司在这里耐心地解释着：“市场流动性的完全改善，受制于诸多因素，除交易制度以外，还包括挂牌公司股份的分散程度、市场可流通股份的总量、投资者结构、投资者的交投意愿等。”一语中的。对市场、媒体质疑的新三板流动性不强，并且做市商制度推出后也不强的问题，给予了正面回答。“市场流动性不强”的问题，是一个结果，它的原因错综复杂。正如一个人的体质不好，是由身体各个器官综合决定的，而不是某个器官的单一问题，因此，必须通过各个器官的综合调理，假以时日，才能有所改善，切不可操之过急。流动性问题也是这样，这个结果的原因，除了交易制度外，还“包括挂牌公司股份的分散程度、市场可流通股份的总量、投资者结构、投资者的交投意愿等”。也就是说还有挂牌公司自身原因、市场总量、投资者的情况等。目前，新三板公司的做市商制度只是其中一个影响因素而已，因此，只改善了一个方面，所以，交易量活跃度有所提升，但不会一步到位，还需要后续多项改革再进行推动才行。新三板管理者已经在全力以赴地进行改革。进步虽然缓慢，但是每走出一步都是坚实有力的，这就足够了。所以，啃哥十分看好新三板，为什么，就是因为上面的分析。

最后一句是新三板公司提出的希望。希望市场少一些质疑，少一些市场的压力，多一些鼓励和支持。只是换了一种表达方式。“仍处于起步阶段，对市场流动性改善的程度仍需要参与各方的共同推动，其效应也还需要实践的持续检验。从长远看，我们对做市改善市场运行质量有信心”。啃哥是信心十足的，同时相信明眼的读者也是信心十足的。

其实，啃哥始终觉得，无论别人赞扬还是批评新三板，啃哥更喜欢详细了解了事件的始末再做评价。真理往往掌握在少数人手里，批评者、赞扬者大多往往都在跟风。而只有了解了始末，才能做出分析判断。没有完全的赞扬和完全的批评。往往批评中有赞扬，赞扬中有批评。对于新三板做市商，显然应该是赞扬多于批评，成就大于损失。因为，新三板管理者正在一条正确的道路上前进。所以，啃哥支持！

据观察，首批参与做市的企业已起到较好的示范效应。从本周开始，全国股份转让系统将恢复协议转化为做市转让方式、做市商加入做市等各项业务的常态化办理。截至8月25日，已有82家挂牌公司召开股东大会通过了采取做市转让方式的决议，这些公司将陆续加入做市行列。

啃哥有话说

Ken Zhang

这里，新三板公司回答了问题中的第二点“就近期而言，还将有多少挂牌企业会加入做市行列？”

新三板管理者明确，通过一周的试运行后，从本周开始，协议转让和做市转让同时并列进行，选择哪种方式由企业自己决定。并且明确，截至8月25日，也就是做市商制度推出的当天，已有82家企业将加入做市商制度。8月25日，有43家企业启动而进行做市商交易，同时有82家企业通过了股东会决议，也就是说，紧接着会有82家企业很快成为第二批做市商企业。

这当然是利好，虽然125家(82+43)企业在1 200家挂牌的企业中占比10%，但是，采用做市商制度的企业数量正在不断地增加。说明越来越多的企业看好做市商制度。

新三板挂牌公司的具体特点

3. 请介绍一下目前全国股份转让系统挂牌公司的行业特点、区域分布、今年以来的交易融资等相关情况

答：今年以来，全国股份转让系统市场规模和企业质量得到提升，市场影响力和覆盖面显著扩大。截至2014年8月29日，挂牌公司共1 107家，总股本

448.24 亿股，流通股本 157.14 亿股，总市值约为 2 848 亿元。挂牌公司的整体分布呈现三大特点：

Ken Zhang 啃哥有话说

第一段总述新三板公司整体情况。由于该答记者问是 2014 年 9 月 1 日发出的，9 月 1 日是周一，因此数字截至上周五即 8 月 29 日，共有 1 107 家挂牌，总股本 448.24 亿股，流通股本 157.14 亿股，总市值约为 2 848 亿元。

啃哥觉得，数字只有比较了才有意义。那么，上面的 4 个数字代表了什么？是需要进一步啃下去的。

新三板挂牌 1 107 家，截至 9 月 7 日，上海主板和深圳中小板、创业板共 2 552 家上市公司。其中：上海主板 966 家（60 开头），深圳中小板 1 193 家（00 开头），深圳创业板 393（30 开头）。新三板数量已占到 A 股数量的 43.37%。基本等于 A 股一般上市公司数量，不可谓规模不大。

新三板总股本 448.24 亿股，流通股 157.14 亿股，总市值 2 248 亿元。啃哥通过深交所、上交所网站仔细查询后得知，截至 9 月 5 日收盘止，目前 A 股（包括上海主板、深圳中小板、创业板）总股本是 4.25 万亿股，流通股 3.83 万亿股，总市值 28.18 万亿元，流通市值 23.49 万亿元。新三板基本只有主板规模的百分之一。

对比这 4 个数字可以看出，不可否认，新三板目前确实处于起步阶段，和 A 股相比根本就不是一个数量级的，这是事实。但是，越是弱小，啃哥才觉得未来的机会更加无限。

紧接着，该文分析了挂牌公司的三大特点。

一是覆盖面广，对企业的服务深入到县域经济内，体现对区域均衡、协调发展的支持。从行业分布来看，挂牌公司分布于 18 个门类，覆盖了除房地产业外的所有门类行业；分布于 76 个大类，占大类行业数量的 84.44%。从行业结构来看，以先进制造业和信息技术业为主，合计 894 家，占挂牌公司家数的 80.76%。从地域分布来，挂牌公司分布于 28 个省市区，其中挂牌家数在 100 家以上的以东部省份为主，有北京、上海、江苏、广东 4 个省市区，合计 646 家；挂牌家数在10～100家之间以中部省份为主，有13个省市区，合计400家；挂牌家数在10家以下以西部省份为主，有11个省市区，合计61家。

Ken Zhang 啃哥有话说

第一点从覆盖面角度出发分析，明确了“先进制造业”以及“信息技术业”成为挂牌的主力军，而不是其他。充分体现了以促进高科技中小微企业发展为根本目的。

从挂牌布局来看，又是经济发达地区占尽了先机。北京、上海、江苏、广东4个省市区合计646家，占了挂牌企业的半壁江山。而越是经济落后的地区，企业挂牌越少。所以啃哥不得不很遗憾地承认，这些重大资本市场变化的机会总是让富有的省份占尽先机。那么，结果就势必会出现虹吸效应，越富有省份和企业占有的资源和机会就越多，会越富有。除非某个省份领导有眼光，大力推动落后省份企业上新三板，但是，这样的情况至今还未明显出现。

二是中小微企业占比多，体现了全国股份转让系统对创新、创业、成长型中小微企业的支持。按照工信部和国家统计局标准，1 107家挂牌公司约有95%属中小微企业，约有68%属小微企业；从2013年年报数据来看，挂牌公司平均总资产为1.64亿元，总资产在1亿元以下的有686家，占62%；平均营业收入为1.25亿元，营业收入在1亿元以下的有787家，占71%；平均净利润为833万元，净利润在1 000万元以下的有810家，占73%。

Ken Zhang 啃哥有话说

这句确实是说了大实话。新三板确实都是中小微企业，并且有95%属于中小微企业，68%属于小微企业。

那么，我们总在说小微企业、中小微企业，到底什么是小微企业？什么是中小微企业呢？啃哥决定啃到底。《国家统计局关于印发统计上大中小微型企业划分办法的通知》（国统字〔2011〕75号）有非常明确的规定：如表8.1所示，主要以人数和收入作为衡量指标：

表 8.1

不同行业中小微企业的划分标准

行业名称	指标名称	计量单位	中型	小型	微型
农林牧渔业	营业收入（Y）	万元	500≤Y<20 000	50≤Y<500	Y<50
工业*	从业人员（X）	人	300≤X<1 000	20≤X<300	X<20
	营业收入（Y）	万元	2 000≤Y<40 000	300≤Y<2 000	Y<300
建筑业	营业收入（Y）	万元	6 000≤Y<80 000	300≤Y<6 000	Y<300
	资产总额（Z）	万元	5 000≤Z<80 000	300≤Z<5 000	Z<300
批发业	从业人员（X）	人	20≤X<200	5≤X<20	X<5
	营业收入（Y）	万元	5 000≤Y<40 000	1 000≤Y<5 000	Y<1 000
零售业	从业人员（X）	人	50≤X<300	10≤X<50	X<10
	营业收入（Y）	万元	500≤Y<20 000	100≤Y<500	Y<100
交通运输业*	从业人员（X）	人	300≤X<1 000	20≤X<300	X<20
	营业收入（Y）	万元	3 000≤Y<30 000	200≤Y<3 000	Y<200
仓储业	从业人员（X）	人	100≤X<200	20≤X<100	X<20
	营业收入（Y）	万元	1 000≤Y<30 000	100≤Y<1 000	Y<100
邮政业	从业人员（X）	人	300≤X<1 000	20≤X<300	X<20
	营业收入（Y）	万元	2 000≤Y<30 000	100≤Y<2 000	Y<100
住宿业	从业人员（X）	人	100≤X<300	10≤X<100	X<10
	营业收入（Y）	万元	2 000≤Y<10 000	100≤Y<2 000	Y<100
餐饮业	从业人员（X）	人	100≤X<300	10≤X<100	X<10
	营业收入（Y）	万元	2 000≤Y<10 000	100≤Y<2 000	Y<100
信息传输业*	从业人员（X）	人	100≤X<2 000	10≤X<100	X<10
	营业收入（Y）	万元	1 000≤Y<100 000	100≤Y<1 000	Y<100
软件和信息技术服务业	从业人员（X）	人	100≤X<300	10≤X<100	X<10
	营业收入（Y）	万元	1 000≤Y<10 000	50≤Y<1 000	Y<50
房地产开发经营	营业收入（Y）	万元	1 000≤Y<200 000	100≤Y<1 000	Y<100
	资产总额（Z）	万元	5 000≤Z<10 000	2 000≤Z<5 000	Z<2 000
物业管理	从业人员（X）	人	300≤X<1 000	100≤X<300	X<100
	营业收入（Y）	万元	1 000≤Y<5 000	500≤Y<1 000	Y<500
租赁和商务服务业	从业人员（X）	人	100≤X<300	10≤X<100	X<10
	资产总额（Z）	万元	8 000≤Z<120 000	100≤Z<8 000	Z<100
其他未列明行业*	从业人员（X）	人	100≤X<300	10≤X<100	X<10

说明：

1. 中型和小型企业须同时满足所列指标的下限，否则下划一档；微型企业只须满足所列指标中的一项即可。

2. 附表中各行业的范围以《国民经济行业分类》（GB/T4754—2011）为准。带＊的项为行业组合类别，其中，工业包括采矿业，制造业，电力、热力、燃气及水生产和供应业；交通运输业包括道路运输业，水上运输业，航空运输业，管道运输业，装卸搬运和运输代理业，不包括铁路运输业；信息传输业包括电信、广播电视和卫星传输服务，互联网和相关服务；其他未列明行业包括科学研究和技术服务业，水利、环境和公共设施管理业，居民服务、修理和其他服务业，社会工作，文化、体育和娱乐业，以及房地产中介服务，其他房地产业等，不包括自有房地产经营活动。

3. 企业划分指标以现行统计制度为准。(1) 从业人员，是指期末从业人员数，没有期末从业人员数的，采用全年平均人员数代替。(2) 营业收入，工业、建筑业、限额以上批发和零售业、限额以上住宿和餐饮业以及其他设置主营业务收入指标的行业，采用主营业务收入；限额以下批发与零售业企业采用商品销售额代替；限额以下住宿与餐饮业企业采用营业额代替；农、林、牧、渔业企业采用营业总收入代替；其他未设置主营业务收入的行业，采用营业收入指标。(3) 资产总额，采用资产总计代替。

Ken Zhang 啃哥有话说

通过表 8.1，结合身边的企业，不难看出，国内绝大部分企业都可以划入中小微企业的范围中。

再根据平均值，新三板管理者明确，“挂牌公司平均总资产为 1.64 亿元，总资产在 1 亿元以下的有 686 家，占 62%；平均营业收入为 1.25 亿元，营业收入在 1 亿元以下的有 787 家，占 71%；平均净利润为 833 万元，净利润在 1 000 万元以下的有 810 家，占 73%”，确确实实企业规模都不大，都是你我身边的企业。

三是科技含量高，体现了全国股份转让系统助力国家创新驱动战略实施的服务理念。目前，1 107 家挂牌公司中，高新技术企业占比超过 75%，广泛分布于高端制造业，信息传输、软件和信息技术服务业，文化、体育和娱乐业，科学研究和技术服务业等领域。不少挂牌企业是所属细分行业内的领军企业，特色鲜明，创新动力强劲，成长性良好。

Ken Zhang 啃哥有话说

这一段用数字充分说明了新三板主要是高科技企业。啃哥理解，高科技企业一方面意味着前期研发的巨额投入，另一方面意味着引领产业升级的先驱。一个国家的高新技术企业得到了充分发展，国家的产业才能达到产业链的顶端，攫取高额利润。就如同美国高科技企业发达，才给美国企业带来了丰厚利润（即赚钱更容易，而且是赚取全世界的钱）。因此，啃哥认为，国家以及新三板管理者想的，就是如何让中国的高新技术企业迅速发展，高瞻远瞩，啃哥深以为然。

今年（即 2014 年）以来截至 8 月 29 日，挂牌公司股票成交 46.50 亿元，是 2013 年全年成交金额的 5.71 倍；换手率为 9.60%，是 2013 年全年换手率的 2.15 倍。在股票融资方面，合计完成 154 次股票发行，融资金额为 89.77 亿元，是 2013 年全年股票融资金额的 8.96 倍。

Ken Zhang 啃哥有话说

这一段，新三板公司从新三板股票成交额、新三板股票换手率、新三板股票融资额三个角度，通过 2014 年与 2013 年的对比，不难发现都是好几倍的增长，可喜可贺。不过确实绝对数量不大。但是，啃哥还是认为，事物发展有个过程，不能一蹴而就，在国务院和全社会的呵护下，在所有人的不断进言献策过程中，新三板会走向下一个辉煌！

关于竞价交易方式

4. 全国股份转让系统对竞价交易方式将如何考虑，竞价交易制度将有何主要特点？

答：《全国中小企业股份转让系统股票转让细则（试行）》规定，全国股份转让系统并行实施协议、做市和竞价三种转让方式，挂牌公司只要符合相应条件，就可以在三种转让方式中任选其一作为其股票的转让方式。竞价转让方式的实施需要一定的市场积累和技术准备。目前，全国股份转让系统正就竞价转让方式的实施条件、竞价转让方式的确定及有关变更要求进行研究，为竞价转让方式的实施进行积极准备。

Ken Zhang 啃哥有话说

根据新三板颁布的规定《全国中小企业股份转让系统股票转让细则（试行）》，转让方式有三种：协议转让、做市转让和竞价转让。现在，协议转让和做市转让都已经实现了，市场也已经开始活跃起来。但是“竞价转让”还没有推出。新三板管理者明确，“全国股份转让系统正就竞价转让方式的实施条件、竞价转让方式的确定及有关变更要求进行研究，为竞价转让方式的实施进行积极准备。”看来，做市商制度还只是新三板要做的很多事情中的一步，后续还有很多事情要做，“竞价交易”就是其中一项。

所以我才说，急什么，大幕才拉开，刚刚开演，好戏还在后面呢。

需要知道，现在国内股权市

场还未形成集"协议成交"、"做市成交"、"竞价成交"于一体的市场。而且，目前来看，只有新三板计划集多家"武功"于一身。那么，试问，它有什么道理做不好呢？

对做市商 "做庄" 行为的防范

5. 做市转让方式下，全国股份转让系统如何防止做市商对价格的操纵或者"做庄"行为的发生？

答：全国股份转让系统从交易制度、市场监察和自律监管等方面进行了相应的制度和机制安排，尽量防止做市商对价格的操纵或者说是"做庄"行为的发生。主要有以下几个方面：

Ken Zhang 啃哥有话说

这个问题啃哥认为非常重要。A股当年推出的时候，有大量的"坐庄"者在制度不健全的时候攫取了巨额利润，遭到社会和众多股民的谴责。那么，此类事情在这个新诞生的新三板中会重演吗？确实，这是全社会都在担心的问题。新三板管理者不避讳，既然社会都关心、都担心，那好，我们就来解除你的顾虑。

新三板公司管理者的做法是从三个方面解除顾虑。

交易制度方面，全国股份转让系统实行传统竞争性做市商制度，要求采用做市转让方式的股票，至少有2家做市商为其做市，通过做市商之间的市场竞争，尽可能增强市场活力，促进市场价格发现。第一，做市商的报价均为确定性报价，且做市商在任一时点只能有一组买卖报价，做市商新的报价提交后，前次报价自动撤销，杜绝了做市商利用多组报价扰乱正常市场秩序。第二，实行集中撮合机制，投资者委托到价的，由交易主机按照'价格优先、时间优先'顺序将投资者委托与做市商报价进行撮合成交，杜绝了做市报价不履行成交义务的情形。第三，在成交价格的确定原则上，规定成交价格均以做市商的报价为准，尽可能增加普通投资者价格改善机会，保护普通投资者利益。第四，要求做市商通过专用证券账户和专用交易单元开展做市业务，以便有效对做市商库存股、交易申报行为及时进行监控。第五，明确要求做市商报价为买卖双向报价，报价价差不得超过5%，同时对做市商报价更新义务、报价时长等提出量化指标要求，以促使做市商发挥流动性提供者功能。

Ken Zhang 啃哥有话说

古来征战，兵马未动，粮草先行。

对于一个市场来说，要从一开始就规范，那么，制度建设就非常重要，需要将尽可能多的影响市场的有关“坐庄”的机会，通过制度杜绝掉。让想“坐庄”者没法“坐庄”，不敢“坐庄”。所以，制度建设必须是第一位的。

这里解释了如何避免“坐庄”。主旨思想是“实行传统竞争性做市商制度，要求采用做市转让方式的股票，至少有2家做市商为其做市，通过做市商之间的市场竞争，尽可能增强市场活力，促进市场价格发现”，也就是引入竞争，让市场说了算，足够的竞争可以避免灰色操作，即“阳光是最好的杀虫剂”的原理。

第一，“做市商的报价均为确定性报价，且做市商在任一时点只能有一组买卖报价，做市商新的报价提交后，前次报价自动撤销，杜绝了做市商利用多组报价扰乱正常市场秩序。”这是对做市商的约束，也就是做市商只能有一组有效报价，不能对不同的人报不同的价，避免市场出现动荡。目的是使企业的利润估值在某个时点是一个确定的金额，因为稳定的价格才是交易的基础。看来新三板管理层深谙此道。

第二，“实行集中撮合机制，投资者委托报价的，由交易主机按照‘价格优先、时间优先’顺序将投资者委托与做市商报价进行撮合成交，杜绝了做市报价不履行成交义务的情形。”这一点很明显是借鉴A股市场，目前A股市场的撮合成交就是这样完成的，并且行之有效。将实践验证了的好的东西直接拿来用，是最快、最有效的方式。

第三，“在成交价格的确定原则上，规定成交价格均以做市商的报价为准，尽可能增加普通投资者价格改善机会，保护普通投资者利益。”也就是不能有其他的价格，规定了价格的统一出处，清晰、明了、简单。

第四，“要求做市商通过专用证券账户和专用交易单元开展做市业务，以便有效对做市商库存股、交易申报行为及时进行监控。”通过“专用账户”、“专用交易单元”开展做市商业务，才能够避免老鼠仓、自己被挪用等资金风险，同时也便于监管机构监督。这显然也是借鉴了A股市场的做法。

第五，“明确要求做市商报价为买卖双向报价，报价价差不得超过5%，同时对做市商报价更新义务、报价时长等提出量化指标要求，以促使做市商发挥流动性提供者功能。”这一点明确了做市商最高利润为买卖差价不超过5%，避免做市商通过恶性操作市场赚取超高额利润的可能性，设置了利润上限。同时，对做市商报价时长提出量化指标，即在多长的时间内必须报价，否则出局，通过时间限制再次避免恶性操纵。

啃哥综述：通过上述五条避免“坐庄”的方式，啃哥觉得大部分制度都很眼熟。因为中国早期的A股市场“坐庄”事件频发，市场、监管者早已深恶痛绝，并在制度上进行了严格限制。而新三板可以直接把这些经验教训拿来套用，省下了很多摸着石头过河的时间和“学费”。同时读者和市场也不用再怀疑所谓的“坐庄”在新三板出现、新三板被爆炒等情况。已有了20年股票市场的中国，管理层在不断积累经验，啃哥对新三板管理层的水平很有信心。

市场监察方面，全国股份转让系统发布实施了《异常转让实时监控指引》，进一步明确对做市商的监管要求。其中包括：明确做市商报价（超过30%）或股票成交价格（超过20%）变动幅度较大的，相关做市商应当及时向全国股份转让系统公司报告；明确股票短期内大幅上涨（连续3个转让日累计涨幅超过50%）的，构成异常波动，相关挂牌公司应当发布异常波动公告。与此同时，全国股份转让系统将不断强化市场监察。一方面，建立功能完善的实时监控系统，实时监控做市商报价及其库存变动情况，对做市商报价义务履行情况做到及时发现、及时制止、及时处理。另一方面，配备专门人员，对做市商报价成交数据进行定期核查，通过数据对比、挖掘并及时发现做市商操纵市场、内幕交易、串通报价等涉嫌违法违规线索，并对违法违规行为采取相应的监管措施。

Ken Zhang 啃哥有话说

第一步是制度，制度设计好了之后就是执行制度，也就是监督、监管。顺着这个逻辑下来，紧接着进入第二步——市场监管，逻辑性很强。

“明确股票短期内大幅上涨（连续3个转让日累计涨幅超过50%）的，构成异常波动，相关挂牌公司应当发布异常波动公告。”这里相比A股市场放宽了条件，3天超过50%才要异常公告。这也是新三板管理者希望市场有一个较大的涨跌幅空间，便于提高市场交易者的积极性。而A股涨跌限制之所以规定得那么严格，主要是85%的散户实在是亏不起。新三板一开始就把散户通过高门槛排除在外，所以敢于设定更高的涨幅。管理者做事有条理，前面的因是现在的果，这才是优秀的管理者和监督者，啃哥赞一个。

同时，不断强化市场督查。“一方面，建立功能完善的实时监控系统”，即通过系统监控一些特殊交易，而不再主要依靠人工。这样监控反而更有效，更能发现问题。监管者的水平也在监督中不断提高。“另一方面，配备专门人员，对做市商报价成交数据进行定期核查，通过数据对比、挖掘并及时发现做市商操纵市场、内幕交易、串通报价等涉嫌违法违规线索，并对违法违规行为采取相应的监管措施。”监管者配备了足够的检查人员，通过人工检查发现问题、及时处理。从上面两个方面可以看出，督查将从系统检查和人工检查两方面入手，加大力度，第一时间发现并解决问题。这些方式其实就是证监会、交易所的检查方式的融合。目前，中国证监会、深圳和上海交易所的监督检查机制已非常完善，新三板显然是做了充分的借鉴。相信会行之有效的。

自律监管方面，全国股份转让系统要求做市商开展做市业务，应当建立健全做市股票报价管理制度、业务隔离制度、风险控制与合规管理制度、内部报告与留痕制度等内部管理制度，应当定期向全国股份转让系统公司报告做市业务开展情况。全国股份转让系统公司将对做市商做市业务开展情况进行现场检查，对做市商及其做市业务人员职业情况进行持续记录，逐步建立做市业务评价体系，以加强对做市商的自律管理。

Ken Zhang 啃哥有话说

啃哥始终觉得，自律监管的行为在国内本身就很无力。因为制度不健全，市场不健全，惩罚不得当，撑死胆大的饿死胆小的，越是不自律，越能淘到第一桶金。此类事情过去20年中在中国资本市场上不断地上演着。但是，任何时候，当市场走向成熟，自律监管是必然的选择。一个优秀的企业、好的做市商，是会严格自律监管，做强做大自己，真正做点事情，而不是赚一票就走人的。因此，鼓励自律监管的建设是有必要的，也是任重而道远的。其实，新三板管理者也很明白这个道理。因此，很认真地提出自律监管，给予明确，这也是必须要做的。

关于新三板市场的分层设计

6. 随着挂牌企业数量的增加和交易制度的完善，全国股份转让系统的市场分层设计是否已提上议事日程？

答：多层次资本市场体系的建设，既包括不同市场平台的设立，也包括同一市场的内部分层。随着全国股份转让系统市场规模的扩大，合理的市场分层有利于拓展市场的深度和广度，提升市场服务能力和风险管理水平，市场对于分层也有需求。随着做市业务的成功实施以及挂牌公司数量的不断增加，全国股份转让系统正在逐步具备市场分层管理的条件。市场分层的本质是风险分层，并非简单地将市场划分为几个层次，而是涉及相关业务制度的调整和差异化安排。全国股份转让系统公司正在加紧推进市场分层管理的研究工作，欢迎市场就此问题研究讨论并提出合理化建议。

Ken Zhang 啃哥有话说

同一个市场的内部分层是这一段的核心内容。也就是分层设计，一个很宏大、极具创新性的关于新三板的未来设计，现在已经提上日程，啃哥赞一个。

上一篇文章中，啃哥从政策解读中阐明，未来关于“竞价成交”问题是新三板正在探索的问题。而这个“市场内部分层”问题也是正在探索的一个问题。

第二句说明了市场内部分层的好处：“随着全国股份转让系统市场规模的扩大，合理的市场分层有利于拓展市场的深度和广度，提升市场服务能力和风险管理水平”，市场的深度和广度、市场服务能力和风险管理水平，说得真好啊！

第三句说明了本质：“市场分层的本质是风险分层，并非简单地将市场划分为几个层次，而是涉及相关业务制度的调整和差异化安排”。说明分层是有一定难度的，并不是简单的物理分层，而是需要深思熟虑的，而且涉及业务制度调整和差异化安排的问题。所谓“一招错满盘皆输”的道理就在于此。市场分层是一定要推出的，但是不宜过早，周边问题解决了，基础完善了，推出顺理成章之时才是应该推出之时。

因此，新三板公司指出了这个分层的重要性，同时也指出了其难度和复杂性。可以看出，新三板公司自身并不是非常急迫地要在近期推出这个分层制度的。因为基础还差很多，有了“天时地利人和”的条件，再推出也不迟。其实是在说：“别着急，我知道未来应该推出，我也会一直研究，但是，时机是最重要的，显然现在是不具备的。”

创新融资工具的推出

7. 近日，证监会提出“中小企业私募债发行主体将拓展至全国中小企业股份转让系统挂牌企业”。对此，全国股份转让系统有何跟进和配套措施？优先股等创新融资工具的推出有无时间表？

答：全国股份转让系统高度重视证券产品创新，目前正按照中国证监会的统一部署，本着“分步推进，风险可控”的原则，发展与中小微企业“小额、快速、灵活、多元”的融资需求相适应的证券产品。在条件成熟的情况下逐步推出新的证券品种，丰富投融资选择，不断完善市场融资功能。其中，中小企业私募债和优先股是近期即将推出的融资工具。

啃哥有话说

Ken Zhang

啃哥提醒注意几个词，原则是"分步推进，风险可控"，即不快不慢，控制风险的同时推进，同时必须有一定的进度。再有，就是满足中小微企业"小额、快速、灵活、多元"的需求，也就是说，中小微企业融资需求是小额的，不会太大；是快速的，要求审批流程短，商机稍纵即逝；是灵活的，即方式多种多样；是多元的，即资金需求是多方面、多角度、多用途的（不局限于采购贷款）。

重点是最后一句，表明会不断推出更加丰富的融资选择方式。"其中，中小企业私募债和优先股是近期即将推出的融资工具。"这句话说得很明确，即私募债和优先股近期会推出。

这两个是重磅炸弹，请注意。因为"私募债"、"优先股"都是A股市场去年才新推出的政策，在推出之前已经喊叫了十几年时间。而这次在新三板，立刻就会实现，并且新三板管理者很明确"近期会推出"。

经过两年时间的试点，中小企业私募债现在已比较成熟，中国证监会决定将试点范围扩大到挂牌公司。全国股份转让系统公司配套制定了挂牌公司发行私募债的相关业务规则，充分考虑了挂牌公司的特点和需求，在备案管理、信息披露、转股条款和风险防控等方面做了创新。该业务规则目前已报请证监会批准。

啃哥有话说

Ken Zhang

这段话描述的是中小企业私募债的内容。有些读者可能对"中小企业私募债"还不是非常了解，啃哥在这里再普及一下。

根据百度百科，中小企业私募债是我国中小微企业在境内市场以非公开方式发行的，发行利率不超过同期银行贷款基准利率的3倍，期限在1年（含）以上，对发行人没有净资产和盈利能力的门槛要求，完全市场化的公司债券。

中小企业私募债属于私募债的发行，不设行政许可。考虑的是发行前由承销商将发行材料向证券交易所备案，备案是让作为市场组织者的交易所知晓情况，便于统计检测，同时备案材料可以作为法律证据，但这不意味着交易所对债券投资价值、信用风险等形成风险判断和保证。

中小企业私募债的投资者将实行严格的投资者适当性管理。在风险控制措施方面，将采取严格的市场约束，同时，要求券商在承销过程中进行核查，发行人按照发行契约进行信息披露，承担相应的信息披露责任。同时，投资方和融资方在契约上比较灵活，可以自主协商条款，参照海外的经验，采取提取一定资金作为偿债资金、限制分红等条款。

司法解释中唯一可借鉴的是人民银行对民间信贷不超过同期贷款利率4倍的规定。在企业选择上，试点时期证监会将在中小企业集中的浙江等省市展开试点，但企业选择由券商来主导。各券商对此态度均较为积极，希望将此作为新业务增长点。

值得注意的是，债券承销中选择发行人是工作重心，受到投资人群体有限的影响，券商在开展中小企业私募债时，首要工作或是培养客户资源。

中小企业私募债的好处：

■ 中小企业私募债是一种便捷高效的融资方式。

■ 中小企业私募债发行审核采取备案制，审批周期更快。

■ 中小企业私募债募集资金用途相对灵活，期限较银行贷款长，一般为两年。

■ 中小企业私募债综合融资成本比信托资金和民间借贷低，部分地区还能获得政策贴息。

啃哥认为，中小企业私募债在A股市场目前不愠不火，主要起综合发行的作用，成本经常会超过年利率的15%，与银行贷款相比，实在高出太多。因此中小微民营企业除非资金周转特别紧张，不然不会使用这种方式融资的。

这项政策的放开，其实更多的是给予新三板企业信心。使新三板企业多了一种方便、简单，但是成本不低的融资方式可以选择。

注意这句——“全国股份转让系统公司配套制定了挂牌公司发行私募债的相关业务规则，充分考虑了挂牌公司的特点和需求，在备案管理、信息披露、转股条款和风险防控等方面做了创新”，就是说，这次在新三板上发行的中小企业私募债，相比A股市场的该类债券作了创新，就是说有改变，那么，肯定是改变不适宜中小微企业的条款，让其更接地气、更实用。到底能改到什么程度，啃哥提请读者拭目以待，啃哥十分看好。

最后一句也很重要，“该业务规则目前已报请证监会批准”，这是在明确说明现在的进度，已经报给证监会审批了，看来确实指日可待！

优先股对于优化中小微企业的财务结构有重要作用。国务院及中国证监会发布的规定已经明确了挂牌公司可以非公开发行优先股并在全国股转系统进行转让。为使优先股制度更加契合挂牌公司的实际需求，目前中国证监会正在制定挂牌公司发行优先股的监管指引。全国股份转让系统公司也起草了优先股业务规则，进一步明确了优先股发行、转让等具体业务流程，待履行相关程序后发布实施。

Ken Zhang 啃哥有话说

这段话在描写优先股政策。优先股也是A股市场去年至今改革的利器。那么，什么是优先股，啃哥相信大多数读者很明白，不过，为了照顾部分读者，啃哥再做一下普及：

根据百度百科，优先股（preference share or preferred stock）是相对于普通股（common share）而言的。主要指在利润分红及剩余财产分配的权利方面，优先于普通股。

优先股通常预先定明由普通股以其可分配的股利来保证优先股的股息收益率（如普通股的利润分配降至0之后，优先股在股利方面就达不到股息收益率），优先股股票实际上是股份有限公司的一种类似举债集资的形式。

由于优先股股息率事先设定（其实是上限），所以优先股的股息一般不会根据公司经营情况而增减，而且一般也不能参与公司的剩余利润的分红，也不享有除自身价格以外的所有者权益，如资不抵债的情况下，优先股会有损失。

对公司来说，由于股息相对固定，它不影响公司的利润分配。优先股股东不能要求退股，却可以依照优先股股票上所附的赎回条款，由股份有限公司予以赎回。

大多数优先股股票都附有赎回条款。在公司解散、分配剩余财产时，即优先股的索偿权先于普通股，而次于债权人。

啃哥认为，优先股其实就是一种债券和股票性质相结合的产品。由于持有优先股的投资人获得固定股息，所以它更像是一种债权性质的产品，但是不用偿还本金。因此对于中小微企业来说更适用。优先股在美国已非常普遍，但是在国内则刚刚起步。

需要注意“国务院及中国证监会发布的规定已经明确了挂牌公司可以非公开发行优先股并在全国股转系统进行转让”，即在新三板发行优先股已没有政策障碍了，这其实比上面的私募债更近更快了一步。

但是，由于需要制定业务执行层面的细则，因此“为使优先股制度更加契合挂牌公司的实际需求，目前中国证监会正在制定挂牌公司发行优先股的监管指引。全国股份转让系统公司也起草了优先股业务规则，进一步明确了优先股发行、转让等具体业务流程，待履行相关程序后发布实施”。即证监会在制定“监管指引”，新三板公司在制定“业务规则”，只有彻底完善了，才能执行。

啃哥也相信，指日可待。

综上可以看出，除了之前的新三板“竞价成交”今后会推出，“市场分层政策”今后会推出，这个“中小企业私募债”以及“优先股”今后也会推出。这么多利好都是很明确的即将要推出的政策，那么，新三板如何能不向好呢？

对挂牌公司的监管措施

8. 目前股转系统对挂牌公司的日常监管主要是“以信息披露为核心”、依托主办券商持续督导的自律监管。但此前已出现违规现象。随着挂牌企业的增多，会不会在信息披露这块有更严格的规定？

答：全国股转系统对挂牌公司的日常监管“以信息披露为核心”，对挂牌公司的信息披露监管主要依托主办券商的日常持续督导，具体来说由主办券商对挂牌公司的信息披露进行事前督导和审查，全国股转系统对挂牌公司的信息披露进行事后审查。全国股转系统对事后审查中发现的信息披露违规行为，将根据《非上市公众公司监督管理办法》、《全国中小企业股份转让系统业务规则（试行）》等规定采取相应的自律监管措施。对于其他更为严重的问题，根据《全国中小企业股份转让系统业务规则（试行）》规定，除监管措施外，我司视其情节轻重，可给予通报批评、公开谴责等纪律处分，并记入证券期货市场诚信档案数据库。对于信息披露屡次违规，情节严重的行为，我司将按规定实施纪律处分。违反证券市场相关法律、法规和监管规定的，我司将依法移送中国证监会处理。今年以来，全国股份转让系统共对 6 家挂牌公司采取了自律监管措施；对 1 家挂牌公司实施了纪律处分。

Ken Zhang 啃哥有话说

这一段是在回答市场担心的，关于新三板市场如何避免“信息披露造假”问题，即企业违规行为。这涉及披露信息的真实性问题，是重中之重。如果连披露的信息都是假的，那么，建立在该信息之上的交易价格、估值等也就是水中月、镜中花了。

回答的时候，第一句开宗明义，“日常监管‘以信息披露为核心’，对挂牌公司的信息披露监管主要依托主办券商的日常持续督导”，很明确，信息披露真实性是企业和“主办券商”的责任，而不是新三板公司的责任。

第二句及之后，再详细说明。“具体来说由主办券商对挂牌公司的信息披露进行事前督导和审查，全国股转系统对挂牌公司的信息披露进行事后审查。”请仔细阅读。主办券商负责“事前督导，事中审查”，新三板公司只负责“事后审查”，分工很明确，主要责任在券商，而新三板公司负责事后的事情。分工明确的结果就是责任划分明确。

第三句，新三板公司再次明确了处罚措施，“将根据《非上市公众公司监督管理办法》、《全国中小企业股份转让系统业务规则（试行）》等规定采取相应的自律监管措施。对于其他更为严重的问题，根据《全国中小企业股份转让系统业务规则（试行）》规定”，进行处罚。处罚方式有：“我司视其情节轻重，可给予通报批评、公开谴责等纪律处分，并记入证券期货市场诚信档案数据库。对于信息披露屡次违规，情节严重的行为，我司将按规定实施纪律处分。违反证券市场相关法律、法规和监管规定的，我司将依法移送中国证监会处理。”

上面是层层递进的关系。新三板公司的处罚手段有限，“通报批评”、“公开谴责”都是道德层面的处罚；“计入诚信档案”这一点有些力度；最后，最严重的是“移送证监会处理”。已对一家公司进行了处理，这一家公司的处理啃哥之前分析过，是“湖南泰谷生物科技股份有限公司”，见第3篇“一个非常蹊跷的处分”。

随着挂牌公司数量的不断增加，全国股转系统将继续强化“以信息披露为核心”的日常监管方式，“包容但不纵容”，切实要求各市场主体归位尽责、遵守规则；坚持监管与服务的有机结合，开展对挂牌公司、投资者等市场参与主体的常态化培训，避免无知犯错；进一步细化违规处理的具体情形和标准，探索电子化监管，引入社会媒体的监督，做到对违规行为处理的公开透明。

Ken Zhang 啃哥有话说

这段话是表决心的，再次强调了“以信息披露为核心”。同时明确“包容但不纵容”，说得真好。也就是说，你可以犯错，犯了错我给你改正的机会，但是我会处罚。

具体做法就是“切实要求各市场主体归位尽责、遵守规则；坚持监管与服务的有机结合，开展对挂牌公司、投资者等市场参与主体的常态化培训，避免无知犯错”。注意其中的用词：“遵循规则”、“市场主体归位”，即新三板公司会遵守自己的规则，会尊重市场。这是对自己的约束和承诺，啃哥点赞！同时“加强常态培训”，避免“无知犯错”。新三板管理者考虑得很周到，给企业、券商足够的培训，那么，当再犯错的时候，因为已经熟知了政策，所以必须重罚！避免无知者无畏的情况发生在新三板。

后面再进一步，“进一步细化违规处理的具体情形和标准，探索电子化监管，引入社会媒体的监督，做到对违规行为处理的公开透明”。这里有两个概念：“电子化监管”和“社会媒体监督”，可以看出新三板公司是非常希望把这个市场做好的，完全是包容的心态、开放的心态，很明确地欢迎“媒体监督”。

挂牌公司 2014 年的半年报披露情况

9. 全国股份转让系统挂牌公司 2014 年半年报整体披露情况如何?

答：到半年报披露截止日 2014 年 8 月 29 日，共有 1 107 家挂牌公司应披露 2014 年半年报，其中 1 102 家挂牌公司完成了半年报披露，5 家挂牌公司未按规定披露半年报。其中，2 家挂牌公司（中试电力、慧网通达）因财务人员更换、财务报告部分无法完成而无法如期完成半年报；2 家挂牌公司（久易农业、物润船联）系新挂牌公司，因对信息披露规则的不熟悉导致无法按时披露半年报；嘉宝华拟终止挂牌，已暂停转让，不再披露半年报。这五家公司的股票均已按照规则规定暂停转让。

Ken Zhang 啃哥有话说

新三板公司在这里明确了 5 家公司没有按要求及时披露半年报的原因，并明确了 5 家公司的名称。没有任何偏颇和照顾，清楚明了，不偏不倚，一视同仁。这才是啃哥最看好新三板的原因。这一次，中国资本市场中，所有的企业终于在这个板块站在了同一个起跑线上，站在了同一套业务规则中，再没有了特权和特殊。值得赞扬！

与 2013 年年报相比，2014 年半年报披露更加规范。一是披露更加及时，716 家应披露 2013 年年报的挂牌公司中 709 家公司按时披露了年报，7 家公司未按时披露。2014 年半年报披露不及时的数量和比例同时下降。二是披露质量更好。截至 2014 年 8 月 29 日，1 102 家披露半年报的公司中，共有 23 家公司对 2014 年半年报进行更正，占所有披露半年报的挂牌公司的 2.1%。2013 年年报有 62 家公司更正，占比 8.77%。与 2013 年年报更正情况相比，半年报披露质量进一步提高。

Ken Zhang 啃哥有话说

这一段是在与 2013 年年报披露情况做对比。结论是“半年报质量进一步提升”。新三板公司没有直接说结论，而是引用了大量的客观数据予以说明，新三板管理者对数据的重视可见一斑，这是尊重客观事实，是实事求是的态度！啃哥再赞一次。

“一是披露更加及时”，“二是披露质量更好”，这都是进步。新三板披露方面的进步和新三板管理者的长期努力和坚持分不开。啃哥深表敬意。

综上，9月1日，全国股份转让系统就近期热点问题答记者问的9大问题，啃哥终于分析完毕了。其中内容广泛，涉及市场、制度、披露、管理、未来政策等多方面内容。虽然啃哥这几天分析得很辛苦，但是啃哥很兴奋。因为看到了新三板这个欣欣向荣的市场，看到了新三板管理层的务实的做法和思路，一切脚踏实地，没有浮夸的口号，都是不折不扣的行为承诺。啃哥看到的是希望，是未来，是对新三板管理者和这个市场的信心。

我们拭目以待吧，啃哥相信，新三板这个舞台的大幕才刚刚打开，更精彩的节目还未上演！

2014年9月8日

于西安

以汪国真的一首诗，结束此文，送给各位：

假如你不够快乐

汪国真

假如你不够快乐
也不要把眉头深锁

人生本来短暂
为什么还要栽培苦涩

打开尘封的门窗

让阳光雨露洒遍每个角落

走向生命的原野
让风儿熨平前额

博大可以稀释忧愁
深色能够覆盖浅色

POORE OVER
THE NEW
OTC MARKET

09

挂牌企业分布省份及 GDP 对比分析

截至 2014 年 9 月 11 日，新三板挂牌企业总数达到了 1 115 家。这么多的企业在各个省份到底是如何分布的？它们与各个省份的 GDP 又是什么关系？是否有着直接的对应呢？是否比 GDP 更能反映出各个省份的经济发展潜力呢？

大家是不是和啃哥一样好奇？此篇仔细分析了这个问题。

新三板挂牌企业数及 GDP 统计对比

根据 Eye Think 师兄提供的这张新三板挂牌企业数量统计表（见表 9.1），啃哥将其更新至 9 月 11 日，希望从中看出一些门道来。此外，啃哥觉得将挂牌数量和该省份的 GDP 排名做比较，更有意义，因此同时列示了 2014 年上半年各省份的 GDP 金额及 GDP 排名（国家统计局数据）。

表 9.1

新三板挂牌公司分省份挂牌数量及 GDP 对比分析

序号	省份	2014 年 9 月 11 日		2014 年上半年		
		累计挂牌（家）	挂牌数占比	GDP 金额（亿元）	GDP 排名	GDP 金额占比
1	北京	320	28.70%	9 113	12	3%
2	上海	122	10.94%	10 169	11	4%
3	江苏	105	9.42%	27 604	2	10%
4	广东	102	9.15%	28 466	1	10%
5	湖北	71	6.37%	10 949	9	4%
6	山东	63	5.65%	26 958	3	10%
7	安徽	35	3.14%	8 591	14	3%
8	浙江	34	3.05%	16 954	4	6%
9	天津	33	2.96%	6 579	17	2%
10	辽宁	30	2.69%	12 335	7	4%
11	河南	27	2.42%	14 557	5	5%
12	福建	25	2.24%	8 855	13	3%
13	四川	22	1.97%	11 655	8	4%
14	湖南	22	1.97%	10 922	10	4%
15	陕西	15	1.35%	6 778	16	2%
16	重庆	13	1.17%	5 841	20	2%
17	河北	12	1.08%	13 155	6	5%
18	云南	9	0.81%	4 641	24	2%
19	黑龙江	9	0.81%	5 545	22	2%
20	新疆	9	0.81%	2 897	26	1%

续表

序号	省份	2014 年 9 月 11 日		2014 年上半年		
		累计挂牌（家）	挂牌数占比	GDP 金额（亿元）	GDP 排名	GDP 金额占比
21	宁夏	8	0.72%	1 008	29	0%
22	江西	9	0.81%	5 902	19	2%
23	贵州	8	0.72%	3 250	25	1%
24	广西	4	0.36%	5 810	21	2%
25	吉林	3	0.27%	4 808	23	2%
26	海南	2	0.18%	1 517	28	1%
27	甘肃	2	0.18%	2 350	27	1%
28	山西	1	0.09%	6 017	18	2%
29	内蒙古	0	0.00%	7 088	15	3%
30	青海	0	0.00%	877	30	0%
31	西藏	0	0.00%	330	31	0%
挂牌公司合计		1 115	100.00%	281 517		100%

可以看出，截至 2014 年 9 月 11 日，挂牌企业总数为 1 115 家，不可谓不多，因为 A 股市场所有企业合计也才 2 500 家，新三板企业总数已经是 A 股的“半壁江山”了！

从统计数中看门道

从挂牌企业数量来看，北京力拔头筹，数量为 320 家，占到整体数量的 28.7%，几乎占到三分之一，可见这次新三板北京地区异军突起。当然，这也和北京中关村等地的中小高科技民营企业数量众多有着不可分割的关系。可以预见，北京还会继续拉开与第二名上海的距离，未来转板政策推出后，必然会有更多的北京企业上市，从而带动北京经济的发展。

同时，2014 年上半年北京 GDP 只有可怜的 9 113 亿元，在全国 31 个省、自治区、直辖市中排名第 12。啃哥在想，为什么新三板挂牌最多的北京，却不是 GDP 前十呢？思前想后，感觉还是因为新三板主要是中小型民营企业以及创新型企业，而 GDP 统计的往往是重工业、固定资产投资的比重，统计口径的差异导致了两者排名的重大差距。也可以看出，其实 GDP 统计本身已无法真实反映一个地区的经济发展潜力，而仅仅是一个地区的经济总量的概念。记得不久前国家统计局计划把无形资产纳入 GDP 统计范畴，也许有了这个指标数据会客观一点。所以，啃哥认为，GDP 只能参考，意义有限。

上海虽然排在第 2 位，但是数量比北京少了 198 家，差距非常大。这也可以看出北京在高科技企业、创新型企业方面的优势，以及不可不说的政策优势所在。同时，上海 GDP 全国排名 11，而且超过 1 万亿元，也更加说明，GDP 只是一个参考。

江苏挂牌企业数量 105 家，排名第 3，可以看出江苏一带民营企业的活跃，以及对新三板这种新事物、新机会的敏感嗅觉。江苏 GDP 排名第 2，这个倒和新三板排名接近。

广东（肯定包含深圳）新三板挂牌 102 家企业，排名第 4，GDP 全国排名第 1。可见广东经济是非常活跃的，尤其是深圳。但是从新三板挂牌企业数量来说，较北京少了太多，与上海较为接近。本来啃哥总觉得深圳经济主体那么活跃，按道理应该有非常多的企业挂牌新三板才对，但是，深圳不是非常多，啃哥觉得，还是因为新三板是一个新生事物，很多企业处于观望阶段，因此深圳的潜力还没有发挥出来。同时也可以看出新三板挂牌潜力的巨大纵深，未来新三板挂牌企业超过 1 万家，估计也是轻轻松松，因为啃哥认为符合条件的中小企业实在太多了。据不完全统计，中国有 1 400 万家中小民营企业，那么，1 万家不是太多，而是太少了！数据说明问题。

湖北，不可小觑，新三板挂牌上市 71 家企业，排名第 5，GDP 排名第 9。武汉这几年发展迅猛，异军突起，光谷高科技企业不断涌现，是未来具有巨大发展潜力的地区之一。而且湖北人向来以胆大、心细著称，据说证券行业从业者有一半都是湖北人。这次新三板，显然湖北也嗅到了机会，立刻抓住，加快申报，因此数量才如此众多。

山东，新三板上市企业 63 家，排名第 6，比湖北一下子少了近 10 家。作为 GDP 排名第 3 的大省，如此少的新三板挂牌数量实在令人汗颜。想一想也能理解，山东 GDP 主要靠重工业拉动，而新三板全部都是民营企业，且都是创新性、发展性的企业，山东这类企业相对较少，造成了与 GDP 的巨大反差。

安徽，新三板挂牌 35 家，排名第 7，比山东少了近一半！GDP 排名第 17。

新三板排名超过了GDP排名，当然也和安徽大力发展高科技企业分不开。啃哥去年曾去过合肥高新区，怎一个壮观了得！政府对高新技术的重视在新三板方面取得了成果。作为后起之秀，安徽要加油！

浙江，新三板挂牌企业34家，排名第8，GDP排名第4。与比邻的省份江苏（105家）相比，浙江明显落后了。浙江GDP只落后江苏2名，但是新三板却差了71家，名次相差5名。啃哥在想，为什么浙江的新三板企业差这么多呢？仔细分析，浙江的温州等地都以精于实业著称，浙江人能吃苦，嗅觉快，什么赚钱立刻干什么。而江苏呢，紧跟高科技时代潮流，环保产业、物联网等，都是江苏首先发力，面对新事物新三板，胜出很多也不意外。

天津，新三板挂牌企业33家，排名第9，GDP排名17。天津从2011年开始就在推私募市场、地区股权交易市场和金融中心，终于功夫不负有心人。虽然天津企业在高科技方面名气还不大，但是凭借着政府的大力推动，新三板挂牌企业数量也上来了。啃哥觉得，天津能有新三板这样的成绩，当地政府是有汗马功劳的。由此也可以看出政府的眼光，要为其赞一个。

辽宁，新三板挂牌企业30家，排名第10，GDP排名第7，两者比较接近。啃哥认为，辽宁成为东北唯一的新三板和GDP都挤入前十的双料王，是和大连密不可分的。大连历来是高科技企业的聚集地，在新三板市场的潜力不可小视。

河南，新三板挂牌企业27家，排名第11，GDP排名第5。河南作为人口大省，郑东新区发展得如火如荼，取得这样的成绩也是情理之中的。

再往后，关注一下陕西，挂牌企业数量跌入了20以内，共15家，排第15名，GDP排名第16。作为中部重要省份，陕西这几年发展迅猛。陕北的煤炭石油资源拉动了GDP的发展，而西安的高新区等高新技术企业又拉动了陕西新三板企业的繁荣，相得益彰，互为补充。啃哥非常看好未来陕西的经济发展和金融发展。

接下来，从云南开始，新三板挂牌数量不足10家。不可否认，这些省份都是高新技术企业比较少，民营企业不发达，金融业也欠发达的省份。

其中，海南和甘肃只有2家新三板企业，而山西只有1家，实在少得可怜。可见在当地，不论是政府还是企业，根本没有把新三板，把金融、资本当回事情，还只是在努力发展实业。啃哥想说，资本和实业永远是相辅相成，不可或缺的。如此缺乏金融视野的结果，就是被资本所抛弃，发展潜力十分有限。因此，这些省份的政府更应该注意到问题的严峻性，更应该大力发展金融，才有可能提升自身经济发展的持久动力。GDP 是暂时的，而挂牌新三板，让民营企业、民间资本活跃起来，才是经济、产业持续健康向上发展的王道。奋起直追，是这几个省份需要捋胳膊挽袖子立即做的事情。

最后，是新三板挂牌企业数量为 0 的省份：内蒙古、青海、西藏。青海、西藏 GDP 排名也是全国最后两名，十分吻合，不再细说。而内蒙古 GDP 排名可是全国 15 名！新三板挂牌却是 0，这到底说明了什么？啃哥想，只能说明内蒙古 GDP 的组成依靠的只是煤炭、石油等重工业、资源型产业的推动。而民营企业中的高科技企业其实非常弱小。未来，内蒙古要一直依靠资源吗？啃哥深表忧虑。而当地政府也非常不重视企业挂牌新三板，否则也不会连一家在新三板挂牌的企业都没有，很可悲！内蒙古更要奋起直追，趁着有点资源的底子，发展起真正的高科技、高增长的属于自己的产业来，借用资本的力量，真正助力民营企业发展，这比什么都重要！

综上，通过表 9.1 可以看出很多门道来。啃哥抛砖引玉，感兴趣的朋友可以试着继续分析，肯定会有一些收获的。新三板与 GDP 的对比，更像是一面镜子，折射出中国各个省份的经济、金融发展状况和态势，也预示着未来各个省份的机会和潜力！“从小看老”，其实各个省份未来经济的发展状况，从现在就已经可窥一斑了。

2014 年 9 月 11 日

于北京

敌视野蛮与愚昧本身，也可能成为一种更可恶尤其是更野蛮和另一种类型的愚昧，对野蛮必须耐心，对愚昧必须有所同情至少理解，必须抱帮助的态度。

——王蒙

PORE OVER
THE NEW
OTC MARKET

10

里程碑式的做市业务及其他热点问题微访谈

这个微访谈是证监会网站于 2014 年 9 月 18 日发布的。掐指算来，距证监会上一次微访谈已经过去了 4 个月（120 天）。耗时 4 个月才“磨”出的一次微访谈，其重要性可见一斑。

此篇微访谈，基本上是针对新三板零基础人员的提问进行的扫盲式解答。语言通俗易懂，全篇娓娓道来。虽然是“微”访谈，但是微言大义，内涵非常丰富，信息量亦非常大。可以看作是新三板公司对自己之前阶段工作的一次彻底总结，以及对于未来的规划，具有里程碑式的意义，值得细细品读。

全国中小企业股份转让系统做市业务顺利实施，市场功能进一步完善，服务中小微企业的能力进一步提升。9 月 18 日，全国股份转让系统公司总经理助理、新闻发言人隋强做客中国证监会“微访谈”栏目，与广大网友、媒体朋友和市场人士沟通交流做市业务的相关情况。微访谈内容实录如下。

做市业务对新三板市场的利好

1. 做市对新三板市场而言，有何利好?

证监会发布：做市业务是中国境内股票市场的一项全新尝试，也是资本市场支持中小微企业发展的一项制度创新。做市业务的实施对全国股份转让系统丰富市场交易方式、完善市场功能、促进市场稳定健康发展具有重要意义。对挂牌公司而言，做市业务将促进挂牌企业特别是创新、创业、成长型企业估值定价体系的形成，通过做市转让，企业能进一步分散股权、提升公众化程度，增强市场流动性，畅通投融资渠道。对于证券公司而言，做市业务将开启全新的业务模式，促使券商在推荐业务中更加注重从投资者的视角去谨慎推荐企业，更加注重通过整合业务链条，形成与企业共同成长的良性合作关系。对市场整体而言，做市业务有利于全国股份转让系统夯实市场化运行机制，理顺业务逻辑，提升市场的深度和广度，增强市场运行的稳定性。值得注意的是，首批采取做市转让方式的 43 家挂牌公司中，有两家公司 2013 年度的净利润为负。这一方面反映了全国股份转让系统业务制度的包容性，另一方面也表明全国股份转让系统正在形成有别于交易所市场的全新市场估值方式和投资选股方式。

Ken Zhang 啃哥有话说

第一个问题很宏观，提纲挈领。

第一句开宗明义，啃哥提请注意几个重点词——全新尝试、制度创新、重要意义，都是对做市业务极高的评价。可见制度设计者对做市商制度的期望之高。

第二句，“对挂牌公司而言”，这是从企业的角度说明该制度的优点。将促进“估值定价体系的形成”，也就是企业到底值多少钱，在新三板方面可以充分体现出来。同时企业进一步分散股权后，能提升公众化程度，股东多了将增强市场流动性，也能拓展投融资渠道。对于企业来说当然利益多多。

第三句，“对于证券公司而言”，该业务更是宏大，将“开启全新的业务模式”，券商（即做市商）会“更加注重从投资者的视角去谨慎推荐企业”。理由很简单，如果不是投资者感兴趣的企业，券商即使推荐上了新三板，也不会有交易量，还可能因无人购买而价格一路下跌，其结果就是推荐券商名誉扫地，因而能倒逼券商推荐优质企业上新三板。促进券商“更加注重通过整合业务链条，形成与企业共同成长的良性合作关系”，因为在做市制度下，券商的做市买入是为了最终卖出的，因此其有动力通过自身力量，协助企业做强做大，赚取企业价值增长的利润，就如同很多风险投资和 PE 一样。

第四句，“对市场整体而言”，通过做市业务，做市商更有动力去寻找优秀的企业买入，赚取利润卖出。从而新三板市场更加市场化，交易更加活跃。做市业务对新三板市场做大做强，即提升“广度和深度”，都是非常有益的。

第五句，强调了首批 43 家做市商交易的挂牌企业中，有 2 家利润为负的企业存在。说明做市商制度也非常欢迎有发展潜力，但是尚未盈利的企业进行交易。潜在话语是，那些尚未盈利的高新技术企业，类似京东等，在新三板做市商制度下，真实价值是可以被发现的，不用再赶去美国了。而像淘宝到美国上市，某种程度上是对中国资本市场的一种侮辱。

市场运行的现状及预期

2. 如何看待近期的市场运行情况?

证监会发布：自 8 月 25 日全国股份转让系统做市业务实施以来，市场整体运行平稳，各项业务操作顺畅有序，运行效果基本符合预期。需要说明的是，市场流动性的改善，和多种因素相关，除交易制度以外，还包括挂牌公司股份的分散程度、市场可流通股份的总量、投资者结构、投资者的交投意愿等。就目前而言，全国股份转让系统做市业务仍处于起步阶段，对市场流动性改善的程度仍需要参与各方的共同推动，其效应也还需要实践的持续检验。从长远看，我们对做市改善市场运行质量有信心。

Ken Zhang 啃哥有话说

第一句其实是新三板在夸自己，“市场整体运行平稳”也就是不愠不火。

第二句，针对众人质疑的甚至怀疑的“新三板交易量太小，没前途”的问题，进行了专门解释。流动性（也就是交易活跃度）问题，是与“多种因素相关”，啃哥深以为然。除了和“交易制度”有关外，挂牌供公司股份越集中，交易肯定越不活跃；新三板部分股份由于锁定问题不能流通，会影响到可交易的股份活跃性；如果都是机构投资者，散户太少，机构资金量大，但是个数少，一般也不会太活跃；如果投资者都不看好新三板，不愿意进行新三板投资，交易量肯定起不来。

最后一句总结，其实是让大家别太心急。且走且看，新三板刚起步，不用那么多的指责。任何伟大都孕育在平凡之中，制度已设计得很完善，那么，随着时间的推移，新三板的交易活跃指日可待。

3. 到今年年底，新三板做市股票预计将到达多少只？

证监会发布：8 月 25 日，首批参与做市的挂牌公司股票有 43 只。9 月 1 日起，全国股份转让系统已恢复协议变更为做市转让方式、做市商加入做市等各项业务的常态化办理。截至目前，共有 82 家挂牌公司已召开股东大会通过了采取做市转让方式的决议，这些公司将陆续加入做市行列。

Ken Zhang 啃哥有话说

发言人没有直接回答年底究竟会有多少家企业上新三板，因为确实无法预计。但啃哥认为，应补充能回答到这个程度。只是，如果再加一句“至于年末会有多少家，确实不好预测，但是我充满了信心”，那么，回答就更完整了。

做市商的基本条件

4. 做市商须具备哪些条件？

证监会发布：根据《全国中小企业股份转让系统做市商做市业务管理规定（试行）》，证券公司申请在全国股份转让系统开展做市业务，应当具备下列条件：一是具备证券自营业务资格；二是设立做市业务专门部门，配备开展做市业务必要人员；三是建立做市业务管理制度；四是具备做市业务专用技术系统。

Ken Zhang 啃哥有话说

这个问答其实是普及知识型的。券商要成为做市商，其实不难，只需要满足四点要求，券商基本都能做到。据说券商的硬件投入需要上千万元，但是对于利润动辄几亿元的券商而言，这些只是毛毛雨，其实门槛很低。关键是主体必须是券商，而国内目前只有111家券商，券商资质才是最根本的稀缺资源。

对挂牌公司的审查

5. 全国股份转让系统公司对挂牌公司怎么审查？审查周期一般是多长时间？

证监会发布：全国股份转让系统始终坚持市场化理念和自律管理特色，强化对主办券商的过程监管与行为监管，重视主办券商的自我管理和自我约束。为此，全国股份转让系统公司本着简化流程、提高效率的原则，制订了一整套标准化、规范化的做市业务备案审查工作流程，着重对证券公司做市业务备案申请文件的齐备性、规范性进行审查，力求做到标准透明、流程清晰。只要证券公司业务备案申请文件齐备，能够证明自身在机构、人员、制度、技术系统等方面已符合相关要求，具备从事做市业务的能力，即可获得做市业务备案。

审查周期方面，全国股份转让系统公司同意备案的，自受理做市业务备案申请文件之日起，十个工作日内即可出具做市业务备案函。

Ken Zhang 啃哥有话说

确实，这个问题很大，新三板公司到底如何对挂牌公司进行审查？要说起来，内容很多。

回答者显然知道这样的关系，因此将责任转嫁给了券商。其实就是在说整个审查过程主要是由券商配合完成，是券商的责任，新三板公司是服务机构而已。并且“着重对证券公司做市业务备案申请文件的齐备性、规范性进行审查”，这句话看着眼熟，这也是注册制的基本要求。很显然，新三板在注册制的道路上，已经把A股甩开了好几条街。

最后再次强调“只要证券公司业务备案申请文件齐备，能够证明自身在机构、人员、制度、技术系统等方面已符合相关要求，具备从事做市业务的能力，即可获得做市业务备案”。可见其要求很宽松。

可见，新三板挂牌公司申请做市商交易的审核主要不在企业本身，而是主要审核证券公司准备的材料。

啃哥请大家注意“备案”，新三板挂牌企业的做市商交易申请，采取的是“备案”制，可以看出其门槛非常低。这意味着，挂牌的企业如果想成为做市交易模式，基本没有办不成的。

做市商与挂牌公司如何参与做市业务

6. 做市商要参与做市，除了取得备案资格外，还需要有哪些准备？

证监会发布：除取得备案资格，持有一定数量的拟采取做市转让方式进行交易的挂牌公司初始库存股，是做市商从事做市业务的前提和必备条件。全国股份转让系统综合考虑挂牌公司的总股本和流通股本的特征，规定挂牌时采取做市转让方式的股票，初始做市商应当取得合计不低于挂牌公司总股本5%或100万股

（以孰低为准）、每家做市商不低于 10 万股的做市库存股票。其他情形下加入的做市商，在做市前应当取得不低于 10 万股的做市库存股票。全国股份转让系统仅规定了做市商须取得一定数量的初始库存股，且只对初始库存股数量的下限做出规定，对做市商在做市过程中库存股票的上限未作规定。

Ken Zhang 啃哥有话说

本段说明做市商进行做市时需要持有的股份问题。

做市商，顾名思义，必须做市，因此规定了做市商初始购买的最低股份数量。即做市商如果对一家企业做市的话，必须至少持有其 5%的股份或 100 万股，这样才能进行接下来卖出动作。而不设数量上限这一点，确实体现了新三板管理者的大胆改革开拓精神。

7. 挂牌公司如何参与股票做市业务？

证监会发布：股票拟采取做市转让方式的，（申请）挂牌公司至少需要做好以下准备工作：首先，全国股份转让系统实行传统竞争性做市商制度，即采用做市转让方式的股票需有 2 家以上做市商为其做市，因此，股票拟采取做市转让方式的挂牌公司至少应找到 2 家愿意为其股票做市的做市商。其次，在初步确定做市商后，挂牌公司应与做市商协商，就初始库存股票的获取方式、转让或发行价格与数量等达成一致并实际完成转让或发行。最后，挂牌公司应按照全国股份转让系统的有关要求，履行股东大会等决策程序，向全国股份转让系统公司提交相关申请材料。

Ken Zhang 啃哥有话说

本段说明了，如果新三板挂牌企业希望进行做市商交易，必须先完成三步工作。

■ 找到至少两家成为本企业的做市商。因为两家才好竞争，如果只有一家购买时将没有竞争性报价。

■ 做市商要购买企业的股份，进行后面做市业务。根据问答 6，有最低购买数量的要求。如果不设定下限，很容易带来很小的交易量、很高价格的市场操纵等行为，不利于市场健康发展。

■ 通过股东会决议，同意这个事项。

啃哥想说，其实对于新三板企

业，申请做市交易很简单，并不复杂。现在之所以只有43家，还是因为是新事物。但是，随着时间的推移，一定会有很大改观的。

8. 做市商如不想再为某挂牌公司做市，有何限制？

证监会发布：为避免因交易方式的频繁转换给市场交易带来的不连贯与价格冲击，全国股份转让系统规定，挂牌时采取做市转让方式的股票和由协议转让方式变更为做市转让方式的股票，其初始做市商为股票做市不满6个月的，不得退出为该股票做市。后续加入的做市商为股票做市不满3个月的，不得退出为该股票做市。

Ken Zhang 啃哥有话说

对于做市商的做市期限，进行了以上约定。对于挂牌时已是做市商交易的，做市期限不得少于6个月；对于挂牌后进行做市交易的，做市期限不少于3个月。这样的规定其实是为了市场的稳定，避免过度频繁更换做市券商。

在新三板市场发展初期，确实有必要制定这些规定。随着新三板市场的繁荣和规范，这样的规定必然会取消。选择做市商，做市商的期限，最终应完全由企业决定，才符合市场的逻辑。

对做市股票过度炒作的防范

9. 做市转让方式下，全国股份转让系统如何防范做市股票被过度炒作？

证监会发布：全国股份转让系统从交易制度、市场监察和自律监管等方面进行了相应的制度和机制安排，尽量防止做市股票被操纵或被过度炒作的现象发生。

Ken Zhang 啃哥有话说

这个问题回答得很简短。在做市转让方式下，从“交易制度、市场监察和自律监管”三个方面进行控制，避免过度炒作。主要是由于，在做市转让方式下，所谓的“过度炒作”现象还没有出现，因此只能笼统回答。啃哥认为，只要有市场就必然出现炒作，之后必然是进行规范，其发展是一个螺旋上升、日臻完善的过程。如果没有炒作，就没有完善。

10. 交易制度方面，全国股份转让系统如何防范做市股票的过度炒作？

证监会发布：交易制度方面，全国股份转让系统实行传统竞争性做市商制度，要求采用做市转让方式的股票，至少有2家以上做市商为其做市，通过做市商之间的市场竞争，尽可能增强市场活力，促进市场价格发现。第一，做市商的报价均为确定性报价，且做市商在任一时点只能有一组买卖报价，做市商新的报价提交后，前次报价自动撤销，杜绝了做市商利用多组报价扰乱正常市场秩序的可能。第二，实行集中撮合机制，投资者委托到价的，由交易主机按照“价格优先、时间优先”顺序将投资者委托与做市商报价进行撮合成交，杜绝了做市商不按照其报价履行成交义务的情形。第三，在成交价格的确定原则上，规定成交价格均以做市商的报价为准，尽可能增加普通投资者价格改善机会，保护普通投资者利益。第四，要求做市商通过专用证券账户和专用交易单元开展做市业务，以便有效对做市商库存股、交易申报行为及时进行监控。第五，明确要求做市商报价为买卖双向报价，报价价差不得超过5%，同时对做市商报价更新义务、报价时长等提出量化指标要求，以促使做市商发挥流动性提供者功能。

Ken Zhang 啃哥有话说

此处分析的是，如何在交易制度方面避免“过度炒作”。一切新事物，都是制度先行的。好的制度促进发展，不好的制度阻碍发展。而交易制度设计过程中，非常重要的一个环节，就是防止炒作。

回答从5个方面进行了论述。部分内容啃哥也不是很明白，只能尽力解释了。最基本的，是一家公司必须至少有两家做市商，从而从一开始就引入竞争机制。

■ 做市商“任一时点只能有一组买卖报价”，明确了做市商报价机制，不能出现做市商某一个时点有多笔报价出现，扰乱市场。

■ 做市商报价，投资者委托到价后，系统根据“价格优先，时间优先”的原则成交。所有成交统一规则，以体现公平，避免随意成交的情况发生。

■ 明确“以做市商的报价为准”，明确做市商报价的效力，避免做市商报价的效力低下问题。

■ 要求做市商通过专用证券账户和专用交易单元开展做市业务，也就是交易要在规定的账户和系统中完成，以强化监管力度和规范性。

■ “明确要求做市商报价为买卖双向报价，报价价差不得超过5%”，这句话有点意思，是明确了做市商报价不能单向报价，必须在买入报价的同时卖出报价。啃哥考虑这样做是为了增加交易的活跃度。至于约定了5%的限额，这一点需要好好分析一下。5%等于设定了券商的利润空间，双向报价的价差不能超过5%，结果就是券商必须多多增加交易量，以数量换质量，增大利润空间，这是好事。但是随着时间的推移，一旦交易量达到了希望的水平，这个5%以及双向报价的规定必然会取消。那时，才是真正考验做市商水平的时候。

11. 市场监察方面，全国股份转让系统主要制定了哪些措施防范过度炒作？

证监会发布：市场监察方面，全国股份转让系统发布实施了《异常转让实时监控指引》，进一步明确对做市商的监管要求。其中包括：明确做市商报价（超过30%）或股票成交价格（超过20%）变动幅度较大的，相关做市商应当及时向全国股份转让系统公司报告；明确股票短期内大幅上涨（连续3个转让日累计涨幅超过50%）的，构成异常波动，相关挂牌公司应当发布异常波动公告。与此同时，全国股份转让系统将不断强化市场监察。一方面，建立功能完善的实时监控系统，实时监控做市商报价及其库存变动情况，对做市商报价义务履行情况做到及时发现、及时制止、及时处理。另一方面，配备专门人员，对做市商报价成交数据进行定期核查，通过数据对比、挖掘及时发现做市商操纵市场、内幕交易、串通报价等涉嫌违法违规线索，并对违法违规行为采取相应的监管措施。

Ken Zhang 啃哥有话说

市场监管方面，再次明确依据《异常转让实时监控指引》对做市商进行监管。另外，对变动的幅度进行了约定，明显宽松于A股市场。(1) 做市商报价超过30%，或者股票成交价格超过20%，做市商要向新三板公司报告；(2) 股票连续3个转让日累计涨幅超过50%，新三板公司需要发布异常变动公告。相较于A股10%的涨幅就要发布公告而言，确实宽松了非常多。

除了数据指标方面的监管要求外，这里明确，建立“实时监控系统”，主要监控“做市商报价”与“库存”情况，第一时间发现与处理。同时，配备了人员，定期检查做市商的历史交易数据，以便发现问题。

总体而言，可以使用的市场检查方式，就是监控加事后检查。从而确保第一时间发现问题，解决问题。

相比较A股而言，啃哥感觉新三板的监察政策读起来铿锵有力，期待着执行者言行一致，给A股做出好的榜样来。

12. 自律监管方面，对于防范过度炒作，全国股份转让系统有哪些安排？

证监会发布：自律监管方面，全国股份转让系统要求做市商开展做市业务，应当建立健全做市股票报价管理制度、业务隔离制度、风险控制与合规管理制度、内部报告与留痕制度等内部管理制度，应当定期向全国股份转让系统公司报告做市业务开展情况。全国股份转让系统公司将对做市商做市业务开展情况进行现场检查，对做市商及其做市业务人员职业情况进行持续记录，逐步建立做市业务评价体系，以加强对做市商的自律管理。

Ken Zhang 啃哥有话说

前面从“交易制度”、“市场监察”方面进行了回答，这里再从“自律监管”方面进行回答，都是围绕“如何防止过度炒作”。可见，从市场或新三板本身来看，对于“过度炒作”是多么担心，从一开始就将其提到了前所未有的高度。

自律监管，仍然是那些老套话，都是有关内控的内容，在这里重新进行重复和强调。

这些自律方式，内容很多，如果企业真的做到了，是完全可以避免过度炒作的。但是，很多时候，很多事情都是打折扣执行或仅是面子工程而已。

■ 第一句，业务必须隔离，也就是做市商需要与券商的其他业务相互隔离；风险控制、合规管理、内部报告制度必须完善；留痕管理必须完整。啃哥也觉得，这个留痕管理很关键，类似于审计中所强调的"你说你做了什么没用，必须书面记录下来"。

■ 第二句，发言人强调，自律管理也并不是做市商自己的事情。新三板公司会不断地对做市商进行"现场检查"，对于做市商的执业情况进行"持续记录"，逐步建立起"做市业务评价体系"。

啃哥提请注意，今后新三板会公司会建立起"做市业务评价体系"，针对不同的做市商给出不同的评价。这可视为新三板公司使出的杀手锏。因为谁都知道，如果评价低了，就没人找这个做市商做业务了，所以做市商就会洁身自好，不敢不努力加强自身的自律措施。这一招用得非常恰当，高！

对竞价交易方式的考虑

13. 全国股份转让系统对竞价交易方式将如何考虑？

证监会发布：《全国中小企业股份转让系统股票转让细则（试行）》规定，全国股份转让系统并行实施协议、做市和竞价三种转让方式，挂牌公司只要符合相应条件，就可以在三种转让方式中任选其一作为其股票的转让方式。目前，全国股份转让系统已实施协议和做市两种转让方式。竞价转让方式的实施需要一定的市场积累和技术准备。目前，全国股份转让系统正就竞价转让方式的实施条件、竞价转让方式的确定及有关变更要求进行研究，并对相关技术安排进行积极准备。

Ken Zhang 啃哥有话说

这个问题，再次提到"竞价交易"。协议交易、做市交易、竞价交易，三种都是必然实施的。现在还差竞价交易没有执行，原因是，"需要一定的市场积累和技术准备"，目前新三板公司正在积极准备。

本来嘛，没必要一口吃成大胖子，一步步完善，逐步达到三种交易模式全面开花的结果，才是大势所趋。新三板公司将节奏把握得很好。

做市交易方式下的T+0

14. 听说做市商模式下可以实现T+0，是真的吗?

证监会发布：T+0仅限于做市商的做市交易。做市商制度下，做市商持续发布双向报价，并在其报价数量和价格范围内履行与投资者的成交义务，投资者之间不能直接成交。因此，市场的交易主要是通过做市商达成的，如果做市商当日买入的股票不能卖出，将增加做市商的库存压力，限制其做市规模，最终限制投资者股票的流动性。因此，全国股份转让系统规定，做市商当日买入的做市股票，买入当日可以卖出。此外，每个转让日15:00做市转让时间结束后，还有30分钟的做市商间转让时间。该段时间主要目的是供做市商调剂库存，该时间段内做市商买入的股票，买入当日不得卖出。

Ken Zhang 啃哥有话说

啃哥对上述回答深以为然，新三板发言人的回答有利、有力、有节。

可能部分读者不明白什么是“T+0”。T表示交易，T+0就是说，交易当日，资金可以到账，立即可以完成交割，接下来可进行第二笔交易。而如果是T+1，就是说交易后，第二天才能结算交割资金，才能再进行第二笔交易。我们买的很多基金都是T+2或者T+3模式，意思就是基金卖出后，第三天资金才能到账。

而做市业务，采用的是T+0的模式。这样做的出发点是，由于“做市商持续发布双向报价，并在其报价数量和价格范围内履行与投资者的成交义务，投资者之间不能直接成交”，“市场的交易主要是通过做市商达成的，如果做市商当日买入的股票不能卖出，将增加做市商的库存压力，限制其做市规模，最终限制投资者股票的流动性”。也只有采用T+0模式，才能有效提高做市商的交易频率和速度，进一步提高市场的活跃度。这样的规定很接地气，啃哥赞一个!

本来以为回答到这里就结束了。但是，发言人很严谨地补充了一条信息，即对于“每个转让日15:00做市转让时间结束后，还有30分钟的做市商间转让时间”，类似银行的同城每日兑换票据的规定性质。在这延长的30分钟里面，是做市商相互间买卖，由于是做市商调剂各自的存货，因此也就不用采取T+0的模式了，即当日不能完成交割，即“这段时间买入的股票，当日是不能卖出的”。

啃完全文，啃哥还想多说几句。证监会9月18日突然在“微访谈”栏目中，由新三板发言人答网友问，前后回答了14个与新三板、做市商有关的问题。啃哥看了新三板公司的主页，却没有这样的新闻。也就是说，这个微访谈仅仅出现在证监会网站以及新三板公众微信号“全国股转系统发布”上，而在最应该出现的新三板主页上没有任何痕迹。试问，为什么？

啃哥隐约觉得，多少和新三板、A股之间力量博弈有关。试想，如果新三板做得风生水起，各方赞扬，那么A股怎么办，A股的脸往哪里搁？而如果新三板做得不好，那这个板块又是国务院亲自发文设立，李克强总理多次强调的，不能办得不好。因此，新三板其实是在“纠结”中成长的。而对于这次的“微访谈”，显然回答者希望释放出更多的新三板积极、开拓的信号。但是，如果在新三板网站上面挂出来，势必引起众多记者、媒体到处转载，会引发更多有心人将之与现行A股的政策进行对比，结果就是大家又开始骂A股管理者。

为了给A股管理者减少负担，不那么惹人注目，但又要让该知道的人知道，新三板公司隐晦地在证监会网站的“微访谈”栏目挂出了事。一方面澄清了该澄清的内容，另一方面又不会引起媒体太多的关注，给足了A股管理者面子。新三板低调、务实，事情都做了，至于结果，留给市场。新三板的管理者深谙此道，啃哥大力赞扬！这样的板块没有办不好的道理！

2014年9月21日

于北京

以汪国真的一首诗《落日山河》，结束此文，送给大家：

落日山河

汪国真

我站在一片秋瑟里
看落日山河

山峰巍巍如诗
江河滔滔如歌

更有无数英雄豪杰
用情怀和热血
把山河染成火的颜色
镀成金的光泽

百川归海
万仞齐指蓝天
何等气魄　何等规模

太阳落　山河不落
那是一个民族
脊梁挺立着　血液奔流着

PORE OVER
THE NEW
OTC MARKET

11

可供选择的新三板银行融资产品

新三板公司于 2014 年 8 月 15 日发布了一条新闻，标题为《2014 年第二季度合作银行金融产品及服务信息》，啃哥觉得很重要，必须认真啃一啃。企业上新三板其中一个重要目的是融资，拿到低成本的资金才是王道。那么，上了新三板，银行方面有哪些产品可供选择呢？啃哥仔细分析了截至 9 月份新三板公司发布的合作银行为新三板定制的金融产品。整体上来说，民营银行比国有银行做得要好很多，同时银行整体上的产品缺乏创新，适用性一般，创新性很少。也许，银行还是处于“躺着赚钱”的阶段，没有太多的动力去真正服务于民营企业。

但是，也不乏一些优秀的民营银行走在其他银行前列，努力与新三板亲密接触。

为促进金融服务实体经济发展，提高对挂牌企业综合金融服务能力，全国股份转让系统积极开展与商业银行的合作，致力于打造面向挂牌企业的综合金融服务平台，共同推动针对挂牌企业的专项金融产品与服务（以下简称“专项产品”）的研发运用。截至目前，17 家合作银行已推出专项产品 20 项。为便于挂牌企业及时了解并获取优质、高效的金融服务和资金支持，现公布 2014 年第二季度各合作银行专项产品信息（见附件 1）及适用于中小企业的通用型金融产品与服务信息（见附件 2，本书略）。今后，全国股份转让系统还将定期汇总并发布相关信息，供挂牌企业及市场相关主体及时了解。

Ken Zhang 啃哥有话说

上段是总述，列明截至目前新三板公司合作的金融机构，共有 17 家合作银行已推出了 20 种专项产品。其实啃哥觉得产品数量太少了。面对 1 000 余家新三板上市公司，只有 20 多项产品可以选择，可见银行对资本的支持确实比较落后。但话说回来，有总比没有强。

这些产品，分为“专项产品”与“中小企业的通用型金融产品与服务信息”两类。对于通用产品，啃哥看了看，基本上就是银行把适用于中小企业贷款的内容原封不动直接搬了过来，没有任何修改。我的体会，就一个字——懒，银行欠缺服务意识。

这些只提供“中小企业的通用型金融产品与服务信息”的银行及产品包括：(1) 工商银行中小企业金融产品及服务方案；(2) 农业银行中小企业金融产品及服务方案；(3) 中国银行中小企业金融产品及服务方案；(4) 建设银行中小企业金融产品及服务方案；(5) 交通银行中小企业金融产品及服务方案；(6) 招商银行中小企业金融产品及服务方案；(7) 华夏银行中小企业金融产品及服务方案；(8) 北京银行中小企业金融产品及服务方案；(9) 贵阳银行中小企业金融产品及服务方案。

这九家银行，啃哥点名批评。因为资料实在太简陋，就是把现成的适用于中小企业融资的产品完全照搬过来，没有针对新三板做任何修改。试问，如果这样，新三板还有什么意义？四大行（工中交农）位列其中很正常，因为四大行本身已经足够大了，不太擅长抓住市场机会拓展业务。很遗憾地，我们居然看到了招商银行，怎么说呢，也许招行将更多精力放在了个人高净值客户，而不是中小企业客户身上；又或者因为原行长马蔚华的离开，它已不再是当初那个招行了；再或者，招行开始吃老本，不会向前冲了。

而相比之下，这20项专门针对新三板融资的产品，确实做得有滋有味。啃哥将列表引用如下，并针对一些产品单独分析。这些勤奋的银行，都是接地气的，也是大有前途的，包括：(1) 交通银行北京分行；(2) 光大银行；(3) 兴业银行；(4) 浦发银行；(5) 杭州银行；(6) 广发银行。可以看到，这6家都不是第一梯队的银行，因此才有足够的拓展业务的动力，才会如此重视新三板。这6家公司值得表扬。

啃哥重点分析附件1（见表11.1）中6家银行的个别产品。附件2涉及9家银行的通用产品，由于是通用的产品，没有将新三板企业与普通中小企业加以区分，实在没有分析的必要。

由表11.1可以看出，6家银行中的“光大”、“浦发”、“杭州银行”推出的产品最多，也可以认为这3家是最下工夫的。啃哥在此大胆预言，未来将有长足发展的也将是这些银行。

附件：1. 挂牌企业专项金融产品及服务信息（见表11.1）；
2. 中小企业通用型金融产品与服务信息（本书略）。

表 11.1

挂牌企业专项金融产品及服务信息

合作银行	产品/服务名称	特点或简介
1—交通银行北京分行	信融通	无担保贷款
2—光大银行	2.1—股权融易贷	股权质押贷款
	2.2—知识产权融易贷	知识产权质押贷款
	2.3—投贷通	以PE保证或类保证等方式
	2.4—股东融易贷	以企业股权为担保，为其中小股东授信
	2.5—挂牌易	推荐光大客户挂牌
3—兴业银行	3.1—新三板挂牌企业股权质押贷款	股权质押贷款
	3.2—投联贷	针对已引入股权投资机构的中小企业贷款

续表

合作银行	产品/服务名称	特点或简介
4—浦发银行	4.1—新三板企业综合服务方案——银证宝	与券商合作的挂牌前融资服务
	4.2—新三板企业综合服务方案——投贷联动	银行、创投机构、担保机构联合推出的投资、担保、贷款联动产品
	4.3—新三板企业综合服务方案——股权质押贷款	股权质押贷款
	4.4—新三板企业综合服务方案——千户工程专属信用贷款	信用贷款
	4.5—新三板企业综合服务方案——投资银行服务	以财务顾问为核心
5—杭州银行	5.1—新三板客户信贷产品——股权质押	股权质押融资
	5.2—新三板客户信贷产品——知识产权质押融资	知识产权质押融资
	5.3—新三板客户信贷产品——应收账款质押融资	应收账款质押融资
	5.4—新三板客户信贷产品——订单融资	订单融资
	5.5—新三板客户信贷产品——挂牌过桥融资	过桥融资
	5.6—新三板客户信贷产品——其他服务	高管授信、现金管理、资本市场服务
6—广发银行	6—挂牌企业投贷联动服务方案	与保险公司或创投公司等合作向企业提供贷款

交通银行北京分行

交通银行北京分行推出了“信融通”，这是唯一由非总行推出的产品。由此可以推测出，交通银行总行显然行动缓慢，但北京分行意识到了新三板企业融资产品的重要性，因此及时推出。只是，以一个北京分行，对接整个全国性的新三板市场，实在有点欠匹配。但是，当读到“适用企业”的条款时，啃哥有点失望了。根据新三板公司公布的该产品的条款，适用客户为：（1）“瞪羚”企业；

（2）新三板挂牌企业；（3）已改制为股份有限公司并已实质性启动上市工作的企业；（4）拥有政府或中央企业采购订单合同的企业；（5）承接重大建设工程项目的企业；（6）高新技术企业；（7）百家创新企业；（8）已获得 VC/PE 等投资机构进入的优质中小企业。包括了 8 类企业，显然并不是针对新三板定制的。简直是“挂羊头卖狗肉”，完全是凑数的。

光大银行

股权融易贷

产品定义：股权融易贷是指授信申请人以自身或第三人合法持有的我国境内非上市股份有限公司、有限责任公司等企业的股权作为债权担保，在有权机构办理质押登记手续后，通过光大银行股权服务平台向光大银行申请获得授信。

产品特点：（1）质押股权所在企业为全国股份转让系统挂牌企业或拟挂牌企业的，挂牌价格或最近增资价格可作为质押股权的估值参考，具有估值优势。（2）为股权融易贷提供 50 亿元的专项额度支持。（3）业务审批流程快捷、高效，能及时补充企业所需资金缺口。

Ken Zhang 啃哥有话说

条款内容比较简单，相信银行对具体的企业也会有具体分析。但是作为股权，上了新三板确实就有价值了，可以实现股权质押贷款；而如果没有上新三板，可以毫不客气地说，股权在银行眼中就等于 0。可见，新三板具有“化腐朽为神奇”的效果。

知识产权融易贷

产品定义：知识产权融易贷是指授信申请人以自身或第三方合法拥有并可依法自由转让的商标权、专利权以及著作权作为质押，联合其他风险缓释措施向光大银行申请授信的业务。

产品特点：（1）可通过光大银行认可的知识产权质押，扩大融资额度。

(2) 知识产权有较高的质押率。(3) 优先支持在全国股转系统挂牌的高科技高成长性企业。

啃哥有话说

在之前很长一段时间，银行基本不认知识产权，而只认可傻大笨粗的土地、房产、机器设备等。而在这里，明确了新三板企业的知识产权可以进行抵押质押，从而扩大融资额度，确实是一件好事情。更有利于轻资产、多项专利的技术型企业融资，可以解决部分轻资产的高科技企业由于缺少抵押物融资难的问题。

投贷通

产品定义：投贷通业务是指对光大银行合作名单范围内的 PE 已投资或与 PE 已签署投资协议的企业，以 PE 保证或类保证等方式，向授信申请人发放贷款的业务。

产品特点：(1) 为非上市企业提供了新的资金渠道。(2) 为 PE 已投资的未上市企业提供持续的资金支持。

啃哥有话说

这个产品是一种创新。确实，已获 PE 投资的企业，一定有自己的亮点。因此 PE 机构如果提供保证或者类保证，企业就可以贷款。这成本可比找担保公司成本小太多了。不要小看 PE 担保融资，这曾经是很多 PE 希望协助企业做但苦于没有相应的产品而无法完成的事情。

股东融易贷

产品定义：股东融易贷是指未上市企业与光大银行签订合作协议，企业中小股东（非控股股东或实际控制人）以其所持股权作为债权担保，光大银行批量为其中小股东授信的融资活动。

产品特点：(1) 为未上市企业的中小股东在不转让股权的前提下提供了盘活股权资产的新渠道。(2) 股权估值参照股权融易贷，具有较高的估值价格。(3) 同时覆盖机构股东和个人股东。

Ken Zhang 啃哥有话说

此款产品和前面的“股权融易贷”相比较，主要区别在于股东融易贷是为股东融资的一种工具。企业挂牌新三板，股东持有的股份如果没有卖出就没有价值。而有了这个产品，就是承认了股东个人持有的股份的价值，可以以此抵押，为股东个人融资打开局面。

挂牌易

产品定义：挂牌易业务是指光大银行与主办券商合作，分工协作，推荐光大银行客户在全国股份转让系统挂牌的业务。

产品特点：通过全国股转系统提高企业知名度，规范公司治理。

Ken Zhang 啃哥有话说

这个与其说是融资产品，倒不如说是广告宣传。目的就是让银行的未上新三板的中小企业客户，都到与银行合作的券商那里去，进行新三板上市。

上述光大银行的5个产品，从股权质押公司融资，到股权质押个人股东融资；从知识产权抵押贷款，到PE担保抵押贷款。对于这些模式，如果企业没有上新三板根本无法完成。可见企业上新三板的融资便利性。同时也能看出，光大银行是一家很用心的公司，每个产品都定位精准，都是拥有巨大市场需求的。

兴业银行

新三板挂牌企业股权质押贷款

产品简介：新三板挂牌企业股权质押贷款业务是指兴业银行为新三板已挂牌或拟挂牌企业发放贷款，借款人向兴业银行提供借款人或者第三人持有的新三板已挂牌或拟挂牌企业的股权作为质押担保。

贷款额度：贷款金额最高可达质押股权评估价值的50%，且不超过500万元。

啃哥有话说

该产品与光大银行产品类似，只是在这里明确了“贷款金额最高可达质押股权评估价值的50%，且不超过500万元”。啃哥想，光大之所以没有明确条件，其用意应是在操作过程中留有一定的弹性。而兴业明显是不想有弹性，因此定了一条死的红线。对于中型企业来说，500万元只是杯水车薪，看来兴业银行还是很谨慎的。

投联贷

产品简介：投联贷业务是指兴业银行针对已引入股权投资机构的中小企业，在综合考虑股权投资机构投资管理能力和中小企业未来发展前景等因素的基础上，灵活应用信用、股权质押、股权投资机构保证或股权投资机构回购股权等担保方式，向中小企业提供的融资服务。

贷款额度：贷款金额最高可达股权投资机构投资金额的50%，且不超过3 000万元。

啃哥有话说

投联贷额度高，其实是给了投入企业的PE机构更多责任。只要已投入企业的PE机构敢于担保，那么，银行也就敢放款，可见PE地位确实提高了不少。

兴业银行只有2个融资产品，都是大众化的产品，显然还不想创新。与光大的区别在于，兴业银行没有股份质押股东个人贷款，也没有相关知识产权的问题。因此，产品显得有点单薄，还是用功程度不同。

浦发银行

新三板企业综合服务方案——银证宝

银证宝是由浦发银行牵头的，由银行、券商、担保共同为新三板目标企业提供综合金融服务的创新模式，目前该模式项下合作券商正从部分主要券商逐渐扩展合作范围。

浦发银行向券商推荐符合“银证宝”准入要求的客户，根据客户意愿，券商向客户分阶段提供股改及新三板挂牌推荐服务，在券商确认进场并与企业签署合作协议后，担保公司进场开展保前调查，浦发银行向符合要求的客户提供“银证宝”项下最高金额不超过一定额度的人民币担保贷款。

Ken Zhang 啃哥有话说

这个产品其实是对准备进入新三板市场的企业提供融资便利的。也就是当企业有了上新三板的意向时，选定券商后，开始股改，浦发银行就开始介入，不断地提供资金支持，陪伴企业成长。其中的逻辑是，既然企业想上新三板，计划引入券商、进行股改，那么，企业必然是经营情况良好，有较强盈利能力的。对于这样的企业，银行早期介入，一步步陪伴其成长，是一件很好的事情。如此深耕细作，只有像浦发这样的第二梯队银行，同时又很有耐心的银行干得了。

新三板企业综合服务方案——投贷联动

目前浦发银行已与超过50家创投机构合作，开展两方业务合作与三方业务合作。

投贷宝模式：投贷宝是由浦发银行、创投机构、担保机构联合推出的投资、担保、贷款联动产品，按照一定的股权投资和银行贷款配置比例，在创投机构对企业进行股权投资后，由担保机构进行担保，由浦发银行发放贷款。产品优势在于企业可获得股权＋债权的双重融资支持；股权、债权之间的配置比例灵活，企业可根据自身需求合理选择。

投贷联模式：投贷联模式是指浦发银行与优质股权基金管理机构紧密合作，对基金所投资的优质企业提供股债结合、投贷一体的融资支持服务。投贷联可满足企业发展初期对融资的需求，从而促进企业的快速成长，提升企业价值。

Ken Zhang 啃哥有话说

这个产品和PE投资公司有一定的关系。“在创投机构对企业进行股权投资后，由担保机构进行担保，由浦发银行发放贷款”，也就是只要创投（PE）公司投了股权的，银行就可以提供债权。但是，银行还需要第三方担保，这个规定就严格一些了，也即是说PE公司本身不能担保，需要第三方担保。这样的要求，比光大投贷通产品严格很多，光大的“投贷通”是只需要PE担保，而不需要第三方担保的。

新三板企业综合服务方案——股权质押贷款

新三板挂牌企业在尽调、审核过程中已通过了严格筛选、层层把关，治理规范，且挂牌企业股份转让流通性通过股权转让平台得到有效提升，浦发银行降低挂牌企业抵押担保门槛，允许挂牌企业主要通过股权质押的方式获得小额贷款。（啃两句：这是个通用产品，各家都有的。）

新三板企业综合服务方案——千户工程专属信用贷款

“千户工程”是指浦发银行对高成长性中小企业的全程、长期培育工程，浦发银行将对新三板挂牌企业在同等条件下优先纳入千户工程，全面跟踪和服务挂牌企业的成长全程，满足其日常经营、规模扩张和跨越成长不同阶段的服务需求。

新三板挂牌企业入库之后，可按照企业所得税纳税额或企业成长性享受最高不超过一千万元额度的信用贷款。

浦发银行将为挂牌企业办理各项传统融资业务和创新性融资业务。其中，创新性融资业务包括但不限于以上创新产品及股权质押贷款、知识产权质押贷款、应收账款质押贷款、订单融资、并购融资等。

Ken Zhang 啃哥有话说

浦发银行认为，能挂牌新三板的基本都是优质企业，大部分可以进入浦发的“千户工程”项目中。这些企业，可以获得1 000万元的信用贷款。注意是信用贷款，就是不需要任何抵押担保的贷款。这一招太狠了，既然挂了新三板，不要额度白不要，还不用抵押，相信很多公司都会有需求的。浦发银行的逻辑就是既然挂牌新三板，公司就不会太差，因此才有这样的信心。这样的胆量，啃哥佩服。在这几家银行中，浦发在这点上算是走得最远了。

新三板企业综合服务方案——投资银行服务

针对新三板的拟挂牌/挂牌企业，浦发银行可以为其提供以财务顾问为核心，以多种银行产品为重点支撑的综合金融服务。一是财务顾问服务，二是针对拟挂牌/挂牌企业的重点服务。包括：(1) 项目对接。是指浦发银行依托与股权投资基金的良好合作关系及对企业融资需求的深入理解，通过帮助企业进行股权融资、协助尽职调查及推进投资进程，配套相应的金融服务支持，提高企业融资效率，共同促进企业的快速成长。(2) 中小企业集合票据。是指 2 个（含）以上、10 个（含）以下具有法人资格的中小非金融企业（简称中小企业）、统一产品设计、统一券种冠名、统一信用增进、统一发行注册方式共同发行的，约定在一定期限还本付息的债务融资工具。中小企业集合票据通过统一安排信用增进措施，多样化设计产品结构，拓宽了中小企业融资途径，优化企业财务结构。(3) 中小企业私募债。是指我国中小微企业在境内市场以非公开方式发行的，发行利率不超过同期银行贷款基准利率的 3 倍，期限在 1 年（含）以上，在交易所市场发行的相对市场化的公司债券。浦发银行可以财务顾问的角色介入该业务，与合适的证券公司建立良好的业务合作关系，协助企业改善资产负债结构、优化财务表现。(4) 并购交易服务（并购融资、并购财务顾问）。是指浦发银行作为并购交易的买方顾问或卖方顾问，在股权并购或资产并购交易过程中综合运用各种资源，提供寻找交易对手或交易目标、协助尽职调查与估值、制定并购方案并协助实施、帮助进行并购后整合等服务的业务。在并购过程中，浦发银行可通过并购贷款、并购债、并购创新资管等方式部分满足并购方的并购融资需求。

Ken Zhang 啃哥有话说

这一段“投资银行业务”，其实部分是券商的工作。由于银行也设立了投资部，因此也可以做这些业务。文中提到的引入投资基金，设计中小企业集合票据，设计中小企业私募债，以及并购交易服务，是银行扮演了融资中介的角色。看来，浦发走在了所有银行的前面，干起了中介的活。

综上看，浦发银行从股权质押贷款，到依托 PE 的投贷联动，再到向前期发展的银证宝，到千户工程，最后到更高级的融资中介。很明显，浦发的服务已经基于融资而力求更进一步融资服务了，是众多银行中走得最远的一家。

杭州银行

虽然是区域性银行，但是创新能力很强，紧跟潮流。这次杭州银行推出紧跟新三板的6条制度。因为其尚只允许在有限的区域开展业务，因此暂不具体分析条款。

广发银行

只有一个产品，挂牌企业投贷联动服务方案，显然是跟着PE后面提供借款人，没有股权质押方面的任何产品。（啃两句：这显然是只想要肥肉，不想啃骨头。这样的机构，啃哥是不太看好的。）

Ken Zhang 啃哥有话说

综上所述，首先，啃哥批评了9家只提供中小企业通用产品的银行，因为这些银行太懒惰，不愿意花费心思针对新三板设计产品。其次，啃哥分析了6家银行针对新三板设计的20个产品。最后，通过分析不难看出，真正下工夫的是其中的3家：兴业银行、光大银行和浦发银行。更进一步，光大银行、浦发银行推出了5个产品，更优秀一些。而做得最好的非浦发莫属，它除了提供基础的融资服务外，还提供投行等中间的、综合性的服务，以及挂牌前的育成服务，用心可谓良苦。可以预见，未来服务于中小企业、新三板的优秀银行非光大、浦发莫属。同时，新三板挂牌企业，通过挂牌新三板，融资渠道更加畅通，对企业绝对有莫大的好处。

机不可失，失不再来。啃哥一直在鼓励中小民营企业尽快上新三板，这样才有可能获得低成本的融资渠道，别无他法。而这样的机会，等所有人都看清楚的时候，也就不再是机会了！

2014年9月28日

于昆明西驿酒店

以大学好友王斯梦的一首诗，结束此文，送给大家：

七年不减滔涛志，
云高哪知孤草心；
雨泪婆娑归一渠，
阳灯共照四方边。

光演今世冬秋雪，
书载沉浮已来年；
月冷独栋各自愁，
黄道依然十二间。

心养神魂透眼缘，
灵锁本尊感洞天。

泉造林踪，
龟印山岩。

鸟飞才显丛密，
猿跃方撕幕叶。

兽王当品猴儿酒，
禽皇应主万仞险。

POREOVER
THE NEW
OTC MARKET

12

新三板差别化个人所得税政策分析

税的问题，尤其是个人所得税的问题，是任何时候都必须特别关注的，因为直接关系到投资人的钱袋子。还好新三板公司也非常明白这个道理，一开始就联合各主要部门，于 2014 年 6 月专发此文将有关个人所得税问题彻底明确。由此也能看出新三板公司的务实作风和工作效率。

精啃深挖财税［2014］48号文

《财政部、国家税务总局、中国证券监督管理委员会关于实施全国中小企业股份转让系统挂牌公司股息红利差别化个人所得税政策有关问题的通知》（财税〔2014〕48号）全文如下：

各省、自治区、直辖市、计划单列市财政厅（局）、国家税务局、地方税务局，新疆生产建设兵团财务局，全国中小企业股份转让系统有限责任公司，中国证券登记结算公司：

根据《国务院关于全国中小企业股份转让系统有关问题的决定》（国发〔2013〕49号）的有关规定，现就实施全国中小企业股份转让系统挂牌公司股息红利差别化个人所得税政策有关问题通知如下：

Ken Zhang 啃哥有话说

此段开宗明义，说明依据是国务院的49号文，高度足够高。其实，整个新三板都是依据这个文。如果财政部说依据的是新三板公司的某个规定，显然分量不够，同时财政部这样的地位，也只能屈居国务院之下才合适。

一、个人持有全国中小企业股份转让系统（简称全国股份转让系统）挂牌公司的股票，持股期限在1个月以内（含1个月）的，其股息红利所得全额计入应纳税所得额；持股期限在1个月以上至1年（含1年）的，暂减按50%计入应纳税所得额；持股期限超过1年的，暂减按25%计入应纳税所得额。上述所得统一适用20%的税率计征个人所得税。

前款所称挂牌公司是指股票在全国股份转让系统挂牌公开转让的非上市公众公司；持股期限是指个人取得挂牌公司股票之日至转让交割该股票之日前一日的持有时间。

Ken Zhang 啃哥有话说

此段说得很清楚，是对于个人投资者持有新三板股份获取股息红利的纳税规定。需要根据期限，持有1个月的，全额缴纳。持有1个月以上，1年以下的，按照50%减半缴纳。持有超过1年的，按照25%即1/4缴纳。而税率都是20%。

下面又对持有期限进行了详细规定，即“持股期限是指个人取得挂牌公司股票之日至转让交割该股票之日前一日的持有时间”，非常明确。

啃哥在想，为什么持有期限越长，需要缴纳的股息红利所得的所得税越少呢？其实很明显，税法制定者的动机，就是希望购买者长期持有，长期投资才能保证市场的稳定。

二、挂牌公司派发股息红利时，对截至股权登记日个人已持股超过1年的，其股息红利所得，按25%计入应纳税所得额，直接由挂牌公司计算并代扣代缴税款。对截至股权登记日个人持股1年以内（含1年）且尚未转让的，税款分两步代扣代缴：第一步，挂牌公司派发股息红利时，统一暂按25%计入应纳税所得额，计算并代扣税款。第二步，个人转让股票时，证券登记结算公司根据其持股期限计算实际应纳税额，超过已扣缴税款的部分，由证券公司等股票托管机构从个人资金账户中扣收并划付证券登记结算公司，证券登记结算公司应于次月5个工作日内划付挂牌公司，挂牌公司在收到税款当月的法定申报期内向主管税务机关申报缴纳。

Ken Zhang 啃哥有话说

这一段描述在具体操作中如何完成第一点的要求。明确了纳税的具体时点：

■ 持有1年以上的，股息红利所得，按照25%计入应纳税所得额后，“直接由挂牌公司计算并代扣代缴税款”，明确简单。

■ 对于持有1年以内的，有点复杂。分两步走，为什么步骤二弄得这么麻烦，要先扣掉25%，在转让时再根据持有期限选择是按100%还是50%缴纳剩下的部分呢？很简单，税务部门认为这样操作是对税务部门最有力的保护，该收的税款要先收到。这也就解释了，为什么在分红时，只要是持有1年以内的，不管啥情况，先将应纳税款总额的25%收了再说。哎，连税务部门都担心逃税，非要在分红时候先扣掉一部分。啃哥多少表示无奈。其实这反映出了税务部门对纳税人的不信任。

个人应在资金账户留足资金，依法履行纳税义务。证券公司等股票托管机构应依法划扣税款，对个人资金账户暂无资金或资金不足的，证券公司等股票托管机构应当及时通知个人补足资金，并划扣税款。

Ken Zhang 啃哥有话说

这一段，税务部门再次强调了啃哥上面的分析。要求个人“应在资金账户留足资金，依法履行纳税义务”。其实，在征信系统已经完善的前提下，再如此严加防守就有点多此一举了。啃哥更觉得，应该通过对逃税人的重罚，起到杀一儆百的作用，让大家主动交税，要比这样处处防范好太多了。

三、个人转让股票时，按照先进先出的原则计算持股期限，即证券账户中先取得的股票视为先转让。

应纳税所得额以个人投资者证券账户为单位计算，持股数量以每日日终结算后个人投资者证券账户的持有记录为准，证券账户取得或转让的股票数为每日日终结算后的净增（减）股票数。

Ken Zhang 啃哥有话说

这一条明确了“先进先出”原则。这个原则很重要。因此，持有不同期间买入的股票，再卖出时，应该按照先进先出处理。这样计算期间更加合理可信。

四、证券投资基金从挂牌公司取得的股息红利所得，按照本通知规定计征个人所得税。

Ken Zhang 啃哥有话说

这一条明确了公募基金公司的个人所得税纳税义务。公募基金就是许多个人购买的公募产品，之后再投资于新三板。因此，对于这样的产品，理应按照上述规定缴纳股息红利所得的税款，不存在任何与个人不同之处。此处很明确，啃哥赞一个。

五、本通知所称个人持有全国股份转让系统挂牌公司的股票包括：

（一）在全国股份转让系统挂牌前取得的股票；

（二）通过全国股份转让系统转让取得的股票；

（三）因司法扣划取得的股票；

（四）因依法继承或家庭财产分割取得的股票；

（五）通过收购取得的股票；

（六）权证行权取得的股票；

（七）使用附认股权、可转换成股份条款的公司债券认购或者转换的股票；

（八）取得发行的股票、配股、股票股利及公积金转增股本；

（九）挂牌公司合并，个人持有的被合并公司股票转换的合并后公司股票；

（十）挂牌公司分立，个人持有的被分立公司股票转换的分立后公司股票；

（十一）其他从全国股份转让系统取得的股票。

Ken Zhang 啃哥有话说

此款明确了获取股份的方式。通过列举的方式有十种，最后加一个“其他”保底。当然，前两种情况最常见。

六、本通知所称转让股票包括下列情形：

（一）通过全国股份转让系统转让股票；

（二）持有的股票被司法扣划；

（三）因依法继承、捐赠或家庭财产分割让渡股票所有权；

（四）用股票接受要约收购；

（五）行使现金选择权将股票转让给提供现金选择权的第三方；

（六）用股票认购或申购交易型开放式指数基金（ETF）份额；

（七）其他具有转让实质的情形。

Ken Zhang 啃哥有话说

这里，明确了股份转让的方式，最多的肯定是第一种“通过全国股份转让系统转让股票”。

关于“用股票接受要约收购”，说白了，就是在并购过程中，卖掉股份，换取其他公司的股份或者现金。关于“用股票认购或申购交易型开放式指数基金（ETF）份额”，就是通过股票，换取一定的公募基金份额。

七、个人和证券投资基金从全国股份转让系统挂牌的原STAQ、NET系统挂牌公司（简称两网公司）取得的股息红利所得，按照本通知规定计征个人所得税；从全国股份转让系统挂牌的退市公司取得的股息红利所得，按照财税〔2012〕85 号文件的有关规定计征个人所得税。

Ken Zhang 啃哥有话说

STAQ 和 NET 的背景介绍见《啃碎新三板——新三板前世今生之深度啃析》第 1 章。

STAQ 和 NET 系统的公司，是历史遗留的一些公司，从 2000 年至今已经超过 14 年，时间实在太久了！这些公司在当年的这两个特殊系统中实验，基本宣告失败，此次并入新三板中，理应与新三板的税收政策一致，这里也确实是这样规定的。

关于退市公司的股息红利所得纳税，文中又提到了一个财税 2012〔2012〕85 号文，即《关于实施上市公司股息红利差别化个人所得税政策有关问题的通知》，与这个文完全一样，只是其规定的是“上市公司”，而这个文是“非上市公司”。由于是退市公司，之前是上市公司，那么依然沿用上市公司的税务规定，啃哥觉得政策制定者是这个逻辑，所以才说参见财税〔2012〕85 号文。

八、本通知所称年（月）是指自然年（月），即持股一年是指从上一年某月某日至本年同月同日的前一日连续持股，持股一个月是指从上月某日至本月同日的前一日连续持股。

九、财政、税务、证监等部门要加强协调、通力合作，切实做好政策实施的各项工作。

挂牌公司、两网公司、退市公司，证券登记结算公司以及证券公司等股票托管机构应积极配合税务机关做好股息红利个人所得税征收管理工作。

十、本通知自 2014 年 7 月 1 日起至 2019 年 6 月 30 日止执行。挂牌公司、两网公司、退市公司派发股息红利，股权登记日在 2014 年 7 月 1 日至 2019 年 6 月 30 日的，股息红利所得按照本通知的规定执行。本通知实施之日个人投资者证券账户已持有的挂牌公司、两网公司、退市公司股票，其持股时间自取得之日起计算。

财政部　国家税务总局　证监会

2014 年 6 月 27 日

Ken Zhang 啃哥有话说

这段首先明确了本通知有效期5年，从2014年7月1日至2019年6月30日。其次明确了该制度只是对颁布之后的分红执行，对于颁布该制度之前的分红，不追溯。基本上国内的政策都是这样，这也就是为什么走得快的人可以赚取第一桶金的道理。

2014年10月3日

于北京

以杜甫的《望岳》，结束此文，送给大家：

望岳

杜甫

岱宗夫如何?
齐鲁青未了。

造化钟神秀，
阴阳割昏晓。

荡胸生层云，
决眦入归鸟。

会当凌绝顶，
一览众山小。

PORE OVER
THE NEW
OTC MARKET

13

关于非上市公众公司发行优先股的政策铺垫

新三板公司发行优先股是迟早的事情。那么，必须先在制度上予以保证。因此，证监会在 2014 年 9 月发布了《非上市公众公司信息披露内容与格式准则第 7 号——定向发行优先股说明书和发行情况报告书》《非上市公众公司信息披露内容与格式准则第 8 号——定向发行优先股申请文件》。

这里的“非上市公众公司”，怎么读都觉得拗口。说白了，在中国，它对应的，有且只有“新三板”。因此，证监会完全是在给新三板公司铺路，先发布好相对应的政策。

为贯彻落实《国务院关于开展优先股试点的指导意见》及《优先股试点管理办法》，2014 年 9 月 19 日，中国证监会制定并发布了非上市公众公司发行优先股相关的信息披露文件，包括《非上市公众公司信息披露内容与格式准则第 7 号——定向发行优先股说明书和发行情况报告书》、《非上市公众公司信息披露内容与格式准则第 8 号——定向发行优先股申请文件》。

啃哥有话说

Ken Zhang

这句话明确了本次推出两个关于优先股的制度的依据。当然依据的是国务院的优先股规定，高屋建瓴。

啃哥提请读者注意，这个“非上市公众公司”，就是新三板公司，基本可以等同。因此，证监会专门在国庆前最后的时间，发了两个关于新三板公司发行优先股的规定，可见其紧迫性和重要性，所以也促使啃哥好好啃一啃。

新三板公司的融资能力，是新三板已上市公司和将上市公司最关心的话题。而中小企业私募债、优先股，在上次新三板答记者问（即第 8 篇所谈的“就关键热点问题的答记者问”）时就提到近期会出规定。这不，规定推出了，为新三板企业发行优先股扫清了障碍，下一步就是新三板公司制定细则来推动新三板企业发行优先股了。

上述信息披露内容与格式准则为非上市公众公司发行优先股指明了操作路径和监管要求，明确了试点期间优先股的发行主体、豁免核准、转让场所等问题，规范了优先股定向发行环节信息披露的内容、格式及申请文件。

这两个配套文件的制定主要遵循以下原则：一是坚持“放松管制”的市场化改革方向，简化行政许可程序，将非上市公众公司定向发行优先股主要交由全国中小企业股份转让系统（以下简称全国股份转让系统）自律审查，我会豁免核准，仅在公司优先股和普通股人数合并累计超过 200 人、注册在境内的境外上市公司境内发行优先股时由我会核准；二是秉承“适度、客观、弹性”的信息披露监管理念，大幅简化披露内容，突出重要信息，减少主观性分析，鼓励公司结合实际情况自主披露，降低公司合规成本。

Ken Zhang 啃哥有话说

这段话很重要，有两层含义。

其一，该制度是证监会发布的，但是证监会只是发布，之后的执行完全由新三板公司完成。“我会豁免核准”，这句话说得很到位。证监会将不进行审查，具体的审查将由新三板公司完成。只有在“公司优先股和普通股人数合并累计超过200人”这种特殊情况下，才会交给证监会审查。

其二，该信息披露制定过程中，依据的是少而精的精神，并且“鼓励公司结合实际情况自主披露，降低公司合规成本”。由此可以看出证监会目前的态度是多么开放！啃哥必须赞一个。

优先股试点丰富了全国股份转让系统的市场功能和合格投资者的选择空间，有利于非上市公众公司拓宽融资渠道、开展并购重组。下一步，我会与全国股份转让系统将密切关注市场发展动态，努力推进试点工作顺利开展，及时总结试点经验，适时完善相关制度，全力支持中小微企业充分利用资本市场加快发展。

Ken Zhang 啃哥有话说

这一段是总述，其实是在明确证监会仍将在今后的日子里，义无反顾地支持中小微企业利用资本市场加快发展。这才是正事。

啃哥分析，应该是在国务院的层层重压下，证监会进一步加快了对新三板融资功能的各项制度的完善，所以，啃哥更加看好未来的新三板了。

下面将两个制度的全文摘录如下。

第一个“定向发行优先股说明书和发行情况报告书”，是在明确发行优先股说明书，以及发行情况书的具体内容。用文字的方式进行描述略显冗长，其实并不复杂。

第二个“定向发行优先股申请文件”，相对简单些，就是需要向新三板公司报送的申请材料清单。

如果证监会能像会计师事务所或者券商那样，给一个模板，加备注说明哪些是应该做的，哪些是可以选择的，会更加一目了然，更具有操作性。但是，那样的话确实不够严谨。从证监会的角度看，出这种文字形式的规定也在情理之中。紧接着，需要券商把文字翻译成具体的模板，并在实际操作中加以完善。

一个操作手册性质的文件，并不复杂，因此啃哥仅将全文列出，感兴趣的朋友可以逐条读一读。至于为什么规定这些披露的内容，啃哥觉得是证监会根据经验认为有必要披露。当然，随着时间的推移，披露要求也会不断进行调整。

非上市公众公司信息披露内容与格式准则第7号——定向发行优先股说明书和发行情况报告书

第一章　总　则

第一条　为了规范非上市公众公司（以下简称申请人）定向发行优先股的信息披露行为，根据《公司法》、《证券法》、《非上市公众公司监督管理办法》（证监会令第96号）、《优先股试点管理办法》（证监会令第97号）的规定，制定本准则。

第二条　申请人定向发行优先股，应按照本准则编制定向发行优先股说明书并披露。发行后普通股与优先股股东人数合并累计超过200人的非上市公众公司定向发行优先股，应当向中国证券监督管理委员会（以下简称中国证监会）申请核准；发行后普通股与优先股股东人数合并累计不超过200人的非上市公众公司定向发行优先股，中国证监会豁免核准，由全国中小企业股份转让系统（以下简称全国股份转让系统）自律管理。

注册在境内的境外上市公司在境内发行优先股，参照本准则的规定披露，应当向中国证监会申请核准。

第三条　申请人定向发行结束后，应按照本准则的要求编制并披露发行情况报告书。

第四条　在不影响信息披露的完整并保证阅读方便的前提下，对于曾在定期报告、临时公告或者其他信息披露文件中披露过的信息，如事实未发生变化，申请人可以采用索引的方法进行披露。

第五条　本准则某些具体要求对本次定向发行确实不适用或者需要豁免适用

的，申请人可以根据实际情况调整，但应在提交申请文件时做出专项说明。

第六条　申请人发行的优先股在全国股份转让系统转让的，应在全国中小企业股份转让系统有限责任公司（以下简称全国股份转让系统公司）指定的信息披露平台（www. neeq. com. cn 或 www. neeq. cc）披露定向发行优先股说明书及其备查文件、发行情况报告书和中国证监会要求披露的其他文件，供投资者查阅。

第二章　定向发行优先股说明书

第七条　定向发行优先股说明书扉页应载有如下声明：

“本公司及全体董事、监事、高级管理人员承诺定向发行优先股说明书不存在虚假记载、误导性陈述或重大遗漏，并对其真实性、准确性、完整性承担个别和连带的法律责任。

“本公司负责人和主管会计工作的负责人、会计机构负责人保证定向发行优先股说明书中财务会计资料真实、完整。

“中国证监会、全国股份转让系统公司对本公司定向发行优 3 先股所做的任何决定或意见，均不表明其对本公司优先股的价值或投资者的收益做出实质性判断或者保证。任何与之相反的声明均属虚假不实陈述。

“根据《证券法》的规定，本公司经营与收益的变化，由本公司自行负责，由此变化引致的投资风险，由投资者自行负责。”

第八条　申请人应披露本次定向发行的基本情况：

（一）发行目的和发行总额。拟分次发行的，披露分次发行安排；

（二）发行方式、发行对象及公司现有股东认购安排（如有）。如董事会未确定具体发行对象的，应披露发行对象的范围和确定方法；

（三）票面金额、发行价格或定价原则；

（四）本次发行优先股的种类、数量或数量上限；

（五）募集资金投向；

（六）本次发行涉及的主管部门审批、核准或备案事项情况。

除上述内容外，申请人还应披露本准则第十四条规定的附生效条件的优先股认购合同的内容摘要。

第九条　申请人应在基本情况中披露本次定向发行的优先股的具体条款设置：

（一）优先股股东参与利润分配的方式，包括：票面股息率或其确定原则、股息发放的条件、股息支付方式、股息是否累积、是否可以参与剩余利润分配等；涉及财务数据或财务指标的，应4注明相关报表口径；

（二）优先股的回购条款，包括：回购选择权的行使主体、回购条件、回购期间、回购价格或确定原则及其调整方法等；

（三）优先股转换为普通股的条款（仅商业银行适用），包括：转换权的行使主体、转换条件（含触发事项）、转换时间、转换价格或确定原则及其调整方法等；

（四）表决权的限制和恢复，包括表决权恢复的情形及恢复的具体计算方法；

（五）清偿顺序及每股清算金额的确定方法；

（六）有评级安排的，需披露信用评级情况；

（七）有担保安排的，需披露担保及授权情况；

（八）其他中国证监会认为有必要披露的重大事项。

第十条　以资产认购本次定向发行优先股的，申请人还应按照本准则第十一条、第十二条、第十三条的规定披露相关内容，同时披露本准则第十四条规定的附生效条件的资产转让合同的内容摘要。

第十一条　以资产认购本次定向发行优先股、其资产为非股权资产的，申请人应披露相关资产的下列基本情况：

（一）资产名称、类别以及所有者和经营管理者的基本情况；

（二）资产权属是否清晰、是否存在权利受限、权属争议或者妨碍资产转移的其他情况；

（三）资产独立运营和核算的，披露最近1年及1期经会5计师事务所审计的主要财务数据；

（四）资产的交易价格及定价依据。披露相关资产经审计的账面值；交易价格以资产评估结果作为依据的，应披露资产评估方法和资产评估结果。

第十二条　以资产认购本次定向发行优先股、其资产为股权的，申请人应披露相关股权的下列基本情况：

（一）股权所投资的公司的名称、企业性质、注册地、主要办公地点、法定代表人、注册资本；股权及控制关系，包括公司的主要股东及其持股比例、最近2年控股股东或实际控制人的变化情况、股东出资协议及公司章程中可能对本次交易产生影响的主要内容、原高管人员的安排；

（二）股权所投资的公司主要资产的权属状况及对外担保和主要负债情况；

（三）股权所投资的公司最近 1 年及 1 期的业务发展情况和经会计师事务所审计的主要财务数据和财务指标；

（四）股权的资产评估价值（如有）、交易价格及定价依据。

第十三条　资产交易价格以经审计的账面值为依据的，公司董事会应对定价的合理性予以说明。

资产交易根据资产评估结果定价的，公司董事会应对定价的合理性予以说明，并对资产定价是否存在损害公司和股东合法权益等情形发表意见。

第十四条　董事会决议确定具体发行对象的，应披露附生效 6 条件的优先股认购合同，应包括以下内容：

（一）合同主体、签订时间；

（二）认购价格、认购方式、支付方式；

（三）合同的生效条件和生效时间；

（四）合同附带的任何保留条款、前置条件；

（五）违约责任条款；

（六）优先股股东参与利润分配和剩余财产分配的相关约定；

（七）优先股回购的相关约定；

（八）优先股股东表决权限制与恢复的约定；

（九）其他与定向发行相关的条款。

附生效条件的资产转让合同的内容摘要除前款第（一）项至第（五）项内容外，至少还应包括：

（一）目标资产及其价格或定价依据；

（二）资产交付或过户时间安排；

（三）资产自评估截止日至资产交付日所产生收益的归属（如有）；

（四）与资产相关的人员安排。

第十五条　申请人应披露已发行在外优先股的简要情况，包括发行时间、发行总量及融资总额、现有发行在外数量、已回购优先股的数量、各期股息实际发放情况等。

申请人应列表披露本次优先股与已发行在外优先股主要条 7 款的差异比较。

第十六条　本次定向发行对申请人的影响。申请人应披露以下内容：

（一）本次发行对申请人经营管理的影响；

（二）本次发行后申请人财务状况、盈利能力、偿债能力及现金流量的变动情况，申请人应重点披露本次发行优先股后公司资产负债结构的变化；

（三）本次发行对公司股本、净资产（净资本）、资产负债率、净资产收益率、归属于普通股股东的每股收益等主要财务数据和财务指标的影响；

（四）申请人与控股股东及其关联人之间的业务关系、管理关系、关联交易及同业竞争等变化情况；

（五）以资产认购优先股的行为是否导致增加本公司的债务或者或有负债；

（六）本次发行对申请人的税务影响；

（七）申请人应有针对性、差异化的披露属于本公司或者本行业的特有风险以及经营过程中的不确定性因素；

（八）银行、证券、保险等金融行业公司还需披露本次发行对其资本监管指标的影响及相关行业资本监管要求。

第十七条　申请人应披露本次定向发行对申请人普通股股东权益的影响；已发行优先股的，还应说明对其他优先股股东权益的影响。

第十八条　申请人应结合自身的实际情况及优先股的条款设置，披露可能直接或间接对申请人以及优先股投资者产生重大不利影响的相关风险因素，如不能足额派息的风险、表决权受限的风险、回购风险、交易风险、分红减少和权益摊薄风险、税务风险等。

第十九条　申请人应披露本次定向发行相关的会计处理方法以及本次发行的优先股发放的股息是否在所得税前列支及政策依据。

第二十条　申请人应披露投资者与本次发行的优先股转让、股息发放、回购等相关的税费、征收依据及缴纳方式。

第二十一条　申请人应披露公司最近一期末的对外担保情况，并披露对公司财务状况、经营成果、声誉、业务活动、未来前景等可能产生较大影响的未决诉讼或仲裁事项，可能出现的处理结果或已生效法律文书的执行情况。

第二十二条　注册在境内的境外上市公司在境内发行优先股的，应披露公司的基本情况、控股股东和实际控制人的基本情况、公司组织架构和管理模式以及董事、监事、高级管理人员名单。实际控制人应披露到最终的国有控制主体、集体企业或自然人为止。

注册在境内的境外上市公司应结合所处的行业特点、财务信息、分部报告、主要对外投资等情况披露公司从事的主要业务、主要产品及各业务板块的经营状况。

第二十三条　注册在境内的境外上市公司在境内发行优先股的，应当按照《企业会计准则》的规定编制财务报表，并经具有证券期货相关业务资格的会计师事务所审计。最近 2 年财务报表被具有证券期货相关业务资格的会计师事务所出具非标准无保留意见审计报告的，公司应披露董事会关于非标准无保留意见审计报告所涉及事项的说明和具有证券期货相关业务资格的会计师事务所及注册会计师关于非标准无保留意见审计报告的补充意见。

注册在境内的境外上市公司应简要披露财务会计信息，主要包括：最近 2 年及 1 期资产负债表、利润表及现金流量表简表。编制合并财务报表的，应披露合并财务报表。最近 2 年及 1 期合并财务报表范围发生重大变化的，应披露具体变化情况。最近 2 年内发生重大资产重组的，应披露重组完成后各年的财务报表以及重组时编制的重组前模拟财务报表和编制基础；最近 2 年及 1 期的主要财务指标。

第二十四条　注册在境内的境外上市公司还应提示投资者，如需完整了解公司财务会计信息、股份变动情况等详细内容，可在境外上市地指定披露平台查阅公司日常信息披露文件。

第二十五条　申请人应披露下列机构的名称、法定代表人、住所、联系电话、传真，同时应披露有关经办人员的姓名：

（一）证券公司；

（二）律师事务所；

（三）会计师事务所；

（四）资产评估机构（如有）；

（五）资信评级机构（如有）；

（六）优先股登记机构；

（七）担保人（如有）；

（八）其他与本次发行有关的机构。

第二十六条　申请人全体董事、监事、高级管理人员应在定向发行优先股说明书正文的尾页声明：

“本公司全体董事、监事、高级管理人员承诺本定向发行优先股说明书不存在虚假记载、误导性陈述或重大遗漏，并对其真实性、准确性、完整性承担个别和连带的法律责任。”

声明应由全体董事、监事、高级管理人员签名，并由申请人加盖公章。

第二十七条　证券公司应对申请人定向发行优先股说明书的真实性、准确性、完整性进行核查，并在定向发行优先股说明书正文后声明：

“本公司已对定向发行优先股说明书进行了核查，确认不存在虚假记载、误导性陈述或重大遗漏，并对其真实性、准确性和完整性承担相应的法律责任。”

声明应由法定代表人、项目负责人签名，并由证券公司加盖公章。

第二十八条　为申请人定向发行优先股提供服务的证券服 11 务机构应在定向发行优先股说明书正文后声明：

“本机构及经办人员（经办律师、签字注册会计师、签字注册资产评估师、资信评级人员）已阅读定向发行优先股说明书，确认定向发行优先股说明书与本机构出具的专业报告（法律意见书、审计报告、资产评估报告或资产估值报告、资信评级报告等）无矛盾之处。本机构及经办人员对申请人在定向发行优先股说明书中引用的专业报告的内容无异议，确认定向发行优先股说明书不致因上述内容而出现虚假记载、误导性陈述或重大遗漏，并对其真实性、准确性和完整性承担相应的法律责任。”

声明应由经办人员及所在机构负责人签名，并由机构加盖公章。

第二十九条　定向发行优先股说明书结尾应列明备查文件，备查文件应包括：

（一）申请人最近 2 年及 1 期的财务报告及审计报告；

（二）定向发行优先股推荐工作报告；

（三）法律意见书；

（四）中国证监会核准本次定向发行的文件（如有）；

（五）公司章程及其修订情况的说明；

（六）其他与本次定向发行有关的重要文件。

如有下列文件，也应作为备查文件披露：

（一）资产评估报告或资产估值报告；

（二）资信评级报告；

（三）担保合同和担保函；

（四）申请人董事会关于非标准无保留意见审计报告涉及事项处理情况的说明；

（五）会计师事务所及注册会计师关于非标准无保留意见审计报告的补充意见；

（六）通过本次定向发行拟进入资产的资产评估报告或资产估值报告及有关审核文件。

第三章　发行情况报告书

第三十条　申请人应在发行情况报告书中披露本次定向发行履行的相关程序、优先股的类型及主要条款、发行对象及认购数量、相关机构及经办人员。

第三十一条　申请人应披露本次发行前后股本结构、股东人数、资产结构、业务结构、主要财务指标的变化情况。

第三十二条　申请人应在发行情况报告书中披露证券公司关于本次定向发行过程、结果和发行对象合规性的结论意见。内容至少包括：

（一）关于本次定向发行过程、定价方法及结果的合法、合规性的说明；

（二）关于本次定向发行对象是否符合《优先股试点管理办法》的规定，是否符合公司及其全体股东的利益的说明；

（三）证券公司认为需要说明的其他事项。

第三十三条　申请人应在发行情况报告书中披露律师关于本次定向发行过程、结果和发行对象合规性的结论意见。内容至少包括：

（一）关于发行对象资格的合规性的说明；

（二）关于本次定向发行过程及结果合法、合规性的说明；

（三）关于本次定向发行相关合同等法律文件的合规性的说明；

（四）本次定向发行涉及资产转让或者其他后续事项的，应陈述办理资产过户或者其他后续事项的程序、期限，并对因资产瑕疵导致不能过户的法律风险进行评估；

（五）律师认为需要说明的其他事项。

第三十四条　由于情况发生变化，导致董事会决议中关于本次定向发行的有关事项需要修正或者补充说明的，申请人应在发行情况报告书中做出专门说明。

第三十五条　申请人全体董事、监事、高级管理人员应在发行情况报告书的首页声明：

“公司全体董事、监事、高级管理人员承诺本发行情况报告书不存在虚假记载、误导性陈述或重大遗漏，并对其真实性、准确性、完整性承担个别和连带的法律责任。”

声明应由全体董事、监事、高级管理人员签名，并由申请人加盖公章。

第四章 附 则

第三十六条 本准则由中国证监会负责解释。

第三十七条 本准则自公布之日起施行。

非上市公众公司信息披露内容与格式准则第 8 号——定向发行优先股申请文件

第一条 为了规范非上市公众公司（以下简称申请人）定向发行优先股申请文件的内容和格式，根据《公司法》、《证券法》、《非上市公众公司监督管理办法》（证监会令第 96 号）、《优先股试点管理办法》（证监会令第 97 号）的规定，制定本准则。

第二条 申请人定向发行优先股，应按本准则要求制作和报送申请文件。

注册在境内的境外上市公司在境内发行优先股，参照本准则要求制作和报送申请文件。

第三条 本准则规定的申请文件目录（见附录）是定向发行优先股申请文件的最低要求。根据审核或审查需要，中国证券监督管理委员会（以下简称中国证监会）、全国中小企业股份转让系统有限责任公司（以下简称全国股份转让系统公司）可以要求申请人和相关证券服务机构补充文件。如果某些文件对申请人不适用，可不提供，但应向中国证监会、全国股份转让系统公司做出书面说明。

第四条 申请文件一经受理，未经中国证监会、全国股份转让系统公司同意，不得增加、撤回或者更换。

第五条 申请人报送申请文件，初次报送应提交原件一份，复印件二份。

申请人不能提供有关文件原件的，应由申请人律师提供鉴证意见，或由出文单位盖章，以保证与原件一致。如原出文单位不再存续，由承继其职权的单位或做出撤销决定的单位出文证明文件的真实性。

第六条　申请文件所有需要签名处，均应为签名人亲笔签名，不得以名章、签名章等代替。

申请文件中需要由申请人律师鉴证的文件，申请人律师应在该文件首页注明“以下第××页至第××页与原件一致”，并签名和签署鉴证日期，律师事务所应在该文件首页加盖公章，并在第××页至第××页侧面以公章加盖骑缝章。

第七条　申请人应根据中国证监会、全国股份转让系统公司对申请文件的反馈意见提供补充材料。相关证券服务机构应对反馈意见相关问题进行核查或补充出具专业意见。

第八条　申请文件的封面和侧面应标明“××公司定向发行优先股申请文件”字样。

第九条　申请文件的扉页应标明申请人信息披露事务负责人及相关证券服务机构项目负责人的姓名、电话、传真及其他方便的联系方式。

第十条　申请文件的各章、各节之间应有明显的分隔标识。

第十一条　申请人在报送书面申请文件、材料的同时，应报送一份相应的电子文件（doc或rtf格式文件）。

第十二条　未按本准则的要求制作和报送申请文件的，中国3证监会、全国股份转让系统公司按照有关规定不予受理。

第十三条　申请人的普通股在全国中小企业股份转让系统公开转让的，申请文件中的审计报告、资产评估报告应由具有证券期货相关业务资格的会计师事务所、资产评估机构出具。

第十四条　发行后普通股与优先股股东人数合并累计不超过200人的非上市公众公司定向发行优先股，申请文件目录由全国股份转让系统公司另行规定。

第十五条　本准则自公布之日起施行。

附录：非上市公众公司定向发行优先股申请文件目录

非上市公众公司定向发行优先股申请文件目录

第一章　定向发行优先股说明书及授权文件

1-1　申请人关于定向发行优先股的申请报告

1-2　定向发行优先股说明书

1-3　申请人关于定向发行优先股的董事会决议

1-4　申请人关于定向发行优先股的股东大会决议

1-5　特定行业主管部门出具的监管意见（如有）

第二章　定向发行优先股推荐文件

2-1　证券公司定向发行优先股推荐工作报告

第三章　证券服务机构关于定向发行优先股的文件

3-1　申请人最近2年及1期的财务报告及其审计报告

3-2　法律意见书

3-3　本次定向发行优先股收购资产相关的最近1年及1期的财务报告及其审计报告、资产评估报告或资产估值报告（如有）

3-4　资信评级机构为本次定向发行优先股出具的资信评级报告（如有）

3-5　本次定向发行优先股的担保合同、担保函、担保人就5提供担保获得的授权文件（如有）

第四章　注册在境内的境外上市公司的补充文件

4-1　申请人的企业法人营业执照

4-2　公司章程（草案）

4-3　国有资产管理部门出具的国有股权设置批复文件及商务主管部门出具的外资股确认文件（如有）

Ken Zhang 啃哥有话说

证监会推出两个关于新三板公司发行优先股的操作性文件，其意义重大。并且特别明确，新三板公司发行优先股证监会不审核（除了人数超过200人的特殊情况），完全由新三板公司自行审核，这是多么大的放权啊！我们讲，新三板是目前所有板块中权利最大的一个，就是这个道理。

关于新三板融资问题，除了有银行支持的股权质押贷款等间接融资方式、做市商制度、协议成交的股份转让方式、发行优先股融资方式，剩下的就是关于新三板中小企业私募债以及最后的竞价交易的股份转让方式了。看着新三板融资模式的逐步完善，哪个企业能不动心呢?

新三板是中小民营企业难得

的历史性机遇，希望能有更多的企业关注到，务必抓紧时间，大干快上，过了这村就真没这个店了。

2014年10月7日

于北京

以 **Eye Think** 师兄的一首词《E梦·空空破晓》，结束此文，送给大家：

E梦·空空破晓

Eye Think

入夜秋虫闹，临梦春风扰。

前朝事，今朝戏，千里奔腾为君好。

公孙舞剑，影影绰绰，难掩着人滋味。

破晓！破晓！一轮新日当空照。

PORE OVER
THE NEW
OTC MARKET

14

转板机制推出，七天报送上百家之疯狂

重磅！号外！2014年10月9日，这个转板机制推出的消息（见《关于支持深圳资本市场改革创新的若干意见》）被众媒体疯传。那么，转板机制真的推出了吗？或者这又是一次标题党运动？真实的情况到底是如何的？

同时，七天时间，新三板一下子申报了上百家，新三板疯了吗？到底发生了什么？冷静！啃哥为大家详细分析。

Ken Zhang 啃哥有话说

2014年10月9日，在微信、微博到处转发关于证监会的《关于支持深圳资本市场改革创新的若干意见》（以下简称《意见》）的评论，其中最重要的一条是“将积极研究制定方案，推动在深圳证券交易所创业板设立专门的层次，允许符合一定条件尚未盈利的互联网和科技创新企业在全国中小企业股份转让系统挂牌满12个月后到创业板发行上市，支持创业板的良性发展”，即明确了市场存疑很久的转板制度，以及互联网等创新型亏损企业的上市问题，意义重大。

啃哥上网找这篇《意见》，却找不到原文，也许是相关部门内部文件，不允许外传。这就奇怪了，为什么一个看不到原文的新制度，现实中到处都是评论呢？按照啃哥的习惯，如果无法看到原文，就没有确切的依据证明其内容，我是不会轻易去分析的。

啃哥找了半天，发现效力最强的是深圳特区报10月9日的一篇题为《证监会正式推出系列新政 支持深圳资本市场改革创新》[1]的文章，共列出了15条新政。好吧，既然没有最原始的依据，依靠这个官方媒体的新闻也算有理有据，“啃”的时候也就稍微踏实了一些。啃哥始终秉承实事求是去“啃”的态度，绝不无中生有，一定言之凿凿。

就深圳资本市场改革创新的相关报道

深圳资本市场改革创新将再度掀起一波新高潮。记者昨日从市金融办获悉，中国证监会已就支持深圳资本市场改革创新、加快推进前海金融先行先试相关政策做出正式批复。

据介绍，为将党的十八届三中全会精神和国家关于前海深港现代服务业合作

[1] 李焱. 证监会正式推出系列新政 支持深圳资本市场改革创新 [N]. 深圳特区报，2014-10-09.

区的战略规划部署进一步落到实处，市委市政府领导组织相关部门多次赴京，与监管机构进行深入交流沟通，积极争取政策支持。此次深圳资本市场改革创新若干意见的获批，充分体现出监管机构对深圳的关注与支持。

此次推出的系列政策主要包括：

1. 支持前海在资本市场领域开放创新发展，对上海自贸区实施金融扶持的政策，依相应的程序可以在前海试验和落地。

2. 积极研究制定方案，推动在深圳证券交易所创业板设立专门的层次，允许符合一定条件尚未盈利的互联网和科技创新企业在全国中小企业股份转让系统挂牌满12个月后到创业板发行上市，支持创业板的良性发展。（啃两句：这点非常重要。）

3. 支持深港两地资本市场加强交流与合作，未来在沪港通积累一定试点经验的基础上，支持深、港交易所本着互利共赢原则，研究探索新的合作形式。

4. 原则支持在前海设立由经国务院批准的证券期货交易所主导发起的私募产品投融资平台。

5. 建议中国证券登记结算公司和深圳证券交易所协调合作，研究论证为中港基金互认提供相关服务的具体方案。

6. 支持前海企业的境外母公司或控股子公司在境内市场发行人民币债券，对募集资金境内或境外使用不作限制。

7. 支持深圳证券期货经营机构积极参与和拓展面向内地和香港两地的证券期货业务，进一步扩大对外开放。

8. 拟允许符合条件的基金子公司募集境内资金进行境外证券投资，待国务院批准并履行规章修改发布程序后实施。证监会将进一步研究扩大基金子公司的投资范围问题。

9. 按照“牌照管理、业务交叉、规则统一、功能监管”原则，支持符合条件的各类资本在前海设立证券期货经营机构，开展金融业务创新。

10. 支持中国证券金融股份有限公司、中国证券登记结算有限公司依法合规在前海设立子公司。

11. 据CEPA有关承诺，积极推动港资机构在前海按规定设立全牌照合资证券公司和合资基金管理公司。

12. 支持证券期货经营机构在前海依法自主开展业务创新，并按照简政放权的思路，简化审批流程，未来积极探索负面清单管理模式。

13. 研究制定并修改证券期货经营机构设立及牌照管理有关规则，支持前海证券期货经营机构参与外汇等其他金融产品业务，支持在前海设立专业证券公司开展私募产品代销、经纪等业务。

14. 持中央金融监管部门与地方政府在前海探索设立更为紧密的监管合作机制，为监管体制机制创新探索经验。

15. 后续将由创新部牵头，会同相关部门和系统单位组成协调工作小组，与深圳市政府共同推动相关政策的实施。

Ken Zhang 啃哥有话说

上述15条大部分都和前海有关，因为前海就是深圳的一部分。而整个政策其实就是中央专门给予深圳的，政策的名字就是《关于支持深圳资本市场改革创新的若干意见》，因为上海有了上海自贸区与沪港通，如果深圳再没有点什么，那也太不公平了。而这15条政策中，分量最重的，莫过于第2条，即“积极研究制定方案，推动在深圳证券交易所创业板设立专门的层次，允许符合一定条件尚未盈利的互联网和科技创新企业在全国中小企业股份转让系统挂牌满12个月后到创业板发行上市，支持创业板的良性发展”。

上述一段话，其实解决了3个非常非常关键的问题：

■ 新三板的转板问题。啃哥以前分析过，因为新三板被无数人诟病，认为交易不活跃，不能实现融资功能，没有投资价值等问题，很多人不看好。其核心是因为新三板是第三板块，地位低于第二板块创业板，因此保守人士认为如果能上创业板，就不会来新三板。这个转板机制的推出，明确了新三板中的优质企业，在挂牌一年后可以在创业板上市。这样，上新三板企业的积极性会空前高涨，因为如果能上创业板，意味着可以高市盈率，企业可以彻底解决融资问题，这是无数的企业家梦寐以求的。这个转板机制的实施，将彻底激发新三板的交易活跃性，因为优秀企业未来的预期实在是太高了。

■ “未盈利的互联网和科技创新企业”也可以转板。这个政策，彻底解决了目前类似淘宝、京东这样的优秀企业不得不去海外上市融资的问题。现在，还在亏损的互联网企业，可以先在国内上新三板，之后再通过转板，进入创业板进行融资。那么，那些优质的互联网企业就没有必要千里迢迢、跋山涉水跑去美国了。

再引申一步，这意味着，互联网企业可以接受国内人民币基金投资，实现在国内上市后投资人即可退出了！这也是非常重要的，意味着以前的那些外资顶级PE投资机构，可能会逐渐失去舞台。因为之前软银、红杉之所以可以投资到很好的互联网企业（类似淘宝、京东、当当），一个重要原因是这些企业只能选择去美国或者中国香港上市，因此只得接受美元投资，国内机构无法分一杯羹。而现在，国内机构可以投资互联网企业，在国内实现退出了，必然出现新的一轮互联网企业投资高潮，并且将会由包括九鼎、中科招商、深创投、联想投资等国内一线的内资投资机构引领。行业的投资机会再次来临，新一轮的投资机构间的行业竞争由此展开！

■ “推动在深圳证券交易所创业板设立专门的层次”，即新三板的分层制度建设。这个分层，意义也非常重大。之前关于分层问题的讨论，出现在证监会答记者问和新三板答记者问中，感兴趣的朋友可以去看之前的分析。

分层，就是看层如何分了。一般是将风险类似的归为一类。例如将利润超过2 000万元，1 000万～2 000万元，1 000万元以下，亏损的，互联网类，科技创新类企业分为不同层次，即在新三板中再分为不同的板块，这样便于投资者进一步选择。现在经常有人问嗜哥新三板市盈率是多少，嗜哥真的不想回答，因为新三板1 000多家企业盈利能力千差万别，拿个平均的市盈率来说事实在是没有意义。而分层之后，不同层的市盈率就相当有意义了。分层，是非常有利于新三板良性发展的。

另外，嗜哥还想说，任何时候逻辑推理都不能代替数字，数字能从另一个角度证明逻辑的合理性。截至2014年9月25日，在审企业499家，挂牌企业1 214家；截至10月9日，在审企业635家，挂牌企业1 235家。请注意，从9月25日至10月9日共7个工作日，共增加排队企业136家！（数字查询由徐晓东协助完成）而按照平常的节奏，这基本上是1个月的新三板新增申报数量！很显然，是由于该转板制度即将推出，已有很多先知先觉的机构和企业知道了内部消息，好赶紧申报新三板！那么，可以预见，随着这个制度的颁布，新三板申报一定会井喷。

2014年10月10日
于北京

以汪国真的一首《我微笑着走向生活》，结束此文，送给大家：

我微笑着走向生活

汪国真

我微笑着走向生活，
无论生活以什么方式回敬我。

报我以平坦吗?
我是一条欢乐奔流的小河。

报我以崎岖吗?
我是一座大山庄严地思索!

报我以幸福吗?
我是一只凌空飞翔的燕子。

报我以不幸吗?
我是一根劲竹经得起千击万磨!

生活里不能没有笑声，
没有笑声的世界该是多么寂寞。

什么也改变不了我对生活的热爱，
我微笑着走向火热的生活！

POORE OVER

《人民日报》地位毋庸置疑，称其国内第一报亦不为过，所报道内容一定是国家强烈推崇和支持的。而在2014年9月30日，也就是国庆节的前一天，这个特殊时刻，该报发布了一篇名为《聚焦新三板做市业务满月：活力增加》的文章，卖力澄清“有市场人士据此认为，新三板做市业务实际交易热度没有达到此前预期”的疑问。

啃哥想说，能让《人民日报》全力支持的市场，还会有问题吗？这点政治敏感度是大家都应该有的。国家想做的事情哪有做不成的呢？谁还能说新三板没有前途呢？

至9月25日，全国股份转让系统做市业务实施已满一个月。作为我国境内股票市场的一项全新尝试，做市业务给市场带来了哪些变化？如何防范可能出现的过度炒作？新三板对交易制度的探索还有何打算？记者就这些问题采访了全国股份转让系统公司有关负责人。

市场成交频率显著增加

来自全国股份转让系统公司的最新数据显示，做市业务实施以来，市场整体运行平稳，截至9月24日，成交股数和成交金额分别为0.29亿股、2.18亿元。一个月来，市场的委托申报、交易撮合、清算交收、行情接收揭示等各项业务功能正常，验证了全国股份转让系统做市业务运行的稳定性。

Ken Zhang 啃哥有话说

成交股数2 900万股，成交金额2.18亿元，啃哥算了一下，均价7.5元/股。价格适中。那么，这2 900万股、2.18亿元，是个什么规模呢？任何数字，单独看是没有意义的，只有经过比较才有意义。以今日（10月10日）上海证券交易所来看，其成交额是1 992亿元，成交量是225亿股！这仅仅是上海证券交易所，还不包括深圳证券交易所的中小板和创业板呢！新三板的交易额是不是太小了！

的确，金额是比较小。但是，正是因为小，所以才有潜力，有发展，有机会。看问题需要从不完善中看到机会，从缺憾中看到美丽。因此，啃哥对新三板更加充满信心，未来交易量的增长空间实在太大了！

做市业务实施一个月以来，49只做市股票全部有成交记录，均形成了连续的价格曲线。做市业务实施后，市场整体涨跌幅趋于平缓。做市上线首日即8月25日，多只做市股票涨幅超过50%，价格波动较大；目前，做市股票每日涨跌幅基本在10%以内。

Ken Zhang 啃哥有话说

确实，一个月以来，49家做市成交股票都有成交，因此形成了价格曲线；也没有出现大额的波动，比较平稳。做市商制度的平稳推出，正是监管机构希望看到的，也实现了。这是好事情。

由于新三板流动性的相对不足，市场对于做市业务在这方面的作用寄予厚望。8月25日做市首日，在各方高度关注下，做市公司成交活跃，成交金额占全部新三板成交金额近一半。然而，此后几日这一比例逐渐下降。有市场人士据此认为，新三板做市业务实际交易热度没有达到此前预期。

Ken Zhang 啃哥有话说

很明显，受访者承认了目前新三板的问题，“流动性相对不足”，这是很好的态度，敢于直面自己的问题，值得赞扬。正是为了解决“流动性不足的问题”，才推出了做市商制度，但是推出后并没有非常火爆，因此怀疑论者就跳出来说这不行那不行的。但是，真的不行吗？啃哥之前分析过，怀疑论者总是抓住一个概念然后无限放大，成为各种媒体上的“标题党”。其实大多都是无中生有，只有数据才能说明问题，深入思考才不至于人云亦云。

对此，全国股转系统有关负责人介绍，做市业务推动改善市场流动性。市场成交频率显著增加，日均成交笔数达578笔，而今年做市业务实施前的日均成交笔数仅为约40笔。做市业务实施以来的一月，做市股票成交11 552笔，占今年以来总成交笔数的52.93%。投资者参与市场的意愿也得到增强。做市业务实施以来，新开通全国股转系统交易权限的合格投资者共计1 663户，其中机构投资者236户，自然人投资者1 427户。合格投资者成交金额持续净买入，成为投资者主要参与主体。

Ken Zhang 啃哥有话说

正如我们之前用新三板的交易量与上交所比较一样，活跃度也需要有对比。回答者的思路和啃哥一样，用数据说话。

从文章中看：(1) 做市商只有一个月时间，日均成交从原来的40笔，猛增到了日均578笔！增长了13.45倍！(2) 做市股票一个月成交11 552笔，占到了1—9月9个月总成交笔数的52.93%！

(3)“新开通全国股转系统交易权限的合格投资者共计1 663户，合格投资者成交金额持续净买入，成为投资者主要参与主体”。

啃哥常在想，为什么市场上那么多人（包括一些专业机构）都在说新三板交易不活跃，做市商没用呢？其实，大多数人都是道听途说、以讹传讹，而没有真正分析、认真思考。

这位负责人强调，市场流动性的改善，和多种因素相关，除交易制度以外，还包括挂牌公司股份的分散程度、市场可流通股份的总量、投资者结构、投资者的交投意愿等。就目前而言，做市业务仍处于起步阶段，对市场流动性改善的程度仍需要参与各方的共同推动，其效应也还需要实践的持续检验。从长远看，对做市业务改善市场运行质量有信心。

Ken Zhang 啃哥有话说

负责人说得很对，市场流动性是和很多因素有关的，交易制度，即做市商制度只是一个因素。还有“股份的分散程度、市场可流通股份的总量、投资者结构、投资者的交投意”。其实，做市商已经增加了一部分的交易量，而交易量（即活跃度）的进一步提升，还取决于上面的4个因素。同时，风物长宜放眼量，何必急于一时呢？时间是最好的检验者。

防止被操纵或过度炒作

做市业务实施以来，部分挂牌公司股价曾出现大幅波动。如何防范做市公司股票的过度炒作？全国股份转让系统公司负责人表示，新三板从交易制度、市场监察和自律监管等方面进行了相应制度和机制安排，尽量防止做市股票被操纵或被过度炒作的现象发生。

Ken Zhang 啃哥有话说

从做市商制度上线之前的答记者问，这个问题就曾被认真回答过。啃哥在之前的文章也逐句分析过。这里，回答者再重复了一遍，语句基本都没有变化。

同样的问题，显然《人民日报》回答的分量就重了很多。新三板也深知其中利害关系，因此宁愿重复再重复，直到读者相信、记住。真是苦口婆心啊！

注意，新三板的监管，从三个方面展开，即：交易制度；市场监察；自律监管等。

据介绍，全国股份转让系统实行传统竞争性做市商制度，要求采用做市转让方式的股票，至少有两家以上做市商为其做市，通过做市商之间的市场竞争，尽可能增强市场活力，促进市场价格发现。做市商的报价均为确定性报价，且做市商在任一时点只能有一组买卖报价，做市商新的报价提交后，前次报价自动撤销，杜绝了做市商利用多组报价扰乱正常市场秩序的可能。

Ken Zhang 啃哥有话说

这一段在介绍做市商制度中的交易制度。强制至少有两家做市商，增加了交易的活跃度。而确定性报价，并且任一时点只能有一个报价，可以避免做市商的恶意报价。并且规定，新的报价提交后，前次自动失效，可见考虑已很周全。

在成交价格的确定原则上，规定成交价格均以做市商的报价为准，尽可能增加普通投资者价格改善机会，保护普通投资者利益。

此外，新三板还要求做市商通过专用证券账户和专用交易单元开展做市业务，以便有效对做市商库存股、交易申报行为及时进行监控。明确要求做市商报价为买卖双向报价，报价价差不得超过5%，同时对做市商报价更新义务、报价时长等提出量化指标要求。

Ken Zhang 啃哥有话说

在交易制度中，规定了成交价格以做市商报价为准，以确立做市商在该市场中的地位。并且明确了是使用证券专户进行交易，同时有5%的报价差要求，即做市商最高收益只有5%，确实不高，避免了暴利产生。

交易制度的设立，参考了A股的很多成熟经验，已经规范得很细致了。同时，交易制度是前端控制风险的第一步，也是最重要的一步，而后面的市场监察和自律管理，其实是锦上添花的东西。显然新三板管理者深谙此道，设立了严格的交易制度，杜绝了炒作。从新三板的运行来看，也确实是如此。

市场监察方面，全国股份转让系统明确，做市商报价或股票成交价格变动幅度较大的，相关做市商应当及时向全国股份转让系统公司报告；明确股票短期内大幅上涨（连续3个转让日累计涨幅超过50%）的，构成异常波动，相关挂牌公司应当发布异常波动公告。

这位负责人说，全国股份转让系统将不断强化市场监察。一方面，建立功能完善的实时监控系统，实时监控做市商报价及其库存变动情况。另一方面，配备专门人员，对做市商报价成交数据进行定期核查，通过数据对比、挖掘及时发现做市商操纵市场、内幕交易、串通报价等涉嫌违法违规线索，并对违法违规行为采取相应的监管措施。

Ken Zhang 啃哥有话说

如果说交易制度是“事中”控制，那么市场监察就是“事后”控制，即问题已经发生，应及时发现并处理。现在已经是“大数据”时代了，当然离不开系统实时监控。显然新三板管理者已经这样做了，并且做得很充分。

做市公司行列待“扩容”

根据相关规则，全国股份转让系统并行实施协议、做市和竞价三种转让方式，挂牌公司只要符合相应条件，就可以在三种转让方式中任选其一作为其股票的转让方式。目前，已经实施协议和做市两种转让方式。然而，相对于已过千家的总挂牌公司而言，参与做市的公司只有数十家，只占极小部分。

Ken Zhang 啃哥有话说

本段说明，目前三种转让方式，已实现了两种，还有最后一种“竞价”转让方式没有推出。很简单，因为不可能一口吃个大胖子，任何政策的推出只能一步步来。只有做市制度稳定了，那么，最后也是最难的“竞价”交易方式才有可能推出。不过啃哥认为不会太遥远，因为高层在密切关注新三板。

同时，本段也强调了目前做市交易模式，在一千余家新三板公司中占比极低，也就是在告诉那些心急的人们，做市商模式的企业太少了，等到什么时候做市商模式的企业达到一定比例，比较普遍了，才会考虑推出“竞价”交易。大家别那么心急，也不必天天催，天天问。

全国股转系统有关负责人说，8 月 25 日，首批参与做市的挂牌公司股票有 43 只。9 月 1 日起，全国股份转让系统恢复协议变更为做市转让方式、做市商加入做市等各项业务的常态化办理。截至目前，共有 82 家挂牌公司已召开股东大会通过了采取做市转让方式的决议，这些公司将陆续加入做市行列。

据介绍，股票拟采取做市转让方式的，申请挂牌公司至少需要做好以下准备工作：首先，股票拟采取做市转让方式的挂牌公司，至少应找到两家愿意为其股票做市的做市商。其次，在初步确定做市商后，挂牌公司应与做市商协商，就初始库存股票的获取方式、转让或发行价格与数量等达成一致并实际完成转让或发行。最后，挂牌公司应履行股东大会等决策程序，向全国股份转让系统公司提交相关申请材料。

Ken Zhang 啃哥有话说

这一段普及了新三板申请做市交易的流程：(1) 找到两家愿意为其股票做市的做市商；(2) 就初始库存股票的获取方式、转让或发行价格与数量，同做市商取得一致；(3) 履行股东大会等决策程序，提交申请。啃哥认为，其实很容易。那么，既然这个做市商模式是政府推行鼓励的，有什么理由不去呢？如果啃哥负责新三板挂牌公司，一定第一个申请做市商交易。明摆着的，新三板管理者对该模式寄予厚望，也就是政府高层对该模式寄予了厚望，那就没有干不成的道理。所以，快去申请做市转让资格吧！

对于尚未实施的竞价转让方式，这位负责人表示，竞价转让方式的实施需要一定的市场积累和技术准备。

Ken Zhang 啃哥有话说

最后又强调，竞价转让是“大招”，是最终的一步，不到最后不会出的。大家不用那么心急，把做市商制度做好了比什么都重要。

在国庆假期前最后一天，在新三板做市商制度执行满一个月的时点，《人民日报》用长文回答了新三板的三个主题，即“市场成交频率显著增加”，“防止被操纵或被过度炒作”，“做市公司行列待扩容”，其实也是在回答市场上关于新三板毫无根据的质疑，即“新三板交易不活跃”、“新三板容易被炒作”、“做市企业太少”的问题。回答有力有礼有节，啃哥深表赞扬！

为什么在《人民日报》上刊发？可以理解为政府高层力挺新三板，这是一个很强烈的信号，这意味着，政府高层都开始着急了，嫌新三板发展得太慢了。既然有这么强的信号，新三板定将更加蓬勃发展。所以，不要犹豫，大力快上新三板，这就是啃哥想大声喊出的。

2014年10月12日
于北京

以辛弃疾的一首词，结束此文，送给各位：

破阵子·为陈同甫赋壮词以寄之

〔宋〕辛弃疾

醉里挑灯看剑，
梦回吹角连营。

八百里分麾下炙，
五十弦翻塞外声。
沙场秋点兵。

马作的卢飞快，
弓如霹雳弦惊。

了却君王天下事，
赢得生前身后名。

可怜白发生！

PORE OVER
THE NEW
OTC MARKET

16

新三板中令人纠结的对赌协议披露

对赌协议，无论是在 A 股还是新三板市场，总是若隐若现，如影随形。新三板却真真切切地撕下了这块“遮羞布”。撕下之后来看，也不过如此。啃哥想说，所有都在阳光下进行，就是最好的选择。

Ken Zhang 啃哥有话说

什么是对赌协议呢？啃哥用通俗的语言解释一下。部分投资机构在投资企业的时候，会与企业签订对赌协议，约定未来几年最低的利润金额，或者在未来几年内上市。如果不能达到利润金额或者上市不成功，就会要求实际控制人进行股份的回购，当然要计算利息。这个“对赌”，赌的其实就是未来的利润情况。

那么，在新三板申报企业中，对赌协议是否可以存在？如果存在，又该如何进行披露呢？这是一个很敏感，却又非常重要的话题。

从券商、审计师、律师等中介角度讲，如果存在对赌协议，一般情况下，中介机构会要求企业与投资机构签订对赌协议取消的协议，即让对赌协议失效，将未来的不确定性降到最低，这当然可以理解。

但是，如果遇到了有对赌协议，同时投资方又不愿意取消的情况，该怎么办？难不成就不申报了吗？关于这个问题，其实证监会、新三板公司并没有明确规定。很多中介机构都强烈要求企业取消这个协议（若已签订），这样中介机构的责任会减轻很多，大部分企业也是这样做的。

其实，啃哥更觉得政策都还没有呢，何必想当然认为不可以呢？证监会和新三板公司只是“服务”部门而已，而这个舞台应该是民营企业的大舞台才对。证监会和新三板公司也正在这样转变着思路。

话虽如此，然而通过分析可以看出，存在对赌协议的企业，基本上都是先披露了对赌协议的内容，再签订承诺说明在上新三板的时点其已失效；或者将对赌的责任从企业转移给实际控制人个人。

啃哥选取了两家新三板公司，都在“股份转让说明书”中非常详细地披露了对赌协议，并披露了失效的过程。用了不少篇幅，啃哥觉得有必要认真啃一啃。

本文选了两家公司：易事达（股票代码：430628，挂牌时间：2014－01－24），安达科技（股票代码：830809，挂牌时间：2014－06－18），下面分析其关于对赌协议的处理。

易事达2012年3月增资

关于易事达，其新三板股份转让说明书中披露如下：

股东会决议

2012年2月23日，经易事达股东会决议，同意将注册资本增加至1 561.04万元，新增注册资本231.04万元由新股东钟山九鼎及湛卢九鼎缴纳。钟山九鼎以货币投入1 648.75万元，其中152.37万元计入注册资本，其余1 496.38万元计入资本公积。湛卢九鼎以货币投入851.25万元，其中78.67万元计入注册资本，其余772.58万元计入资本公积。

增资明细如下：

表16.1

易事达增资明细

序号	增资股东	增资前	本次增资		增资后	
		出资金额	货币（万元）	单位注册资本对价（元）	出资金额（万元）	占注册资本比例
1	钟山九鼎	—	152	11	152	9.76%
2	湛卢九鼎	—	78	11	78	5.04%
合计			230		230	

验资情况

2012年3月21日，中瑞岳华出具《验资报告》（中瑞岳华验字〔2012〕第0051号），验证上述股东出资情况。

工商登记情况

2012年3月5日，深圳市市场监督管理局向易事达核发了注册资本变更后的《企业法人营业执照》（注册号：440306103172437）。公司工商登记的股权结构如下：

表 16.2
易事达股权结构

序号	股东名称	出资金额（万元）	占注册资本比例
1	段武杰	816.00	52.27%
2	周继科	384.00	24.60%
3	钟山九鼎	152.37	9.76%
4	华信兄弟	100.00	6.41%
5	湛卢九鼎	78.67	5.04%
6	张鹏	30.00	1.92%
合计		1 561.04	100.00%

本次增资的对赌条款情况

在本次增资过程中，增资方钟山九鼎及湛卢九鼎（甲方）、公司（乙方）、公司股东段武杰及周继科（丙方）签订了增资补充协议，约定了对赌条款，主要内容如下：

1. 业绩补偿

公司 2011 年、2012 年、2013 年的净利润分别不得低于 2 500 万元、3 300 万元、4 300 万元，同时 2012 年、2013 年实现净利润累计不低于 7 600 万元，如果不能完成以上任一业绩指标，由丙方段武杰及周继科对甲方钟山九鼎和湛卢九鼎根据约定做出现金补偿，自有资金不足的，由公司向甲方单向分红或丙方将分红所得支付甲方补足。

Ken Zhang 啃哥有话说

此处就是一个很常用的业绩补偿对赌。即约定一定的利润金额，企业必须实现；如果没有达到，将由控股股东补足；如果控股股东无法补足的，将由公司主体单方向分红补足。可见，这个对赌已经超出了企业的范围，与个人股东进行对赌。即如果利润没有达到要求，将由公司个人股东补偿差额，个人股东资产不足以补偿的，将由公司“单方面分红”补足差额。

大家感觉怎么样？啃哥觉得投资机构的条款确实严格，但是反过来想，只有这样才能保证投资机构资金的安全性，而投资机构也是代别人投资而已，这是投资机构负责任的表现。

2. 退出安排

（1）除非甲方另以书面形式同意延长，本次投资完成后，如果：

A. 乙方2014年6月30日前未提交发行上市申报材料并获受理；

B. 乙方2014年12月31日前没有完成挂牌上市；

C. 乙方2011年实现净利润低于2 000万元，或者2012年实现净利润低于2 600万元，或者2013年实现净利润低于3 400万元。

甲方有权选择在上述任一情况出现后要求乙方及/或丙方以约定价款回购或购买甲方持有的全部或部分乙方股权。

Ken Zhang 啃哥有话说

这一条要求也是非常严格的，对上市申报材料的时间点进行了详细约定。这也是为了保证投资机构的资金安全性，可以理解。

（2）如果出现以下任何一种情况：

A. 丙方或丙方实际控制的其他方投资、经营任何与乙方主营业务相同或者相关的其他业务或企业；

B. 实际控制人发生重大变化，或者实际控制人不履行其管理控制公司的义务。

甲方有权选择在上述任何一种情况出现后要求丙方或乙方受让甲方持有的全部或部分乙方股权，乙方及丙方承诺以约定价格受让。

如果乙方、丙方不能按照前述要求受让甲方所持股权，甲方还可以选择向第三方转让股权，甲方按照本款约定向第三方转让股权实际所得少于根据前述约定甲方应得款项的差额，由乙方和丙方予以补足。

Ken Zhang 啃哥有话说

这一条要求也是很严格的，就是如果投资机构不能按照上述通过股东回购卖出股份的话，投资机构是可以将股份卖给第三方的，并且差额必须由大股东补足。如此约定，确实严格。

退出有关约定自公司向中国证监会递交正式申报材料时自动失效；若乙方中止或放弃上市计划，或者乙方上市申请被否决，或者乙方上市申报材料被撤回，或者上市申请文件提交之日起12个月内尚未取得证券监管机构核准上市的批文，则该等退出约定的效力即自行恢复，且甲方对失效期间有关退出的相应权力具有追溯力，有关期间自动顺延。甲方根据上市申报进度等情况书面同意暂缓前述权利自动恢复除外。

3. 清算财产分配

乙方如果实施清算，则在分别支付清算费用、职工的工资、社会保险费用和法定补偿金，缴纳所欠税款，清偿公司债务后，对乙方的剩余财产进行分配时，乙方和丙方保证甲方获得其对乙方的全部实际投资加上在乙方已公布分配方案但还未执行的红利中甲方应享有的部分，如乙方分配给甲方的剩余资产不足上述金额，差额部分由丙方以获得的清算资产为限对甲方进行补偿。

4. 其他约定

甲方与丙方签订借款协议，甲方借予丙方1 500万元，甲方承诺如果未要求乙方及或丙方购买甲方股份，且乙方在2014年12月30日前在国内A股成功实现上市，甲方将豁免丙方偿还该等借款及利息，作为丙方主导乙方上市后的奖励。补充协议与增资扩股协议存在冲突和不一致之处，以该补充协议为准。

大股东出具承诺

2013年11月28日，为了公司本次挂牌不受到影响，公司股东段武杰、周继科作出承诺，承诺全部承担增资方基于上述《增资补充协议》提出的一切包括但不限于支付业绩补偿、差额补偿及/或转让股份的责任与义务，确保公司及其他股东不因上述《增资补充协议》的履行而遭受任何损失；如果公司或其他股东的利益因上述《增资补充协议》的履行受到任何损害或损失，承诺人将就该等损害或损失承担不可撤销的连带赔偿责任。

Ken Zhang 啃哥有话说

这段话非常重要。即为了将新三板上市的不确定性降到最低，公司个人股东（即大股东）承诺，如果需要执行对赌协议的话，由个人承担这个对赌的执行。即完全将公司排除在这个对赌之外，即使执行了对赌协议，也不会影响到公司的运行，从而在一定程度上降低了对赌协议的不确定性。

增资方出具承诺函

根据《增资补充协议》，当增资方向第三方转让股权时，根据买方需要，可要求易事达股东段武杰、周继科也以增资方转让的同等条件转让一部分股权。对此，增资方承诺自公司向股转公司报送申请材料之日起放弃上述权利。

三方签订补充协议

2013年12月31日，增资方钟山九鼎及湛卢九鼎（甲方）、公司（乙方）、公司大股东段武杰及周继科（丙方）签订了《增资补充协议二》，约定主要内容包括：(1) 自乙方向全国中小企业股份转让系统申报挂牌材料之日起豁免乙方基于前述协议对赌条款约定的所有责任和义务；(2) 自乙方向全国中小企业股份转让系统申报挂牌材料之日起增资方放弃可以要求乙方及丙方回购或受让甲方所持有的乙方股份的权利；(3) 如果甲方向其他任何第三方转让甲方所持有的乙方全部或部分股份，甲方承诺对外每股转让价格不低于乙方最近一期经审计的每股净资产值；(4) 如果乙方挂牌申请被否决，或者乙方挂牌申报材料被撤回，则上述甲方放弃的权利即自行恢复。

Ken Zhang 啃哥有话说

这一段也非常重要，需要细细读一读。

■ 一旦申报新三板，将豁免公司（乙方）的一切对赌协议的责任义务，即就算执行对赌协议，也与公司无关，避免影响公司的正常经营。这是因为，挂牌后公司就成了非上市的公众公司。

■ 一旦申报新三板，甲方也就放弃了可以要求乙方回购的权利。注意，只是放弃对乙方的权利，但不放弃对大股东个人（即丙方）的权利。

■ 如果甲方对外转让股份，甲方转让价格不低于净资产，这也是为了确保新三板挂牌后价格不低于净资产。

■ 一旦撤销申请新三板，那么原来的所有权利自动恢复。

很明显，投资机构（甲方）放弃了未来对于公司（乙方）的一切对赌权利，而转向个人，从而清除公司的不确定性，避免上市有障碍。因为一旦存在对赌协议，将对新加入的股东产生不利影响。

但是，如果上市没成功，那　么，所有条款自动恢复。

安达科技2012年2月第二次增资

关于安达科技，其新三板股份转让说明书中披露如下：

股东会决议

2012年1月15日，安达科技召开股东会并做出决议，同意安达科技的注册资本及实收资本变更为8 425.925 9万元。根据四位新增自然人股东邱胜会、卡先加、陈建平和杜朝化，与安达科技及其主要股东（刘国安、刘建波、朱荣华、李忠）共同签署的《关于贵州省开阳安达磷化工有限公司之增资扩股协议》，邱胜会以630万元现金认购安达科技的新增注册资本194.444 4万元，卡先加以500万元现金认购安达科技的新增注册资本154.321 0万元，陈建平以150万元现金认购安达科技的新增注册资本46.296 3万元，杜朝化以100万元现金认购安达科技的新增注册资本30.864 2万元。上述资本溢价部分均计入安达科技的资本公积。本次增资明细如下：

表16.3

安达科技增资明细

序号	增资股东	增资前	本次增资		增资后
		出资金额	货币（万元）	单位注册资本对价（元）	占注册资本比例
1	邱胜会	—	630	3.24	2.31%
2	卡先加	—	500	3.24	1.83%
3	陈建平	—	150	3.24	0.55%
4	杜朝化	—	100	3.24	0.37%
合计		—	1 380		5.06%

验资情况

2012年2月22日，贵阳天信联合会计师事务所出具了筑天会验字〔2011〕004号《验资报告》，对本次增资进行了验审。

工商登记情况

2012 年 2 月 28 日，经开阳工商局核准，安达科技完成了本次增资的工商变更登记，并领取了新的企业法人营业执照（注册号：520121000052920）。注册资本和实收资本均变更为 8 425.925 9 万元。公司工商登记的股权结构如下：

表 16.4

安达科技股权结构

序号	股东名称	出资金额（万元）	占注册资本比例
1	刘国安	4 800.00	56.97%
2	刘建波	2 000.00	23.74%
3	朱荣华	800.00	9.49%
4	李忠	400.00	4.75%
5	邱胜会	194.44	2.31%
6	卡先加	154.32	1.83%
7	陈建平	46.396 3	0.55%
8	杜朝化	30.864 2	0.37%
合计		8 426.02	100.00%

本次增资的对赌条款情况

在本次增资过程中，增资方邱胜会、卡先加、陈建平和杜朝化（甲方），与公司（乙方）、公司主要股东及实际控制人刘国安、刘建波、朱荣华、李忠（丙方）签订了增资扩股协议的补充协议，约定了对赌条款，主要内容如下：

1. 业绩补偿

公司 2011 年、2012 年、2013 年、2014 年的净利润分别不得低于 800 万元、2 000 万元、3 000 万元、4 000 万元。若在 2011 年至 2014 年中任何一年度业绩未能达标，则要求公司或丙方予以现金补偿。各年度的现金补偿金额＝甲方的投资款×(1－实际实现业绩÷承诺业绩指标)。

2. 退出安排

(1) 除非甲方另以书面形式同意延长，本次投资完成后，如果：

A. 乙方 2015 年 6 月 30 日前未提交发行上市申报材料并获受理；

B. 乙方 2015 年 12 月 31 日前没有完成挂牌上市；

C. 乙方或丙方出现任何对上市造成实质性障碍的变化，致使2015年6月30日前提交发行上市申报材料并获受理或2015年12月31日前完成挂牌上市的目的无法实现；

D. 乙方产品磷酸铁锂在2012年度未能实现150吨的产销量；

E. 乙方之刘建波未能促使开阳县龙水磷矿在2012年6月30日前归还乙方借款人民币3000万元，或在2012年9月30日前归还乙方人民币1 500万元，或在2012年12月31日前归还乙方人民币1 500万元；

F. 甲方必须遵守的强制性法律法规要求转让股权。

甲方有权选择在上述任一情况出现后要求乙方及/或丙方以约定价款回购或购买甲方持有的全部或部分乙方股权。乙方及丙方承诺以约定价格受让；受让价款＝甲方投资款×$(1+8\%)^n$－甲方入股期间从乙方获得的现金股利。

（2）如果出现以下任何一种情况：

A. 乙方任意一年的实际净利润低于保证利润的70%以上；

B. 乙方董事会决议乙方在境外上市而甲方就此决议持反对意见。

则甲方有权选择在上述任何一种情况出现后要求乙方及/或丙方受让甲方持有的全部或部分乙方股权，受让价格应保证甲方本次投资的年复合投资收益率低于20%，具体价款按如下确定：受让价款＝甲方投资款×$(1+20\%)^n$－甲方届时因已转让部分乙方股权所取得的收入。

（3）如果出现以下任何一种情况：

A. 丙方实际控制的其他方投资、经营任何与乙方主营业务相同或者相关的其他业务或企业，丙方之刘建波投资的开阳县龙水磷矿除外；

B. 因实际控制人变化而给上市造成实质性障碍；

C. 乙方和实际控制人出现重大诚信问题，尤其是在本协议签署后乙方出现甲方不知情的账外销售收入时；

D. 乙方控股股东、实际控制人及他们的关联公司进行有损于乙方或者甲方的重大交易或重大担保行为；

E. 乙方董事、监事、高级管理人员发生重大变化因此给上市造成实质性障碍（但基于正常经营发展需要而进行的计划内人事变动不在此列）；

F. 乙方的核心业务发生重大变化；

G. 若乙方满足投资人认可的中国证监会及证券交易所的发行上市条件，且甲方同意上市的情况下，而乙方的控股股东、实际控制人不同意进行首次公开发行；

H. 乙方在经营过程中严重违反乙方章程、增资协议违规经营致使甲方受到严重损失的；

I. 乙方被托管或进入清算或进入破产程序；

J. 乙方三分之二以上人员离职或无法继续履行职务，或因乙方的经营状况或资产构成等发生重大不利变化，或因乙方被依法处罚而导致无法经营；

K. 乙方或其控股股东，实际控制人，乙方的董事、监事和高级管理人员存在违反《首次公开发行股票并上市管理办法》和《首次公开发行股票并在创业板上市管理暂行办法》等与上市相关的法律法规规定的行为或情况的，给上市造成实质性障碍；

L. 乙方或丙方违反协议项下之义务、陈述、保证或承诺，且甲方认为重大者。则甲方有权选择在上述任何一种情况出现后要求乙方及/或丙方受让甲方持有的全部或部分乙方股权，受让价格应保证甲方本次投资的年复合投资收益率不低于30%，具体价款按如下确定：受让价款＝甲方投资款×$(1+30\%)^{n}$－甲方届时因已转让部分乙方股权所取得的收入。

（4）其他：

A. 如果乙方及/或丙方不能按照前述要求受让甲方所持股权，乙方、丙方应当在回购期满之日起三十日内将乙方全部可分配利润一次性全部分配给全体股东，丙方应当将得到的全部利润支付给甲方。

B. 如果乙方、丙方不能按照前述要求受让甲方所持股权，甲方还可以选择向第三方转让股权，甲方按照本款约定向第三方转让股权实际所得少于根据前述约定甲方应得款项的差额，由乙方和丙方予以补足。

3. 清算财产分配

乙方如果实施清算，则在分别支付清算费用、职工的工资、社会保险费用和法定补偿金，缴纳所欠税款，清偿公司债务后，对乙方的剩余财产进行分配时，乙方和丙方保证甲方获得其对乙方的全部实际投资加上在乙方已公布分配方案但还未执行的红利中甲方应享有的部分，如乙方分配给甲方的剩余资产不足上述金额，差额部分由丙方以获得的清算资产为限对甲方进行补偿。

4. 补充协议情况

2014年1月25日，邱胜会、卡先加、陈建平、杜朝化、张一春与申请人及申请人实际控制人共同签署《关于贵州省开阳安达磷化工有限公司之增资扩股协议的补充协议二》（以下简称《补充协议二》）。各方在该等《补充协议二》中约定："自申请人向全国股份转让系统申报挂牌材料之日起（包括审核期间及挂牌以后），豁免各方在相关增资协议的补充协议中约定所有申请人所承担的责任和义务，其中，对于相关增资协议的补充协议项下，邱胜会、卡先加、陈建平、杜朝化和张一春可以要求申请人、申请人实际控制人履行义务的情形，申请人实际控制人承诺由其承担全部责任，邱胜会、卡先加、陈建平、杜朝化和张一春同时放弃要求申请人履行义务的权利，仅保留要求申请人实际控制人履行义务的权利。"

自申请人向全国股份转让系统申报挂牌材料之日起（包括审核期间及挂牌以后），邱胜会、卡先加、陈建平、杜朝化和张一春放弃原相关增资协议的补充协议中约定的其可以要求申请人及申请人实际控制人回购或受让其所持有的申请人股份的权利。

如果申请人挂牌申请被否决，或者申请人挂牌申报材料被撤回，则邱胜会、卡先加、陈建平、杜朝化和张一春放弃的上述权利即自行恢复。该《补充协议二》不影响各方签署的相关增资协议及其补充协议的效力。该《补充协议二》未特别约定事项适用相关增资协议及其补充协议的约定。

根据上述《补充协议二》，自安达科技向全国股份转让系统公司申报本次挂牌资料之日起，邱胜会、卡先加、陈建平、杜朝化已放弃要求安达科技支付相关业绩补偿金、承担相关的连带责任，放弃要求安达科技及其实际控制人回购或受让其所持有的安达科技股份，但是，其仍可要求安达科技实际控制人支付相关的业绩补偿金。

Ken Zhang 啃哥有话说

通过上面的案例可以看出，对于新三板的对赌协议，目前证监会的态度显然是可以，但是要详细披露内容，并不是严格禁止的。同时，对赌可以，但是上市主体，即公司不能参与其中。因为公司如果参与进去，就增加了未来的很多不确定性，这是对新三板的购买方不利的，因此必须消除。即对赌只能存在于投资机构与公司的个人股东之间，而必须将公司排除在外，整体的逻辑就是这样。

但是，啃哥又在大胆想象，如果对赌协议就是与新三板公司主体有关，那么，是不是就不能上新三板了呢？显然，按照现在的实践操作，没有人敢碰这条红线。

但是，从逻辑上讲，即使新三板申请主体有对赌协议，只要如实披露，让购买者等相关方面都了解，让市场去判断价格，也未尝不可。有时候，即使是开放的新三板，管理机构也要充当“家长”的角色。

但是，未来方向肯定是允许与公司同时进行对赌，然后如实披露，交给市场判断。

2014年10月16日

于西安皇城豪门酒店

以一首《走向远方》，结束此文，送给大家：

走向远方

汪国真

是男儿总要走向远方，
走向远方是为了让生命更辉煌。
走在崎岖不平的路上，
年轻的眼眸里装着梦更装着思想。
不论是孤独地走着还是结伴同行，
让每一个脚印都坚实而有力量。

我们学着承受痛苦。
学着把眼泪像珍珠一样收藏，

把眼泪都贮存在成功的那一天流淌，
那一天，哪怕流它个大海汪洋。

我们学着对待误解。
学着把生活的苦酒当成饮料一样慢慢品尝，
不论生命经过多少委屈和艰辛，
我们总是以一个朝气蓬勃的面孔，
醒来在每一个早上。

我们学着对待流言。
学着从容而冷静地面对世事沧桑，
“猝然临之而不惊，无故加之而不怒”，
这便是我们的大勇，我们的修养。

我们学着只争朝夕。
人生苦短，
道路漫长，
我们走向并珍爱每一处风光，
我们不停地走着，
不停地走着的我们也成了一处风光。

走向远方，
从少年到青年，
从青年到老年，
我们从星星走成了夕阳。

POR E OVER
THE NEW
OTC MARKET

17

富含深意且超级全面的重要讲话

——股转系统交易监察部侯定海副总解读做市商制度

这篇讲话稿是新三板交易监察部副总经理在2014年8月的一个讲话，侯总“穿越”了新三板的“前世今生”，为我们展现了一个从全球视角看待的崭新的新三板。啃哥通过这个讲话，也学到了很多。学到了什么呢？啃哥用心总结了一番，连同讲话原稿一起奉献给大家。

各位同学，非常高兴来到美丽的深圳，和大家一起就做市商在市场上特别关注的问题进行交流。

我觉得来到深圳之后第一个感觉就是天蓝、水清，大家在电视上看到北京现在的天气比较差，天天是雾霾笼罩。我觉得生活在深圳的各位同学真的非常幸福，非常羡慕你们。

在介绍做市商制度之前，我先简单做一个市场调查，看大家对这个市场的了解程度。没有听说过新三板的能不能举一下手？看来大家都听说过。听说过新三板的举手。（举手）知道的有六七成人。知道全国股份转让系统之间关系的举手。（举手）减少到了四成到五成。

事实上，新三板既是一个新生的事物，也不是一个新生的事物，因为从诞生到现在，应该说从 2006 年第一家挂牌公司挂牌到现在应该是有 8 年的时间。新三板市场最初起源于中关村科技园区的非上市公司挂牌的试点，2006 年 1 月 23 日有两家公司挂牌，这是新三板的前身，应该是中国证券下面管的。

全国中小企业股份转让系统和新三板的关系比较简单，全国（中小企业）股份转让系统是新三板市场的主要监管机构，新三板市场主要就是这些挂牌的公司以及相关市场参与各方构成的市场主体。

Ken Zhang 啃哥有话说

这两点，首先明确了新三板的起源，来自于2006年的“中关村科技园区的非上市公司挂牌的试点”。

其次说明“新三板”与“全国中小企业股份转让系统”的关系，请注意，演讲者的观点是“全国中小企业股份转让系统是新三板市场的主要监管机构，新三板市场主要就是这些挂牌的公司以及相关市场参与各方构成的市场主体”。这个观点对吗？啃哥深表怀疑。

啃哥之前一直觉得新三板的主要监管机构是“全国中小企业股份转让系统有限公司”，通过查看全国中小企业股份转让系统网站，啃哥在公司简介中，注意到了这样一句话：“全国中小企业股份转让系统是经国务院批准设立的全国性证券交易场所，全国中小企业股份转让系统有限责任公司为其运营管理机构。”这句话明确了管理机构是“全国中小企业股份转让系统有限责任公司”，而交易市场是“全国中小企业股份转让系统”。那么，照着这个逻辑推理下去，新三板等同于“全国中小企业股份转让系统”，都是交易市场。

最后再问大家一个问题，大家对新三板的公司和上市公司以及所谓的区域市场的公司性质的区别，自认为了解得比较清楚的举手。（举手）这个范围相对更小了。确实是，虽然新三板扩大试点之后，这个词铺天盖地地在网络、报纸、电视等媒体上出现。真正这个市场是干什么的，能解决什么问题？为什么已经有是沪深交易所还要设一个新三板市场？了解这个前后因果关系的并不是很多。

新三板与沪深交易所、地方股权交易所的区别（不少公司想在新三板挂牌，结果挂到了地方股权交易所）。实际上，全国中小企业股份转让系统挂牌的公司我们称之为挂牌公司，和上市公司有一个共同之处，都是纳入证监会统一监管的公众公司，意味着股东人数可以超过200人，股票可以公开转让，可以公开发行募资。这是公众公司和非公众公司的最根本区别。我们和交易所市场主要是定位上的差异。根据国务院股份转让系统扩大试点到全国的决定，股份转让系统主要定位为创新型、创业性服务，为他们解决融资难、股票流通的问题。

Ken Zhang 啃哥有话说

这一段旨在说明新三板的公司与上市公司的关系。相同之处是同为“公众公司”，因此股东人数可以超过200人，可以向公众募集资金。不同之处在于，新三板公司服务于“创新型、创业性服务，为他们解决融资难、股票流通的问题”。啃哥想说，这里的回答很笼统。啃哥在第1篇“从一篇被转阅上万次的文章讲起”中，曾经详细分析过与上市公司的不同，二者差异并不是那么简单的。相信演讲者只是想点到为止，不想展开论述。

刚才说了和交易所的区别。和地方的股权交易中心和地方的交易中心的区别在哪里？我们和上市公司一样是公众公司，和券商柜台企业是公众和非公众的区别。公众公司就可以超过200人，不是在我们这里挂牌的，比如说刚才听到介绍有很多柜台的产品，这些产品在证券法律框架下是非公众公司，人数不能超过200人。这是二者最根本的区别。

Ken Zhang 啃哥有话说

这一段在解释和“地方的股权交易中心和地方的交易中心”之间的不同。回答很简单，也就是 200 人的规定。即新三板是公众公司，股东可以超过 200 人，而地方的股权交易场所股东人数不能超过 200 人。“全国中小企业股权转让系统”与“地方股权交易中心”的辐射范围是相当不同的。毋庸置疑，新三板是全国范围的中小企业股权交易市场，地方股权交易中心只能服务于地方性企业的股份转让，这才是根本区别。

做市商制度介绍。介绍分三部分：第一部分，简单介绍一下国际市场实行做市商制度的实践；第二部分，重点介绍全国中小企业股份转让系统；第三部分，将来想要挂牌或者已经挂牌的公司如果选择做市商制度应该如何做。

Ken Zhang 啃哥有话说

开宗明义。进入演讲的核心——做市商制度。其实，在这之前之所以演讲者语言很不严谨，啃哥认为是由于本演讲的重心并不在前面部分，而从此处开始，才是重点。

国际市场实行做市商制度的实践

纳斯达克

说到做市商制度，大家耳熟能详的就是纳斯达克，场外市场演变为交易市场非常典型的例子，也是资本的支持平台。纳斯达克能够取得成功，重要原因应归结为做市商制度。做市商在分散的各个地方，有地方性的股票，一个股票只要在美国经过 SAC 注册就可以公开转让，程序比较简洁。在 20 世纪 60 年代之前，可能一个股票在 A 省有做市商做市，在 B 省也有做市商做市，整个市场比较割裂。到六七十年代就有把全国做市商报价统一联网的需求，因为这个需求，全美做市商交易协会就提出了建立纳斯达克的构想。纳斯达克就是把全国做市商的报价联网在一起展示给投资者，告诉投资者做市商对你最优购买价、卖价是多少，最终实现成本的降低和交易效率的提高。最终产生的时候，做市商制度就是一个纯粹传统的竞争性做市商制度。所谓传统竞争性做市商制度，就是一个股票可以有多个做市商报价，你在市场上只能看到做市商报价，投资者报价你看不到，因为投资者只能跟做市商交易。

Ken Zhang 啃哥有话说

看到这一段，啃哥首先的疑问不是这一段的内容，而是纳斯达克英文全称。因为，啃哥认为，只有两节英文明细的全称，才能从结构上对美国这是市场有一个全面了解。

对于纳斯达克，百度百科的定义是这样的："纳斯达克(NASDAQ)，全称是国家证券业者自动报价系统协会（National Association of Securities Dealers Automated Quotations)，是美国的一个电子证券交易机构，是由纳斯达克股票市场公司所拥有与操作的。NASDAQ是全国证券业协会行情自动传报系统的缩写，创立于1971年，迄今已成为世界最大的股票市场之一。"为了规范混乱的场外交易以及为小企业提供融资平台，纳斯达克由美国全国证券交易商协会于1971年2月8日创建。纳斯达克的特点是收集和发布场外交易非上市股票的证券商报价，现已成为全球第二大证券交易市场。现有上市公司总计5 400多家，纳斯达克又是全世界第一个采用电子交易并面向全球的股市，它在55个国家和地区设有26万多个计算机销售终端"。[1]

演讲者这段话介绍了纳斯达克的起源，即将全国的区域性股权交易市场联网，并将各个板块中分开的做市商统一到纳斯达克市场中，实现了市场的扩大。紧接着完成了"做市商双向报价"机制，即做市商既作为买方，又作为卖方，向股民报价，而买卖之间的差价归做市商所有。在这个状态下"你在市场上只能看到做市商报价，投资者报价你看不到，因为投资者只能跟做市商交易"，这是该市场运行的第一步。

到底现在这个市场有多少上

[1] 资料来源：百度百科。

市公司，有多少做市商呢？通过查看资料[1]，啃哥得到了答案：“该市场中代表着世界上最大的几家证券公司的519位券商被称作做市商，他们在纳斯达克上提供了6万个竞买和竞卖价格。这些大范围的活动由一个庞大的计算机网络进行处理，向遍布55个国家的投资者显示其中的最优报价”，“现有上市公司总计5 400多家”。

一直到20世纪90年代（1994—1995年），美国的一位教授发表了一篇文章，关于美国的纳斯达克做市商没有奇数报价，只有偶数报价，当时以八分之一为单位。这个教授做了大量实证研究之后发现一个有意思的现象，美国做市商报价大部分以偶数为单位，基本没有以奇数为单位的报价。这说明什么问题？说明做市商有很多默契，人为扩大控制价差，使投资者蒙受损失。最后接受调查，发现大量证据，这就促成美国纳斯达克市场的重大改革，1997年出台了相关的规定。1997年之后纳斯达克的做市商发生根本性变化，不再是传统的做市商制度，相当于引入了混合做市商制度。刚才说两者的差别主要体现在哪里？在传统做市商制度中投资者只能看到做市商的报价，看不到投资者的报价，引入混合制度之后，报价都会显示在报价牌上，这种方式一直发展延续到现在，纳斯达克市场的流动性经过多年发展已经演变为以混合做市商制度为主的市场。

Ken Zhang 啃哥有话说

这一段进一步分析了美国做市商制度的完善过程。美国教授发现当时的做市商报价只有偶数，说明做市商们达成了默契，人为扩大价差，以赚取股民的钱。之后，报价制度被修改，引入“混合做市商制度”，即做市商的报价和投资者的买卖价格都会显示在显示牌上。显然，混合做市商制度使得做市商和购买者的报价同时显示，这样更加透明，避免做市商暗箱操作。

通过这一段，啃哥想到了2个问题：

■ 目前新三板的做市商制度，显然还是美国1994年之前的“传统做市商制度”。其未来的发展方向，必然是“混合做市商制度”，

[1] 资料来源：百度百科。

这是毋庸置疑的。而中国和美国在此方面相差20年！

■ 美国教授发表的一篇文章，就能改变其市场的交易制度，真是厉害。啃哥每天奔走呐喊，也就是落得个问心无愧，对于整体资本市场的推动又能起到什么作用呢？但是，如果或多或少能影响到市场中的人们对政策、对新三板的认识，让一些谬误的观点不再存在，我也就心安了。

在混合做市商制度的市场上，纳斯达克有几千支股票，股票活跃性高的也就是几百支，剩下大部分股票也是流动性很低的。投资者要找订单还是很难的。在纳斯达克市场上，1997年改革的时候有几个重大因素，挑出来给大家讲一下，帮助大家了解改革的重要内容，以及为什么做市商制度发生这么重大变化。

第一个是禁止抢先交易。这个比较好理解，就是指做市商收到一个投资者的订单之后，不能用这个投资者比他更差的价格成交，这就是不能损害投资者的利益。

Ken Zhang 啃哥有话说

这点初看起来似乎没必要列出来。投资者既然报价了，总不能用比投资者报的价更低的价格成交，损害投资者利益吧！这也叫一个规则吗？这不是必须的吗？但是，这确确实实是纳斯达克的第一个规则。可见，西方人的思考方式是任何原则都要书面化、明确化，即使是约定俗成的东西也不例外！啃哥想说，这就是真正“追求精确、精准的科学精神”的极好体现。啃哥不断地啃，也是出于对这种精神的追求！

第二个是最佳执行义务。（例如）做市商报了一个价格，当时不是市场最好的价格，市场最好的价格是6块5毛，做市商报的价格是6块4毛，投资者就要成交，做市商也愿意成交，那就必须用6块5毛的价格成交，而不是6块4毛。

Ken Zhang 啃哥有话说

怎么双方都愿意用6块4毛成交，却要求用6块5毛成交呢？其实，这条规则更尊重了市场的价格，必须用市场的“最好价格”成交，而不是买卖双方都认可的价格！这是为了减少单个股票大幅涨跌，对于市场平稳有非常大的好处。试想，如果双方愿意以1元成交，而市场最好价格是6块5毛，就必须按照6块5毛成交。因为这个价格才是企业真实价值的体现。

第三，限价委托显示义务。这项指标含义是说，如果做市商收到一个投资者的限价委托，不想马上和他成交，如果投资者的限价委托比做市商的报价更优或者价格一致，必须把报价显示出来，让市场看到这个报价。一旦显示的报价让其他投资者看到，其他投资者就可以和他成交。实际上，这条规则就类似于美国纳斯达克的做市商制度，相当于从传统的做市商制度过渡到混合做市商制度。

Ken Zhang 啃哥有话说

这点很重要，是“传统做市商制度”与“混合做市商制度”的分界岭！即当“投资者的限价委托比做市商的报价更加优惠或者价格一致，做市商必须把报价显示出来，让市场看到这个报价。一旦显示的报价让其他投资者看到，其他投资者就可以和他成交”，从而倒逼做市商赶紧成交，避免这块利润被其他做市商抢去！从而促进做市商本身的利润回归合理，避免侵害投资者的利润。

第四，超额价差限制。就是做市商的价差有一定范围，每个股票都有最优做市商报价，每一个股票最优报价25%就是最合理的报价。

Ken Zhang 啃哥有话说

做市商的买卖价差有限制，规定上限为25%！啃哥初读时感觉，好高啊！因为新三板做市商制度的买卖价差被规定不能超过5%！所以啃哥说，新三板交易不活跃一个重要原因是做市商本身的利润空间只有这微薄的5%，而纳斯达克是25%。那么，我们的新三板做市商制度又怎么能活跃呢？

啃哥认为，新三板做市商这个5%的限度只是过渡性的，政策制定者希望先稳住市场，然后逐步增强市场活跃度。只要新三板上的公司数量足够多了，后面需要做的，就仅仅是调高这个5%，比如调整到8%、12%等，只要这个限额调高了，不怕市场不活跃。

一个股票即使在交易所上市，投资者可以选择在交易所交易，也可以在场外交易，欧洲就有另外的 ATS（自动交易系统）交易。你是做市商，做市商有价差的成本，就有大的技术提供商搞了一个系统，相当于在场外进行定价，这促使纳斯达克从竞争性的传统做市商制度过渡到混合的做市商制度，也是市场化的竞争对手。包括纳斯达克在 2003 年推出了兼容做市商与投资者的报价交易，这就是纳斯达克的简单特点及其基本发展情况。

啃哥有话说

Ken Zhang

此段是说美国纳斯达克的交易既可以在场内市场（即电子系统）中完成，也可以在另外一个系统（场外市场）中完成，因此也就给了纳斯达克巨大的压力，在这样的压力下，纳斯达克才有了动力进行不断改革。

相比较而言，新三板这个股票交易的平台，可以等同于场内交易。那么，新三板有场外交易吗？目前还没有，但是以后可以有。比如某个做市商认为某个股票有前途，可以不在新三板中报价，而在场外（即小的投资人圈子中）进行买卖报价，找到合适的买卖方，完成交易。如果这个“场外”足够大的话，是会倒逼新三板不断完善的。只可惜我国资本市场的管理十分严格，这样的“场外”不可能有太大发展，因此倒逼新三板的能力实在有限。这在将来也会制约新三板的进一步发展。

英国的 AIM 市场

第二方面，英国的 AIM 市场[1]，又叫另类投资市场，是在伦敦交易所下面管辖的服务于中小企业且做得非常成功的市场。

这个市场主要服务的企业也是所谓的全球的中小企业，就没有微型企业，我了解到有很多中国企业到 AIM 市场进行交易。因为考虑到中小企业流动性的问题，做了非常灵活的差异性安排，设置三个交易系统：SETS 系统、SEAQ 系统和 SETSqx 交易。SETS 是连续定价系统，主要是中国的指数范围的。不在指数

[1] AIM 市场，即替代投资市场（Alternative Investment Market）。

范围内的股票，如果有两家做市商愿意给价做市，你可以采用做市商制度交易，这个系统叫作 SEAQ 系统，这是采用做市商交易的系统。第三个系统是 SETSqx 交易，还有一个公司跟他做市商的很少，只有一家做市商或者没有做市商，就可以选择这个系统进行交易。这个系统交易的特点，就是在兼容做市商报价的同时，在每天给他安排四次的集合竞价，就是有做市和竞价的因素在里面。

这三个系统，第一个是订单询价系统，第二个是报价驱动系统，第三个是报价和订单混合的系统。这个系统的价差限制分别是 5%、10%和 15%。主要根据流动性划定，流动性最好的是 5%，流动性最差的 15%。做市商还有报价的义务，如果做市商的报价没有达到最小报价单位，必须在 60 秒内更新报价，这就是持续更新报价的义务。另外就是正常交易的市场规模，在国内市场大家了解到主板市场交易是 100 股，英国市场这个股票根据市值不同，不同市值股票交易规模不一样，从 100 股到 1 万股甚至更高，股票价格越低，单笔交易数越大，交易价格越高，单笔交易规模越低。像美国最知名的投资的经理，他的公司股票是十几万，如果要求他再 100 股作为交易单位是很难受的。国外和中国的交易习惯不同，中国喜欢拆股、送股，对公司、市值管理不知道是还好是不好。我们跟欧美市场比较大的区别是投资者理性的问题，欧美市场如果拆股、送股，实际上并没有导致公司实质的增加，如果红利送股公司要缴纳所得税，还要掏出现金支付红利，这是很大的差别。

在英国的 AIM 市场做市商制度还有一个特点是关于透明度的争议。在 AIM 市场做市商有一个很重要的作用，除了维护小额交易之外还有促进大宗交易的，60%的大宗交易都是通过做市商完成。由于做市商完成大宗交易，就要对冲交易的头寸，如果立即把这个披露出来就会造成市场价格的剧烈波动，因此在这方面的报告一直在改进，包括延迟报告的时间，最开始延迟 24 小时，最近延迟到 60 分钟，还有更新的变化，根据各方的情况不断调整。

Ken Zhang 啃哥有话说

这一段在分析英国的 AIM 市场。实话实说，这个市场啃哥真没有听过。国内企业要么选择香港，要么选择美国，也鲜有企业去这个市场上市。演讲者介绍了这个市场的基本情况。啃哥读下来，其实与美国纳斯达克差别不大，但是它将做市商与竞价交易进行了结合。这个市场的分析学术性更强些，为了接地气，啃哥不再啃下去了。

中国台湾的兴柜市场

第三个市场是中国台湾的兴柜市场。

兴柜是台湾地区主板市场的一个市场，台湾规定到台交所上市的企业必须在兴柜 6 个月。都采用做市商交易，每家股票必须有两家做市商交易才可以，如果没有两家做市商就要摘牌。AIM 是采用点选系统，觉得合适就通过鼠标点击选择。点选不允许穿价成交。如果投资者有更好价格，你必须把最好的价格吃掉才可以做价格差的。

除了做市商和投资者交易之外，场内的交易，对 10 万股或 500 万新台币以上的企业，做市商可以与客户议价成交，除一买一卖中介交易，成交价格不得超过做市商当时报价 10%。初始持股最低要求也有相关的规定。

啃哥有话说

Ken Zhang

这段介绍了我国台湾的兴柜市场，其最大特点是：(1) 要去台交所上市，必须先在该市场挂牌6个月。(2) 挂牌期间只能做市商成交，而不能采用竞价等方式。可见，与新三板又不一样，新三板是协议成交、做市商成交、竞价成交（尚未推出）都可以的！(3) 约定了 10%的做市商利润空间。这个市场啃哥也从来没听人说过，肯定交易量一般，不再赘述。

NASDAQ 市场交易形式

最后简单介绍一下 NASDAQ 市场，他们对股票采用两种交易形式，一种是竞价交易方式，一种是传统的做市商交易模式，要求有两家以上的做市商为它做事。NASDAQ 上市的企业流动性会进行考核，因为你作为一个公众公司，要求流动性必须达到一定的水平，并且把流动性作为上市的维持指标之一。很多上市公司特别是新上市的公司都会选择做市商交易。

NASDAQ 的方式，一个公司要么选择竞价交易方式，要么选择做市交易方式。很多公司在流动性不好的时候会倾向于选择做市交易制度，因为做市商会持续报价。针对交易方式变更前后两天的交易数据对比，有很多学者做了实证研究分析，发现由竞价变更为做市商交易制度，成交大幅度提高。

Ken Zhang 啃哥有话说

NASDAQ的交易方式有竞价交易（类似目前A股）、做市商交易两种方式。而根据新三板制度，目前是协议交易、做市商交易两种，随后再推出竞价交易。可见新三板实现了创新，加入新的协议交易模式！我国资本市场起步虽晚，但是创新不断，是好事情！

同时，NASDAQ也是只能选择一种交易方式，而不能都选择，这和目前新三板是一样的。

最关键的一点是，DASDAQ会对上市的企业的流动性进行考核，不合格的将会被处罚，倒逼企业加强流动性！这一点很关键。新三板显然在这个阶段不会这样做，只有新三板各项制度完善了，才有可能做到这一点。

重点介绍全国中小企业股份转让系统

新三板做市商的原则和义务

最后介绍一下全国股份转让系统，去年（即2013年）12月份发布了全国股份转让系统的股票交易规则，目前对股票采用三种规定。做市转让方式、协议转让方式、竞价转让方式是规定的三种转让方式，同一个时间段挂牌公司只能选择一种转让方式，不能选择两种。这个转让方式一旦选择之后不是终生不变的，挂牌公司符合一定条件之后可以根据自身的特点选择申请变更股票转让方式。

Ken Zhang 啃哥有话说

终于说到新三板了，啃哥很高兴，因为都写了快一个小时了，才开始最重要的。不过磨刀不误砍柴工，啃哥认为，前面1万字的铺垫绝对是有用的！

上面普及了一下新三板三种

交易模式，并且明确只能选择一种，但是之后可以修改转让方式。

目前全国股份转让系统在5月19号实现了新的协议转让方式的上线，目前已经实现了协议转让方式，正在和相关机构进行做市商转让系统的准备，准备在8月份上线做市转让制度。

Ken Zhang 啃哥有话说

看来这个文章是8月份之前的，因为做市转让是在8月25日已经上线的。不过即使如此，从现在这个时点看来，这个演讲也还是很有水平的。

全国股份转让系统目前实施的是传统竞争性的做市商制度。所谓竞争性做市商制度就是说一家挂牌公司要采用做市的方式必须有两家以上做市商为你做市，如果做不到，你就不能采用这个方式，就必须强制转变为其他的方式。另外，我们使用传统做市商制度，在做市转让撮合时间内，投资者之间和做市商之间不能成交，投资者只能和做市商达成交易。对于做市商调节自己库存股的需要，我们安排一个时间段，每天收盘后15点到15点半来调整做市的股票，这是交易基本的核心内容。

Ken Zhang 啃哥有话说

这里表达了两点，解释了传统竞争性做市商制度中的“竞争性”和“传统”的内容。

■ 竞争性做市商制度。是必须有2家做市商同时做市，如果只有一家了，就必须“强制”转变为“协议成交”模式。请大家注意“强制”这个词，就是没有任何商量的余地。

■ 传统做市商制度。即在交易过程中，投资者只能和做市商成交，不能和其他投资者成交，就是必须通过做市商完成交易，做市商同时作为买方和卖方。因此，做市商之间就有调节库存的需要，类似银行间的头寸调拨，同城清算。即有的做市商某个股票买得多了，没有那么多可以卖出去；而有个做市商某个股票卖得多了，没有那么多库存，这样，在不同做市商之间就存在交易的需要。因此每天收盘从15点至15点半，需要做市商之间交易，类似银行的“轧平头寸”的需要。

另外一个比较有意思的是实行撮合机制。为什么说这是一个市场特点？因为在其他市场，比如说台湾市场是点选机制，做市商要点选了才能成交，做市商不点选即使到价也不能成交。现在的纳斯达克市场采用的也是报价成交机制，是做市商确认之后才能成交，而不是交易中心撮合成交。考虑到这个市场的特点，我们维护投资者的权益，设计原则的时候引进了撮合原则，按照价格优先、时间优先的原则进行撮合，这样投资者可以选择最好的价格，做市商也可以通过价格的竞争改善价格的发现功能。不论哪种情况，都以做市申报的价格为准。还有一个特点，做市商管理要适度从紧，我们对做库存股来源、初始数量和做市期限进行了明确规定。投资者在做市下用限价委托的方式就可以了。

Ken Zhang 啃哥有话说

后做有后做的好处，新三板做市商在国内属首创，可以充分借鉴国外已有的经验，而理论上在设立之初就做到最好。我国新三板的做市商制度居然全球首创性地使用了“撮合成交”，因为即使是美国纳斯达克目前也是使用“报价成交机制”。原因正如演讲者所说：撮合成交前提下，投资者可以选择“最好的价格”。新三板整了个全球首创，好高大上！

且慢，冷静思考一下，真的是这样吗？我们的新三板就这么厉害，可以使用连纳斯达克都还没用的规则吗？现在没有答案，只有等待时间考验，也许不合适时可以再修改。

通过上面的分析也可以看出，所谓的做市商制度，就如同退市制度、注册制度一样，其实只是一个基本概念。具体细节各国有各国的做法。我国的新三板显然主要是借鉴了美国的经验，但是，却又限定了做市商5%的限额，以及创造性地使用了三种交易模式，并在做市商模式下再创造性地制定了撮合成交模式。就是说我国的新三板有自己的一套模式。我们不能总对新三板创新持有质疑、不看好等消极的心态。当然，实践是检验真理的唯一标准，有问题没关系，修修补补总是可以的。不怕有问题，就怕有问题了不解决。这是我们应有的态度。

刚才说的原则比较抽象，通过两个例子简单介绍一下撮合原则的原理。

第一种，限价申报，到价即成交。这种情况指做市商先报价，投资者看到做市商报价之后可以提交新的符合条件的订单进来成交。左边是做市商的报价，按照价格优先、时间优先的先后顺序进行排序，右边是投资者的订单排序（见PPT）。005号订单到了之后，它是已经到了做市商报价的范围，价格达到了成交的范围，这时候做市商的几个订单会按照价格优先、时间优先的特点进行排队，价格最好的是003号做市商卖17块，他先和投资者成交，然后是18号做市商，主要是看价格优先。他们的成交价格都以做市商的成交价格为准，做市商的报价为成交价格会使得投资者的价格获得价格改善，因为投资者本来想以18块钱去买，其中一个做市商17块钱就卖了，而且是1 000股获得价格改善的机会。

Ken Zhang 啃哥有话说

看来演讲者是结合着PPT讲解的，这里说到例子了。不过，通过文字显然可以看懂的。通过“限价申报，到价成交”原则，显然是保护了投资者的利益，因为当“做市商的报价为成交价格会使得投资者的价格获得价格改善”。

第二种，做市商更改报价，限价申报，到价成交。左边是做市商报价（见PPT），右边是投资者订单。做市商最高报价17块，投资者最高是16块，这个不能成交，因为没有进入成交范围。这种情况下，做市商出于各种考虑会调整报价，我们看到，假设做市商将19块钱的价买下，这时候投资者的三个订单进入到做市商的范围之内。投资者的三个订单会遵循价格优先、时间优先的原则排队，这个分别是005、002、003投资者获得成交。成交的价格都是以做市商的报价为准，分别是15块5。由于以做市商的报价为成交价格，这三个投资者价格都获得改善，他们实际的成交价格15块5就买到了，所以以做市商的报价为成交价格实际上是保护投资者的合法权益。

Ken Zhang 啃哥有话说

这里，通过一个例子，说明了“以做市商的报价为成交价格实际上是保护投资者的合法权益”。因为保护投资者才能让市场更好地发展。显然新三板管理者充分借鉴了A股的教训。

在做市转让方式下，我们也是向全市场解释做市商的报价信息，从每天9点半开始发布做市行情，包括证券代码、证券简称等等相关信息。

已经采用做市转让的方式，做市商可以自由加入和退出，而且这个加入和退出不受挂牌公司的影响，也不用事先告诉挂牌公司，这是比较通行的做法，我们也沿用了这个做法。

除此之外，为了约束做市商审慎地做出加入和退出一个公司的决策，我们对做市商加入和退出也做出要求。比如说退出之后一个月内不能再为该股票做市，初始做市商为股票做不满 6 个月的不能退出。

Ken Zhang 啃哥有话说

这里说明了做市商是灵活的，可以加入和退出一个企业的做市。但是，在市场初期显然考虑到稳定市场的需要，要求券商“审慎”加入和退出一个公司的做市，因此才有了“初始做市商为股票做不满 6 个月的不能退出”。啃哥相信，这一种方式，是为了确保市场的稳定，在初期是十分必要的。但是，未来为了增加交易量，势必需要放松做市商进入或者退出一个企业做市的限制。那么，放松是迟早的事情，也说明了交易活跃也是迟早的事情。

做市商在市场上要承担延续报价的要求，其做市股票实时最优 10 档位限价申报价格和数量等信息，每个转让日 9 点一刻开始向做市商发送上述信息，做市商根据这个信息确定每天的开盘报价和实时报价。考虑到做市商在这个市场上有一笔交易当中必须有一个做市商，做市商承担了买卖中介的角色。为了提高这个市场交易的效率，我们给了做市商 T+0 交易的安排，就是说做市商做市买入股票，买入当日可以卖出。如果不允许做市商实现 T+0，做市商如果一天只有 1 万股，投资者有 3 万想买、3 万想卖就不能达成交易，实际上妨碍和损害了投资者的交易权。

Ken Zhang 啃哥有话说

这是对做市商制度细节的描述。需要注意，由于做市商是一个中介，因此“给了做市商 T+0 交易的安排，就是说做市商做市买入股票，买入当日可以卖出”，便于提高交易活跃度。

刚才我们给了做市商权利，也需要给做市商义务，让做市商确定报价是合规和合理的。

第一，持续发布双向报价义务。时间从9点半开始发布双向报价，双向报价时间不少于每个转让日做市转让撮合时间的75%。

第二，除此之外，对价差进行限制。每一笔报价必须报出买卖双向报价，最大价格不能超过5%。刚才看到英国AIM最低是5%、10%、15%的限制，我们的限制是比较严格的。

第三，做市商前次做市申报撤销，其申报数量成交不足1 000股的，必须在5分钟之内进行报价。

Ken Zhang 啃哥有话说

正如演讲者所述，前面说了做市商可以做什么（权利），那么下面就该说做市商必须做什么（义务）。义务有3点。

■ 第一条规定了必须“持续”发布“双向报价”。啃哥请注意关注“持续”、“双向”字眼。不允许做市商间断发布，更不允许单向发布。只有持续双向发布价格，才能确保实现T+0交易的可能，也才能最大限度强化市场活跃度。

■ 规定了做市商买了再卖出的利润空间只有5个百分点。确实好低啊！啃哥前面已经分析过。制度刚推出的时候，是以稳为主，以后再慢慢调整。

■ 对申报撤销的做市交易，给了5分钟报价的限制，从而及时完成撤销行为。

对于做市商要开展做市，就必须要维持一定的做市头寸，称为做市库存股票，我们规定了初始的要求。挂牌时选择做市转让方式的股票，初始做市商合计应取得不低于总股本5%或者100万股的股票，每家不低于10万股的做市库存股票。挂牌的时候采用协议转让方式，随后有意愿找到做市商，我想变更，这时候做市商拿10万股就行了。还有一种做市商后续加入的，也是拿10万股就够了。

Ken Zhang 啃哥有话说

这是要求做市商必须持有一定的自己做市企业的头寸，同保证金性质类似。确保做市商不是“空手套白狼”，这其实也是为了确保交易的稳健性。

新三板做市商制度对挂牌公司的影响

最后一部分，简单讲一下做市转让制度对挂牌公司的影响，以及想要挂牌的公司采用这个方式应该有哪些程序，应该怎样准备。（啃两句：这个分析很重要，解决了挂牌公司为什么要做市成交的问题。）

我们认为，采用做市转让方式对挂牌公司有三方面的影响：

第一，改善股票流动性。显而易见，因为做市商要履行持续的双向报价义务。如果这个公司实行股权激励想变现，每一个股权激励数量不会太大，每个员工持股数量不会太大。要变现，目前协议转让前提下要找到潜在的对手，最后的成交价格会有不确定性。因为做市商会持续报出双向的报价（买价和卖价），它的价格肯定不会很低。如果报价太高，会砸在手里，如果报低了，股票全部卖给市场，做市商就没有办法维持这个地位，这是对做市商非常大的考验。做市商在这种情况下，相对合理的价格，又有连续的报价，至少小额的成交能够立即获得成交，这对改善股票流动性有非常大的帮助。

采用做市转让方式的股票，尤其是在做市商制度下，做市商为了维持做市的相对的地位和维持股票的活跃性，本身就有动力对这个股票开展竞争。刚才我们说采用价格优先、时间优先的撮合机制，这个最起码的是价格竞争。为了提高做市商的活跃度和知名度，他一定会挖掘这只股票的价格，并且向投资者推荐，从而能够吸引更多投资者进入这个市场。目前我们了解到，已经有一些主办券商在做相关的投资者动员的前期热身活动。相信做市商制度的推出，会吸引更多投资者加入，改善股票的流动性。

啃哥有话说

Ken Zhang

这是最重要的方面，改善股票流动性，原因正如文中所表达。其分析到：（1）挂牌公司希望卖掉部分股份，而只有选择做市商交易，才容易卖出，也才可能让股价卖个最高价格。（2）做市商本身出于自身利润的考虑，也会想办法尽量卖高价，包括想尽办法挖掘亮点，从而整体提高了股票的流动性。

第二，增强股票稳定性。做市商制度下，做市商报价有连续性，价差幅度也有限制，做市商出于自身利益考虑和市场化的机制，会有维护市场稳定的强烈动机。

Ken Zhang 啃哥有话说

由于券商的连续报价存在，并且价差幅度最高不超过5%，因此券商从自己利益出发也不会让股价波动太过剧烈。

第三，解决挂牌公司股票定价难问题。我们现在经常听到很多公司说：定增找不到投资者，我想和上下游巩固关系，通过股权巩固关系，但是价格谈判非常困难，因为协议下，大部分股票没有形成市场多方认可的价格。这个价格就是弹性非常大，时间的成本、谈判成本等都很高，甚至很多就没有做成交易。

如果采用做市商方式，做市商为提高做市收益，通过对挂牌公司的深入调查，利用其专业知识对股票进行准确的估值。做市商之前充当中介，会说“你们的股票定向发行越高越好”，这样显得他们很成功。但是现在听从买方的决策，和挂牌公司相对互换的角色，当他们要拿出真金白银买这个股票的时候和当中介的时候肯定不一样。我们现在看到每个做市商在为这个股票定价估值的时候真是不遗余力，如果真的稍微有偏差就会遇到巨大的风险。

Ken Zhang 啃哥有话说

解决挂牌公司股票定价难问题，这点也非常重要。在协议交易过程中，价格一向是非常难谈的一件事情。啃哥自己做PE，就深有体会。而做市商交易的情况下，价格比较平稳和连续，更容易取得。

同时，正如演讲者所述，券商以前不掏钱，只是中介，倾向于让上市公司的价格越高越好，这样中介可以收更高的中介费。而现在券商变成了做市商，是要拿真金白银来买股票再卖出的，因此其会不遗余力地给新三板挂牌企业估值，确保其价格在合理水平。省去了以前协议成交无休无止的价格谈判问题。

刚才介绍了，做市商有双向报价，特别是做市商的竞争性报价将促使做市商不断提高研究能力，使报价尽可能接近真实价格。由于这个价格是市场各方公证的价格，这个股票就在市场上有了更多功能，首先价格好谈判，也有清晰的定价依据。股权要做质押融资，现在也可以了，但是银行方面也有担忧，随着做市商制度出来，双方达成共识，有了流动性之后，这个情况肯定会得到进一步的改善。

啃哥有话说

Ken Zhang

演讲者一语中的，做市商报价即时双向报价，也是竞争性报价，通过这样的报价模式，可以让价格接近真实价值。同时还有好处：价格好谈判了，有了定价依据；股权质押融资更容易。当然，银行接受股权质押融资时对于新三板股票的流动性有时候存在一定疑问，但这都是暂时的。

新三板申请做市方式交易的程序

最后，简单介绍一下程序问题。无论是申请挂牌公司和已经挂牌的公司，如果想要采用做市商的方式，最核心的一点就是找到愿意给你做市的做市商。而且需要找到两家或者两家以上的做市商。接下来，就是做市商的初始库存股获取方式以及价格谈判。据我们了解，双方博弈最集中的地方也在此。

啃哥有话说

Ken Zhang

演讲者在论述如何申请做市交易。首先是选择做市商，至少两家。再有就是做市商按照规定需要先买一部分时候的价格问题。演讲者也说到，“双方博弈最集中的地方也在此”。

在这里简单地为做市商说两句话，因为在我们这个市场上，做市商实际上充当了一个非常重要的联合挂牌公司、市场各中介机构资本服务的一方。做市商采用做市商制度，我们了解到很多挂牌公司是按照增发或者和普通投资者自营的方式来和做市商进行谈判，如果是这种方式，纯粹按照市场价格去谈判，我觉得完全没有问题。但是我们要考虑到做市商的客观情况，做市商要做市而不仅是自营，因为自营好，拿着股票可以不动，不用天天在市场上维持这个稳定性，我没有这些义务和风险。

啃哥有话说

Ken Zhang

演讲者在为做市商说话，提到我们不能仅仅考虑市场价格，做市商还要“天天在市场上维持这个稳定性”，因为要做这个工作，因此还应该获得一定的补偿才好。

如果做市商给你这样做市，至少就面临三大方面的成本：第一个是资金的机会成本和库存成本，因为做市商要拿库存股票，就要给你拿出钱来，这就是资金的机会成本。大家知道中国资本市场资金相对比较紧张，所以这是资金成本。第二个是库存股票的价格变动成本，就是做市商的美好愿望是这只股票今天价格稳定在一个固定的价格，波动越小越好，这样库存股票价格变动的成本就小，这是规避风险获取收益的最好的方式。理想美好但现实残酷，很多股票随着市场的变化其价格是不断波动的，做市商要承担库存股票价格变动的风险。做市商要向市场主动报出价格，就面临非常大的信息不对称的风险。在资本市场上一笔交易能够产生，很多时候是因为信息流动驱动的价格改善和各方信息不对称产生的交易，最后促使这个价格走向公平价格。这种情况下做市商要面临很多信息不对称的成本，有的投资者可能通过某种方式了解这个公司的合同、环保和技术各个方面的信息，他和做市商做对手交易，做市商会面临巨大的风险。刚才我说的前面的成本比这个成本还小，最大的成本是信息不对称的成本，这是做市商的一个风险。最后一个成本是人力技术成本，做市商必须要有人力支撑。国外市场发展初期主要以人力报价为主，后期自动化程度比较高，大概会采用自动化计算机算法的交易。人力成本降低了，技术投入的成本就上去了。在这里说一点，做市商做市和他自己选择股票，他们的角度和承受的风险完全不一样。

Ken Zhang 啃哥有话说

券商做市的三大成本：一是资金的机会成本；二是信息不对称风险，因为需要按照确定的价格买入库存股，再按照不确定价格卖给市场，这个中间存在巨大的风险；三是人力技术成本投入。通过上面三点，从而说明“做市商做市和他自己作为投资者选择股票，他们的角度和承受的风险完全不一样”。实际是在回答上一段话，即券商购买库存股的价格，要考虑到这3方面成本，因此必然高出现有价值。

最后简单说一个程序，这个礼拜我们对转让方式的确定和变更的程序进行了明确。申请挂牌公司和已挂牌公司如果确定采用做市转让方式，必须召开股东大会来确认转让方式，这是一个基本原则。如果申请挂牌的时候采用做市转让方式，这时候你已经找好做市商，已经明确了采用做市转让的方式，这是一个时间点。在这个时间点，挂牌的同时确认股票可以采用这种转让方式。

Ken Zhang 啃哥有话说

申请做市商交易，必须通过公司股东会，这是毋庸置疑的。再就是申请挂牌时就采用做市商模式，需要在申请挂牌时就找好了2家做市券商，这种情况其实很少。目前，新三板市场大部分都是协议成交模式，即挂牌后再转为做市商成交的模式，程序见下。

对外已经挂牌的公司，我们的安排首先是召开股东大会，之后要把你的申请材料和做市商愿意为你做市的材料交给全国股份转让系统公司，明确你可以采取做市转让方式，最后你可以按照做市转让方式交易。大家可以到我们官方的网站去看一下相关的信息。如果还有疑问，也可以打我们网站相关的咨询电话和交易监察部的电话。（啃两句：流程比较简单。）

好，我的内容就这些，谢谢大家！

Ken Zhang 啃哥有话说

这篇文章很长，但是又非常全面。文章先从提问开始，分析了“新三板”与“全国中小企业股份转让系统”的关系（啃哥对这个关系的表述提出异议），再分析了“新三板与沪深交易所、地方股权交易所的区别”，可以看出演讲者的研究不在这个方面，只是为了凑数。

但是，紧接着，演讲越发精彩。主要分为三大部分，第一部分：简单介绍了国际市场实行做市商制度的实践。把美国纳斯达克分析得很透彻，并举了英国、中国台湾此类市场的情况，又再分析了美国纳斯达克市场的交易模式。第二部分，重点介绍全国中小企业股份转让系统。主要是新三板做市商的原则和义务，以及新三板做市商制度对挂牌公司的影响（建议背下来，经常被问到）。第三部分，将来想要挂牌或者已经挂牌的公司如果选择做市商制度应该如何做。介绍了基本流程和需要注意的事项。整体分析谨慎严密，逻辑清晰。啃哥通过这篇文章获益颇多，因此用了4个小时，重笔墨进行了分析。

这篇文章虽然很长，但是非常全面，基本涵盖了关于新三板做市商制度的所有内容，并且还有国外经验，内容非常丰富。同时还是新三板公司的负责人的亲口表述，更是难得，实在难得。

因此，啃哥更希望将这个点评，作为一个截至目前最系统、最全面的关于做市商制度状况的分析，让自己更加深入了解这个做市商制度，也让有心的读者更加全面地了解做市商制度。

2014年10月26日

于包头香格里拉大酒店

以李白的一首诗《行路难》，结束此文，送给大家：

行路难

〔唐〕李白

金樽清酒斗十千，
玉盘珍羞直万钱。

停杯投箸不能食，
拔剑四顾心茫然。

欲渡黄河冰塞川，
将登太行雪满山。

闲来垂钓碧溪上，
忽复乘舟梦日边。

行路难！行路难！
多歧路，今安在？

长风破浪会有时，
直挂云帆济沧海。

PORE OVER
THE NEW
OTC MARKET

18

国务院再次发文力挺科技企业上新三板

国务院又一次表态了，这已经是2014年的第三次表态了。第一次是本书第2篇提到的《关于进一步促进资本市场健康发展的若干意见》（国发〔2014〕17号），是2014年5月8日发的；第二次是第4篇提到的《关于多措并举着力缓解企业融资成本高问题的指导意见》（国办发〔2014〕39号），是8月14日发的。

那么，这第三次的提及又是从哪个角度，提到了哪些内容呢？

Ken Zhang 啃哥有话说

国务院在这个时候发布《关于加快科技服务业发展的若干意见》，显然是由于我国科技发展太过缓慢，因此专门发文再次强调。当然，这也和每年科技扶持基金都是几千亿元砸进去，而砸不出火花有关。

再进一步分析，“鼓励科技服务企业上市融资和再融资以及到全国中小企业股份转让系统挂牌”，而“上市融资和再融资”又谈何容易？中小板、创业板排队企业超过600家，并且审核标准那么严格，猴年马月能上去呀？啃哥看着都闹心。因此，国务院的这句话，如果要落实，只能是“到全国中小企业股份转让系统挂牌”。

因此，啃哥认为，把这句话拆开来看，内容和要表达的信息就非常全面了。其实，国务院是想“鼓励科技服务企业到全国中小企业股份转让系统挂牌”，而那句“鼓励科技服务企业上市融资和再融资”是为照顾创业板、中小板而言的！

那么，该如何鼓励？这又是个问题。无非就是加大地方补贴和政策扶持。估计未来国务院考察地方政府的政绩时，会加上一条：多少个科技型企业上了新三板？

这是一次历史性机遇，要牢牢把握住。

10月28日，国务院发布《关于加快科技服务业发展的若干意见》（以下简称《意见》），将大力扶持科技服务业，进行科技和金融结合试点，重点发展研究开发、技术转移、检验检测认证、创业孵化、知识产权、科技咨询、科技金融、科学技术普及等专业科技服务和综合科技服务，提升科技服务业对科技创新和产业发展的支撑能力。鼓励科技服务企业上市融资和再融资以及到全国中小企业股份转让系统挂牌。

《意见》指出，要以科技创新需求为导向，大力发展知识产权代理、法律、信息、咨询、培训等服务，提升知识产权分析评议、运营实施、评估交易、保护维权、投融资等服务水平，构建全链条的知识产权服务体系。支持成立知识产权服务联盟，开发高端检索分析工具。推动知识产权基础信息资源免费或低成本向社会开放，基本检索工具免费供社会公众使用。支持相关科技服务机构面向重点产业领域，建立知识产权信息服务平台，提升产业创新服务能力。

以下是《国务院关于加快科技服务业发展的若干意见》（国发〔2014〕49号）主要内容。

总体要求

指导思想

以邓小平理论、“三个代表”重要思想、科学发展观为指导，深入贯彻落实党的十八大、十八届二中、三中全会精神和国务院决策部署，充分发挥市场在资源配置中的决定性作用，以支撑创新驱动发展战略实施为目标，以满足科技创新需求和提升产业创新能力为导向，深化科技体制改革，加快政府职能转变，完善政策环境，培育和壮大科技服务市场主体，创新科技服务模式，延展科技创新服务链，促进科技服务业专业化、网络化、规模化、国际化发展，为建设创新型国家、打造中国经济升级版提供重要保障。

基本原则

坚持深化改革。推进科技体制改革，加快政府职能转变和简政放权，有序放开科技服务市场准入，建立符合国情、持续发展的体制机制，营造平等参与、公平竞争的发展环境，激发各类科技服务主体活力。

坚持创新驱动。充分应用现代信息和网络技术，依托各类科技创新载体，整合开放公共科技服务资源，推动技术集成创新和商业模式创新，积极发展新型科技服务业态。

坚持市场导向。充分发挥市场在资源配置中的决定性作用，区分公共服务和市场化服务，综合运用财税、金融、产业等政策支持科技服务机构市场化发展，加强专业化分工，拓展市场空间，实现科技服务业集聚发展。

坚持开放合作。鼓励科技服务机构加强区域协作，推动科技服务业协同发展，加强国际交流与合作，培育具有全球影响力的服务品牌。

（嚼两句：以上皆为原则性的话，不做深入评点。）

发展目标

到2020年，基本形成覆盖科技创新全链条的科技服务体系，服务科技创新能力大幅增强，科技服务市场化水平和国际竞争力明显提升，培育一批拥有知名品牌的科技服务机构和龙头企业，涌现一批新型科技服务业态，形成一批科技服务产业集群，科技服务业产业规模达到8万亿元，成为促进科技经济结合的关键环节和经济提质增效升级的重要引擎。

（啃两句：这个8万亿元是咋来的？难不成只是一个口号？这个目标有点虚。）

重点任务

重点发展研究开发、技术转移、检验检测认证、创业孵化、知识产权、科技咨询、科技金融、科学技术普及等专业科技服务和综合科技服务，提升科技服务业对科技创新和产业发展的支撑能力。

研究开发及其服务

加大对基础研究的投入力度，支持开展多种形式的应用研究和试验发展活动。支持高校、科研院所整合科研资源，面向市场提供专业化的研发服务。鼓励研发类企业专业化发展，积极培育市场化新型研发组织、研发中介和研发服务外包新业态。支持产业联盟开展协同创新，推动产业技术研发机构面向产业集群开展共性技术研发。支持发展产品研发设计服务，促进研发设计服务企业积极应用新技术提高设计服务能力。加强科技资源开放服务，建立健全高校、科研院所的科研设施和仪器设备开放运行机制，引导国家重点实验室、国家工程实验室、国家工程（技术）研究中心、大型科学仪器中心、分析测试中心等向社会开放服务。

技术转移服务

发展多层次的技术（产权）交易市场体系，支持技术交易机构探索基于互联网的在线技术交易模式，推动技术交易市场做大做强。鼓励技术转移机构创新服务模式，为企业提供跨领域、跨区域、全过程的技术转移集成服务，促进科技成果加速转移转化。依法保障为科技成果转移转化做出重要贡献的人员、技术转移机构等相关方的收入或股权比例。充分发挥技术进出口交易会、高新技术成果交易会等展会在推动技术转移中的作用。推动高校、科研院所、产业联盟、工程中心等面向市场开展中试和技术熟化等集成服务。建立企业、科研院所、高校良性互动机制，促进技术转移转化。

检验检测认证服务

加快发展第三方检验检测认证服务，鼓励不同所有制检验检测认证机构平等参与市场竞争。加强计量、检测技术、检测装备研发等基础能力建设，发展面向设计开发、生产制造、售后服务全过程的观测、分析、测试、检验、标准、认证等服务。支持具备条件的检验检测认证机构与行政部门脱钩、转企改制，加快推进跨部门、跨行业、跨层级整合与并购重组，培育一批技术能力强、服务水平高、规模效益好的检验检测认证集团。完善检验检测认证机构规划布局，加强国家质检中心和检测实验室建设。构建产业计量测试服务体系，加强国家产业计量测试中心建设，建立计量科技创新联盟。构建统一的检验检测认证监管制度，完善检验检测认证机构资质认定办法，开展检验检测认证结果和技术能力国际互认。加强技术标准研制与应用，支持标准研发、信息咨询等服务发展，构建技术标准全程服务体系。

创业孵化服务

构建以专业孵化器和创新型孵化器为重点、综合孵化器为支撑的创业孵化生态体系。加强创业教育，营造创业文化，办好创新创业大赛，充分发挥大学科技园在大学生创业就业和高校科技成果转化中的载体作用。引导企业、社会资本参与投资建设孵化器，促进天使投资与创业孵化紧密结合，推广“孵化＋创投”等孵化模式，积极探索基于互联网的新型孵化方式，提升孵化器专业服务能力。整合创新创业服务资源，支持建设“创业苗圃＋孵化器＋加速器”的创业孵化服务链条，为培育新兴产业提供源头支撑。

知识产权服务

以科技创新需求为导向，大力发展知识产权代理、法律、信息、咨询、培训等服务，提升知识产权分析评议、运营实施、评估交易、保护维权、投融资等服务水平，构建全链条的知识产权服务体系。支持成立知识产权服务联盟，开发高端检索分析工具。推动知识产权基础信息资源免费或低成本向社会开放，基本检索工具免费供社会公众使用。支持相关科技服务机构面向重点产业领域，建立知识产权信息服务平台，提升产业创新服务能力。

科技咨询服务

鼓励发展科技战略研究、科技评估、科技招投标、管理咨询等科技咨询服务业，积极培育管理服务外包、项目管理外包等新业态。支持科技咨询机构、知识服务机构、生产力促进中心等积极应用大数据、云计算、移动互联网等现代信息技术，创新服务模式，开展网络化、集成化的科技咨询和知识服务。加强科技信息资源的市场化开发利用，支持发展竞争情报分析、科技查新和文献检索等科技信息服务。发展工程技术咨询服务，为企业提供集成化的工程技术解决方案。

（啃两句：关于上述六项重点任务，以前也都是这样要求的。）

科技金融服务

深化促进科技和金融结合试点，探索发展新型科技金融服务组织和服务模式，建立适应创新链需求的科技金融服务体系。鼓励金融机构在科技金融服务的组织体系、金融产品和服务机制方面进行创新，建立融资风险与收益相匹配的激励机制，开展科技保险、科技担保、知识产权质押等科技金融服务。支持天使投资、创业投资等股权投资对科技企业进行投资和增值服务，探索投贷结合的融资模式。利用互联网金融平台服务科技创新，完善投融资担保机制，破解科技型中小微企业融资难问题。

（啃两句：此处提到了金融服务，但基本还停留在喊口号阶段。试问，对于银行等金融机构没有好处的事情，又有谁会去做呢?）

科学技术普及服务

加强科普能力建设，支持有条件的科技馆、博物馆、图书馆等公共场所免费开放，开展公益性科普服务。引导科普服务机构采取市场运作方式，加强产品研发，拓展传播渠道，开展增值服务，带动模型、教具、展品等相关衍生产业发展。推动科研机构、高校向社会开放科研设施，鼓励企业、社会组织和个人捐助或投资建设科普设施。整合科普资源，建立区域合作机制，逐步形成全国范围内科普资源互通共享的格局。支持各类出版机构、新闻媒体开展科普服务，积极开展青少年科普阅读活动，加大科技传播力度，提供科普服务新平台。

综合科技服务

鼓励科技服务机构的跨领域融合、跨区域合作，以市场化方式整合现有科技服务资源，创新服务模式和商业模式，发展全链条的科技服务，形成集成化总包、专业化分包的综合科技服务模式。鼓励科技服务机构面向产业集群和区域发展需求，开展专业化的综合科技服务，培育发展壮大若干科技集成服务商。支持科技服务机构面向军民科技融合开展综合服务，推进军民融合深度发展。

（啃两句：关于上述两点，以前也是这样做的。）

政策措施

健全市场机制

进一步完善科技服务业市场法规和监管体制，有序放开科技服务市场准入，规范市场秩序，加强科技服务企业信用体系建设，构建统一开放、竞争有序的市场体系，为各类科技服务主体营造公平竞争的环境。推动国有科技服务企业建立现代企业制度，引导社会资本参与国有科技服务企业改制，促进股权多元化改造。鼓励科技人员创办科技服务企业，积极支持合伙制科技服务企业发展。加快推进具备条件的科技服务事业单位转制，开展市场化经营。加快转变政府职能，充分发挥产业技术联盟、行业协会等社会组织在推动科技服务业发展中的作用。

强化基础支撑

加快建立国家科技报告制度，建设统一的国家科技管理信息系统，逐步加大信息开放和共享力度。积极推进科技服务公共技术平台建设，提升科技服务技术支撑能力。建立健全科技服务的标准体系，加强分类指导，促进科技服务业规范化发展。完善科技服务业统计调查制度，充分利用并整合各有关部门科技服务业统计数据，定期发布科技服务业发展情况。研究实行有利于科技服务业发展的土地政策，完善价格政策，逐步实现科技服务企业用水、用电、用气与工业企业同价。

（啃两句：以上两条只是口号。）

加大财税支持

建立健全事业单位大型科研仪器设备对外开放共享机制，加强对国家超级计算中心等公共科研基础设施的支持。完善高新技术企业认定管理办法，充分考虑科技服务业特点，将科技服务内容及其支撑技术纳入国家重点支持的高新技术领域，对认定为高新技术企业的科技服务企业，减按15%的税率征收企业所得税。符合条件的科技服务企业发生的职工教育经费支出，不超过工资薪金总额8%的部分，准予在计算应纳税所得额时据实扣除。结合完善企业研发费用计核方法，统筹研究科技服务费用税前加计扣除范围。加快推进营业税改征增值税试点，扩大科技服务企业增值税进项税额抵扣范围，消除重复征税。落实国家大学科技园、科技企业孵化器相关税收优惠政策，对其自用以及提供给孵化企业使用的房产、土地，免征房产税和城镇土地使用税；对其向孵化企业出租场地、房屋以及提供孵化服务的收入，免征营业税。

（啃两句：以前也是如此。）

拓宽资金渠道

建立多元化的资金投入体系，拓展科技服务企业融资渠道，引导银行信贷、创业投资、资本市场等加大对科技服务企业的支持，支持科技服务企业上市融资和再融资以及到全国中小企业股份转让系统挂牌，鼓励外资投入科技服务业。积极发挥财政资金的杠杆作用，利用中小企业发展专项资金、国家科技成果转化引导基金等渠道加大对科技服务企业的支持力度；鼓励地方通过科技服务业发展专项资金等方式，支持科技服务机构提升专业服务能力、搭建公共服务平台、创新服务模式等。创新财政支持方式，积极探索以政府购买服务、“后补助”等方式支持公共科技服务发展。

（啃两句：此段非常有深意，在开头已点评。）

加强人才培养

面向科技服务业发展需求，完善学历教育和职业培训体系，支持高校调整相关专业设置，加强对科技服务业从业人员的培养培训。积极利用各类人才计划，引进和培养一批懂技术、懂市场、懂管理的复合型科技服务高端人才。依托科协组织、行业协会，开展科技服务人才专业技术培训，提高从业人员的专业素质和能力水平。完善科技服务业人才评价体系，健全职业资格制度，调动高校、科研院所、企业等各类人才在科技服务领域创业创新的积极性。

深化开放合作

支持科技服务企业“走出去”，通过海外并购、联合经营、设立分支机构等方式开拓国际市场，扶持科技服务企业到境外上市。推动科技服务企业牵头组建以技术、专利、标准为纽带的科技服务联盟，开展协同创新。支持科技服务机构开展技术、人才等方面的国际交流合作。鼓励国外知名科技服务机构在我国设立分支机构或开展科技服务合作。

推动示范应用

开展科技服务业区域和行业试点示范，打造一批特色鲜明、功能完善、布局合理的科技服务业集聚区，形成一批具有国际竞争力的科技服务业集群。深入推动重点行业的科技服务应用，围绕战略性新兴产业和现代制造业的创新需求，建设公共科技服务平台。鼓励开展面向农业技术推广、农业产业化、人口健康、生态环境、社会治理、公共安全、防灾减灾等惠民科技服务。

各地区、各部门要充分认识加快科技服务业发展的重大意义，加强组织领导，健全工作机制，强化部门协同和上下联动，协调推动科技服务业改革发展。各地区要根据本意见，结合地方实际研究制定具体实施方案，细化政策措施，确保各项任务落到实处。各有关部门要抓紧研究制定配套政策和落实分工任务的具体措施，为科技服务业发展营造良好环境。科技部要会同相关部门对本意见的落实情况进行跟踪分析和督促指导，重大事项及时向国务院报告。

（啃两句：关于上述几点，以前也是如此。）

Ken Zhang 啃哥有话说

这篇文章啃哥分析得比较简单，只是强调一点：国发〔2014〕49号文件除了重提科技企业的重要性外，没有什么创新。唯一的亮点就是鼓励科技企业去新三板上市，而且态度是很明确的。为什么呢？因为整个新三板都是国务院发文推广的，国务院当然会持续跟进，不断促进其健康发展。

2014年10月31日
于宁波余姚大酒店

以李白的一首词《渡荆门送别》，结束此文，送给大家：

渡荆门送别

〔唐〕李白

渡远荆门外，来从楚国游。
山随平野尽，江入大荒流。
月下飞天镜，云生结海楼。
仍怜故乡水，万里送行舟。

POREOVER
THE NEW
OTC MARKET

19

新三板挂牌审查业务全公开之再度热议

新三板公司在其 11 月 6 日微信公众号的“新闻发布厅”中，低调发布《全国股转系统挂牌审查业务实现全公开》，引起市场热议。

这个内容，是对本书第 6 篇所谈“接收即披露”的进一步延伸，是更进一步走近了“注册制”，或者说基本实现了“注册制”。基本上能公开的信息已毫无保留地全部公开了，尺度不可谓不大。

那么，具体又公开了什么呢？啃哥为大家逐句分析。

Ken Zhang 啃哥有话说

在2014年11月6日，全国中小企业股份转让系统的公共微信号“全国股转系统发布”发了一篇文章，即《全国股转系统挂牌审查业务实现全公开》，一时间“新三板挂牌审查全程透明化”、“新三板挂牌审查时限全程透明”等新闻被传得沸沸扬扬。啃哥就此事情进行分析前，先分析三个相关问题：

(1) 新三板公司不在自己的主页上发布这么重要的通知，而只是在微信公共账号中发布，肯定是有原因的。很明显，是希望既发布这个通知，同时又尽量低调，让该知道的人知道就行。原因很简单，连A股市场都还没有做到审查全公开，而新三板敢为天下先，给A股、主板、中小板、创业板的管理层造成多大的压力啊！显然没有给A股管理者任何面子，当然要低调。

(2) 为什么新三板公司有这么大的胆子，敢干这件吃力暂时不讨好的事情呢？根据逻辑推断，一定是新三板公司有很强的支持者，这个支持者一定不是证监会。因为证监会自己就是A股的审核机构，自己总不能说自己不行。一定是有比证监会更强有力的后盾，让新三板公司可以不惧任何现有的资本市场现状，而开一代先河。而证监会之上的机构，没错，就是国务院。既然国务院多次发文，既然总理非常关注，对于新三板管理者来说，也就相当于获得了“尚方宝剑”。

(3) 这件事情有预兆吗？是突然发生的吗？当然有征兆的，请参见第6篇。

随着挂牌审查工作的推进，通过挂牌审查电子化系统报送企业的反馈意见及其反馈回复也将挂网公开。届时，全国股份转让系统将实现挂牌审查工作的全公开。

目前，到了11月6日，是上面政策的最后一句的落实。啃哥想，新三板管理者还是非常务实的，说到必然做到。既然当初在8月20日说了“随着挂牌审查工作的推进，通过挂牌审查电子化系统报送企业的反馈意见及其反馈回复也将挂网公开。届时，全国股份转让系统将实现挂牌审查工作的全公开”。终于在11月6日进行了兑现。不容易啊！在国内这样一个利益链条错综复杂的环境下，能够说到并且最终做到是需要很大魄力的。啃哥一直在喊，民营企业尽快申报新三板，过了这个村就真的没这个店了。而随着透明度的增加，其申报难度也会增加。

下面开始分析正文。啃哥始终认为，政策的推出，不是供大家看热闹的，而是需要认真思考的。现在，我们就来好好啃一啃新三板公司只在公共微信号低调推出的政策消息。

按照全国股份转让系统挂牌审查信息公开工作的计划和安排，全国股份转让系统于2014年11月6日实现了电子化报送项目的反馈意见及反馈意见回复公开（详见：www.neeq.com.cn，“首页—信息披露—审查信息公开”）。至此，全国股份转让系统挂牌审查从流程、标准到进度、过程均已实现公开透明。

Ken Zhang 啃哥有话说

确实如此，这是新三板公司在8月20日《全国股份转让系统（新三板）挂牌申请，材料接收即披露》一文中承诺的部分内容。新三板公司信守承诺，说到做到，确实难得。值得赞扬！

审查流程公开

股份公司申请在全国股份转让系统挂牌，要经过申请材料受理、审查反馈、落实反馈意见和审查会议（质控会）讨论和出具同意/不同意挂牌的函等几个阶段。对此，《股份公司申请在全国中小企业股份转让系统公开转让、定向发行股票的审查工作流程》已做出详细说明。

Ken Zhang 啃哥有话说

这里明确了审核流程公开包括的5个步骤：

- 申报材料受理；
- 审查反馈；
- 落实反馈意见；
- 审查会议（质控部）讨论；
- 出具同意/不同意挂牌的函。

对于企业而言，任何一个步

骤都是一个关卡，要通过审查就要闯过这五大关。

审查标准公开

全国股份转让系统挂牌审查工作主要围绕挂牌条件和企业信息披露的合规性、有效性展开。一方面是审查企业是否符合挂牌条件，信息披露的真实性、准确性、完整性和及时性；另一方面是审查中介机构是否归位尽责，以及执业质量。

Ken Zhang 啃哥有话说

流程公开了，标准就需要公开，避免人为判断过多。这里表述很清楚，只对信息披露的“合规性”、“有效性”展开审查；并不对企业的盈利能力、未来增长能力等很难量化的信息进行审查。大家想一想，这不就是注册制追求的吗？所以啃哥已经多次表示，注册制的第一步实现，其实就是新三板。如果再等着修改证券法，等着证监会改动那些制度，在A股推出注册制，那“黄花菜都凉了”。未来的趋势，将是新三板的这种特殊的注册制执行一段时间，并不断修正，然后A股推出注册制，A股再反过头来学习新三板的注册制经验。啃哥早就大胆预言，新三板在2年之内超过A股（即主板、中小板、创业板）的可能性是十分大的，因为制度决定一切。新三板的制度，一定能够造就未来超过主板的新的板块。这是可以预见的，我们拭目以待。

审查进度公开

在审企业基本情况含审查进度每周更新，并在全国股份转让系统网站公示。

Ken Zhang 啃哥有话说

这让企业可以随时了解自己的审查进度，做到心中有数。就如同我们在京东、淘宝买了东西，可以通过网页随时查看送货进度一样。这点其实在主板和新三板都已经做到了，审查状态包括“待出具反馈意见”、“落实反馈意见中”、“反馈意见回复审查”三种。

审查过程公开

首先，企业申请材料接受后就会在全国股份转让系统网站信息披露栏目披露；其次，企业反馈意见和反馈意见回复实现了公开；再次，通过全国股份转让系统业务支持平台报送的项目，在审查任务分工确认后，主办券商可从业务支持平台查询审查员姓名和电话；最后，审查过程中，申请挂牌公司和中介机构可就专业问题随时通过邮件、电话或预约会谈的方式与审查人员进行沟通，实现了审查过程的顺畅沟通。

Ken Zhang 啃哥有话说

这一点非常重要，目前A股还没有做到，只有新三板做到了，当然其阻力和难度也是最大的。不然也不会在8月20日就提出，到了11月6日才最终落实。正如前文所说，它是彻底触动了A股的神经，因为目前主板、创业板、中小板申报，都还无法做到。

■ 企业申请材料接受后就会在全国股份转让系统网站信息披露栏目披露，即前文所述的“受理即披露”。只要新三板公司“受理”了，就将企业资料披露在网站上。这点与主板的要求不同。

对于A股（主板、中小板、创业板），根据《中国证监会关于进一步推进新股发行体制改革的意见》（证监会公告〔2013〕42号）规定：“进一步提前招股说明书预先披露时点，加强社会监督。发行人招股说明书申报稿正式受理后，即在中国证监会网站披露。”可见，A股市场是“发行人招股说明书申报稿正式受理后”即披露。但是

"正式受理"这一说法有些含糊，给了人为操作的空间。

■"通过全国股份转让系统业务支持平台报送的项目，在审查任务分工确认后，主办券商可从业务支持平台查询审查员姓名和电话。"

新三板公司在9月2日已经说过，未来要做到"主办券商可从业务支持平台查询审查员姓名和电话"，到11月6日执行落实，新三板公司的效率还是非常高的。

正如啃哥之前分析的，"阳光才是最好的杀虫剂"，当券商、企业明确了审核人员及联系方式时，腐败反而会减少。

■"审查过程中，申请挂牌公司和中介机构可就专业问题随时通过邮件、电话或预约会谈的方式与审查人员进行沟通，实现了审查过程的顺畅沟通。"

因为可以直接和审查员沟通了，是否意味着可以送礼收礼呢？当然不是，之前第7章中的"温馨提示"要求："需要当面沟通的，请与审查员联系约定时间，在正式办公场所进行沟通，并由审查人员做好记录存档。"让权力在阳光下运行，反而杜绝了腐败。这一招实在是高明。

今后，全国股份转让系统还将逐步增加与各市场参与主体的互动交流，适时推进挂牌审查工作的"开门点评"，听取市场各方的意见和建议，共同提高企业信息披露质量和市场运行的效率。

Ken Zhang 啃哥有话说

这是一个开放的心态，其实在8月20日新三板公司的"接收即披露"的通知中，就已明确了"开门办市场"的思路，啃哥曾大力赞扬了这种精神和方式。只要有这种精神在，相信新三板一定会成为中国的纳斯达克的！

这也就是啃哥一直在为新三板摇旗呐喊，一直鼓励企业要不顾一切地大干、快上新三板的原因。因为，当所有人开始意识到重要性和紧迫性的时候，就是开始严格审查、排大队的时候。而现在，才是绝好的时机！

2014年11月9日

于北京

以汪国真的一首《嫁给幸福》，结束此文，送给各位：

嫁给幸福

汪国真

有一个未来的目标
总能让我们欢欣鼓舞

就像飞向火光的灰蛾
甘愿做烈焰的俘虏

摆动着的是你不停的脚步
飞旋着的是你美丽的流苏

在一往情深的日子里
谁能说得清

什么是甜 什么是苦
只知道 确定了就义无反顾

要输就输给追求
要嫁就嫁给幸福

PORE OVER
THE NEW
OTC MARKET

20

政府买单，零成本上市，何乐不为？

——全国 27 个省份 185 个地区新三板财政补贴汇编

零成本上市，政府买单。企业不花一分钱就可以上新三板，这不是天方夜谭，这是事实，这样的好事确实存在。那么，还有什么好担心的呢？先挂牌再说吧。

当然，这里的“零成本”只是上市费用的零成本，如果企业之前存在逃税、不规范运营，那么，这些成本，或者说应该的支出对于“非上市公众公司”是绝对不能少的。

此篇中的补贴政策只更新到文章完成时点，各地补贴处于不断变化之中，敬请各位留意。

芮师兄给啃哥发过来了“史上最全”的“全国27个省份185个地区新三板财政补贴精编”，啃哥认为很有用，因此全文引用见表20.1。

新三板财政补贴政策大全

表20.1的作用主要有如下几点：

（1）便于查阅。都说新三板有政府补贴，那么到底补贴多少，这个表绝对是一个很好的查阅手册。

（2）业务导向性。券商、会计师、律师都在问啃哥，新三板发展得这么迅猛，这么有前途，该去哪里找新三板业务呢？当然是哪里的补贴高就去哪里找啊，这还用问吗！补贴越多意味着企业出的钱越少，企业挂新三板也就越积极。

（3）记忆关键数字，提高执业水准。这是针对业内人士而言的。

（4）通过各个地区的补贴不同，分析各地对待新鲜事物、对待资本市场的态度，也就可以预计未来经济的持续增长点，预计未来高科技企业、新一代高增长企业的诞生地。毕竟，事业只有和资本对接完好，相互促进，才能迸发出最强的效力。

表20.1

全国27个省份185个地区新三板财政补贴精编

省份	地区	补贴金额	政策依据
上海	张江高科技园区	（一）改制补助最高不超过60万元。 （二）挂牌补助最高不超过100万元。	《上海市张江高科技园区科技孵化及加速发展扶持办法》
	浦东新区	（一）在新三板挂牌的，给予50万元补贴。 （二）挂牌后IPO上市，在上海证监局备案后，给予30万元补贴。 （三）收到证监会受理函后给予70万元补贴。 （四）申请提交证监会审核后，给予50万元补贴。 （五）新迁入浦东并在两年内上市，奖励50万元。	《浦东新区促进金融业发展财政扶持办法实施细则》
	闵行区	成功挂牌的，奖励最高不超过50万元。	《闵行区人民政府关于批转闵行区加快现代服务业发展扶持政策实施细则的通知》

续表

省份	地区	补贴金额	政策依据
上海	嘉定区	（一）补贴挂牌公司总额不超过200万元。 （二）对于新落户于嘉定区的企业，额外补贴50万元。	《上海市嘉定区人民政府关于鼓励企业进入代办股份转让系统和开展股权托管交易的实施意见》
	徐汇区	（一）对进入新三板挂牌的企业，由市区两级按照1∶1的比例给予补贴。 （二）对在股交中心挂牌的企业可由市区两级给予最高100万元补贴。如成功转板上市，可按累计不超过200万元给予差额补贴。	《上海市徐汇区人民政府印发关于推进企业上市的扶持办法（试行）的通知》
	虹口区	（一）改制过程中的手续费，按实际发生额的50%给予扶持，最高金额不超过30万元。 （二）改制过程中缴纳的所得税，按50%给予扶持，最高不超过70万元。挂牌、交易费用，按实际发生额的50%给予扶持，最高不超过50万元。	《虹口区发展和改革委员会关于印发虹口区推进企业改制上市扶持细则（2013年修订版）的通知》
	青浦区	（一）因挂牌产生的中介费用，按50%给予扶持，累计不超过200万元。 （二）区外迁至青浦成功挂牌的，再奖励50万元。 （三）之前已成功挂牌的或在区外挂牌后迁至青浦并纳税的企业参照执行。	《关于鼓励企业进入代办股份转让系统和开展股权托管交易的专项扶持办法》
	奉贤区	（一）挂牌过程中的中介费用，按实际发生额给予扶持，最高不超过100万元。 （二）对将注册地迁至奉贤区张江分园或区内其他区域的外区企业两年内成功挂牌的，再给予20万元奖励。	《上海市奉贤区人民政府关于印发〈奉贤区金融服务业财政扶持办法（试行）〉的通知》
	宝山区	挂牌产生的中介费用按发生额的50%给予扶持，最高150万元。	《宝山区金融服务“调结构、促转型”专项资金使用管理办法》
	崇明县	（一）对成功挂牌的企业，按照实际中介服务费用发生额的50%给予扶持，最高200万元。 （二）县外企业迁至崇明并成功在上海股交中心挂牌的，再给予50万元奖励。	《崇明县关于鼓励企业开展股权托管交易暂行办法》
	普陀区	（一）成功挂牌的，改制补贴最高50万元，挂牌补贴最高70万元。 （二）挂牌期间缴纳的监管费、信息披露费，连续三年每年给予10万元补贴。	《普陀区金融产业专项扶持办法》
	金山区	（一）完成改制给予最高50万元的补贴。 （二）成功挂牌再给予100万元的补贴。 （三）转板上市的，不超过200万元给予差额补贴。 （四）区外企业迁至区内并挂牌，再奖励50万元。	《金山区人民政府关于印发〈金山区推进企业改制上市工作的实施意见〉的通知》

续表

<table>
<tr><th>省份</th><th>地区</th><th>补贴金额</th><th>政策依据</th></tr>
<tr><td rowspan="4">北京</td><td>北京中关村科技园区</td><td>（一）改制资助 30 万元。
（二）挂牌资助 30 万元。
（三）主办券商资助 20 万元。</td><td>《中关村国家自主创新示范区企业改制上市和并购支持资金管理办法》</td></tr>
<tr><td>东城区</td><td>（一）完成股改后奖励 100 万元。
（二）挂牌成功后奖励 50 万元。
（三）融资达到 3 000 万元及以上的奖励 100 万元。</td><td>《东城区支持企业上市挂牌融资若干意见的通知》</td></tr>
<tr><td>西城区</td><td>（一）与券商签订协议并备案登记后，补贴 20 万元。
（二）申请被正式受理，补贴 80 万元。
（三）成功挂牌的，补贴 50 万元。</td><td>《北京市西城区鼓励和促进企业上市办法》</td></tr>
<tr><td>丰台区</td><td>挂牌后奖励 50 万元，奖励主办券商 10 万元。</td><td>《丰台区支持“新三板”挂牌企业发展实施细则（试行）》</td></tr>
<tr><td rowspan="3">天津</td><td rowspan="2">天津市</td><td>（一）对符合条件的科技小巨人企业，可获得不少于 500 万元补贴。
（二）初始融资超过 500 万元，补贴 50 万元。</td><td>《关于进一步促进科技型中小企业发展的政策措施》</td></tr>
<tr><td>（一）完成股改的，给予不超过 20 万元补贴。
（二）区县财政按 1∶1 比例给予配套补贴。</td><td>《科技型中小企业股份制改造补贴资金管理办法》</td></tr>
<tr><td>南开区</td><td>在“新三板”挂牌交易的本区企业，一次性专项补助 100 万元。</td><td>《南开区促进企业发展扶持资金政策》</td></tr>
<tr><td rowspan="2">重庆</td><td>重庆市</td><td>（一）对挂牌的企业给予挂牌费用 50%且累计不超过 100 万元的补贴。
（二）对在境内外交易所成功上市的企业给予累计不超过 200 万元财政奖励（含挂牌费用补贴）。</td><td>《重庆市重点拟上市企业财政补贴和奖励暂行办法》</td></tr>
<tr><td>重庆市高新区</td><td>（一）对挂牌的企业给予挂牌费用 50%且累计不超过 100 万元、市区两级累计不超过 150 万元的奖励。
（二）成功转板上市的奖励最高 200 万元。</td><td>《关于进一步加快民营经济发展的实施意见》</td></tr>
<tr><td rowspan="3">江苏</td><td colspan="2">对省内企业在“新三板”成功挂牌的，省财政给予每家挂牌企业 30 万元奖励。</td><td>《江苏省财政厅关于促进金融业创新发展的若干意见》</td></tr>
<tr><td>南京市</td><td>（一）股改完成后，券商内核完毕，材料报到发改委后，补贴 80 万元。
（二）正式挂牌后，再补贴 20 万元。
（三）成功融资的，再补贴 20 万元。</td><td></td></tr>
<tr><td>南京市高新区</td><td>（一）完成内核、上报材料和挂牌交易，分别补贴 50 万元、50 万元和 80 万元。
（二）完成挂牌后，对企业股改时用未分配利润和公积金转增股本的，企业个人股东缴纳的个人所得税，园区给予地方留成部分的 50%奖励，60 万元封顶。
（三）实现融资的且在园区投资达到 80%或 1 亿元以上的，按照实际募集资金的 1%给予奖励，最高 50 万元。</td><td>《南京高新区企业“新三板”挂牌的工作指引》、《关于进一步鼓励和扶持企业进入代办股份报价转让系统挂牌的（暂行）规定》</td></tr>
</table>

续表

省份	地区	补贴金额	政策依据
江苏	南京市溧水区	(一) 完成改制、主管部门备案、正式挂牌新三板以及进入新三板挂牌交易不同阶段分别资助10万元、20万元、30万元、40万元，同时享受市级财政补贴。 (二) 实现融资且投资在区内比例达80%或1亿元以上，按其实际募集资金的1‰奖励，最高50万元。	《南京市溧水区人民政府关于鼓励和支持企业“新三板”挂牌的若干意见》
	苏州市	(一) 企业改制时，缴纳的企业所得税按地方留成部分的70%补助。 (二) 企业改制时，涉及土地、房产等资产所有权办理变更登记时，按规定缴纳的契税，给予地方留成部分的50%补助。 (三) 企业改制时，因未分配利润、盈余公积金转增股本缴纳所得税数额较大的，缓征个人所得税。以缴纳个人股东用未分配利润、盈余公积金转增股本个人所得税点算起，两年内缓征，从第三年开始分年度缴清（第三年30%，第四年30%，第五年40%）。在规定的缓征期限内，发生股权转让时一并按规定缴纳个人所得税。	《苏州市新三板挂牌企业三年培育计划》
	苏州工业园区	(一) 分企业改制结束、递交申请材料和挂牌交易三阶段，分别补贴50万元、50万元、100万元。 (二) 转板上市的，再补贴300万元。	《苏州工业园区管委会关于新三板政策的抄告单》
	苏州市姑苏区	(一) 企业改制时缴纳的企业所得税按区级留成部分的70%给予补助。 (二) 成功挂牌后，给予50万～200万元补贴。 (三) 区外企业迁至区内并成功挂牌，再给予其他奖励。	《苏州市姑苏区人民政府关于鼓励企业进入资本市场的扶持办法》
	苏州市相城区	(一) 企业改制时缴纳的企业所得税，给予区级地方留成部分的全额补助。 (二) 在企业改制时，涉及土地、房产等资产所有权办理变更登记时，按规定缴纳的契税，给予区级地方留成部分的全额补助。 (三) 在企业改制时，因未分配利润、盈余公积金转增股本缴纳所得税数额较大的，缓征个人所得税。以缴纳个人股东用未分配利润、盈余公积金转增股本个人所得税时点算起，两年内缓征，从第三年开始分年度缴清（第三年30%，第四年30%，第五年40%）。在规定的缓征期限内，发生股权转让时一并按规定缴纳个人所得税。	《关于推进新三板挂牌企业培育工作的实施意见》
	苏州市昆山市	(一) 完成股改后，可获奖励资金100万元。 (二) 提交备案材料，可获奖励资金50万元。 (三) 成功挂牌交易，可获奖励资金100万元。	《关于鼓励昆山高新区企业在“新三板”市场挂牌的若干政策（试行）》
	苏州市太仓市	(一) 完成股改后，给予50万元奖励。 (二) 挂牌申请文件被受理后，给予50万元奖励。 (三) 成功挂牌后，再给予100万元奖励。	《关于鼓励扶持企业在新三板、区域性股权交易市场挂牌的政策意见》

续表

省份	地区	补贴金额	政策依据
江苏	无锡新区	挂牌后首次融资500万元以上的奖励10万元。	《无锡市人民政府新区管理委员会关于推动企业上市挂牌的实施意见》
	无锡市滨湖区	（一）完成股改后奖励50万元。 （二）成功挂牌的奖励30万元。 （三）挂牌后首次融资的按照融资额度的2%予以奖励，最高不超过50万元。	《关于大力推进我区中小企业场外市场股权融资工作的意见》
	无锡市南长区	企业在股改结束、过券商内核并报送挂牌备案文件、正式挂牌后，按50万元、100万元、150万元的额度分步奖励。	《无锡市南长区关于鼓励和扶持企业上市的若干意见》
	无锡市惠山区	招商银行对已上市的“新三板”企业，给予每家企业最高达300万元的信用贷款。	
	常州市高新区	（一）完成改制奖励50万元。 （二）通过主管部门备案奖励50万元。 （三）正式挂牌奖励50万元。	《常州国家高新区新三板企业上市资助资金管理办法（试行）》
	常州市武进区	（一）挂牌涉及的行政规费按规定的下限收取。 （二）挂牌而涉及的税收地方留成部分，由区财政给予企业补贴。 （三）对企业审计或评估中出现的净资产增值部分，依法补缴的企业所得税地方留成部分，由区财政给予企业补贴。 （四）企业成功挂牌后，自挂牌当年起三年内，以挂牌前一年实际入库的企业所得税为基数，其上缴的新增企业所得税地方留成部分，由区财政给予企业补贴。 （五）企业为挂牌将未分配利润和资本公积转增为股本所缴纳的个人所得税区留成部分，在企业成功挂牌后，由区财政给予纳税人补贴。	《常州市武进区关于加快企业在新三板等场外市场交易挂牌的意见》
	常州市天宁区	分阶段给予补贴共计150万元。	《关于加快企业在“新三板”等场外市场交易挂牌工作的意见》
	南通市启东市	（一）完成股改奖励10万元。 （二）递交材料奖励20万元。 （三）成功挂牌奖励企业有功人员20万元。	《启东市关于企业在新三板等场外市场挂牌交易的优惠政策》
	南通市海门市	（一）完成股改并注册登记奖励10万元。 （二）备案材料被受理的奖励20万元。 （三）成功挂牌奖励企业主要经营者及有功人员20万元。	《海门市市政府关于大力推进企业上市的若干政策意见的补充意见》
	连云港市	（一）完成股改的，在主管部门备案确认并受理的，奖励10万元。 （二）成功挂牌的奖励60万元。 （三）募集资金60%以上用于本市生产性、经营性项目（房地产项目除外）建设的，按照募集资金额的3‰给予奖励。	《市政府关于鼓励企业在“新三板”挂牌的意见》

续表

省份	地区	补贴金额	政策依据
江苏	连云港经济技术开发区	成功挂牌的，奖励 100 万元。	《连云港经济技术开发区关于鼓励和扶持企业上市及新三板挂牌的意见》
	徐州市	（一）完成股改并提交申请后，补贴 20 万元。 （二）成功挂牌后补贴 30 万元。 （三）募集资金 80%（含）以上用于该市范围内生产性、经营性项目（房地产项目除外）建设的，按照融资额的 5%比例给予奖励，最高不超过 50 万元。	《关于充分利用资本市场推动企业“新三板”挂牌的意见》
	徐州市邳州市	（一）成功挂牌融资的企业，所募集资金 80%（含）以上用于本市范围内生产经营性项目建设的，奖励 30 万元。同时，按固定资产投资额的 5‰再次给予企业奖励，最高不超过 50 万元。 （二）从企业挂牌当年起，企业年纳税额以不低于 15%比例环比增长的，超过 15%部分的地方留成由受益财政给予奖励。	《关于推进企业到“新三板”、“E 板”等场外资本市场挂牌融资工作的意见》
	淮安市	（一）申请文件被受理的奖励 20 万元。 （二）成功挂牌后奖励 100 万元。 （三）募集资金 80%以上用于我市范围内生产性、经营性项目（房地产项目除外）建设的，按照融资额的 2%给予奖励，最高不超过 30 万元。	
	盐城市	（一）2015 年 12 月 31 日前挂牌奖励 100 万元。 （二）2015 年 12 月 31 日后挂牌奖励 50 万元。 （三）成功转板上市奖励 100 万元。	《盐城市人民政府办公室关于加快推进企业新三板挂牌的意见》
	盐城市盐都区	（一）2015 年 12 月 31 日前挂牌奖励 100 万元。 （二）2015 年 12 月 31 日后挂牌奖励 50 万元。 （三）成功转板上市奖励 100 万元。	《中共盐都区委盐都区人民政府关于激励中小企业在“新三板”挂牌上市的意见》
	盐城市建湖县	（一）申请材料被受理的，给予前期实际支付工作经费 50%的补助，总额不超过 50 万元。 （二）成功挂牌后，含补助前期工作经费，给予累计不超过 200 万元补贴。	《关于推进企业在“新三板”和股权托管交易中心挂牌的意见》
	扬州市高邮市	（一）完成股改的奖励 20 万元。 （二）正式递交材料的奖励 20 万元。 （三）成功挂牌的奖励 50 万元。 （四）对前三家挂牌的企业，分别奖励 50 万元、40 万元和 30 万元。	《关于支持鼓励企业进入‘新三板’和其他场外市场挂牌上市的政策意见》
	镇江市	挂牌成功可获奖励资金 100 万元。	《关于推荐拟在“新三板”挂牌交易企业的通知》
	宿迁市	（一）申报材料被受理的奖励 15 万元。 （二）成功挂牌的奖励 30 万元。 （三）所融资金投资在宿迁市的，按融资额的 0.1%比例给予奖励，最多不超过 50 万元。	《宿迁市市政府办公室关于印发鼓励和扶持企业利用场外市场融资意见的通知》

续表

省份	地区	补贴金额	政策依据
浙江	杭州市高新区	（一）改制结束奖励30万元。 （二）挂牌成功后奖励60万元。	
	杭州市余杭区	（一）完成股改并提交申报材料的奖励30万元。 （二）成功挂牌交易的再奖励50万元。 （三）成功进行转板的，按相应奖励标准补足差额。	《余杭区加快推进企业直接融资发展的若干意见》
	宁波市	对挂牌企业奖励50万元。	《宁波市企业利用多层次资本市场发展专项资金管理办法》
	宁波市江东区	（一）与券商签订协议后奖励10万元。 （二）材料被受理后奖励10万元。 （三）成功挂牌后奖励60万元。 （四）成功融资的，按融资额度的2%给予补助，最高不超过20万元。	《关于新增我区企业到“新三板”挂牌融资扶持政策》
	宁波市江北区	（一）对企业因挂牌规范需要形成新增税收中的地方留成部分，补助资金不超过200万元。 （二）前20家挂牌的（或实现外部股权融资500万元以上的），给予50万元奖励。	《宁波市江北区人民政府办公室关于进一步支持金融产业促进区域经济发展的实施意见》
	宁波市北仑区	（一）企业因股改形成的新增地方财政贡献部分，经批准后给予全额奖励。 （二）拟上市企业成功上市前一年度，年实现利润比上年增长15%以上的新增地方财政贡献部分，经批准后全额奖励，最高不超过1 000万元。	《北仑区（开发区）2014年促进产业结构调整专项资金扶持政策》
	宁波市鄞州区	（一）因挂牌新增地方财政贡献部分，奖励不超过200万元。 （二）成功挂牌后，奖励50万元。	《加快金融创新促进鄞州经济社会转型升级十六条》
	宁波市镇海区	成功挂牌的补贴100万元。	
	温州市	（一）因股份制改造而需要补缴税款，可暂缓缴纳。 （二）成功挂牌的奖励100万元。 （三）成功转板上市的，按《温州市人民政府关于进一步加强企业上市工作的意见》统一执行。其中，各阶段性奖励不重复计算。 （四）完成上市股改时补助30万元，完成上市辅导验收时补助70万元。 （五）所融资金50%以上投资于本地的，对企业给予奖励。其中：融资额在5亿元人民币以内（含）的，奖励人民币100万元；融资额超过5亿元人民币的，每增加1亿元人民币再奖励人民币5万元。对企业实现买壳上市，注册地迁至温州，给予一次性奖励200万元。	1.《温州市人民政府办公室关于鼓励和支持企业进入全国中小企业股份转让系统挂牌的意见》 2.《温州市人民政府关于进一步加强企业上市工作的意见》
	温州市瑞安市	成功挂牌奖励100万元。	《关于进一步推进企业上市工作的意见》
	温州市永嘉县	（一）成功股改奖励10万元。 （二）成功挂牌奖励100万元。	《永嘉县人民政府关于鼓励和支持企业进入全国中小企业股份转让系统挂牌的意见》

续表

省份	地区	补贴金额	政策依据
浙江	温州市苍南县	(一) 成功挂牌的奖励 100 万元。 (二) 成功挂牌的企业迁入苍南县的，奖励 50 万元。	《苍南县鼓励和支持企业进入全国中小企业股份转让系统挂牌实施意见》
	绍兴市	(一) 市区企业在其改制和挂牌过程中增加的税收，市本级地方留成部分给予全额资助。其资产转让过户时，所征收的行政事业性收费在扣除工本费和上缴部分后，市本级财政留成部分全额资助，所缴纳的税收市本级地方留成部分全额补助。 (二) 成功实现国内外上市且总部在市区的，一次性给予融资额 2‰的奖励。实现股权再融资的，在扣除控股股东及其行动一致人认购金额后，按净融资额的 2‰给予奖励，最高不超过 200 万元。 (三) 实现国内 A 股买壳上市且注册地迁至市区的，一次性给予 100 万元奖励。 (四) 贡献特别重大的挂牌企业，补助 30 万元。	《关于进一步促进经济转型升级若干政策的配套细则》
	绍兴市越城区	首次挂牌企业的每家奖励 20 万元。	《越城区 2014 年经济奖励政策》
	绍兴市诸暨市	(一) 成功挂牌的，给予 30 万元奖励。 (二) 因挂牌进行股改产生的地方财政贡献部分给予全额奖励，其中 70%在股改完成后兑现，30%在实现上市（挂牌）后兑现。	《关于开展三百工程的若干政策意见》
	湖州市	完成股改和挂牌的企业分别奖励 50 万元。	
	湖州市德清县	成功挂牌的奖励 200 万元。	
	湖州市长兴县	对挂牌企业的经营者奖励 60 万元，其所融资金在本地的投资额按 2%予以奖励。	
	湖州市安吉县	给予企业实际控制人奖励 100 万元。	
	嘉兴市秀洲区	(一) 成功挂牌后奖励 50 万元。 (二) 挂牌后募集资金 70%以上用于秀洲区项目建设的，按其募集资金额的 1%给予奖励，每次最高不超过 100 万元人民币。	《秀洲区推进企业上市和场外市场挂牌实施意见》
	嘉兴市桐乡市	(一) 完成股改并与推荐券商签约，奖励 40 万元。 (二) 成功挂牌后奖励 40 万元。 (三) 挂牌后完成定向增资、股权转让或其他形式的资本运作，给予 40 万元奖励。	《关于鼓励和扶持企业利用多层次资本市场促进我市经济快速发展的实施办法》
	嘉兴市海盐县	(一) 完成股改的奖励 25 万元。 (二) 挂牌成功的奖励 25 万元。 (三) 通过融资募集资金在本县范围的实际投资额给予奖励，最高限额 300 万元。	《海盐县加快推进企业股改上市发展的实施意见》

续表

省份	地区	补贴金额	政策依据
浙江	台州市	（一）成功挂牌的奖励30万元。 （二）成功挂牌的企业改制时对地方财政的贡献全额奖励给企业。 （三）自挂牌当年起三年内，企业对地方财政做出的贡献每年增长超出上一年度15%的部分，全额奖励给企业。 （四）对于每年实现股权融资累计达到1 000万元，并且80%投在台州辖区内的企业，按2 000万元（含）以下、2 000万～5 000万元、5 000万元（含）以上三档分别奖励20万元、30万元、40万元。	《台州市人民政府关于扶持企业直接融资发展的若干政策意见》
	台州市温岭市	（一）成功挂牌的奖励80万元。 （二）对从区域性股权交易中心转到新三板挂牌的奖励60万元。 （三）对从区域性股权交易中心创新板直接转到新三板挂牌的企业奖励80万元。 （四）经新三板转板上市的，再给予50万元奖励。	《温岭市人民政府关于扶持企业直接融资发展的若干意见》
	丽水市	（一）完成股改并成功挂牌的奖励120万元。 （二）对成功转板上市的奖励150万元。	《丽水市人民政府关于加快推进企业直接融资工作的意见》
	丽水市云和县	（一）完成股改的奖励60万元。 （二）成功挂牌的奖励70万元。	《关于加快推进企业直接融资工作的若干意见》
广东	广州市	奖励前30家挂牌企业30万元。	《广州高新技术产业开发区企业进入代办系统进行股份制转让奖励资金的申请和发放办法》
	广州市天河区	对挂牌的企业奖励累计不超过80万元。	《广州高新技术产业开发区天河科技园/广州天河软件园促进园区优势产业发展的若干措施》
	深圳市高新区	挂牌成功后，依据相关票据实报实销，不超过180万元。	
	深圳市龙华新区	（一）按照股份改制、成功挂牌予以不超过实际支出费用，分别最高50万元、160万元，总计最高210万元的资助。 （二）成功转板上市的，按照挂牌和上市资助（一般企业资助240万元，战略性新兴产业重点企业资助300万元）的差额予以补齐。	《龙华新区关于加快高新技术和战略性新兴产业发展的若干措施实施细则（科技企业上市资助类）》
	珠海市高新区	（一）完成股份制改造的，奖励20万元。 （二）与主办券商签订协议并提交文件的奖励50万元。 （三）成功挂牌的，奖励50万元。 （四）首次实现融资，且募集资金主要投放在我区的奖励50万元。 （五）每年享受各项扶持政策项下资金扶持的总额不超过该企业当年缴纳税收对高新区财政实际贡献的80%。	《珠海高新区关于鼓励企业进入全国股份转让系统（新三板）管理办法（试行）》

续表

省份	地区	补贴金额	政策依据
广东	珠海市金湾区	（一）完成股改的奖励 40 万元。 （二）通过券商内核的奖励 30 万元。 （三）成功挂牌的奖励 20 万元，奖励企业法定代表人 10 万元。	《金湾区促进“三高一特”产业发展暂行办法》
	佛山市南海区	首次挂牌的，给予 50 万元补助。企业挂牌后按累计融资金额分阶段给予企业领导班子及有关人员奖励： 1. 累计融资资金 1 000 万元以下，奖励 50 万元； 2. 累计融资资金达到 1 000 万～5 000 万元之间（含 1 000 万元），奖励 100 万元； 3. 累计融资资金达到 5 000 万～1 亿元（含 5 000 万元），奖励 200 万元； 4. 累计融资资金达到 1 亿元（含 1 亿元）以上，奖励 250 万元。	《佛山市南海区促进优质企业上市和发展扶持办法（修订）》
	佛山市顺德区	（一）完成股改奖励 50 万元。 （二）主管机关正式受理挂牌文件奖励 50 万元。 （三）成功挂牌后，根据首次募集资金规模按照以下三个档次进行奖励： 1. 首次募集金额 5 000 万元以下（含 5 000 万元）的，奖励 50 万元； 2. 首次募集金额 5 000 万元以上，1 亿元以下（含 1 亿元）的，奖励 100 万元； 3. 首次募集金额 1 亿元以上的，奖励 200 万元。	《顺德区人民政府办公室关于印发顺德区企业上市扶持奖励办法（修订）的通知》
	东莞市高新区	（一）挂牌后备名单的企业，可获得资助总额达 200 万元。 （二）对于前 10 名挂牌的企业，资助金额最高达 300 万元。	
	肇庆市	（一）完成股改的奖励 30 万元。 （二）材料被有关部门受理，奖励 50 万元。 （三）成功挂牌的奖励 50 万元。 （四）成功转板上市的享受市政府有关鼓励企业上市的优惠政策。 （五）对迁入肇庆高新区的企业在该区成功挂牌交易的，同样适用本办法对应的扶持及奖励的政策。	《关于印发肇庆国家高新技术产业开发区“新三板”挂牌上市企业扶持暂行办法的通知》
	江门市	（一）成功挂牌的市区企业，奖励 30 万元。 （二）证监会正式受理挂牌材料的，奖励 30 万元。 （三）成功挂牌的奖励 20 万元。	《印发关于鼓励江门高新区企业改制进入代办股份转让系统实施意见的通知》
	江门市蓬江区	（一）证监会正式受理挂牌材料的，奖励 30 万元。 （二）成功挂牌的奖励 20 万元。	《蓬江区中小微企业科技金融奖励实施细则（试行）》
	茂名市	成功挂牌的奖励 50 万元。	《关于支持企业上市和上市再融资的若干意见》
	中山市火炬开发区	（一）前 10 个完成股改的企业奖励 150 万元，其他给予 10 万元奖励。 （二）申报并得到证监会受理的，奖励 50 万元。 （三）前 10 家成功挂牌的企业奖励 100 万元，其余奖励 50 万元。 （四）挂牌后连续两年给予补助，最高不超过 1 000 万元。	

续表

省份	地区	补贴金额	政策依据
福建	厦门市高新区	改制结束补贴 30 万元，挂牌成功补贴 50 万元，返还挂牌当年以及第二年与上一年比较的新增财政贡献（不超过 50 万元）。	
	泉州市	（一）成功挂牌的奖励 50 万元。 （二）市科技计划优先支持挂牌的非上市公司的创新项目，支持金额不低于 20 万元。	《关于推动泉州高新技术产业开发区非上市企业进入全国中小企业股份转让系统挂牌工作的若干意见》
	泉州市晋江市	一次性奖励 80 万元。	
	龙岩市	（一）改制完成后奖励 10 万元。 （二）成功挂牌的奖励 30 万元。 （三）首次融资的按实际投资我市资金总额的 2‰ 进行奖励，最高限额为 100 万元。	《关于印发龙岩市鼓励和支持企业赴“新三板”等股权交易市场挂牌融资若干意见的通知》
河北	石家庄高新区	（一）完成改制的奖励 50 万元。 （二）成功挂牌的再奖励 50 万元。	《石家庄国家高新区“新三板”企业上市资助资金管理办法》
	承德市	（一）成功挂牌的奖励不低于 50 万元。 （二）转板上市的再奖励 50 万元。	《承德市人民政府关于鼓励中小企业在“新三板”市场挂牌上市的实施意见》
	廊坊市	（一）成功挂牌的奖励 100 万元。 （二）由区域性股交中心转板到新三板的奖励 50 万元。	《廊坊市人民政府关于印发廊坊市鼓励企业到多层次资本市场上市规定的通知》
	衡水市	成功挂牌的奖励 50 万元。	《衡水市人民政府关于加快推进企业上市工作的意见》
	衡水市枣强县	成功挂牌的奖励 50 万元。	《枣强县人民政府关于鼓励和扶持企业上市的若干意见》
山西	太原市	成功挂牌的奖励 165 万元。	
吉林	长春市高新区	（一）股改阶段给予 10 万～20 万元的补助，并对企业改制过程中企业所得税区留用部分给予补贴。 （二）实现挂牌给予 50 万～100 万元奖励，对主办券商给予 10 万元奖励。	《鼓励企业进入代办股权转让系统暂行办法》
	通化市	（一）成功挂牌的奖励 30 万～50 万元。 （二）转板上市的再奖励 30 万元。	《通化市人民政府关于推进企业上市和挂牌工作的意见》
	延边州	（一）与中介机构签订协议奖励 20 万元。 （二）完成股改的奖励 40 万元。 （三）募集资金全部在州内投资的给予扶持。其中，第一户扶持资金 100 万元，第二户扶持资金 80 万元，从第三户始扶持资金 50 万元。	《延边州人民政府关于扶持企业在全国中小企业股份转让系统挂牌的实施意见》

续表

省份	地区	补贴金额	政策依据
辽宁	大连市	（一）“四板”挂牌企业拟在新三板挂牌的，按照确定保荐机构、完成挂牌两个环节分别给予补贴不超过40万元和60万元。 （二）转板补贴额度最高为100万元。 （三）在新三板成功挂牌的，补贴160万元。	《大连市企业上市补贴专项资金管理办法的再次补充通知》
	鞍山高新区	分四次发放补贴240万元。	
	抚顺市	新三板挂牌奖励50万元。	
	阜新市	新三板挂牌奖励100万元。	
	葫芦岛市	新三板挂牌奖励50万元。	《关于贯彻落实省政府促进当前经济稳增长十五条措施实施意见》
黑龙江		新三板挂牌奖励200万元。	《黑龙江省人民政府关于印发黑龙江省促进经济稳增长若干措施的通知》
	哈尔滨市	新三板挂牌奖励50万元。	《哈尔滨市人民政府印发关于进一步扶持中小企业发展的若干政策的通知》
	哈尔滨市高新区	（一）完成股改后奖励30万元。 （二）材料通过主办券商内核奖励20万元。 （三）成功转板的奖励50万元。	《哈尔滨高新技术产业开发区支持企业上市专项资金管理办法（暂行）》
	大庆市高新区	（一）成功挂牌新三板可给予120万元奖励。	
	七台河市	（一）挂牌成功的企业，奖励50万元。 （二）挂牌后，在创业板或主板（中小板）上市的，分别奖励50万元和100万元。	《七台河市推进企业进入全国中小企业股份转让系统工作实施方案》
	黑河市	（一）企业与中介机构签订协议后，奖励30万元。未实现挂牌由企业全额返还。 （二）挂牌后实现转板上市的，奖励30万元。 （三）爱辉区、黑河边境经济合作区、五大连池风景区对域内企业实现挂牌的，应给予不低于以上奖励标准30%的奖励资金。	《黑河市鼓励企业上市和挂牌扶持奖励办法》
陕西		成功挂牌的企业最高奖励50万元。	
	西安市高新区	（一）完成股改制奖励50万元。 （二）成功挂牌后奖励100万元。 （三）企业改制时，非货币性资产经审计评估增值转增资本部分，用未分配利润和盈余公积转增股份，依法缴纳的企业所得税及个人所得税，按其纳税额高新区留成部分的60%予以奖励，最高100万元。 （四）企业挂牌后，三年内（含挂牌当年）按企业所缴纳营业税、企业所得税、增值税高新区留成部分的50%予以奖励。 （五）企业挂牌后在资本市场定向增发成功融资的，对企业管理团队按融资额的1%予以奖励，单个企业累计不超过50万元。 （六）主办券商的项目团队奖励10万元。	《西安高新区关于鼓励企业进入全国中小企业股份转让系统挂牌交易的暂行办法》

续表

<table>
<tr><th>省份</th><th>地区</th><th>补贴金额</th><th>政策依据</th></tr>
<tr><td rowspan="11">山东</td><td>济南市高新区</td><td>（一）申请经受理的奖励 50 万元，正式挂牌后再奖励 20 万元。
（二）转板上市的，奖励 100 万元。</td><td>《济南高新区关于扶持企业改制上市工作的意见》</td></tr>
<tr><td>青岛市高新区</td><td>完成改制并通过券商内部审核的，按不超过实际发生费用的 70%给予补助，每个企业最高补助金额不超过 70 万元。</td><td>《关于支持我市企业在全国中小企业股份转让系统挂牌有关事项通知》</td></tr>
<tr><td>淄博市高新区</td><td>给予挂牌公司 50 万元补贴。</td><td></td></tr>
<tr><td>潍坊市高新区</td><td>（一）企业改制、挂牌过程中，因正常调整以前年度应纳税所得额而补缴的企业所得税地方留成部分给予等额补助。
（二）企业在改制、挂牌过程中，因资产过户上缴税收地方留成部分给予等额补助。
（三）正式挂牌后奖励 180 万元。
（四）企业挂牌后 3 年内成功融资且融资额 2 000 万元（含）以下的，奖励 2 万元；融资额 2 000 万～5 000 万元（含）的，奖励 5 万元；融资额超过 5 000 万元的，奖励 10 万元。</td><td>《高新区推进科技型中小企业“新三板”挂牌的若干规定》</td></tr>
<tr><td>烟台市</td><td>成功挂牌的奖励 200 万元。</td><td></td></tr>
<tr><td>济宁市</td><td>分阶段予以补助，最高 200 万元。</td><td>《关于推进济宁高新区申报“新三板”扩容试点园区的实施方案》</td></tr>
<tr><td>威海市</td><td>（一）成功挂牌的，奖励企业高管 30 万元。
（二）转板上市，其融资额不满 5 亿元的，奖励企业高管 30 万元；其融资额在 5 亿元以上的，奖励企业高管 50 万元。</td><td>《威海市推进企业上市融资暂行办法》</td></tr>
<tr><td>日照市</td><td>成功挂牌的奖励 150 万元。</td><td>《关于进一步加快全市金融业创新发展的实施意见》</td></tr>
<tr><td>德州市</td><td>成功挂牌的奖励最高 80 万元。</td><td></td></tr>
<tr><td>菏泽市</td><td>成功挂牌的奖励 20 万元。</td><td>《菏泽市人民政府关于加快推进企业上市工作的意见》</td></tr>
<tr><td colspan="3" style="display:none"></td></tr>
<tr><td rowspan="4">河南</td><td>郑州市</td><td>成功挂牌的奖励 50 万元。</td><td>《加快推进企业上市工作的意见》</td></tr>
<tr><td>洛阳市</td><td>成功挂牌的奖励 30 万元。</td><td></td></tr>
<tr><td>洛阳市高新区</td><td>（一）完成改制的奖励 20 万元。
（二）通过券商内核奖励每家 20 万元。对区内前 5 家挂牌的企业奖励 80 万元；对第 6 家至第 10 家挂牌的企业奖励 70 万元；对于 10 家之后挂牌的企业，奖励 60 万元。
（三）成功转板的，奖励 200 万元。</td><td>《洛阳高新区管委会关于进一步加快企业上市和挂牌交易的意见（暂行）》</td></tr>
<tr><td>新乡市</td><td>成功挂牌的前 5 家企业奖励 50 万元，第 6～10 家企业奖励 30 万元。</td><td>《新乡市人民政府关于加快推进企业在全国中小企业股份转让系统挂牌的意见》</td></tr>
</table>

续表

省份	地区	补贴金额	政策依据
河南	焦作市	（一）成功挂牌的奖励 50 万元。 （二）转板上市的再奖励 50 万元。	《焦作市人民政府关于加快推进企业进入多层次资本市场的意见》
	濮阳市	（一）在挂牌当年给予不少于 50 万元的奖励。 （二）转板上市的企业，申报材料经受理的，奖励 50 万元；对已成功上市且募集资金 70%以上在市内投资的，奖励 150 万元，对通过增发配股实现再融资的上市公司高管人员给予适当奖励。	《濮阳市人民政府关于鼓励企业进入全国中小企业股份转让系统挂牌交易的指导意见》
	漯河市	成功挂牌的奖励 100 万元。	《关于鼓励和扶持漯河市非上市股份有限公司进入全国中小企业股份转让系统挂牌的暂行办法》
湖北	武汉市高新区	（一）完成股改的奖励 20 万元。 （二）备案材料被受理的，奖励 20 万元。 （三）成功挂牌的，奖励 80 万元。 （四）成功转板上市的，省市区三级给予 535 万元奖励（省级奖励 200 万元，市级奖励 150 万元，区级奖励 185 万元）。	《武汉东湖新技术开发区关于充分利用资本市场促进经济发展的实施意见》
	黄石市	成功挂牌且募集资金 70%以上用于本市范围内投资项目的，按照融资额的 1%给予补贴奖励，单个企业奖励上限总额为 80 万元，其中，大冶市、阳新县政府承担所辖受奖企业奖励总额的 60%；各城区政府和黄石经济技术开发区管委会承担所辖受奖企业奖励总额的 40%。	《黄石市人民政府办公室关于印发加快多层次资本市场建设发展若干意见的通知》
	十堰市	（一）成功挂牌的奖励 50 万元。 （二）一次性直接融资额度超过 5 000 万元的再奖励企业 10 万元，超过 1 亿元的，奖励 30 万元。	《十堰市人民政府关于加快多层次资本市场建设发展的若干意见》
	荆州市	前 30 家挂牌企业，奖励 50 万元。	《荆州市人民政府关于加快发展多层次资本市场的实施意见》
	宜昌市	（一）完成股改并经管理部门正式受理备案后，奖励 30 万元。 （二）正式挂牌且募集资金 70%以上用于在本市募投项目的，奖励 50 万元。 （三）其税收在县市（含夷陵区，下同）的，正式挂牌且募集资金 70%以上用于在本市募投项目的，奖励 40 万元。	《市人民政府关于支持鼓励企业进入"新三板"和其他场外市场挂牌上市的若干意见》
	襄阳市	（一）成功改制的，奖励 10 万元。 （二）材料被受理的，奖励 30 万元。 （三）正式挂牌后，奖励 40 万元。	《关于鼓励和促进企业在"新三板"挂牌上市的若干意见》

续表

省份	地区	补贴金额	政策依据
湖南	长沙市	挂牌前后给予 50 万元和 30 万元的补助。	《长沙市人民政府办公厅关于鼓励企业在场外市场挂牌有关事项的通知》
	株洲市高新区	最高补贴 100 万元。	
	湘潭市高新区	成功挂牌的补贴 120 万元（完成股改 35 万元，完成资料报会 35 万元，完成挂牌 50 万元）。	《鼓励扶持企业利用资本市场发展暂行办法》
	邵阳市	成功挂牌并首次定向增发融资成功，奖励 50 万元。、	《关于鼓励企业赴新三板等资本市场挂牌融资的通知》
江西		（一）完成股改和注册登记的奖励 20 万元。 （二）申请材料被正式受理奖励 50 万元。	《江西省人民政府办公厅关于推动中小微企业利用全国中小企业股份转让系统发展的实施意见》
	南昌市	（一）完成股改并注册登记的奖励 50 万元。 （二）申请材料被受理的奖励 100 万元。	
	九江市	（一）完成改制的奖励 20 万元。 （二）挂牌成功的奖励 50 万元。	
	上饶市	（一）完成改制的奖励 20 万元。 （二）挂牌成功的奖励 50 万元。	《关于推荐拟在“新三板”挂牌交易企业的通知》
	吉安市	（一）与中介机构签订协议并完成股份制改造、提交申请材料并取得受理回执，奖励 15 万元。 （二）成功挂牌奖励 35 万元。 （三）各受益财政应于企业成功挂牌或上市后，按照不低于市财政奖励资金 1.6 倍（80 万元）的比例予以配套奖励。	《吉安市人民政府关于落实支持企业上市和“新三板”挂牌有关政策的通知》
	赣州市	（一）完成股改和注册登记的奖励 20 万元。 （二）申请材料被受理的奖励 50 万元。 （三）前 10 名的企业奖励 50 万元。	《关于加快推进企业进入全国中小企业股份转让系统挂牌的实施意见》
	萍乡市	（一）完成股改和注册登记的奖励 20 万元。 （二）申请材料被受理的奖励 50 万元。 （三）前 10 名的企业奖励 50 万元，之后的奖励 40 万元。	《萍乡市人民政府办公室关于进一步加快萍乡金融业发展的实施意见》
安徽	合肥市	企业进入新三板融资的，给予 50 万元补助。	
	合肥市高新区	可分阶段获得最高 70 万元的财政补贴。	
	芜湖市	（一）完成股改并注册的，奖励 20 万元。 （二）成功挂牌的，奖励 30 万元。 （三）成功实现融资的，奖励 70 万元。	《鼓励企业进入全国中小企业股份转让系统挂牌交易暂行办法》
	蚌埠市	（一）成功挂牌的奖励 40 万元，进入全省第一批挂牌的另行奖励 20 万元。 （二）成功募集资金的按照募资总额的 2‰给予奖励。	《蚌埠市人民政府关于支持进入全国中小企业股份转让系统和安徽省股权托管交易中心挂牌交易有关事项的通知》

续表

省份	地区	补贴金额	政策依据
安徽	马鞍山市	（一）完成股改造及注册，奖励 50 万元和 20 万元。 （二）成功挂牌，奖励 100 万元，若在第一批挂牌，再给予 20 万元奖励。 （三）成功实现股权融资并全部投资我市的，给予投资额 2%的奖励，最多不超过 30 万元。	《关于印发马鞍山市鼓励企业进入全国中小企业股份转让系统和安徽省区域性股权交易市场挂牌交易暂行办法的通知》
	安庆市	在新三板成功挂牌的企业，奖励 150 万元。	
	黄山市	在新三板成功挂牌的企业，奖励 50 万元。	
	淮北市	（一）完成股份制改造的，奖励 10 万元。 （二）获得监管部门审查备案的，奖励 20 万元。 （三）成功挂牌的，奖励 20 万元。 （四）成功获得融资并全部投资淮北本地的，按融资额的 1%，给予最高不超过 100 万元奖励。	
	池州市贵池区	最高可获得 50 万元奖励。	
	阜阳市	（一）对完成股改造并注册登记的，属于市属企业的，市政府给予 30 万元的补助；属于县（市、区）属企业的，市政府给予 15 万元的补助。 （二）成功挂牌的，属于市属企业的，市政府给予 60 万元的奖励；属于县（市、区）属企业的，市政府给予 30 万元的奖励。 （三）挂牌后融资用于实体经济的，属于市属企业的，市财政按所募集资金总额的 0.5%予以奖励，最高不超过 100 万元；属于县（市、区）属企业的，市财政按所募集资金总额的 0.3%予以奖励，最高不超过 50 万元。	《阜阳市人民政府办公室关于印发阜阳市鼓励企业进入全国中小企业股份转让系统和区域性股权交易市场挂牌交易暂行办法的通知》
	宿州市	（一）企业因挂牌所产生的券商或推荐商费用及审计、法律、评估等费用，由市政府全额支付。 （二）成功融资并全额投资于宿州本地的，按照 200 万元在扣除市政府前期支付的费用后给予一次性奖励。	《宿州市人民政府关于鼓励企业进入“新三板”和场外市场挂牌融资工作的意见》
	亳州市	（一）完成股改及注册的奖励 30 万元。 （二）成功挂牌的奖励 70 万元。 （三）成功实现股权融资并全部投资在我市的企业，给予融资金额 2%的奖励，但最高不超过 30 万元。	《亳州市鼓励企业进入全国中小企业股份转让系统和安徽省区域性股权交易市场挂牌交易暂行办法》
四川	成都市高新区	成功挂牌的分阶段给予最高 100 万元补贴。	《关于促进企业发展壮大的优惠政策》
	绵阳市高新区	（一）完成股改的，奖励 30 万元。 （二）成功挂牌的，奖励 50 万元。	

续表

<table>
<tr><th>省份</th><th>地区</th><th>补贴金额</th><th>政策依据</th></tr>
<tr><td rowspan="3">贵州</td><td>贵阳市</td><td>成功挂牌的，奖励 150 万元。</td><td>《贵阳市企业进入全国中小企业股份转让系统（即“新三板”）扶持奖励办法（试行）》</td></tr>
<tr><td>贵阳市花溪区</td><td>（一）完成股份制改造的奖励 30 万元。
（二）主管机构正式受理后奖励 30 万元。
（三）企业成功挂牌后奖励 15 万元。</td><td>《花溪区企业进入全国中小企业股份转让系统扶持奖励办法》</td></tr>
<tr><td>贵州市乌当区</td><td>（一）完成股份制改造的奖励 20 万元。
（二）主管机构正式受理后奖励 25 万元。
（三）企业成功挂牌后奖励 30 万元。</td><td>《乌当区企业进入全国中小企业股份转让系统扶持奖励办法（试行）》</td></tr>
<tr><td>云南</td><td>昆明市高新区</td><td>对成功挂牌的，给予管理团队 30 万元奖励。</td><td>《昆明高新技术产业开发区鼓励企业上市及投融资发展暂行办法》</td></tr>
<tr><td rowspan="2">内蒙古</td><td colspan="2">（一）成功挂牌的奖励 50 万元。
（二）实现首次融资的，按照融资额的 1.5%给予费用补贴，最高不超过 100 万元。</td><td>《内蒙古自治区人民政府关于进一步推进多层次资本市场融资的若干意见》</td></tr>
<tr><td>包头市高新区</td><td>最多将获得 100 万元的资金补助。</td><td>《包头稀土高新技术产业开发区鼓励企业证券市场挂牌上市补助资金管理办法》</td></tr>
<tr><td rowspan="2">新疆</td><td colspan="2">在新疆股权交易中心成功挂牌的企业可享受 40 万元补助，交易中心挂牌企业成功转板至全国新三板可再享受财政补助 20 万元。</td><td>《自治区企业上市政策引导专项资金管理办法》</td></tr>
<tr><td>乌鲁木齐市高新区</td><td>成功挂牌的，最高可奖励 140 万元。</td><td>《乌鲁木齐高新技术产业开发区（新市区）企业进入代办股份转让系统资助资金暂行管理办法》</td></tr>
<tr><td rowspan="3">宁夏</td><td colspan="2">对 2014 年、2015 年、2016 年在“新三板”挂牌的企业，分别奖励 100 万元、50 万元、30 万元。</td><td>《自治区人民政府关于加快资本市场建设的若干意见》</td></tr>
<tr><td>银川市</td><td>（一）股份制改制阶段奖励 30 万元。
（二）申报挂牌上市阶段奖励 50 万元。
（三）正式挂牌后奖励 70 万元。</td><td></td></tr>
<tr><td>中卫市</td><td>挂牌成功的，先享受自治区政策，对在 2014 年、2015 年、2016 年在新三板挂牌的，由区、市县财政分别按 50%给予 100 万元、50 万元、30 万元的奖励，再由企业纳税地财政一次性奖励 100 万元。</td><td>《中卫市人民政府关于中小企业直接融资扶持政策》</td></tr>
</table>

续表

省份	地区	补贴金额	政策依据
广西	南宁市	（一）拟挂牌获国家监管部门受理后奖励 20 万元。 （二）正式挂牌奖励 30 万元。	《南宁市鼓励企业进入代办股份转让系统暂行办法》
广西	南宁市高新区	（一）与券商、相关中介机构签约后奖励 20 万元。 （二）改制完成奖励 30 万元。 （三）申请获受理后奖励 50 万元。 （四）正式挂牌奖励 50 万元。	《关于鼓励企业改制并进入代办股份转让系统挂牌的暂行办法》
广西	柳州市	（一）改制阶段按实际发生费用给予最高 40 万元的奖励。 （二）成功挂牌后，给予 90 万元的奖励，给予主办券商 20 万元奖励。	《支持非上市企业进入证券公司代办股份转让系统奖励资金管理暂行办法》
广西	防城港市	挂牌成功的，可获得最高达 200 万元奖励。	《防城港市鼓励企业进入全国中小企业股份转让系统挂牌交易暂行办法》
广西	玉林市	（一）完成股改的，奖励 20 万元。 （二）获监管部门受理的，奖励 30 万元。 （三）正式挂牌的，奖励 100 万元。	《玉林市鼓励中小企业改制并进入全国中小企业股份转让系统挂牌暂行办法》

资料来源：德恒上海高慧律师团队编著。

由补贴政策看各地发展

上表很长，啃哥为大家做几点总结：

■ 上海各区补贴不尽相同，但是大体上都超过 100 万元，多的有 200 万元。力度很大，属于补贴第一梯队的。

■ 北京补贴力度不及上海。中关村只有 80 万元补贴，东城 150 万元，西城 150 万元，丰台只有 60 万元。

■ 天津南开区补贴 100 万元，其他区力度不大。

■ 重庆 150 万元。

■ 江苏南京 100 万元，苏州工业园区达到 200 万元。苏州昆山厉害，有 250 万元。无锡 150 万元。常州 150 万元，连云港 100 万元，淮安 120 万元，镇江 100 万元。

■ 浙江高新区 90 万元，宁波 50＋80＝130（万元），绍兴 20 万～30 万元，嘉兴 50 万元，湖州 100 万元，台州 80 万元。

■ 广东广州 30＋80＝110（万元），深圳高新区 180 万元，深圳龙华区 210 万元（土豪），珠海 120 万元，佛山 100 万元。东莞 200 万元（土豪），江门 80 万元。

■ 福建厦门 100 万元，泉州 80 万元，龙岩 40 万元。

■ 河北石家庄 100 万元，承德、廊坊 100 万元，衡水 50 万元。

■ 山西太原：165 万元。

■ 吉林长春 50 万～100 万元，吉林延边 60 万元。

■ 辽宁鞍山 240 万元（土豪），抚顺 50 万元，阜新 50 万元。

■ 黑龙江哈尔滨 50＋50＝100（万元），大庆高新区 120 万元，黑河 30 万元。

■ 陕西 50 万元。

■ 山东济南 50 万元，淄博 50 万元。

■ 河南郑州 50 万元，洛阳 30 万元，新乡 50 万元。

■ 湖北武汉 120 万元，十堰 50 万元，荆州 50 万元。

■ 湖南长沙 80 万元，株洲工业区 100 万元，湘潭高新区 120 万元。

■ 江西南昌 150 万元，九江 70 万元。

■ 安徽合肥 50＋70＝120（万元），芜湖 70 万元。

■ 四川成都 100 万元，绵阳 80 万元。

■ 贵州贵阳 150 万元。

■ 云南昆明 30 万元。

■ 内蒙古 50 万元。包头额外 80 万元。

■ 新疆乌鲁木齐 140 万元。

■ 广西南宁 50 万元，柳州 40 万元。

啃哥大致划分了一下，可以明显看出，其一，昆明 30 万元，陕西 50 万元，山东 50 万元，河南 50 万元，内蒙古 50 万元，广西 50 万元，这一梯队垫底，也就是说这几个地方未来对接资本市场将是最落后的地方，因为地方政府根本不重视。其二，上海、北京、江苏、浙江，包括东北三省，补贴都超过 100 万元，将是未来对接资本市场向好的地方，也将是未来经济增长潜力最大的地方。其三，苏州昆山、深圳龙华、广东东莞、辽宁鞍山，补贴都超过 200 万元，将会是新三板扎堆上的地方，因为这补贴太诱人了。还有很多可以分析之处，大家可仔细琢磨。

那么，业内的中介朋友们，通过数据分析，可以明显看到我们应该向哪里进军了吧！集中优势兵力，重点突破吧！

2014 年 11 月 13 日

于长沙

以汪国真的一首诗 《如果生活不够慷慨》， 结束此文， 送给大家：

如果生活不够慷慨

汪国真

如果生活不够慷慨
我们也不必回报吝啬

何必要细细的盘算
付出和得到的必须一般多

如果能够大方
何必显得猥琐

如果能够潇洒
何必选择寂寞

获得是一种满足
给予是一种快乐

PORE OVER
THE NEW
OTC MARKET

21

关于降低投资门槛的探析

《上海证券报》于2014年11月12日发表了题为《新三板投资者门槛或大降　望由500万降至50万》的文章，引起热议。降低投资者门槛，是很多人想当然认为的利好。认为只有降低了投资者门槛，新三板才能发展得更好，交易更活跃，更有前途。但是，真的是这样吗？很多想当然的推理往往经不起推敲。新三板公司设立投资者的高门槛本身，就是深有用意的。岂是一句“降低门槛”那么简单的？

Ken Zhang 啃哥有话说

未来的新三板利好政策离不开12个大招，即：

- 做市商5%利润的限制放宽；
- 做市商做市时间6个月调整；
- 做市商100万股库存股调整；
- 推出竞价交易机制；
- 推出转板机制；
- 推出分层制度；
- 降低投资者门槛；
- 推出优先股政策；
- 推出中小企业私募债计划；
- 允许PE/VC成为做市商；
- 增加股权质押贷款的定制型和便利性；
- 调整交易的个人所得税。

（见第25篇）

其中，第7招，就是本文谈到的这个利好。

对投资者门槛降低的猜测

继有望推出竞价交易之后，新三板市场或再迎利好。接近全国股转系统的知情人士透露，伴随着竞价交易制度的有序推进，新三板正在酝酿投资者门槛降低。

“实施竞价交易需有一定数量的投资者和成交活跃度，降低投资者准入门槛已具备条件。竞价交易实施的同时有望下调投资者准入条件。”知情人士认为，做市交易为企业股份的定价和流动性带来较大的改善，但是成交活跃度仍待进一步提升，其主要原因之一就是投资者准入门槛过高。

Ken Zhang 啃哥有话说

那是必然，500万元的门槛，导致目前新三板中的个人投资者不到2 000人，有资格的投资者如此少，如何进行投资？又如何让市场变得活跃呢？只有投资者门槛放低了，才有可能让更多的交易发生。

某主办券商负责人也表示，股转系统并没有透露下调幅度，但业内部分券商认为，竞价交易甚至做市交易的准入标准可以降至50万元。

资料显示，在去年年初新三板由四个国家级高新区扩容至全国的同时，其投资者适当性管理制度也将个人投资者的准入门槛由原先的300万元提高至500万元。

东吴证券做市业务相关负责人认为，当初提高个人投资者的准入标准，一方面是考虑到扩大试点后，市场风险外溢的波及面更广，需要更加审慎地控制市场风险。此外，股转系统还丰富了交易方式，推出了做市交易，为了系统运行初期平稳度过，所以调高标准。现在看来，扩容以来的市场运行平稳有序，做市企业的整体盈利水平并不输于中小板、创业板。据WIND资讯对中期财报的统计，股转系统60余家做市企业的加权净资产收益率和销售净利率分别达到7.7%和8.2%。

事实上，在上周五召开的股转系统做市业务座谈会上，多家券商的做市人士也向股转系统呼吁，适当降低新三板个人投资者的准入条件。

Ken Zhang 啃哥有话说

券商呼吁降低新三板门槛，当然可以理解。买的人多了，自然而然地，券商做市就更有积极性了。

“交易层面看，投资者准入标准与交易规模也是相背离的。”多名资深做市人士表示，金融资产超过500万元的高净值客户，一次只买卖几千元、几万元，这样的成交模式显然不匹配。

Ken Zhang 啃哥有话说

需要明确，金融资产超过500万元，只是在申请资格的时候金融资产（主要是股票、债券）超过500万元就有资格了。至于拿到资格后，金融资产是多少就没有人管了。这也就催生了一批专门帮助别人拿到入市资格的中介机构。

从另一个角度看，个人投资者有了买卖资格，但是每次交易都只有几万元，确实不对等。这也说明了即使是拿到资格的投资者，也还是以散户居多。

据了解，在美国等成熟市场上，有做市商参与做市的企业，其个人投资者几乎零门槛。此外，上述市场做市商的每笔挂单量也不大，也适合中小投资者参与。（啃两句：又拿美国说事。但是，他山之石，可以攻玉，多向成熟市场学习确实没错。）

“做市商会平抑股价的大幅波动，引导股价向企业内在价值回归。此外，投资者准入门槛下调的同时，挂牌企业的信息披露要求肯定会同步加强。毕竟现在在新三板挂牌的企业资质也是良莠不齐。”业内人士指出。

Ken Zhang 啃哥有话说

难道真的像上面说的那么好吗？啃哥认为并不必然。任何事物都有两面性。门槛放到50万元甚至更低，确实降低了投资者门槛，大批的投资者可以取得开户投资资格。但是，所带来的问题是，如果散户太多，就会造成集体无意识、不理性，变成类似A股的政策、消息市场。这也就是为什么新三板公司要设立一个门槛的原因。因此，啃哥认为，降低门槛是必然的，同时必须加强投资者教育，或者说应保证这个市场80%以上是机构投资者才好。

我们换个角度看，为什么A股一潭死水？部分原因是其不设门槛，导致85%的交易和金额都是散户完成的，而散户更多的是根据消息政策投资，导致A股无法形成价值投资市场，而是政策市。

对于新三板公司，门槛就是必需的。而尽量让更多的机构进来，远比降低个人投资者的门槛重要得多。

因此，啃哥认为，目前当务之急，一方面是让更多的PE/VC机构参与到做市商制度中来，因为PE/VC“吃不饱”，有足够的动力增加交易量。而不像券商都是做高大上的IPO赚钱，比较缺少动力。另一方面是尽快将做市商5%利润限额扩大，给做市商更多的利润空间。当上面两件事情做完后，再降低门槛也不迟。

2014年11月14日

于长沙

以这一首《倘若才华得不到承认》，结束此文，送给大家：

倘若才华得不到承认

汪国真

倘若才华得不到承认
与其诅咒　不如坚忍
在坚忍中积蓄力量
默默耕耘

诅咒　无济于事
只能让原来的光芒黯淡
在变得黯淡的光芒中
沦丧的更有　大树的精神

飘来的是云
飘去的也是云
既然今天
没人识得星星一颗
那么明日
何妨做　皓月一轮

PORE OVER
THE NEW
OTC MARKET

22

关于分层管理的讨论

《证券日报》于 2014 年 11 月 4 日发表了题为《新三板明年实施分层管理　或将遵循三大依据》的文章，引起了大家对新三板分层的讨论。正如降低投资者门槛一样，新三板即使分了层，也是新三板。一个嚼碎了，揉烂了，说了再说的话题。分层制度真的那么重要吗？这个层该如何分？除了分层，还需要哪些组合拳呢？问题需要联动看待，如果只看某一点，很容易“只见树木，不见森林”。

Ken Zhang 啃哥有话说

未来的新三板利好政策离不开12个大招，即：

- 做市商5%利润的限制放宽；
- 做市商做市时间6个月调整；
- 做市商100万股库存股调整；
- 推出竞价交易机制；
- 推出转板块机制；
- 推出分层制度；
- 降低投资者门槛；
- 推出优先股政策；
- 推出中小企业私募债计划；
- 允许PE/VC成为做市商；
- 增加股权质押贷款的定制型和便利性；
- 调整交易的个人所得税。

（详见第25篇）

其中，第6招，就是本文所讲的这个利好。

新三板分层管理或将遵循三大依据

“明年新三板将实施分层管理，分层依据还处于讨论中，其中交易方式、总股本、股权分散程度可能会成为分层的考虑因素。”11月3日，一位接近全国中小企业股份转让系统（俗称新三板）的知情人士向《证券日报》记者透露。

Ken Zhang 啃哥有话说

分层，要依据什么分层，也是啃哥一直在考虑的。根据这位知情人士所言，将依据交易方式、总股本、股权分散程度三种方式分层。也就是说，不会依据行业或是利润水平来分类。这点还是需要引起注意的。

在此之前，全国中小企业股份转让系统公司总经理助理、新闻发言人隋强也表示，目前新三板的市场规模、企业的行业分布、企业的类型分布支持市场分层管理模式，分层后的新三板，将进一步增强市场服务的弹性，并通过发行制度、交易制度以及投资者准入制度等差异化制度安排全力支持挂牌企业发展。

“预计不会以财务标准对市场进行分层，因为这与新三板不设财务门槛的市场理念相悖。”上述知情人士强调。

啃哥有话说

Ken Zhang

啃哥对这句话要点个大大的赞！新三板不设财务门槛，是最大的进步。推而广之，新三板分层也将没有任何财务指标限制，这是巨大的进步。啃哥也坚信今后新三板分层不会依据任何利润数据等财务指标。

实际上，早在今年2月份，全国股转系统公司董事长杨晓嘉曾提出，新三板挂牌企业达到一定规模时，就会实行分层管理，推进差异化服务，留住优质企业。

以三种交易方式为依据分层，这意味着分层管理需要等到三种交易方式全部推出以后。为完善市场定价功能，改善市场流动性，新三板的交易制度并行实施做市、协议和竞价三种转让方式，挂牌公司只要符合相应条件，就可以在三种转让方式中任选其一作为其股票的转让方式。

啃哥有话说

Ken Zhang

确实是这样。只有三种交易方式齐备了，才有可能进行分层。因此可以认为，虽然分层是必须要做的，但是必须等到交易方式完备了，至少是竞价交易方式推出后，才有可能来设定。

在原有协议转让方式的基础上，今年8月25日，新三板已经实施做市转让方式，做市转让方式实施以来，新三板交易活跃度逐渐提高。

隋强表示，目前竞价交易的技术准备、制度准备正在有序开展，预计在今年年末，或者在2015年年初择机推出。同时，全国股转系统正在研究扩大做市商的内涵，进一步助推和提升市场交易效率。

啃哥有话说

Ken Zhang

是这样的。啃哥之前也分析过竞价交易的推出事宜，只是时间问题。现在很多人都在诟病新三板交易不活跃，而竞价交易是提升交易活跃度的重要方式之一。

据记者了解，新三板竞价转让方式与交易所市场的竞价交易制度类似。基于新三板的市场特征，在申报价格限制、收盘集合竞价时间等方面做了有针对性的差异化安排。

市场内部分层正在成为一股浪潮，今年3月份，上交所有关人士曾表示将在上交所推进内部分层，专门设立战略性新兴产业板块；今年10月初，证监会印发的《关于支持深圳资本市场领域改革创新发展的若干措施》提出"积极研究制定方案，推动在深圳证券交易所创业板设立专门的层次，允许符合一定条件尚未盈利的互联网和科技创新企业在全国中小企业股份转让系统挂牌满12个月后到创业板发行上市，支持创业板的良性发展。"

Ken Zhang 啃哥有话说

是的，以上所言不虚。啃哥在10月10日的文章（见第14篇）就专门分析过这个鼓励互联网企业的文件。其实，无论是设立"战略性新兴产业板块"，还是"允许一定条件的新三板企业转创业板"，宏观来看，都是在原有板块中进行分层的一种考虑。

新三板与其他资本市场的衔接

除了内部分层，新三板与创业板、中小板、主板以及区域性股权交易市场的衔接也尤为重要。今年10月29日，齐鲁股权交易中心8家挂牌企业批量转移至新三板，开创了区域性市场与全国市场挂牌企业批量转移先河。（啃两句：这是一种尝试，加速了四板和三板之间资源的流动。）

据记者调查，新三板挂牌企业对转板制度安排极为关注，如江苏铁发、中搜网络等挂牌企业就非常期待监管层对转板机制做出安排。江苏铁发董秘檀文在接受《证券日报》记者采访时表示，"目前，江苏铁发把转板作为重要工作之一。公司时刻关注转板制度的具体安排。"

Ken Zhang 啃哥有话说

新三板挂牌企业当然会非常关注转板制度，利益使然。如果能够转板，成为创业板公司，那可谓就“一步登天”了。由于目前国内一二级市场的巨大差距，将为原有股权带来巨大的增值空间。

据悉，目前在监管层以及业界已经形成共识：在目前主板、创业板、新三板分属于不同交易所的情况下，更加需要建立良好的衔接机制，运行良好的转板制度就是这种衔接机制的必然选择。

啃哥有话说

Ken Zhang

目前主板归上海交易所，而创业板、中小板归深圳交易所管理；新三板归全国中小企业股份转让系统公司管理。三龙治水，必要的衔接沟通非常重要，而这个衔接沟通的主导人，当然非证监会莫属了。

综上，本文最有用的信息如下：

■ 交易方式、总股本、股权分散程度可能会成为分层的考虑因素。也就是说，所有财务数据以及行业信息，都不会作为分层的依据。这点纠正了啃哥之前一些片面的认识。

■ 只有竞价交易推出并稳定后，即交易方式齐备了，才能开始实施分层，这是前提。此文明确了几个大招的顺序。

■ 从更加宏观的角度观察，上交所推动在上交所设立“战略性新兴产业板块”；证监会推动深交所创业板“允许符合一定条件尚未盈利的互联网和科技创新企业在全国中小企业股份转让系统挂牌满12个月后到创业板发行上市，支持创业板的良性发展”，以及“四板8家企业转三板”，这些看似孤立的事件，其实都是一种分层思想的初步尝试。

■ 再推而广之，啃哥大胆推断，分层的结果也许将不仅仅是新三板分层，而是主板、创业板甚至四板也都开始分层。最后各个市场之间、不同板块之间相互对流，更能提高效率和匹配度。而这一切，将会从一次次尝试，从新三板的大力发展推动中得以实现。

2014年11月15日

于北京

以汪国真的一首诗 《也许》， 结束此文， 送给大家：

也许

汪国真

也许，永远没有那一天
前程如朝霞般绚烂

也许，永远没有那一天
成功如灯火般辉煌

也许，只能是这样
攀援却达不到峰顶

也许，只能是这样
奔流却掀不起波浪

也许，我们能给予你的
只有一颗
饱经沧桑的心
和满脸风霜

POREOVER THE NEW OTC MARKET

23

新三板与 PE 转型之猜想

新三板，与私募股权投资（PE）的转型扯上关系后，给了市场无限的遐想。是啊，如果只是券商在新三板中折腾，显然又是躺着赚钱。多些竞争，多给民营金融企业进入新三板的机会，终究只会对市场有好处。鲶鱼效应可以促使原有的鱼儿们更健康，最终获利的将是整个社会。

啃哥有话说

Ken Zhang

啃哥有个经验，就是在一个陌生的地方吃饭时，要挑选人多的餐馆去。因为如果人多，至少可以认为那个餐馆的菜不会太差。这就是搭便车原理。

同样道理，PE界的两个最大的机构，一个已经挂牌新三板，一个马上挂牌新三板；一个在新三板已经尝到了甜头，一个嘴上不说，其实眼红得厉害。

新三板的魅力就在这里，在很多人还在喋喋不休，持怀疑态度的时候，一些大佬们、有眼光者其实已经布局完成了。时间就是金钱，先发优势，在新三板这个新生事物中体现得淋漓尽致。

下面这篇《Pre-IPO模式日渐走入死胡同　新三板成PE转型桥头堡》（丁正威）于2014年11月17日发表在《新金融观察》上，虽然是在说中科招商，其实是给所有民营企业提个醒。如果还在犹豫，那么请看看这PE界两个大佬已经如何在新三板演绎了。犹豫，有的时候是因为研究得不够透彻。机会，只垂涎有准备的头脑。

国内两大PE公司——九鼎投资和中科招商登陆新三板前的“战绩”列示见表23.1：

表23.1

两大PE公司登陆新三板前的战绩对比表

新三板挂牌PE	九鼎投资	中科招商
商业模式	PE工厂模式（直营模式）	PE加盟连锁模式
在管股权基金总额（认缴金额）	250亿元	607亿元
退出项目个数	24个	32个
经典退出案例	吉峰农机 （IRR为141%，创业板上市）	中国安防 （IRR为119%）

注：1. 数据截止日期为挂牌新三板前，具体日期为：九鼎投资2013-10-31，中科招商2014-08-31；
2. IRR为募投项目完成退出后的内部收益率。

啃哥有话说

Ken Zhang

表23.1一目了然，是将PE行业两大巨头进行了对比。将九鼎称作PE工厂，也叫作直营模式，因为九鼎靠的是投资流水线，

同时所有尽职调查都是北京总部派人。将中科称为连锁加盟模式，就是因为其是和各个地方政府建立基金，依托当地政府的很多资源。两家退出数量相差不大。而在管股权基金显然中科招商600亿元比九鼎高出很多，但是请注意是“认缴金额”，即承诺出资金额，而实际出资金额，则不得而知。

中科招商近日在新三板披露了《公开转让说明书》，在挂牌同时还将定增募资90亿元。继九鼎投资之后，新三板即将迎来第二家挂牌的PE。

与九鼎投资类似，中科招商也因凶猛的投资风格和背离传统的商业模式而被传统PE视作“叛逆者”。可在Pre-IPO模式日渐走入死胡同之时，正是这两家另类PE率先“玩转”新三板，借此助力转型。然而，九鼎投资和中科招商对于PE的转型方向却有着不同的理解。

“叛逆者” 聚居地

近日，中科招商投资管埋集团股份有限公司在新三板披露了公司挂牌的《公开转让说明书》(申报稿)。这意味着，继今年4月九鼎投资挂牌新三板后，中科招商成为又一家登陆新三板的PE已是时间问题。

根据《公开转让说明书》，中科招商在挂牌新三板之时，还拟向不超过30名投资者定增募资不超过90亿元。若募资成功，中科招商将打破九鼎投资今年4月创造的35.57亿元的新三板定增纪录。

Ken Zhang 啃哥有话说

啃哥揉揉眼睛，没看错，是90亿元。如果向不超过30位投资者定向募集，即每个投资者出资3亿元。看来中科招商还是非常有能量的。

与九鼎投资“地毯式”搜寻项目及工业化流程筛选项目的“PE工厂”模式类似，中科招商与各地方政府合作设立引导基金，或招揽当地有人脉、有实力的个人加盟，并挂以中科招商品牌的“PE加盟连锁”模式，同样被精耕细作的“小作坊式”的传统PE视为行业的“叛逆者”。

啃哥有话说

九鼎投资和中科招商都是行业的“叛逆者”，但是叛逆的方式不同。上文进行了分析。

中科招商如此的另类运作风格产生于公司股东背景发生变化之后。与九鼎投资的民营性质不同，于 2000 年 12 月在深圳成立的中科招商，成立初期有招商局、北京城建等国资背景。

然而在 2004 年后，公司的股权比例开始向管理层倾斜。截至本次挂牌公开转让前，中科招商的创始人单祥双持有公司 61.42%的股份，为第一大股东和实际控制人，公司其他股东也已由国有企业逐步变成了核心员工和民企老板。

也正是从 2005 年开始，中科招商开始在全国各地广设基金。截至今年 8 月 31 日，公司已拥有在管基金 111 只，9 年间基金认缴规模从 20 亿元增至 600 亿元，扩大了 30 倍，所管基金累计投资项目 233 个。凶猛的投资风格与九鼎投资相比有过之而无不及。

形成鲜明对比的是，2012 年、2013 年连续两年登顶福布斯中文网评出的中国最佳 PE 机构的鼎晖投资，其管理基金的数量仅为 7 只，而这两年位居榜单次席的正是中科招商，这两者的经营风格迥然不同。

啃哥有话说

确实，中国最佳 PE 机构——鼎晖投资，能评为最佳是有道理的。但是需要注意，啃哥认为这些评选都存在一定水分，大家看看就行了。

先是九鼎投资，后有中科招商，新三板似乎正成为 PE 行业“叛逆者”的聚居地。然而，“叛逆”的终极形态是颠覆，而颠覆则往往意味着创新。新三板作为资本市场的新生事物，相较于传统 PE，自然会更快地被九鼎投资和中科招商这样的 PE“玩转”。（啃两句：这一段说得太好了，叛逆意味着颠覆，太对了。）

另外，硅谷天堂董事总经理乐荣军也表示，公司已启动在新三板的挂牌工作。虽然未被贴上“叛逆者”的标签，但硅谷天堂同样是 PE 行业的创新者，以并购创新而知名。（啃两句：硅谷天堂要跟进，显然是在新三板看到好处了。）

同途而殊归

在 Pre-IPO 模式日渐式微的大环境下，PE 转型成为必然。作为行业异类的九鼎投资和中科招商率先抢滩新三板，正是为其转型未雨绸缪。

“九鼎投资挂牌新三板并非为 PE 业务融资，而是为以后开展证券经营、公募基金等新业务筹备粮草。”九鼎投资董事长吴刚直言，正是在新三板补充资本后，九鼎投资才得以增资控股天源证券，开始布局大金控的战略转型。

半年以来，九鼎投资已通过新三板完成了两次定增。在首次定增中，九鼎投资通过用发行股份置换 LP 份额的方式，获得了 35.57 亿元的长期股权投资资产。其后不到半月，公司就公布了第二份定增预案，并最终通过这次增发获得了 22.5 亿元的现金资产。（啃两句：挂牌新三板后，融资达到 58 亿元！金额不可谓不大。）

据九鼎投资披露，仅在完成第二次定增后的 4 个月内，公司就用自有资金开展了共计 7 次对外投资活动，6 次涉及进入新的经营领域，其中就包括开中国资本市场先河的控股天源证券，进军证券业。在此期间，九鼎投资还成立了国内首家 PE 全资控股的公募基金。

Ken Zhang 啃哥有话说

第二次定增 4 个月，投了 7 次。可以看出想投出去已经策划很久很久了。这是厚积薄发的过程。

新三板对定增免审批、事后备案，而且允许挂牌企业按需融资，不对发行间隔作强制规定。所以从提出预案到最终完成，两次定增只用了九鼎投资不到半年的时间。

Ken Zhang 啃哥有话说

这是由于新三板宽松的政策“定增免审批、事后备案”，才成就了九鼎投资，当然，同时也成就了新三板本身。九鼎投资成为第一个吃螃蟹的人，这需要多么大的勇气和智慧啊！

而中科招商也亟须资金。在《公开转让说明书》中，中科招商仅以寥寥数笔提及公司劣势，“融资渠道需要进一步拓宽”就在其中。

然而，就在今年 4 月九鼎投资挂牌新三板后，中科招商创始人单祥双还表示，希望公司能登陆主板，至少也是先上创业板。但最终，中科招商选择了新三板作为资本市场首站。IPO 的拥塞纵然是重要原因，但九鼎投资在新三板的吸金也令单祥双眼红。（啃两句：前车之鉴，既然九鼎投资在新三板顺风顺水，自然中科招商需要跟上。）

不过，单祥双对于九鼎投资的转型方向却不以为然，“一些 PE 正试图转型为新的、小型的金融控股公司，这其实是走进了自己并没有独特优势的传统领域。和已经成型的机构分食存量，意义不大。中国经济的发展不需要很多金融控股公司，关键在于质量、专业能力。”（啃两句：真的是不以为然吗？有的时候大家都明白。）

中科招商对转型方向的选择则是，做从为企业提供种子资金的天使投资，到企业上市后提供并购重组支持的创新创业全产业链。单祥双如此形容：“红苹果甚至绿苹果都已经摘没了，现在必须踏踏实实种果树、做果农、建果园。”

啃哥有话说

所有人都在说做天使投资，但是又有几个做得好呢？风险太难控制，转型谈何容易。但是，进入新三板，起码打开了转型的大门。不然，连转型的机会都没有的。

中科招商在今年 5 月公布的“设基金、建基地、兴基业”的“三基工程”，就是其创新创业全产业链转型思路的体现。单祥双表示，“三基工程”已募资 86.5 亿元，后续业务也需大量资金推进。由此，中科招商在新三板 90 亿元募资大单的用途已不难推断。

啃哥有话说

本文虽然是在对比中科招商和九鼎投资挂牌新三板的，但是啃哥想说的更多的是示范效应。既然 PE 行业的两大巨头均挂牌新三板，那么，还有谁能说新三板不好呢？要知道，PE 投资机构是这个社会上最敏锐的机构，也是把握政策最准确的机构。

如果之前有人说只有九鼎投资一家上了新三板，不足以说明问题。啃哥也没话说。不过现在连中科招商也已经排上队，并且新三板的“股份转让说明书”已经全部在网上披露了，还有谁能说新三板没前途呢？难道这些嗅觉敏锐的投资机构都疯了吗？

可能又有人要说了，不就两家PE吗，有什么大惊小怪的。啃哥想说，说这话的人真是不了解PE行业。国内PE行业，外资巨头云集，而外资PE是无法上新三板的。民营PE九鼎投资、中科招商，已经是前三的位置了。

这个事情就类似于吃饭时候找热闹的餐馆的道理。如果读者不想仔细看啃哥前三十篇关于新三板如果重要、有前途的理论分析。那么，这个活生生的例子已经出现，读者总该相信吧。

有读者问，啃哥你天天说新三板如何如何好，到底为什么？啃哥想说，啃哥也不是新三板的代言人，只是看到新三板这么好的机会，对于民营企业千载难逢，而还是很多的犹豫和怀疑的声音。啃哥实在不能忍，便一定要啃清楚，啃明白，路见不平一声吼！真理越辩越明，啃哥坚信，哪怕每天只能说服一个人，坚持很多天，啃哥也值得了。

2014年11月21日

于武清

以汪国真的一首诗，结束此文，送给大家：

旅程

汪国真

意志倒下的时候
生命也就不再屹立
歪歪斜斜的身影

又怎耐得
秋叶萧瑟　晚来风急

垂下头颅
只是为了让思想扬起
你若有一个不屈的灵魂
脚下就会有一片坚实的土地

无论走向何方
都会有无数双眼睛跟随着你
从别人那里
我们认识了自己

PORE OVER
THE NEW
OTC MARKET

24

新三板董事长的“自卖自夸”

2014年10月底，在“2014金融街论坛”上，杨晓嘉讲话表示：新三板不设财务门槛这一步走对了（源自新浪财经）。新三板公司董事长很少公开讲话。因此，这个讲话就非常有分析的必要。该讲话强调了“新三板财务不设门槛”，这样赤裸裸地告白于天下，啃哥必须进行详细分析。要知道，过往三十年，多少优秀的民营企业就是因为一个财务门槛的问题与资本市场失之交臂，痛失发展良机。

而新三板从一开始就“不设财务门槛”，这是开创了一代先河的壮举！

啃哥有话说

Ken Zhang

这几天，新三板又发生了好多事情，包括标准模板的反馈意见。啃哥觉得，这是因为到年底了，快要到全年总结和来年规划的时刻了。那么，最后的时刻，就应该好好冲一冲，多做出点成绩来，让新三板这个新生事物更加光彩夺目，这对于新三板的管理者来说将是莫大的业绩和自豪感。当然，也是和排队家数过多不无关系的。

啃哥同时又很荣幸，因为啃哥在本周一收到了新三板公司的邀请函，去新三板公司讨论“关于反馈意见回复口径及业务审查机制的探讨”这个话题。兴奋之余，在这里晒一下高大上的邀请函。之前有篇文章专门分析过新三板“开门办市场”的先进理念。这里，新三板公司言必行，行必果。值得尊敬！

全国中小企业股份转让系统
NATIONAL EQUITIES EXCHANGE AND QUOTATI NS

邀请函

Invitation

尊敬的张弛先生：

为进一步增加与各市场参与主体的互动交流，听取市场各方的意见和建议，不断探索如何将以信息披露为核心的理念落到实处，为资本市场注册制改革作出积极探索。

兹呈本函诚邀您参加 2014 年 11 月 27 日 第 1 期“全国中小企业股份转让系统挂牌业务部”开门点评活动，敬请拨冗莅临。

活动主题： 关于反馈意见回复口径及业务审查机制的探讨

活动时间： 2014 年 11 月 27 日（星期四） 14:00

活动地点： 3—3 会议室（北京市西城区金融大街丁 26 号全国中小企业股份转让系统有限责任公司南门，三层）

图 24.1 啃哥收到的新三板公司邀请函

由于啃哥很长一段时间是在企业里面度过的，对于企业，尤其是民营企业的很多问题是有深切感受的。民营企业融资问题，是一个亟待解决又非常难解决的问题。正如“三农”问题说了这么多年，真正解决了多少呢？正如师兄陈宇（“风吹江南”）说的，如果连民营企业的融资问题都解决了，也就是说中小民营企业都不缺钱的话，那么，谁还需要钱呢？钱还是稀缺资源吗？民营企业天生就会出现融资难，这是和它的风险对应的。

但是，反过来再想想，民营企业又可以分为很多类别。其实真正应该解决的，不是“民营企业融资难”问题，而是“优质民营企业融资难”问题。因为优质民营企业，本来可以很好地发展，但是由于融资制约，无法进一步发展。因为资金问题，带来了很多瓶颈。而啃哥觉得，新三板目前在做的事情，正是在解决“优质民营企业融资难”问题。而这个问题，目前来看，银行由于“躺着赚钱”没有动力，能认真解决这个问题的，只有新三板！对，只有新三板在解决。这也就在一定程度上解释了为什么那么多民营企业扎堆上新三板（当然，PE也解决了一部分）。

制度上的差异化创新

10月30日，全国中小企业股份转让系统董事长杨晓嘉表示，新三板过去一年发展很快，截至目前，新三板挂牌企业已达到1 217家，总市值3 300亿元，融资金额突破100亿元。

杨晓嘉是在“2014金融街论坛”上做出上述表示的。她指出，新三板发展迅速的主要原因在于新三板试点扩大到全国，并且有了自己的交易系统，以及8月25日做市业务的正式运行。

Ken Zhang 啃哥有话说

首先，啃哥看到的是这则新闻中的是董事长杨晓嘉的照片，是位女士。啃哥觉得这真不容易。一位女士，管这个大摊子，还管得这么好，真是了不得。

其次，啃哥觉得领导讲话都要先说自己的业绩，说做了哪些成绩，上面也是这样，而且尤其强调了8月25日推出的做市商制度。

据了解，在已经挂牌的1 217家公司当中，中小微企业占了95%以上，民营企业占95%以上；营业收入达5 000万元的公司占比48.8%，净利润达500万元的公司占比56.8%，没有盈利和亏损的企业占20%；代表新型行业和新型业态的信息传输软件服务业的比例为27%，高新技术产业占比80%。杨晓嘉表示，一批农村信用社、私募基金等不可能在主板上市的金融企业纷纷登陆新三板，高端、信息技术等各类新型业态都在新三板找到了与资本对接的接口。

Ken Zhang 啃哥有话说

啃哥觉得，这些数字非常有说服力。作为中介机构，如果要研究新三板，逻辑推理固然很重要，但还是不够的。必要的数字才有意义。

作为中介机构如果不能随口报出一些有说服力的数字，而只是靠关系、靠人脉，那么终会将退出历史的舞台。因此啃哥建议中介们记下这些数字，绝对有好处。

中小微企业占比95%，民营企业占比95%，从这两点可以看出，这个市场绝对是一个中小微民营企业的市场；营业收入低于5 000万元的企业占比48%，净利润低于500万元的企业占比56%，更进一步体现了中小微民营企业的特点，规模不是很大；没有盈利甚至亏损的企业都占了20%！这可是相当了得的。

“高新技术产业占比80%”，啃哥想说，那不就是高新技术企业的板块吗？其实没错，新三板既然致力于解决“优质民营企业融资难”问题，那么，什么是“优质民营企业”？当然是“高新技术企业”。新三板是这么想的，也是这么做的，啃哥对此十分赞赏。

请特别注意最后一句“一批农村信用社、私募基金等不可能在主板上市的金融企业纷纷登陆新三板，高端、信息技术等各类新型业态都在新三板找到了与资本对接的接口”。是啊，第一个PE公司九鼎投资在新三板挂牌；

十几家小贷公司在新三板挂牌，这一切的一切，都反映了这个特点和趋势。

海纳百川，有容乃大；壁立千仞，无欲则刚。啃哥突然想起了这句话。正是海纳百川的胸怀，英雄不问出身的态度，不管是亏损的公司、投资类公司还是小贷类公司，只要想上，管理规范，就能上。这样的胸怀，能办不好吗？

对比A股，啃哥想说为什么A股十几年做不到的事情，新三板在一开始就全部做到了呢？如果简单地用“初生牛犊不怕虎”来形容会有点武断。啃哥更想说的是，A股积重难返。而新三板轻装上阵，同时有高层支持，未来哪个更优秀，就显而易见了。

啃哥还是觉得，任何事物必须看长远些，古语叫“风物长宜放眼量”，哲学上叫“用发展的眼光看世界”。现在的新三板就是未来中国资本市场走向繁荣的奠基石。A股设立之初的国企改制脱困，国有股减持任务已经完成，是该慢慢退出历史的舞台了。而承接这个舞台的，就是新三板。

很多人也许认为啃哥是在痴人说梦。但是通过逻辑思考，以及类比20世纪90年代的价格双轨制，其实每个人都能得出这样的结论。而只有实践才是检验真理的唯一标准，这样的大胆猜测，未来一定会被一一证实，啃哥深信不疑。

与此同时，在股票发行和并购重组方面实行事后备案和信息披露监管，新三板为公司挂牌创造了良好的条件。2014年以来，挂牌公司完成股票发行205次，融资金额突破100亿元，其中挂牌同时发行45次，融资金额39.76亿元；挂牌公司完成并购重组63次，并购金额合计44.02亿元。此外，22家上市公司及其关联方参股或控股20家挂牌公司，5家挂牌公司被上市公司并购而终止挂牌，8家挂牌公司转板到中小板和创业板。

Ken Zhang 啃哥有话说

有些同样内容的新闻，标题是“新三板融资超过100亿”来源就是这一段。

啃哥再次提请读者注意，“在股票发行和并购重组方面实行事后备案和信息披露监管，新三板为公司挂牌创造了良好的条件”，也就是说，新三板的股票增发和并购重组，是完全不需要经过证监会审核的自主行为，只要公告市场就行了！这是彻底的放权。对比A股近期说的火热的、新推出的、被夸到天上去的“并购重组办法”中，所谓的分到审核，新三板又不知道甩它几条街了。

2004年以来挂牌公司完成股票发行205次，融资超过100亿元。挂牌公司完成并购重组63次，并购金额达到44亿元。虽然金额相对A股较小，但是，这都是已经实实在在发生的。以这些实际数字反驳那些对新三板持怀疑态度的人们，已经足够了。

杨晓嘉表示，新三板区别于主板，主要在于新三板对挂牌企业不设财务标准，等于没有门槛，以信息披露为核心，服务中小微企业，对接投融资，制度上的差异化创新是新三板的立身之本，也是新三板服务这个市场的出发点和落脚点。

啃哥有话说

Ken Zhang

这一段是重点。新三板对挂牌企业“不设财务门槛”，这是最最核心的内容。正是海纳百川的态度，才成就了新三板的今天，以及可以预见的辉煌的未来。

“制度上的差异化创新是新三板的立身之本，也是新三板服务这个市场的出发点和落脚点。”这句话太牛了，说到点子上了。啃哥试问，什么是“差异化创新”？既然是差异化，肯定有对比的对象，那么不用说，又是A股了。这句话解释出来就是说，与A股的差异化创新，是新三板的立身之本，也是出发点和落脚点。再说得直白些，就是吸取A股教训，努力避免A股不合理的内容，就是新三板的出发点和落脚点。

当然，发言人不能这样说，否则让A股管理者颜面何存，所以说得很委婉。但是啃哥分析的却比较直白，很多时候，说直白了也不是坏事，太委婉了反而不能起到振聋发聩的效果。啃哥是这样认为的。

杨晓嘉指出，目前新三板正在探讨将所有挂牌企业从申报受理开始全过程在网上公开，其中包括审核人员的审核情况全公开，今年6月起新三板已经在官网上公开了挂牌审核的制度，实现了挂牌申请材料接收即披露，下一步新三板将实现视频化沟通，听取市场各方意见。

Ken Zhang 啃哥有话说

关于“全过程网上公开”，其实在第19篇中也提到过。由于这个发言是11月3日的，当时还没有全公开，才有了这一段。

正如啃哥常说的，阳光是最好的杀虫剂。在A股没有做到全公开的情况下，新三板成了第一个吃螃蟹的人。这样的魄力、胆识，着实令人尊敬。

啃哥也是一家新三板上司公司的董秘，确实看到了审核员的联系方式。啃哥还专门联系过，对方非常客气。想一想，不禁唏嘘不已。这正是“公开”的效果和魅力。而为什么这样好的事情A股却做不到呢？在第19篇中我们已经分析过，这里不再赘述。

证监会市场部副主任王娴在论坛上表示，新三板建立了市场化的企业发现制度——价格发现，让好企业有好的定价，有好的定价就有低成本的融资，让好的企业脱颖而出，发展壮大。

Ken Zhang 啃哥有话说

市场是最好的定价者。而目前之所以A股定价奇高，就是因为非市场化造成的。而新三板的出现，市场化定价的彻底贯彻，啃哥可以预言，3年内A股的高市盈率必将一去不复返。而价值洼地新三板，会成为投资者的首选。除非A股主动降低市盈率。这就是竞争的好处和两个板块发展的未来。

证监会非公部副巡视员郭旭东表示，简政放权在新三板的落实，最直接的表现就是，现在1 217家挂牌公司，经过证监会核准的只有四五家。同时，在日常监管方面，出了大问题证监会才管，因为要守住底线，而一般情况则由新三板负责日常监管，目前最重要的就是要建立中介机构的日常约束激励机制。

Ken Zhang 啃哥有话说

是啊，证监会核准的只有四五家。那么，反过来想一想，为什么证监会对于新三板这么大的放权呢？

这个问题啃哥之前也是分析过的。不是证监会不想管，而是管不了和不敢管。因为新三板从一诞生就是国务院发文，“戴着红帽子”。同时国务院一直都在关注，《人民日报》也时不时发文评论，所以，就让新三板独立发展好了。而这又正好成就了新三板的迅猛发展。

“下一步证监会将继续加大简政放权和改革的力度，完善非上市公众公司监管基础性的制度建设，建立监管信息系统，实现监管的系统化和技术化，强化非上市公众公司的诚信和法律责任，提高信息披露的质量。”郭旭东说。

Ken Zhang 啃哥有话说

啃哥认为，其实新三板的所有创新和改革，都是新三板自己在努力实现。证监会就相当于一个“甩手掌柜”。当然，也多亏证监会这个“甩手掌柜”，才有了新三板的敢作敢为。

另外，最近很多人问啃哥新三板挂牌到底是什么条件，在此附上新三板挂牌条件原文如下。

新三板股票挂牌条件

全国中小企业股份转让系统业务规则（试行）（节选）

（2013 年 2 月 8 日发布，2013 年 12 月 30 日修改）

第二章　股票挂牌

（略）

2.2　申请挂牌公司应当与主办券商签订推荐挂牌并持续督导协议，按照全国股份转让系统公司的有关规定编制申请文件，并向全国股份转让系统公司申报。

2.3　全国股份转让系统公司对挂牌申请文件审查后，出具是否同意挂牌的审查意见。

2.4　申请挂牌公司取得全国股份转让系统公司同意挂牌的审查意见后，按照全国股份转让系统公司规定的有关程序办理挂牌手续。

申请挂牌公司应当在其股票挂牌前与全国股份转让系统公司签署挂牌协议，明确双方的权利、义务和有关事项。

2.5 申请挂牌公司应当在其股票挂牌前依照全国股份转让系统公司的规定披露公开转让说明书等文件。

2.6 申请挂牌公司在其股票挂牌前实施限制性股票或股票期权等股权激励计划且尚未行权完毕的，应当在公开转让说明书中披露股权激励计划等情况。

2.7 申请挂牌公司在其股票挂牌前，应当与中国证券登记结算有限责任公司（以下简称“中国结算”）签订证券登记及服务协议，办理全部股票的集中登记。

2.8 挂牌公司控股股东及实际控制人在挂牌前直接或间接持有的股票分三批解除转让限制，每批解除转让限制的数量均为其挂牌前所持股票的三分之一，解除转让限制的时间分别为挂牌之日、挂牌期满一年和两年。挂牌前十二个月以内控股股东及实际控制人直接或间接持有的股票进行过转让的，该股票的管理按照前款规定执行，主办券商为开展做市业务取得的做市初始库存股票除外。

因司法裁决、继承等原因导致有限售期的股票持有人发生变更的，后续持有人应继续执行股票限售规定。

2.9 股票解除转让限制，应由挂牌公司向主办券商提出，由主办券商报全国股份转让系统公司备案。全国股份转让系统公司备案确认后，通知中国结算办理解除限售登记。

Ken Zhang 啃哥有话说

通过上文可以看出，新三板挂牌时完完全全，没有任何折扣的做到了“财务完全没门槛”，只是从规范管理方面提出要求。正如新三板杨董事长在发言中所说的那样，新三板不设财务门槛这一步走对了。所言不虚。

啃哥在本文中对于新三板公司杨董事长的这次讲话进行了详细分析。可以看出，杨董事长是一个很严谨的人。发言中用了很多数据，估计她本人八成以前是做财务工作或者统计工作的。对于数字的敏感，才是最有说服力的语言，其实数字本身就是语言。

同时，啃哥分析了新三板民营企业成为主流的必然。对比了新三板与A股的利弊，并预测了新三板和A股的未来；不设财务门槛的先进性；差异化创新的真正含义，与证监会的关系等，以　　及啃哥的一些其他个人感受。

2014年11月26日
于汕头

以汪国真的一首《热爱生命》，结束此文，送给各位：

热爱生命

汪国真

我不去想
是否能够成功
既然选择了远方
便只顾风雨兼程

我不去想
能否赢得爱情
既然钟情于玫瑰
就勇敢地吐露真诚

我不去想
身后会不会袭来寒风冷雨
既然目标是地平线
留给世界的只能是背影

我不去想
未来是平坦还是泥泞
只要热爱生命
一切，都在意料之中

POORE OVER THE NEW OTC MARKET

25

集大成之十二个隐含大招

这篇文章，是啃哥用了 2 周的时间，前后 4 次补充完善而成的。之后还专门就其中内容做了一次讲座，收效甚佳。

这是集前面所有文章之大成而作的一篇。啃哥自认为是一篇分析归纳非常到位的得意之作。文中分析了新三板未来可以推出的政策，有且只有 12 个大招，类似于高手对决时候的看家本领。未来新三板的发展，就要看这 12 个大招怎么用、何时用了，是一个个逐步释放，还是一起释放，等等。

可以这样说，目前媒体上东一榔头、西一棒槌的标题党文章，全部都离不开这 12 个大招。足见本文的集大成之功效，包治百病！

新三板最近可以说是多事之秋，非常热闹，这也与接近年底有很大关系。本文正文开始之前，啃哥先将过去两周发生的新三板的大事件概括如下：

1. 挂牌家数猛增。2014 年 11 月一个月挂牌了 200 多家，是过去两月每个月挂牌数量的 2 倍以上。

2. 挂牌数量创新高。截至 2014 年 12 月 8 日，挂牌家数为 1 470 家，排队家数截至 12 月 4 日共 726 家。相比 2014 年 1 月 1 日的 354 家，激增了 1 116 家。这样看来，在 2014 年 12 月 31 日前肯定超过 1 500 家。这是什么概念？A 股市场上市公司只有 2 500 家，且是已经发展了十多年的结果。而在新三板，1 年时间做到了 1 500 家，完成了 A 股市场许多年才达成的事情。

3. 新三板审核开始全力提速。对排队的 726 家企业，近两周已陆续下发了标准模板的反馈意见，涉及十大方面的问题，包括（1）合法合规；（2）业务；（3）财务与业务匹配性；（4）财务规范性；（5）财务指标与会计政策、估计；（6）持续经营能力；（7）关联交易；（8）同业竞争；（9）资源（资金）占用；（10）财务、机构、人员、业务、资产的分开情况。要求 10 个工作日内反馈。根据这样的情况预计，排队的 726 家企业，将在 2015 年 1 月底前全部挂牌！这样的效率，非 A 股能比拟。

可能有人会问：挂牌度这么快，质量能保证吗？新三板董事长杨晓嘉在 10 月 30 日曾公开表示，在当时已经挂牌的 1 217 家公司当中，中小微企业占了 95%以上，民营企业占 95%以上；营业收入为 5 000 万元的公司占比 48.8%，净利润 500 万元公司占比 56.8%，没有盈利和亏损的企业占 20%；代表新型行业和新型业态的信息传输软件服务业的比例为 27%，高新技术产业占比 80%。可见，高质量的企业其实也非常多，这样的担心纯属多余。并且即使速度快了，只要把握关键点，照样可以控制好质量。

言归正传，啃哥观察到，目前，每当说到新三板，总有一种这样的声音："新三板虽然上了那么多家，但是交易量那么惨淡，没有前途的。"其实，这是一个十分错误的观点，也没有任何依据，即便这样，还有不少人相信了，啃哥实在很无奈。新三板虽然目前交易量不活跃，但这绝对是暂时情况，未来（最多 1 年）一定会成为中国交易最活跃的板块，甚至超过 A 股。

正如房地产市场，从 2013 年开始房地产市场一潭死水，交易量并不活跃。但是，2014 年国庆节前的限购限贷放开，近期又要改变关于 5 年内转让缴纳营业税的规定，改为 2 年内转让才缴纳营业税，超过 2 年不缴纳。其实原理是完全一样的。即政策制定者才是最终决定交易量的关键（在中国）。只要有足够好的政策，交易量就能上去。

做市商制度推出后的效果

2014 年 8 月 25 日，新三板做市商制度推出。虽然之前一直被认为是增加新三板交易活跃度的利器，但是推出后不愠不火，市场上有些人还是有点失望。

9 月 30 日《人民日报》的文章这样表述：新三板制度执行一个月，做市业务推动改善市场流动性。

（1）市场成交频率显著增加，日均成交笔数达 578 笔，而 8 月 25 日做市业务实施前的日均成交笔数仅约为 40 笔。

（2）做市业务实施以来一个月，做市股票成交 11 552 笔，占今年以来总成交笔数的 52.93%。投资者参与市场的意愿也得到增强。

（3）做市业务实施以来，新开通全国股转系统交易权限的合格投资者共计 1 663 户，其中机构投资者 236 户，自然人投资者 1 427 户。合格投资者成交金额持续净买入，成为投资者主要参与主体。

通过上述数据可以看到，从 8 月 25 日做市商推出后至 9 月 25 日，日均成交量翻了 40 倍，交易笔数也是明显增加了。谁又能说做市商制度没有用处呢?

效果显著但是没有达到爆棚的状态，啃哥推测这是因为新三板管理者有自己的考虑。希望稳步推进，不希望爆棚，因为爆棚必然引起很多问题。因此，先把盘子做大，再慢慢增加交易量，这样更加稳健，想一想，的确是这个道理，如果啃哥作为管理者也会这样做的。

提升交易活跃度的十二个大招

根据目前新三板的政策，啃哥分析未来新三板管理者至少有十二个大招可以使用，而且招招都是绝对可以大幅度提升交易活跃度的。管理者不是不用，只是需要慢慢推出利好，这样市场才能稳定。

大招一：做市商 5%限额的调整

众所周知，根据目前新三板做市商制度中做市规则，做市商作为市场中介，买入卖出的价差不能高于 5%！也就是说，做市商做市每笔交易的最高利润就只有可怜的 5%！那么必然会带来其交易的动力不足问题。

而纳斯达克的这个数值是 25%，英国该类板块（AIM）板块是 15%。看来，我国新三板这个数值是最低的！显然，管理者希望先让市场稳定，再慢慢增加交易量。

如果想增加交易量，把 5%调整到 8%或者 15%，啃哥相信，做市商一定会积极性倍增，打了鸡血似的增加交易额，因为利润是明摆着的。

大招二：做市商做市时间 6 个月调整

根据目前新三板做市商制度中做市规则，对做市商加入和退出企业做市时间有严格要求。初始做市商为股票做不满 6 个月的不能退出。做市退出之后 1 个月内不能再为该股票做市。

所谓“初始做市”，可以理解为企业的第一个做市商。可见，只要稍微缩短一下这 6 个月的限制，那么激活的交易量又是海量的！

而美国纳斯达克市场对做市时间是没有任何要求的。可见，我国新三板的交易活跃度调整空间还是非常大的。

大招三：做市商 100 万股库存股调整

根据目前新三板做市商制度中做市规则，做市商要开展做市，必须先自己买一些被做市公司的股票，即初始的要求。挂牌时选择做市转让方式的股票，初始做市商合计应取得不低于总股本 5%或者 100 万股的股票，每家不低于 10 万股的做市库存股票。变更为做市商交易和后续加入的做市商的，规定为不低于 10 万股的库存股。

也就是说，做事商在做市的时候，必须先自己垫钱买企业的 100 万股（初始做市商）或者 10 万股，然后再开始销售，而不是一边买一边卖，没有成本的空手套白狼。这样做市商做的业务越大，其垫付的资金量越大，对交易活跃度肯定是有影响的。

想一想，如果降低这个初始库存股的 10 万股/100 万股要求，例如调整为 5 万股/50 万股，做市商将释放出巨大的资金，交易量肯定又上去了。

大招四：推出竞价交易机制

根据新三板交易规则，理论上必须有“协议成交”、“做市商成交”、“竞价成交”三种模式并存，企业选择其中一种模式。现在新三板只有“协议成交”和“做市商成交”两种模式，“竞价成交”模式还没有推出，相信推出之后也是会增加流动性的。根据历次新三板答记者问，关于“竞价成交”的规则，管理层还在抓紧制定中。

大招五：推出转板块机制

10 月份，证监会发布《关于支持深圳资本市场改革创新的若干意见》，文中已明确“将积极研究制定方案，推动在深圳证券交易所创业板设立专门的层次，允许符合一定条件尚未盈利的互联网和科技创新企业在全国中小企业股份转让系统挂牌满 12 个月后到创业板发行上市，支持创业板的良性发展”。

就上文内容，市场解读为已明确允许深交所赶紧制定转板机制，与新三板挂牌企业对接，满足条件的挂牌企业在挂牌 1 年后可以转入创业板。这是什么概念？啃哥说，这相当于在新三板买到了原始股，因为转到创业板时这个溢价空间将是十分巨大的。那么，新三板的交易能不活跃吗？

不仅如此，深圳证券交易所推出有关转板机制的细则也指日可待，因为证监会已经发话明确了。

大招六：推出分层制度

证监会已经多次明确，新三板市场一定会推出分层制度，那么，什么是分层制度呢？以纳斯达克的分层制度为例，通过查阅相关资料，啃哥了解到：

2006 年 2 月，纳斯达克宣布将股票市场分为三个层次：“纳斯达克全球精选市场”、“纳斯达克全球市场”（原“纳斯达克全国市场”）以及“纳斯达克资本市场”（原“纳斯达克小额资本市场”），进一步优化了市场结构，吸引不同层次的企业上市。

（1）纳斯达克全球精选市场（NASDAQ-GS）。

纳斯达克全球精选市场的标准在财务和流通性方面的要求高于世界上任何其他市场，列入纳斯达克精选市场是优质公司成就与身份的体现。

（2）纳斯达克全球市场（原“纳斯达克全国市场”）。

作为纳斯达克最大而且交易最活跃的股票市场，纳斯达克全球市场有近4 400只股票挂牌。要想在纳斯达克全国市场折算，这家公司必须满足严格的财务、资本额和共同管理等指标。在纳斯达克全球市场中有一些世界上最大和最知名的公司。

（3）纳斯达克资本市场（原“纳斯达克小额资本市场”）。

纳斯达克专为成长期的公司提供的市场，纳斯达克小资本额市场有1 700多只股票挂牌。作为小型资本额等级的纳斯达克上市标准中，财务指标要求没有全球市场上市标准那样严格，但它们共同管理的标准是一样的。当小资本额公司发展稳定后，它们通常会提升至纳斯达克全球市场。

啃哥认为，通过分层，将不同类型的企业在一个层次中，能够激发市场的交易活跃度，更有利于投资者分析判断。这个制度的推出当然也是绝对的利好。因为不同类型的企业的市盈率是完全不一样的，分层后势必会体现企业价值，增加交易量。

大招七：降低投资者门槛

目前，新三板投资者的要求是根据《全国中小企业股份转让系统投资者适当性管理细则（试行）》制定的。其中：

“第三条　下列机构投资者可以申请参与挂牌公司股票公开转让：

（一）注册资本500万元人民币以上的法人机构；

（二）实缴出资总额500万元人民币以上的合伙企业。

第四条　集合信托计划、证券投资基金、银行理财产品、证券公司资产管理计划，以及由金融机构或者相关监管部门认可的其他机构管理的金融产品或资产，可以申请参与挂牌公司股票公开转让。

第五条　同时符合下列条件的自然人投资者可以申请参与挂牌公司股票公开转让：

（一）投资者本人名下前一交易日日终证券类资产市值500万元人民币以上。证券类资产包括客户交易结算资金、在沪深交易所和全国股份转让系统挂牌的股票、基金、债券、券商集合理财产品等，信用证券账户资产除外。

（二）具有两年以上证券投资经验，或具有会计、金融、投资、财经等相关专业背景或培训经历。

投资经验的起算时间点为投资者本人名下账户在全国股份转让系统、上海证券交易所或深圳证券交易所发生首笔股票交易之日。”

啃哥详细引用了该制度的第三条、第四条和第五条，目的就是让读者对于政策有清醒的认识。经常有人说“新三板的门槛公司500万……个人500万”，这样没有前提、没有背景的话，啃哥是绝对不会说的，因为没有意义。

啃哥在这里可以明确，“机构500万”，是说注册资本500万元，而不是其他；而“个人500万”，是说个人“前一交易日日终证券类资产市值500万元”，就是只要有500万元的余额就行，不一定是现金。例如不少新三板公司高管持股，持股市场价值都超过了500万元，都有权利开户。只是很多这样有资格的人没有去注意。

目前的新三板市场，从8月25日做市商制度以来，“新开通全国股转系统交易权限的合格投资者共计1 663户，其中机构投资者236户，自然人投资者1 427户”——仍然是非常少的。

不过，如果门槛放低，一旦有大量有资格的人进入，虽然交易量势必活跃，但同时也会造成很多非理性投资产生。“门槛”其实就是把“双刃剑”，高的门槛也只是希望使投资能够更加理性。

大招八：推出优先股政策

目前，根据中国证监会9月19日发布的“非上市公众公司发行优先股相关信息披露文件”，可以看出，新三板推出优先股已是箭在弦上。

一旦推出优先股，增加了新的融资方式，那么挂牌、交易的活跃度也会提高的。既然证监会都已经发文，啃哥相信，离新三板的优先股细则的推出肯定也为期不远了。

大招九：推出中小企业私募债计划

作为另一种融资方式，既然中小板、创业板都有了中小企业私募债，那么，相信不久的将来，新三板市场也会推出这个产品。并且新三板公司的发言人也已经多次强调一定会推出。所以这也是一个提升交易活跃度的利器。

大招十：允许 PE/VC 成为做市商

目前，新三板的做市商只有券商。而关于券商数量，根据证监会网站披露的“证券公司名录（截至 2012 年 4 月 30 日）”，共有 111 家，而已经申请做市商资格的也就 70 多家。毫无疑问，市场交易主体太少了。

新三板公司发言人也已经多次提到，会逐渐允许 PE/VC 投资机构成为做市商。那么，随着投资机构的增加，必然也会带来交易的活跃度上升。因为 PE/VC 相对于高大上的券商来说，更加饥饿，因此也就更加有交易和赚钱的冲动。

大招十一：增加股权质押贷款的定制型和便利性

通过仔细分析新三板已披露的与银行合作的方案，可以看出，目前与新三板合作的银行都是非四大国有银行的一些中小型银行。能够为新三板量身定制融资产品的银行只有 2～3 家，新三板挂牌企业即使通过银行融资方式也很有限。而随着新三板交易的活跃，势必会有更多的银行会看好新三板，为新三板企业量身定制各种融资产品，进而促进企业挂牌和交易的热度，再促进银行设计更好、更优惠的融资产品，达到银行和企业的共赢共荣。

因此，银行在未来，也是能够通过股权质押贷款等多种量身定制产品推出，促进新三板交易活跃度的。当然这取决于银行的盈利压力和动力。

大招十二：调整交易的个人所得税

《财政部、国家税务总局、中国证券监督管理委员会关于实施全国中小企业股份转让系统挂牌公司股息红利差别化个人所得税政策有关问题的通知》（财税〔2014〕48 号）规定：“个人持有全国中小企业股份转让系统挂牌公司的股票，持股期限在 1 个月以内（含 1 个月）的，其股息红利所得全额计入应纳税所得额；持股期限在 1 个月以上至 1 年（含 1 年）的，暂减按 50％计入应纳税所得额；持股期限超过 1 年的，暂减按 25％计入应纳税所得额。上述所得统一适用 20％的税率计征个人所得税。”

如果国家想增加交易量，改变税负，绝对又是一个利器。

国务院的态度

7月18日，在中国证监会副主席姚刚关于新三板的重要发言实录中，明确提出了大力发展新三板并对此进行了非常详细的论述。

《关于进一步促进资本市场健康发展的若干意见》的内容不长，是国务院2014年5月8日发布的国发〔2014〕17号文件。号称新“国九条”，其中最核心的就是“发展多层次股票市场”，也就是新三板。

《关于全国中小企业股份转让系统有关问题的决定》，这是2013年12月14日由国务院颁布的。共五点，其中“一、充分发挥全国股份转让系统服务中小微企业发展的功能；二、建立不同层次市场间的有机联系”，又是强调了新三板，“有机联动”就是转板。

啃哥想说，国务院态度鲜明地表述了要将新三板做好、做大的决心，因此，无论是作为证监会还是新三板公司，都必须要捋胳膊挽袖子达到领导的要求。眼看已经到年底了，啃哥有理由相信，上面的12个大招必须要在年末前再释放几个，否则交易量不活跃，新三板公司、证监会自身都是没有办法给国务院汇报的，除非自己不想干了。

通过上面的分析，大家知道了新三板做市商推出后，交易量已较之前大幅度提高。同时，新三板公司的管理者还有十二个大招可以用，并且由于国务院密切关注，也一定会有提升交易活跃度的手段。

但是，新三板领导者更希望稳健一些，先将盘子做大，再提高活跃度，毕竟不可能一口吃个大胖子。而目前新三板挂牌公司已超过1 470家，盘子已经不小，新三板管理者还在快马加鞭，计划2个月再将剩下排队的700余家公司全部挂牌。

显然，当盘子已经足够大时，新三板管理者一定会开始释放利好，提升交易活跃度，啃哥坚信。

目前，新三板优先股制度已经推出，新三板中小企业私募债据说也即将推出。不断地释放利好，必然会提升交易活跃度，这是不用怀疑的。

但可惜的是，最容易上新三板的时间点已经过去，因为新三板的重点目前已经逐步转向提高交易量。挂牌速度近两个月非常快，也是因为在年底突击解决排队问题，希望交出一份完美的答卷。挂牌数量预计会在明年1月份达到峰值，之后挂牌速度一定会减缓而且条件会更加严格。第一波机会即将过去了！啃哥之前就一直在喊："企业务必要不顾一切，大干快上地上新三板！"真的，过了这村就没这店了。当然，没有上市的企业也不用气馁，毕竟这个市场还处于起步阶段，机会还是无限的！抓紧加入仍然是好处多多！

2014年12月8日

于北京英蓝大厦

李白的一首《清平调》送给大家。李白以此诗名垂千古；也因此诗得罪高力士，被逐出京（西安）。

清平调

〔唐〕李白

云想衣裳花想容，
春风拂槛露华浓；
若非群玉山头见，
会向瑶台月下逢。

PORE OVER
THE NEW
OTC MARKET

26

新三板公司全力以赴解决排队过长问题

新三板逐渐升温，企业忙着申报，申报了之后排起大队又开始着急，其实，新三板公司更着急。

在 2014 年 11 月 25 日，新三板公司专门发文，提出“全国股转系统积极探索机制创新，着力提升挂牌审查效率”。明确表示了全力以赴解决排队 600 余家申报高峰问题。通过 2 个多月的行动，到 2015 年 2 月 12 日，排队家数已经减少到 434 家。可以看出，效果还是非常明显的。新三板公司说到做到，不说空话、大话，这是一种非常难能可贵的精神。

Ken Zhang 啃哥有话说

这篇文章，在啃哥参加了新三板的开门点评活动后，就非常想啃。

这篇文章是新三板公司11月25日在新三板发表出来的，啃哥觉得主要为了澄清11月底排队的732家新三板公司如何应对的问题。啃哥觉得这个《通知》非常中肯，有问题不要紧，关键要解决，而且要让社会知道该如何解决，这才是一个健康的资本市场要做的事情。而新三板公司完全做到了，因此，啃哥对这个《通知》大为赞扬。

相比于在A股市场排队的600多家企业，社会舆论如此之大，证监会却仍含糊其辞，不温不火。当然，这也是多重因素共同造成的，非证监会一个部门可以推动的。而新三板在面临相同问题时，就立即采取措施，并予以澄清和实施具体的举措。这样的效率，这样的管理者，啃哥大大竖起拇指！

自全国中小企业股份转让系统（简称“全国股转系统”）面向全国接受企业挂牌申请以来，申请挂牌企业数量持续增加。本年度，全国股转系统已累计接收1 600余家股份公司的挂牌申请。随着市场效应的逐步释放和市场参与热情的大幅提升，一些前期累计培育成熟的企业集中进入申请挂牌实质操作阶段，今年8—10月出现了“申报高峰”，3个月累计接收了687家股份公司的挂牌申请。根据全国股转系统最新公示的在审企业基本情况表统计，目前在审企业共计732家。目前这些在审企业正在按照既定的审查工作机制和工作流程进行挂牌审查，同时为应对后续可能出现的“申报高峰”，全国股转系统正积极探索机制创新，着力提升挂牌审查效率，推动主办券商提升推荐工作质量，确保挂牌审查工作有序、高效地推进。

Ken Zhang 啃哥有话说

上述一段话确实是大实话，信息量也比较大。

（1）“本年度，全国股转系统已累计接收1 600余家股份公司的挂牌申请”，相较于A股市场的100家企业，在新三板上市的1 600家也反映出新三板的活跃程度是多么的大。

（2）“随着市场效应的逐步释放和市场参与热情的大幅提升，

一些前期累计培育成熟的企业集中进入申请挂牌实质操作阶段，今年8—10月出现了‘申报高峰’，3个月累计接收了687家股份公司的挂牌申请。”在啃哥2014年11月17日的文章中也专门分析过，申报企业快速增加，一个月申报超过300家，开始出现爆棚现象。大家可以认真想一想，这是为什么。因为企业们陆续已看到新三板的优势和未来，说白了，就是“想明白了”，因此才会出现这样的状况。推而广知，如果新三板不是一个非常有前景的市场，又怎么会出现这样的状况呢？

春江水暖鸭先知，先知先觉者永远占得先机，就如同当年的房地产和创业板一样。资源永远有限，所有的事情，只有占得先机的，提前看明白的企业和个人，才有可能拔得头筹。经济学中的“搭便车”理论也这样告诉我们——一拥而上的市场，起码不会是一个差的市场。日常生活中的简单常识，就是我们吃饭也尽量挑选人多的餐馆。这些都是同样的道理。

(3)“根据全国股转系统最新公示的在审企业基本情况表统计，目前在审企业共计732家”，这是2014年11月25日的数字，即排队的企业732家。一看到这个数字，市场上很多不问究竟、人云亦云者又开始跳出来说话了：“排队这么多家，要排到什么时候去啊?”“这么多家排队，别申报啦，报了也没用的。”“排这么多，没前途的。”“算了吧，别报了，到猴年马月啊，这一波机会已经过去了。”诸如此类。

现在听到这样的话语，啃哥都懒得争论了。看到一个现象，直接给出结论，还摆出一副不容置疑的样子，实在很可笑。啃哥即使要争论，也要同会思考的人争论。如同诸葛亮舌战群儒，战的也是一个个会思考的大儒。

言归正传，排队人数多不可怕，因为新三板管理层正在积极处理这个问题。整个《通知》都是在告诉市场新三板管理层将如何解决这个问题。如果那些简单粗暴地上来就讲新三板没有未来的人，能够认真阅读这个《通知》，相信他是不会得出那么错误的结论的。

有的时候，啃哥觉得很奇怪，越是通过简单现象得到的简单结论，却越能得到很多人的赞同和认可。越是否定一件事情，越是得到大多数人的认可。其实大到这个新三板，小到生活中的很多现象和问题，啃哥觉得都是需要认真思考分析的。越是简单粗暴推出的结论，越是有问题的。万不可人云亦云，千万要独立思考。这不是啃哥说的，而是当年胡适先生多次疾呼的。就像整个五四运动，其实在很大程度上，就是一个唤醒民众独立思考的过程。

(4)“目前这些在审企业正在按照既定的审查工作机制和工作流程进行挂牌审查，同时为应对后续可能出现的‘申报高峰’，全国股转系统正积极探索机制创新，着力提升挂牌审查效率，推动主办券商提升推荐工作质量，确保挂牌审查工作有序、高效地推进。”新三板公司对即将到来的“申报高峰”并没有惧怕，而是“积极探索机制创新，着力提高挂牌审核效率”。

也许不知道内情的人会觉得这是大话、套话、空话。而实际上，就在这个文件出来的上一周，也就是11月22日，新三板公司对于所有已经提交材料的700多家企业发出了统一标准口径的反馈意见，要求提供反馈回复。这样模式化的批量回复，确实会在很大程度上提高效率。所以啃哥说，新三板管理者是在身体力行，而不是在空喊口号。

这是11月25日的数据，截至12月31日，新三板挂牌企业已经达到了1 700家。

新三板公司审查工作高效便捷

根据全国股转系统的审查流程和进度，目前在审的732家企业，将于今年11月底至明年1月期间陆续审查完毕。现阶段，8月底之前报送挂牌申请材料的企业已基本审查完毕；截至11月21日，9月30日之前报送挂牌申请材料的企业的反馈意见已全部发出；10月31日前报送挂牌申请材料的企业的反馈意见将于11月30日前陆续发出。预计到11月底，全国股转系统出具“同意挂牌函”的企业数量将超过1 400家。

Ken Zhang 啃哥有话说

这段话的第一句非常重要——“目前在审的732家企业，将于今年11月底至明年1月期间陆续审查完毕”，也就是说11月25日的732家企业，将在1月底前完成挂牌。现在的时间是2015年1月1日，排队的企业数量已经降低到300多户，按照目前的进度和状况，到1月底消化完11月末的732家企业，问题应该不大的。

接下来，是从过往历史在说明新三板管理者的效率，用事实说话，告诉市场，申请的企业家数多没关系，新三板公司是完全可以应付的，并且历史上也都这样过来了。

通过列举一系列的数据，打消市场的怀疑态度，向大家证明新三板不是仅仅说一说，而是说到做到。8月底之前报送的，已基本从审查完毕，言外之意就是，用3个月就可以完成审核并挂牌。

全国股转系统将一直保持与主办券商等中介机构的反馈互动，保证审查工作高效便捷。对于反馈回复的项目，全国股转系统将以主办券商为单位，重点审查主办券商内控的组织和落实情况，进行集中讨论和会商，对反馈落实完毕且符合挂牌条件的企业进行快速审查处理。符合条件的将及时获取全国股转系统出具的“同意挂牌函”。全国股转系统希望申请挂牌企业、主办券商等中介机构积极配合，确保挂牌审查工作有序、高效地推进。

Ken Zhang 啃哥有话说

此段核心是新三板公司解释如何“保持与主办券商等中介机构的反馈互动，保证审查工作高效便捷”。新三板公司是这样说的，也确实是这样做的。啃哥参加的11月24日的开门点评活动，就看到券商提出了很多建议，并且新三板公司确实是在认真听取并积极讨论解决方式。

“对于反馈回复的项目，全国股转系统将以主办券商为单位，重点审查主办券商内控的组织和落实情况，进行集中讨论和会商，对反馈落实完毕且符合挂牌条件的企业进行快速审查处理。”这一句也很关键，即企业的反馈意见，新三板公司将“以券商为单位”进行审查。

为什么是“以券商为单位”呢？因为以券商为单位进行审查，

就是将一个券商所有的项目集中审查，目的是考查商工作的细致程度，从而对这70多家券商进行评级。对于工作认真、评级高的券商，以后再审查其项目的时候就可以适当从松处理；而对于项目很多的券商，以后当然是从严审查了。“以券商为单位”是一个重要的举措，请大家格外注意，这将成为今后券商分化的一个重要原因。

“重点审查主办券商内控的组织和落实情况”，即新三板公司审查的是券商的工作，而审查内容是“券商内控的组织和落实情况”。因此，新三板公司看中的是券商工作对企业内控的了解和把握，以及券商自己内控的情况。并且，新三板公司重点审查的对象是券商而不是企业，这确实又高出一个层次，请大家特别注意。

“对反馈落实完毕且符合挂牌条件的企业进行快速审查处理。符合条件的将及时获取全国股转系统出具的‘同意挂牌函’”，啃哥提请读者们注意文中“快速”、“及时”这两个形容时间的词。言外之意当然是：企业、中介机构的效率起码不要比新三板公司效率低吧？

上面说了新三板公司的审查速度和审查对象，下面当然是详细说说新三板的审查内容了。

推动市场主体提升工作质量

一年多来，全国股转系统积极进行机制创新，坚持以信息披露为核心，努力探索发挥主办券商的作用，不断提高挂牌推荐工作质量和效率。近日，全国股转系统在案例总结的基础上，对反馈意见进行了标准化处理，对申请挂牌公司的意见分成“公司一般”和“特有问题”两部分，“公司一般”为企业常见问题的经验总结和标准化，借反馈之机供主办券商和其他中介机构参考，视企业实际情况选择适用。“特有问题”是基于公司所处行业、自身个性化和差异化特点的问题；积极鼓励主办券商结合自身专业能力，除注重信息披露的合规性和有效性外，还应以投资者需求为导向挖掘企业业务特点，鼓励为被推荐企业的投资价值做出评估，为挂牌以后的交易、融资等行为提供增值服务。

啃哥有话说

Ken Zhang

本段是核心，也是12月份各个券商和企业最最忙活的事情（没有之一），即新三板公司对反馈意见进行了“标准化处理”，形成“一般问题”要求券商完成。新三板公司对于所有企业提出了10个方面的30多个问题。要求如果已经在股份转让书中披露了，就不用再披露，但是要写明索引号。确保该披露的都披露了，类似一个“check list”。

除了“一般问题”外，还有“特有问题”。特有问题就是针对企业的问题了，要求企业进行回复。这些“特有问题”才是更针对某个企业的问题，回答得好更能增加企业的亮点和价值的。

目前，全国股转系统出具的反馈意见既有一般问题，也有特有问题，没有机械化地进行反馈操作。全国股转系统希望主办券商对于共性问题形成标准，对同一问题不再重复出现，不断提高挂牌推荐的工作质量。

啃哥有话说

Ken Zhang

这段话有点隔山打牛的感觉，像是说给券商听的。从“希望”一词就看得出来，虽然文字上是“希望”，却是给券商发出了命令，要求券商“主办券商对于共性问题形成标准，对同一问题不再重复出现，不断提高挂牌推荐的工作质量”。这也表明，只新三板标准化问题是第一步，今后还需要券商在自己的工作中将问题意见标准化，而不是什么都等着新三板公司来设定。要有自己的主动性，要有自己的能动性，券商不要总那么被动地等着新三板公司的要求，应从自身出发，从进一步做好审查出发，替新三板公司多承担些审查的任务才对。

全国股转系统本次探索，旨在进一步夯实主办券商制度，强化主办券商前端的基础准备工作为后续的提升挂牌审查效率创造条件，并没有提高挂牌准入条件和门槛。这一探索要求主办券商质控/内核部门负责组织项目组对反馈意见进行落实，意在引导主办券商加强内部质量控制，强化质控部门的督查内审机制，督促项目组重视并积极落实质控/内核提出的信息披露问题，提高信息披露质量，从而能够从源头上保证挂牌审查工作效率的提高，切实提高市场运行效率，使得挂牌审查工作更加高效便捷，真正为中小微企业服务。

Ken Zhang 啃哥有话说

本文先说了审查速度、审查对象、审查内容和形式，接着是此次设定“一般问题”和“特殊问题”这种审查标准化创新，最后讲下一步的工作计划（其实就是如何进一步做好“一般问题”和“特殊问题”的审查工作）。

首先，文中明确，此次审查标准化“旨在进一步夯实主办券商制度，强化主办券商前端的基础准备工作为后续的提升挂牌审查效率创造条件”，同时“并没有提高挂牌准入条件和门槛”。当然，有没有增加企业负担就看各方怎么看待这个问题了。从新三板公司的角度来说，当然是就是没有增加负担的；但是对于企业，等于是要把原来在“股份转让说明书”中已经描述过的问题再重新叙述一遍，啃哥亲身经历过，工作量其实不小。

其次，“这一探索要求主办券商质控/内核部门负责组织项目组对反馈意见进行落实，……真正为中小微企业服务”，这部分也很重要。它是在说，新三板公司希望券商在审查过程中承担更多的任务，最终目的是审查前移，让优质券商的内核承担起新三板审查的职责，减轻新三板公司审查的压力。让新三板管理者解放出来，做更重要的事情。毕竟，新三板平台搭起来后，如果还靠新三板公司不停审查，那么很有可能之后的发展就与当初的理念渐行渐远了。因此从一开始就明确新三板要逐步放弃审查权，这个市场才会走向繁荣。

下一步，全国股转系统将加强对主办券商质控/内核专业人员和项目人员的督导和培训，积极发挥主办券商内控/内核的专业能力和力量，提高执业质量和挂牌公司信息披露质量。

Ken Zhang 啃哥有话说

最后讲的就是“下一步工作”。即新三板管理者计划要培训券商内核人员，使券商内核层面已经经过了严格审查，最终达到减轻新三板公司审核压力和缩短审核时间的目的。

综合来看，这篇文章，前面先总结了新三板公司已取得的成绩和挂牌速度，用以澄清市场近期的猜疑。之后，进一步描述了新三板公司如何加速审查的具体方式，即通过标准化的反馈意见（“一般问题”和“特殊问题”）提高审核速度。最后，新三板公司郑重承诺，1月底之前完成排队的700多家企业全部挂牌任务。

距《通知》发布已经过去了1个月的时间了。新三板排队企业已从11月底的732家降低到了目前的560家（包括了12月新递交的），挂牌数量从11月底的1 400家，增加到12月底的1 700家，仅12月这一个月就新增挂牌企业300家。通过12月的数据，我们有理由相信新三板管理者确实是信守诺言在做事情，732家企业中剩下的432家，在1月份是可以挂牌完成的。

2015年1月2日
于北京

以一首《山高路远》，结束此文，送给大家：

山高路远

汪国真

呼喊是爆发的沉默
沉默是无声的召唤

不论激越
不是宁静
我祈求
只要不是平淡

如果远方呼喊我
我就走向远方
如果大山召唤我
我就走向大山

双脚磨破
干脆再让夕阳涂抹小路
双手划烂
索性就让荆棘变成杜鹃

没有比脚更长的路
没有比人更高的山

PORE OVER
THE NEW
OTC MARKET

27

政策最终落地， 尘归尘， 土归土， 争论休矣

2014 年的圣诞节，证监会发布的一个《通知》终于堵住了新三板怀疑论者的口。终于，所有人都开始认可新三板就是中国未来的纳斯达克，就是中国资本市场的未来。

且不论新三板会不会成为中国的纳斯达克，因为要说新三板就是中国的纳斯达克，必须对美国纳斯达克有个非常全面的了解，包括历史和现状，之后再与中国的新三板对比，才有可能下一个论断，这是一个非常复杂的过程，因此像这样吸引眼球的结论啃哥不敢下。

但是，就这个《通知》本身而言，确实是证监会再次刺激新三板发展的一次重要利好释放。鼓励券商进入新三板，政策导向异常明确。

这个《通知》的推出，使 2014 年长达一年之久的关于新三板到底该不该进入、到底是不是机会的问题，终于尘埃落定，争论休矣。

2014年12月25日，证监会网站的一个通知再次点燃了新三板的热度。各种赞许声音一片，各种看好再次来临，之前质疑的声音消失殆尽。类似“新三板约等于创业板”，“上不了市，挂新三板也毫不逊色”这样的肯定之声终于在主流媒体出现了。

啃哥说过无数次，最讨厌人云亦云者。想一想之前的新三板，质疑声音那么多，而啃哥是一个坚定的新三板支持者。而如今，新三板政策最终落地，然而机会其实已经过去大半。要看得远，才能抓得先机。当人人都看明白的时候，机会也已经溜走啦。

而这个政策的落地，其实在7月份啃哥开始啃新三板时，就已经初见端倪。并且随着各方面政策和主流信息的不断增加，“新三板就是资本市场的未来”这样的结论啃哥早已下过了，政策的最终落地只是时间问题。果不其然，在12月25日，就在这个圣诞节，证监会的第一步政策落地了。

这个时候，大部分人都已看明白了，企业如果现在动手，已不算早了。但是，做总比不做好。虽然大部分人看明白了，但是啃哥知道很多人心中还有疑虑。

这个道理其实和买房子是一样的。如果房子没盖好，或者要等2年以后旁边的地铁才能通车，它的价格肯定要便宜一些。一旦房子封顶了，或者地铁通车成为核心地段了，每平方米房价涨个30%不成问题。昨天地铁没通车是一个价格，而第二天通车了立马就涨30%！而通车这件事情其实是明摆着的。其实，深入思考一下，这就是一个大众缺乏分析、缺乏深入思考的现象。因为没有通车，没看到通车，没看到封顶，各种怀疑就不断，而其实这是板上钉钉的事情，通过分析和思考是完全可以确定的。但是，正是缺乏这样的精神，才造成了在封顶或者通车后涨价和疯抢，而之前交易冷淡的奇怪现象。

新三板又何尝不是这样呢？

最后，这个文是12月25日由证监会发出的，仔细想想这个时间点，已是2014年的最后几个工作日了。啃哥认为，一定是证监会需要在2014年对于国务院之前的《国务院关于全国中小企业股份转让系统有关问题的决定》有个交代，才必须在2014年内出这个文。啃哥觉得证监会内心老大不愿意，要不也不会拖到最后几天才发出。因为很简单，新三板做得太好了，把A股"晾"在那里了，证监会没面子。但是新三板又是国务院钦点的，没办法不支持，因此只好拖到了最后。

上面啃哥叨叨了很多，说了一箩筐，目的是想说，这个政策是水到渠成的结果。下面咱们详细啃。

为贯彻落实《国务院关于全国中小企业股份转让系统有关问题的决定》（国发〔2013〕49号）精神，支持证券经营机构依托全国中小企业股份转让系统（以下简称全国股转系统），更好地服务中小微企业，并实现自身创新发展，证监会近日发布了《关于证券经营机构参与全国股转系统相关业务有关问题的通知》，进一步明确证券经营机构参与全国股转系统业务的有关事项。

Ken Zhang 啃哥有话说

这是政策依据，依据的是国发〔2013〕49号文，这个文啃哥之前的文章多次提及。只有国务院的通知才是最高的，因此证监会借此说明自己的依据足够高。这个目的是"更好地服务中小微企业"，但是，却是"支持证券经营机构依托全国中小企业股份转让系统"，即还是通过证券公司这个渠道更有效地支持新三板中小微企业。其实说白了，就是给证券公司更好的政策，让证券公司率先把这个市场先做起来。至于其他机构呢，暂时还进不了这个新三板市场。

一是明确证券公司以及其他机构在全国股转系统开展推荐业务的有关要求。各证监局、全国股转公司及会内相关部门应指导证券公司等机构做好推荐挂牌与持续督导服务工作，全面提升服务中小微企业能力与水平。

Ken Zhang 啃哥有话说

第一个明确，即明确了证券公司开展推荐业务的具体要求。同时地方证监局、新三板公司应做好指导。

二是明确证券公司以及其他机构在全国股转系统开展做市业务的有关要求。各证监局、全国股转公司及会内相关部门应指导证券公司等机构积极开展做市业务，充分发挥市场组织者与流动性提供者等功能，提升销售交易专业能力。

Ken Zhang 啃哥有话说

第二个明确是关于做市商业务的，也明确了具体要求，目的是“充分发挥市场组织者与流动性提供者等功能，提升销售交易专业能力”。可以看出，对于做市商制度，证监会是寄予了厚望的，背后是国务院对做市商制度寄予了厚望的结果。

三是明确证券公司、基金管理公司等机构投资全国股转系统挂牌股票的有关要求。各证监局、全国股转公司及会内相关部门应指导相关机构依法合规投资全国股转系统挂牌股票，壮大全国股转系统机构投资者队伍。

Ken Zhang 啃哥有话说

第三个明确，即购买者的明确，目的是确保二级市场交易有足够的购买者。

四是明确证券期货经营机构在全国股转系统挂牌、募集资金和转让股权的有关要求。各证监局、全国股转公司及会内相关部门应支持证券期货经营机构利用全国股转系统补充资本，提升抗风险能力。

Ken Zhang 啃哥有话说

第四个明确，即明确了证券期货经营机构自身在新三板挂牌融资的具体要求，确保金融机构自身可以上新三板融资。金融机构都是大企业，金融机构如果都在新三板挂牌了，这个市场怎么能不好呢？

五是明确证券公司参与全国股转系统业务在合规风控管理、投资者保护、风险控制指标、分类评价等方面的要求。各证监局、全国股转公司及会内相关部门应督促证券公司强化合规及风控管理，提高执业水平，确保业务开展规范有序。

Ken Zhang 啃哥有话说

第五个明确是对证券公司的要求。在“合规风控管理、投资者保护、风险控制指标、分类评价”四个方面有专门的要求，确保证券公司审核到位，以保证挂牌企业质量。

六是要求系统内各单位加强分工协作，形成集中统一、优势互补、功能配套、信息共享、协调高效的监管体系。

Ken Zhang 啃哥有话说

第六点是“要求”，即各个主体分工协调一致。当然，这也是新三板公司最重要的事情。

啃哥综述：上述六点是正文开始前，证监会归纳的发布此《通知》的目的，即五个明确、一个要求。下面是《通知》原文：

中国证监会各监管局，全国股转公司，会内各部门：

为贯彻落实《国务院关于全国中小企业股份转让系统有关问题的决定》（国发〔2013〕49号）精神，支持证券经营机构依托全国中小企业股份转让系统（以下简称全国股转系统），更好地服务中小微企业，并实现自身创新发展，现将有关事项通知如下：

Ken Zhang 啃哥有话说

这一段说明该通知的基础，是国务院的通知，既然是国务院的通知，当然是“师出有名”，表示证监会非常重视国务院的通知。同时说明证监会是支持证券经营机构的，即这个文是针对券商的，而不是其他。因为新三板中，券商才是真正的参与主体。

提升证券公司服务能力与水平

一、指导证券公司做好推荐挂牌与持续督导服务工作，全面提升服务中小微企业能力与水平

Ken Zhang 啃哥有话说

这一段是要求证券公司提高服务能力和水平，而怎么提高？或者说通过哪些途径提高呢？具体而言，是通过下面四个方面达到的，即服务能力、服务广度、收费方式、推荐队伍。

一是提升服务能力。证券公司应高度重视挂牌公司推荐业务，注重从投资人视角完善企业选择标准，提高人员素质和执业水平，着力打造满足中小微企业在全国股转系统挂牌、融资、并购等需求的全产业链服务体系；高度重视挂牌公司持续督导和服务工作，切实帮助企业提升规范运作水平。

Ken Zhang 啃哥有话说

从提升服务能力的角度，也就是通常所说的“打铁还要自身硬”的道理，要求券商加强“内功”。再说得直白些，就是券商以前简单的IPO赚大钱时代已经结束。券商应该深刻认识到时代的变化，积极改变自身，“高度重视挂牌公司推荐业务”。请注意，这里用了“高度”这个词，可见对券商要求之高，也可以看出目前很多券商不太重视这个推荐业务。

券商要“注重从投资人视角完善企业选择标准”，即要求券商从投资者角度考虑企业选择，也就是说现在大多数券商并没有做到这一点。

券商要“提高人员素质和执业水平，着力打造满足中小微企业在全国股转系统挂牌、融资、并购等需求的全产业链服务体系”。也就是说现在还没有做到。券商人员素质和执业水平有待提高，有待着力打造一个全产业链服务。现在全产业链服务过少，或者说券商现在的服务达不到全产业链的要求。例如只完成挂牌这一个步骤，或者只完成一个做市商的步骤，而没有挂牌、做市、后续服务一条龙跟上。

最后一句切中要害，要“高度重视挂牌公司持续督导和服务工作，切实帮助企业提升规范运作水平”。这句话也说明目前券商在这方面存在明显欠缺。“高度”、“切实”这两个词充分显示了新三板管理层对于券商这方面工作的强烈不满。

二是拓宽服务广度。已取得全国股转系统推荐业务备案的证券公司可由其分公司直接开展推荐业务。分公司直接开展推荐业务的，应具备相应的专业人员和管理制度，公司总部应对内核、申报等环节进行集中管理，并在业务承揽、尽职调查、申报文件制作、持续督导等环节统一执业标准，保证执业质量。

啃哥有话说

Ken Zhang

这里面有一个非常重要的信号，即“已取得全国股转系统推荐业务备案的证券公司可由其分公司直接开展推荐业务”，根据啃哥了解，之前券商分公司都是只负责开发业务，而推荐业务本身是由证券公司总部来统一完成的。而如今，权力部分下放，即分公司开展推荐业务。但是，对于“内核、申报环节”仍然由总部集中管理，这样可以更好地发展客户，之前部分证券公司已经在这样做了。

紧接着，是“并在业务承揽、尽职调查、申报文件制作、持续督导等环节统一执业标准，保证执业质量”。其实就是要求券商做好质量控制，统一标准。可能是因为部分券商出现了标注不统一的问题，新三板公司才这么重视和较真这个事情的。

三是创新收费方式。允许主办券商探索股权支付、期权支付等新型收费模式，建立与挂牌公司互利共赢的长效激励约束机制。

啃哥有话说

Ken Zhang

这一条非常重要。很多券商一直在唠叨，认为做新三板业务没有利润，收费太低，没有动力。这里，证监会通知明确要“创新”收费模式。因为目前新三板确实都是一些中小企业，收费太高也承担不起。因此，需要有新的收费模式，这里举了股权支付、期权支付的例子，旨在说明券商收费可以不收现金，而以部分股权来替代。这可是开天下之先河的大事情，请务必注意，再注意！

四是扩大推荐队伍。支持基金管理公司子公司、期货公司子公司、证券投资咨询机构等其他机构经我会备案后，在全国股转系统开展推荐业务。

啃哥有话说

Ken Zhang

推荐队伍必须扩大。这里再次明确了“基金管理公司子公司、期货公司子公司、证券投资咨询机构”在备案后，可以从事新三板推荐业务。也就是说，不仅证券公司分公司营业部可以找业务，基金子公司等金融机构也可以找业务了，可以直接推荐企业上新三板。

当然后续的申报材料等工作还是由券商来完成。只是其他金融机构可以参与寻找项目，与券商密切合作。目前基本也是这样做的。

对做市业务的有关要求

二、指导证券公司积极开展做市业务，充分发挥市场组织者与流动性提供者功能，提升销售交易专业能力

一是确保资金投入。证券公司应多渠道筹集资金，保障做市资金投入，满足挂牌公司的做市需求。挂牌公司有意愿采取做市转让方式的，推荐主办券商可优先为其提供做市服务。

Ken Zhang 啃哥有话说

券商进行做市商业务必须有足够的资金。如果只靠自有资金，有点像小马拉大车，因此需要多方面资金投入。这里也指出券商应该“多渠道募集资金”。同时需要注意这句话：“挂牌公司有意愿采取做市转让方式的，推荐主办券商可优先为其提供做市服务”，即已挂牌公司如果选择做市商交易的方式，推荐的主办券商将“优先”为其提供服务，当然，一切都是在企业愿意的前提下。

二是提升做市水平。证券公司应当配备足够数量的专业人员，确保做市业务有序开展；强化对做市业务的研究支持，构建做市股票估值定价体系；加大技术研发投入，提高技术系统稳定性，为做市业务提供可靠保障。

Ken Zhang 啃哥有话说

连证监会都要求“提高做市水平”，可以看出目前证券公司的“做市水平”还是非常低的，当然，这也和目前这个做市商制度在8月25日推出时间不长有很大关系。因此，证监会直接要求券商提高水平。请读者注意上面一段话的用词，“强化”、“加大”、“提高”、“可靠保障”，很显然，证监会认为目前券商在新三板方面投入过少，因此用词才这么的强烈。

再反过来想一想，券商也是营利机构，所谓“无利不起早”，在新三板收费如此低廉的时代，证券公司投入少也是情有可原的。啃哥认为，这一条和第一条的创新收费模式是相辅相成的。先有券商被允许创新收费模式，才有这里的强化技术研究投入。

三是控制做市风险。证券公司应当建立完备的做市业务风险限额体系，强化对做市业务的风险监控和应急处理机制。经我会同意，证券公司可以试点开展全国股转系统挂牌股票借贷业务，对冲做市业务持仓风险。

啃哥有话说

Ken Zhang

风险控制时时都在说，却也是时时被忽视的环节。只有出了事大家一般才会重视。显然证监会密切关注到了这一点，提前打了预防针。

注意第二句，啃哥觉得很重要，“经我会同意，证券公司可以试点开展全国股转系统挂牌股票借贷业务，对冲做市业务持仓风险”。这是全新的概念，A股市场基本没有实现。通过做市商（即券商）本身的做市持有的股票，完成股票借贷业务，对冲持有的股票的风险。这是一种全新的对冲风险的理念。在市场发展初期，证监会就把这么先进的对冲观点提上日程，本身就非常值得点赞！

四是扩大做市队伍。支持基金管理公司子公司、期货公司子公司、证券投资咨询机构、私募基金管理机构等机构经我会备案后，在全国股转系统开展做市业务。开展做市业务的机构实缴注册资本应不低于1亿元，财务状况稳健，且具有与开展做市业务相适应的人员、制度和信息系统。

啃哥有话说

Ken Zhang

关于做市队伍的扩大，啃哥之前在分析激活市场的十二大招中，就说过其中一招是扩大做市商队伍，在这里证监会也再次提及。

目前之所以做市业务不活跃，其中一个重要原因就是只有券商可以做市，而今后，“基金管理公司子公司、期货公司子公司、证券投资咨询机构、私募基金管理机构”都可以做市了！当然，也是有条件的，即“开展做市业务的机构实缴注册资本应不低于1亿元，财务状况稳健，且具有与开展做市业务相适应的人员、制度和信息系统”。而这些机构中，最有活力的显然是还没有赚到钱的、最民营化的“私募基金管理机构”，也就是PE机构，它们的加入，将是带动做市业务的最大动力。

对投资者队伍的有关要求

三、指导证券公司、基金管理公司依法投资全国股转系统挂牌股票，壮大全国股转系统机构投资者队伍

一是证券公司自营业务投资于全国股转系统挂牌股票的，应建立有效的投资决策管理体系，并与推荐、经纪、做市等业务进行必要隔离，防范利益冲突。

Ken Zhang 啃哥有话说

明确“证券公司自营业务”是可以投资新三板股票的，但是需要和证券公司的其他类型业务相分离。

二是证券公司客户资产管理业务投资于全国股转系统挂牌股票的，应在资产管理合同中约定相关股票投资比例和策略，并充分揭示风险。现有证券公司资产管理计划投资全国股转系统挂牌股票的，应当按照合同约定的方式取得客户和资产托管机构同意，并依法变更合同相关条款，履行相关备案程序。

Ken Zhang 啃哥有话说

即证券公司替客户管理资金投资新三板，要做好风险提示和告知。

三是经我会同意，证券公司可以试点开展全国股转系统挂牌股票的质押式回购等创新业务，为中小微企业提供融资支持。

Ken Zhang 啃哥有话说

这一点很特殊，证券公司可以开展“全国股转系统挂牌股票的质押式回购等创新业务”，也就是证券公司可以形成类似的放贷款的机构，通过企业质押贷款完成。这又是一种崭新的企业融资方式。

四是支持基金管理公司在有效保护投资者利益、防范相关风险的前提下，试点推出投资于全国股转系统挂牌股票的公募基金产品。支持合格境外机构投资者（QFII)、人民币合格境外机构投资者（RQFII）投资于全国股转系统挂牌股票。

Ken Zhang 啃哥有话说

这一点表明二级市场公募基金也可以投资于新三板了！即“新三板基金”。其实目前几个基金公司已经推出了类似的基金。九鼎旗下的九泰基金就已经推出了这样的产品。相信未来更多的新三板基金会出现在市场上。

同时，“支持合格境外机构投资者（QFII)、人民币合格境外机构投资者（RQFII）投资于全国股转系统挂牌股票”。对此啃哥暗暗拍手称快。要知道，A股引入QFII和RQFII，用了至少5年时间，还有额度限制。而新三板一开始就直接引入，这样的“弯道超车”值得赞扬！

对证券期货经营机构的有关要求

四、支持证券期货经营机构利用全国股转系统补充资本，提升抗风险能力

Ken Zhang 啃哥有话说

第四大点说到了证券期货经营机构自身上新三板的事情。

如果证券机构本身不在新三板上市，却辅导其他企业上新三板，也有点说不过去。啃哥觉得是这样逻辑，因此才有了这一条。

一是支持证券公司、基金管理公司、期货公司、证券投资咨询机构等证券期货经营机构在全国股转系统挂牌。申请挂牌的证券期货经营机构无须向我会申请出具监管意见书，只需在挂牌后5个工作日内报我会和住所地证监局备案。

Ken Zhang 啃哥有话说

“支持证券公司、基金管理公司、期货公司、证券投资咨询机构等证券期货经营机构在全国股转系统挂牌”，这句话需要认真思考。既然证监会说“支持”，那么，该怎么支持呢？这是证监会要考虑的问题，又不是证监会要考虑的问题。而最需要考虑的是新三板公司。因为证监会只是政策的制定者，而新三板公司是政策落地的具体执行者。

因此，有理由相信，未来关于支持证券公司、基金管理公司等机构上新三板的政策一定会很快推出，并且这些机构上新三板的条件可能会非常宽松。

二是支持证券期货经营机构通过全国股转系统募集资金。证券期货经营机构可以通过全国股转系统发行普通股、优先股、私募债、可转债等产品，增强资本实力和抗风险能力，提升服务中小微企业的水平。

Ken Zhang 啃哥有话说

既然第一小点鼓励证券等机构上新三板，那么紧接着就是鼓励证券等机构通过新三板融资。因为一直在强调新三板“解决中小企业融资问题”，那么，如果连做新三板的券商自身都通过新三板解决了融资问题，那才是真的“解决了中小企业融资问题”。因此，先鼓励证券等金融机构上新三板，紧接着就是鼓励证券等金融机构在新三板融资，以此起到示范和表率作用。

三是支持证券期货经营机构通过全国股转系统进行股权转让。挂牌证券公司通过全国股转系统变更持股5%以下股权的股东，参照适用上市证券公司变更持股5%以下股权股东的有关要求。证券期货经营机构可以通过全国股转系统探索股权激励，建立、健全员工激励与约束机制。

Ken Zhang 啃哥有话说

既然鼓励证券等金融机构在新三板融资，当然也就鼓励在新三板进行股权转让，并且可以探索员工激励机制。毕竟证券公司的股权激励也很重要，而要股权激励，挂牌新三板是首要选择。

强化合规及风控管理

五、督促证券公司强化合规及风控管理，提高执业水平，确保业务开展规范有序（啃两句：老生常谈的风控、合规性问题）

一是强化合规及风控管理。证券公司应建立与全国股转系统业务模式相适应的管理架构，强化推荐、经纪、做市、自营等业务的风险控制机制，将合规、风控管理措施嵌入各项业务制度和流程，在有效控制风险的前提下开展各项业务。

Ken Zhang 啃哥有话说

即要求证券公司对于新三板要有配套的风控架构，不允许其他部门兼职这部分业务。

二是加强投资者保护和风险揭示。证券公司应严格遵守并执行全国股转系统投资者适当性管理制度，采取专人讲解、填写问卷、发送知识手册等多种形式，帮助投资者理解全国股转系统业务规则，向投资者充分揭示风险，引导潜在合格投资者有序参与全国股转系统。

Ken Zhang 啃哥有话说

风险控制第一步是合规管理。第二步就是风险揭示。注意“专人”，即要让客户明白其中的风险性。

三是落实风险控制指标监管要求。证券公司自营业务投资全国股转系统挂牌股票的，按20%比例扣减净资本，并纳入权益类证券投资计算相关风险控制指标。证券公司开展全国股转系统做市业务的，持有做市股票市值与其总市值比例不超过5%时，按15%比例扣减净资本；持有做市股票市值与其总市值比例超过5%时，按40%比例扣减净资本；同时按权益类证券投资的标准计算风险资本准备。

Ken Zhang 啃哥有话说

合规管理、风险揭示之后，就是“指标监管”。即明确了证券公司从事新三板业务对于“净资本”的具体扣除比例。这是证监会监管证券公司的重要指标，避免证券公司承担过大的风险。这里明确了比例，有利于证券公司具体开展业务。如果比例不够，证券公司就要增加注册资本。

四是将执业情况纳入证券公司分类评价。证券公司参与全国股转系统业务过程中，因违法违规行为受到行政处罚、行政监管措施以及自律监管措施的，在分类评价时将予以相应扣分。

Ken Zhang 啃哥有话说

这是新三板的又一创新，即给各个证券公司打分，通过打分来确定不同证券公司未来申报材料的审核的难易程度，类似于信用系统。这个很关键，也很重要。

加强系统内的分工协作

六、加强系统内各单位的分工协作，形成集中统一、优势互补、功能配套、信息共享、协调高效的监管体系

一是全国股转公司应进一步完善市场自律管理体系，定期披露证券期货经营机构参与全国股转系统业务情况，优化市场监督制约机制。（啃两句：这是证监会对新三板公司的要求。）

二是各证监局应密切关注辖区证券期货经营机构参与全国股转系统业务开展情况，切实履行一线监管职责。对发现的风险隐患和违法违规问题，各证监局要区分情况，及时采取必要措施。（啃两句：这是证监会对各地证监局的要求。）

三是机构部要加强对证券期货经营机构参与全国股转系统相关业务的统一监管，统筹负责监管政策制定及现场检查等工作。（啃两句：这是证监会对证监会自身机构部的要求。）

四是各证监局、全国股转公司及机构部应建立日常沟通协调和信息共享机制，充分发挥各自优势，共同做好事中事后监管。遇有新情况、新问题和重大事项，及时向我会报告。（啃两句：这是口号性的要求，简单读一读就可以了。）

中国证监会

2014 年 12 月 25 日

啃哥有话说

Ken Zhang

啃哥把整篇文章认真啃下来，可以看出，证监会对于证券公司提了六大点要求，关键是前面的四个大点。

第一大点是对证券公司自身提出的要求，打铁还需自身硬。证券公司需要针对新三板提高自身分析能力，提供全产业链服务。并将开发业务拓展到证券公司分公司，可以通过基金公司子公司等开发业务（其实目前都是这样做的，只是没有明确），其中最关键的是鼓励证券公司创新收费模式。这可是第一次听说，甚至可以通过股权的方式来收费，可见未来的想象空间足够大。

第二大点是关于做市商业务的。啃哥认为证监会认为做市商业务推出后，市场没有达到应有的效果，因此又加了把火。因此，啃哥有理由相信，不出一个月，整个新三板的做市商业务必然会进一步活跃起来。激起其交易活跃的方式很多，只是新三板公司还没有采用。这次证监会明确指出：增加证券公司筹资的便利性，以便于做市；提升证券公司的做市水平；控制做市风险。此处创新性地提出了“证券公司可以试点开展全国股转系统挂牌股票借贷业务，对冲做市业务持仓风险”这样的新思路，啃哥拭目以待。另外一个非常重要的内容就是，允许 PE 机构作为做市商。其实在很多新三板管理层讲话中都说到了这一点，而此处在纸面上是第一次出现，而且是证监会的发文，因此啃哥有理由相信新三板公司一定会认真研究执行细节，在未来的一个月内推出操作细节的。

第三大点是通过券商壮大购买者队伍。其中最核心的是允许和鼓励二级市场基金投资新三板，并且鼓励券商“试点开展全国股转系统挂牌股票的质押式回购等创新业务，为中小微企业提供融资支持”，这些举措，新三板公司必须尽快落地。

第四大点是关于券商自身的，鼓励券商去新三板上市，在新三板通过多种创新融资，起到表率作用。

其实，整个文件虽然是证监会发给证券公司的，其实核心是写给新三板公司的。因为所有事项的落地，都必须由新三板公司制定具体的配套细则。好戏才刚刚拉开帷幕，更大的好戏即将上演！

那么，各家企业们，你们准备好了吗？这也许将是近二十年来最大的一次资本盛宴，也许是最后一次了！

2015年1月2日

于北京

以一首《内心的召唤》，结束此文，送给各位：

内心的召唤

汪国真

时间是最公正的裁判
一时的毁誉
姑且当作妄言
只当是风的手
在弹荒野的弦

兴趣 便是心中最华美的
红地毯
何须管别人柳絮一样
唠唠叨叨 没了没完
只服从于一个声音
那是内心深处的召唤

PORE OVER
THE NEW
OTC MARKET

28

新三板赚钱方式之深度剖析

在最后完成本书的过程中，啃哥在 2015 年 3 月 18 日应邀写了一篇关于新三板的万字长文，分析了 2015 年以来整个新三板市场的情况以及赚钱机会。文章完成后啃哥将其发布在自己微信公众号上，随后这篇文章被各大微信公众号广泛转载，24 小时内累计阅读量超过 30 万人次。可见市场对于新三板的关注度以及大家对于新三板最新动态的求知欲。

新三板目前很热，并且持续升温，新事件不断，啃哥总结了一下，大体反映在如下 11 个方面：

■ 交易额方面，2015 年过年后交易额迅速提高。股票 3 月 1 日成交 2.6 亿元，3 月 2 日成交 3.6 亿元，3 月 4 日成交 5.5 亿元，3 月 5 日成交突破 7 亿元，3 月 6 日成交突破 10 亿元，3 月 9 日成交 13 亿元。虽然之后有所回落，但是交易额进入 3 月以来的快速增长无疑是非常吸引眼球的现象。要知道，在过年前的很长一段时间里，新三板的日交易额稳定在 2 亿多元。从日交易额 2 亿元到突破 10 亿元，只用了一周时间。

■ 3 月 18 日新三板指数推出，受到市场热捧。从指数来看，“三板成指”从 2015 年 1 月 12 日的 1 032，到 3 月 18 日的 1 439，3 个月上涨了 39.44%。也就是说，新三板在 2015 年不到 3 个月的时间里，整体上涨了近 40%，不可谓不夸张。

■ 截至 3 月 13 日，新三板已披露 2014 年年报的 103 家公司，平均净利润同比增长 65%，平均营业收入增长 19%，其中 93 家挂牌公司实现盈利，盈利面 90%。从已披露的年报信息可以看出，新三板公司的增长质量及盈利能力是远远优于 A 股上市公司的。

■ 新三板上市公司“仁会生物”，尚未实现产品销售收入，2013 年和 2014 年上半年营业收入不到 20 万元。而公司在挂牌新三板后的半年多里四次定向增发，总融资额超过 4 亿元。所有这一切都源于“公司新药谊生泰预计在 2015 年底能取得上市批文”。可见，新三板的融资功能不再单独看利润，更看好未来，也更像美国纳斯达克市场了。

■ 数据显示，2014 年发行的部分新三板资管产品截至目前已有近 80%的收益。

■ 更有人提出“现在的新三板，就是 1990 年时的 A 股，2000 年的房地产”。

■ 私募股权投资机构、基金子公司、证券公司、公募基金公司，都在瞬间对新三板充满了热情，发行新三板基金此起彼伏，市场更是报以足够的热情，各类新三板基金基本都在 3～5 天被销售一空。甚至出现了想买新三板基金还要排队等下一次，走关系才能买到机构发行的新三板基金的情况，新三板基金成了炙手可热的产品。新闻更是标以“新三板资管产品遭秒杀，中国股市又一次暴富机会来了”的标题。

■ 上海、北京陆续出现了代理开新三板账户的机构。因为个人投资新三板需要个人账户在开户前一天有 500 万元金融资产，因此资金方就借给个人 500 万元一天，以拿到存款证明去开户，还要排队才能排到！

■ 更多的企业不仅仅满足简单的新三板挂牌，而是选择了“新三板挂牌同时定向增发”的模式，据统计，过往两周有近 100 家企业选择了这种挂牌方式，包括中科招商挂牌同时定向募集 90 亿元的巨额融资。

■ 更多的新三板挂牌企业很迫切地希望从目前的“协议交易”转入“做市交易”，因为 2 100 家新三板企业中，200 家做市交易的企业的交易量基本占到了市场总交易额的 70%，很明显，只有选择“做市交易”，交易才能活跃，才能卖个好价格。

■ 市场出现了更多的传闻：“投资者 500 万门槛即将降低”、“竞价交易即将推出”、“分层制度即将推出”、“转板制度”即将推出，等等，不一而足。

在正式分析前，啃哥先普及几个基本概念，便于基础薄弱的读者理解。

（1）企业挂牌新三板后，一般首先是协议成交，即只能通过向市场报价，看市场有无买家的方式完成，这种交易模式不成熟，交易量有限。

（2）企业可以在已经协议交易的基础上，选择做市交易。而一旦选择了做市交易，就不允许协议交易。

（3）做市交易是指一个企业必须至少有两家以上做市商（目前只有券商有资格成为做市商），做市商必须对市场连续双向报价。因此做市商的引入会刺激市场交易的活跃度；同时，由于做市商要自己掏钱，因此有动力选择优秀的企业去做市。

新三板处于博傻阶段，目前可以闭着眼睛买新三板的做市交易股票

新三板目前处于博傻阶段，啃哥认为，从现在到 6 月底，这个阶段散户在新三板上只要闭着眼睛买新三板做市的股票，就至少有 30%以上的收益，而风险基本为零。历史上“撑死胆大的，饿死胆小的”状况会再度上演，理由如下：

可以预见的诸多政策红利

■ 政策红利之一：竞价交易的推出

新三板交易制度明确提到了竞价交易方式，但是截至目前尚未推出。所谓竞价交易，就是买卖双方报价，系统撮合成交，是目前 A 股主流的交易模式。而竞价交易的股票必然只会从目前的 200 只做市交易的股票中选择，因为只有做市交易的股票股东人数才最多，流动性才最好，最符合竞价交易的基础。

因此多买几只目前做市交易的股票，就有可能买中未来进入竞价交易的股票中大奖。即使没有买入，随着竞价交易的推出，也必然带来做市交易的普遍上涨。据啃哥了解，本来竞价交易已经在基金公司和新三板公司之间开始测试系统，计划 6 月份推出，但是由于目前市场交易太火爆，会被推迟。但是无论如何，这在 2015 年是必然推出的一项重大举措。因此应早布局、早准备。

■ 政策红利之二：转板制度的推出

两会期间证监会主席肖刚已明确提出，2015 年年内将进行新三板转板试点。也就是说在新三板挂牌一定时间后，可以转入主板，或者中小板、创业板。一旦转板制度推出，必然引起新三板的新一轮上涨。因为谁都知道 A 股一天 4 000 亿元的成交额，与新三板一天十几亿元的成交额相比空间有多大。转到 A 股意味着价值的二轮增值产生。

其实，一旦新三板交易非常活跃，转不转板其实都没什么意义了。转板是因为目前 A 股比新三板估值更高，交易更活跃，而随着新三板的红火，啃哥觉得转板制度倒不那么迫切了。

■ 政策红利之三：降低投资者门槛

新三板个人投资者开户需要满足开户前一天有 500 万元金融资产，否则没有资格开户。因此截至 2014 年 12 月 31 日只有 4.8 万个散户存在。新三板公司也无数次说过，新三板将降低投资者门槛，或者 200 万元，或者 50 万元。

啃哥觉得，随着新三板赚钱效应逐渐放大，这项政策是必然的。任何市场都不会排斥新鲜血液，而散户无疑是最大的新鲜血液。降低投资者门槛的消息一旦落地，将带来新一轮的新三板股票普涨，尤其是交易最活跃的做市交易股票。

■ 政策红利之四：分层制度推出

新三板提过无数次，要做中国的纳斯达克。先不说纳斯达克成立于1971年，经过30多年才成为全球最大的交易市场。而新三板新生不到2年，就敢如此夸下海口，勇气确实可嘉。但是，纳斯达克最大的特点是分层制度，分为三层，即把不同活跃度、不同盈利能力的企业分成了三层。

新三板公司也提过无数次，将要推出分层制度。如何分层，尚无定论。而分层制度的推出必然会带来新三板市场的新一轮上涨。

■ 政策红利之五：更多主体成为做市商

根据证监会《关于证券经营机构参与全国股份转让系统相关业务有关问题的通知》，实缴注册资本1亿元以上，财务状况稳健，且具有与开展做市业务相适应的人员、制度和信息系统的基金管理公司子公司、期货公司子公司、证券投资咨询机构、私募基金管理机构等机构经证监会备案后，也将可以在全国股份转让系统开展做市业务。

虽然上述规定是这样，但是目前，只审批同意券商作为做市商，而在2015年很快、很多金融机构都会成为做市商。这意味着更多的做市商出现，去做市，必然会加剧市场交易的活跃度，从而进一步促进股价的上涨。

■ 政策红利之综述

上述五项政策红利中，任何一项政策红利的释放，都必然带来新三板股票的普遍上涨，尤其是交易最活跃、最优质的做市交易股票。政策红利未释放完全，所以啃哥认为，现在是杀入新三板的好时机，越早进去，越能更好地享受政策红利带来的普遍上涨。

参与做市的企业都经券商筛选过

上文提到，参与做市交易的企业是新三板最优秀的企业。

为什么这样说呢，因为要做市交易，需要做市商用自有资金购买一部分企业的股票开始做市。做市商先从企业买一部分股票，之后再开始向买卖双方报价。通常的做法是假设做市商买了企业100万股，它会拿出来1 000股做市，不停地用1 000股向买卖双方报价，只要有人买就提高价格继续报价（一次涨幅最多5%）。那1 000股通过多次报价，带来价格的不断上涨，从而给做市商自己手中剩下的大多数没有卖出去的股票带来价值的巨大上升，赚取利润。

因此，基于做市商的交易，做市商在答应为企业做市前，需要亲自去企业考察，了解清楚企业确实优秀，有前途，才会同意为它做市。道理很简单，如果企业质量差，做市商用自有资金买的企业股票就会卖不出去，砸在自己手里！

而做市商一旦成为企业的做市商，会一直给企业做市，除了赚取刚开始价格上扬过程中的收益外，还会赚取随着交易量的扩大，中间的5%的买卖价差的收益。因此，做市商有很大的动力为好企业做市，并长期服务好企业。因为好企业未来交易非常活跃的时候，做市商将能赚取更大的收益！

基金建仓期的巨大机会

股票为什么上涨，这其中有一个简单的朴素的逻辑，就是买的人多，卖的人少，带来股票价格上扬。

根据啃哥所了解的信息，目前市场上多支新三板基金开始募集，并陆续募集到位开始在新三板建仓，包括基金子公司、私募股权投资机构、公募股权投资机构等，总额预计肯定超过100亿元。而且会集中在3月、4月完成募集，在4月下旬、5月开始建仓。那么，在二级市场能够购买的，当然是优秀的股票，而优秀的股票必然集中在目前做市交易这200只，这么多资金来买200只股票，能不涨吗？

协议成交的股票中当然也有好企业，由于已经被券商筛过一遍了，可能只剩下次好企业了。

散户蜂拥而至

随着机构的建仓，做市交易的股票价格猛涨。目前平均市盈率已经达到30倍，啃哥估计，市盈率达到60至100倍完全有可能。没有什么不可能，历史会重演。距离现在30倍还有近3倍的上涨空间，而且就在2015年内实现。

当然，当机构赚得盘满钵满的时候，散户看到赚钱效应，一定会蜂拥而至。历来都是这样。虽然有些残酷，但是这是事实。当新三板，尤其是做市交易股票飞涨的时候，估计就是降低投资者门槛，让更多散户来接盘的时候，散户的蜂拥而至将进一步推高或者维持住高市盈率一段时间，带来空前繁荣。

再之后，机构撤场，价格回归理性，杀入的散户赔钱，机构赚钱。历史历来如此，虽然很残酷，但是事实。不可能所有人都赚钱。整个过程需要 2～3 年完成。

资金堆积的市场，空间十分巨大

啃哥认为，目前新三板是击鼓传花刚刚开始的阶段。这就意味着越早进入赚的钱越多。正是因为有门槛，所以才是少数人赚钱的时候。

读者想一想，新三板日交易额才 10 亿元左右，而 A 股市 4 000 亿元。那么，如果 2015 年新三板的日交易额从 10 亿元上涨到 500 亿元，假设没有新的企业挂牌，就意味着现有的股票，确切地说是做市成交的 200 只股票被如此众多的围猎，那么，不涨个 3～5 倍才怪呢。

市场永远是资金堆积的。新三板赚钱效应明显的时候，更多的资金必然蜂拥而至，再推高。而能购买的，只有做市交易股票。因为协议交易的股票在市场上很难买到，交易成功概率不大，流通性较差。而竞价交易又没有推出。

同时，目前的做市交易并不是你想买哪只股票就能够买到的，市场上通过做市交易能买到的股票并不多，因此更加剧了资源的稀缺性。闭着眼睛买时，只需要注意分散风险，每只股票购买时不要超过自己资金总量的 5%就足够了。

综　述

通说上述五点详细分析，可以看出，未来的 3～6 个月必然是做市交易股票疯长的阶段，这是毋庸置疑的。整个市场处于底部，处于大额基金要杀入，还没杀入的前期。因此，3 月、4 月是散户抢在机构前面，闭着眼睛买 200 只做市交易股票的最佳时机。机会难得，啃哥认为，错过了也许五年内都不再会有这样的机会了。

又有人说了，啃哥你说的对，很有道理，但是 500 万元开户门槛太高了。啃哥说，这就对了，当新三板真正没有开户门槛的时候，你还能赚到钱吗？那时你就是去给别人送钱的。股市上赚钱的永远是少数，要想赚钱，就自己想办法去解决这个门槛问题。其实现在赚取的是后续大量资金杀入带来的价格上扬的钱。说得直白些，就是赚取后来人杀入新三板建仓的溢价。说得更直白些，现在新三板是在击鼓传花，正因为有门槛，才能让少数人成为击鼓传花刚开始的那几手。

而这样的投资机会只会出现在一个市场兴建过程中，在欧美成熟市场肯定没有。也就只有在中国这样构建资本市场的时候，才会几年出现一次。上一次应该是2009年创业板推出时，已经是六年前了。

朋友们，你看明白了吗？总有人说工资收入低，股市赔钱。那么，钱被谁赚取了？对于新三板，就是这些先入者。而且越先入手，赚得越多。这是被历史无数次证明过的。

所以赶紧杀入新三板，割取第一茬韭菜，淘取第一桶金，快鱼吃慢鱼，赚取最丰厚的利润吧。很多时候，都是撑死胆大的，饿死胆小的。想想当年的楼市，不也是这样一个过程吗？

A股将迎来一次新的高点， 之后会大跌

3月18日的近几日，A股突破了3 500点，形势一片大好，又有无数人开始涌入A股。因为资金是流动的，必须比较才有意义，所以，要结合A股再分析新三板。

分析之前，必须理清楚一个逻辑，那就是为什么要设立新三板。

啃哥分析过无数次，新三板的推出是为了作为增量改革，倒逼A股改革。大家都知道A股从2012年就开始提出注册制，但是到2015年，只说8月份证券法第三次修改草案，也就是说证券法修改后才能推出注册制，还是遥遥无期。而新三板闷声干大事，啥也不说，已经是完完全全的注册制了，这说明了什么呢？

很明显，A股已经被既得利益集团绑架。注册制的推出，意味着企业上市更加容易，那么A股怎么保持高市盈率呢？一旦推出注册制，必然意味着A股上市企业估值调整，整体股价大面积下跌，这也是A股注册制为什么总停留在口头上，而无法落实的根本原因。

由于无法推出注册制，A股成了政策市，即便是退市制度喊叫了20年，也都还没有具体落实。因此，国务院才发起设立了新三板。这些逻辑，在啃哥的多篇文章中反复分析过。

而现在看来，效果是明显的。新三板全面透明化，全部披露新三板公司的反馈意见和企业的反馈意见回复，全社会可以在新三板公司网站上查看。这已经倒逼A股也开始披露反馈意见了。和新三板反馈意见动辄70页、80页相比，A股反馈意见只有简单的3页、5页。下一步，当更多的企业放弃A股，选择在新三板上市，包括已经开始的长安信托、村镇银行、小贷公司等众多的金融机构选择新三板就是非常好的证明。

这样可以倒逼A股实现注册制，倒逼A股审核流程阳光化，倒逼A股市场降低市盈率，倒逼A股市场股价下跌，达到国际通行的十几倍、二十几倍市盈率。

啃哥判断，整个过程需要2年左右完成，在这个过程中，新三板起到了引流器的作用，拉低了A股市盈率，让A股利益集团不得不尊重市场选择，尊重价值投资。因为资金会用脚投票，向新三板搬家，这样的趋势会很明显。

因此，对于现在的A股上涨，有人甚至说A股牛市来临了，要冲到5 000点，啃哥不知道这样的结论依据何在。

话再说回来，其实A股最后上涨或者说疯狂也是必然。那么多利益集团在A股中，必须要跑路，要套现；要跑路，套现，总不能在低点吧。因此，最后会拉高A股股价，在比较高点仓皇出货，剩下的很可能就是散户接盘，然后A股大跌。这是必然，只是大家都存在侥幸心理，认为最后一棒不会落在自己手中而已。当然，这需要一个过程，至少需要一年左右。

因此，A股还有一年的牛市。或者说，当新三板日交易额突破500亿元或1 000亿元，新三板真的可以撑起资本市场半边天的时候，就是A股大跌、回归理性之时。买A股的朋友还是理性一点好，看清楚形势。

另外有一个问题，大家需要想一想为什么这个时候国家大力发展新三板，重视资本市场。其实，是因为中国经济整体萎靡，房地产不振，新的经济增长点无法迅速突破。因此国家反而更加重视资本市场、金融市场的建设，通过金融市场的二次繁荣，反哺实体经济。通过彻底解决优秀中小企业融资难问题，促进中小企业依托资本市场融资，进而促进经济的二次增长。包括总理在内大家都很清楚，中国经济的希望就在中小民营企业，而中小民营企业的二次腾飞更依赖于一个为之服务的有效的资本市场。这是一个大背景。因此我们有理由相信新三板的未来只会更加美好。

民营企业十年不遇的大好机会，务必抓住

中小民营企业融资必然难，因为民营企业天生风险高。但是，为什么中国那么多非常优秀的中小民营企业融资也很难呢？这就和中国的股权融资市场发展严重滞后有很大关系。要知道2014年A股只上市了100家企业（还包括国企），这对于中国1 400万家优秀中小民营企业而言，无疑是杯水车薪。如果民营企业全靠自有资金发展，必然非常缓慢，而如果想通过借款，由于缺乏抵押物根本借不到。而出让股权融资股权又根本不值钱，没人愿意买，这就是新三板推出前中国民营企业的现状。

而现在，破天荒地给中小民营企业提供了一个没有财务门槛就可以挂牌的全国性市场，并配套有A股可以实现的全部融资功能。这在历史上是从来没有过的，历来中国的金融基本上就只在服务于国企和一些与国企有千丝万缕关系的民营企业。而这次，确实是第一次，出现了一个完全针对中小民营企业的股权交易平台，并且由国务院支持。从中当然也可看出国务院希望通过新三板解决中小优秀民营企业融资问题，促进民营企业快速发展，进而拉动中国经济增长的良苦用心。

所以，啃哥认为，现在是中国中小民营企业十几年来的一次历史性机遇。在政策还没有变化的时候，赶紧挂牌新三板，赶紧实现融资，赶在竞争对手前面做大做强，是现在中小民营企业迫切要做的事情。随着新三板挂牌民营企业日益增加，紧接着会迎来国内行业整合的又一次浪潮。因为挂牌的企业通过新三板可以实现融资，因此有动力和实力去进行行业整合，收购同业，完成类似家电行业的行业集中。而这个过程才是促进经济增长的关键。

再者，这样的好政策会维持多久，谁都说不好，因此，趁着看得清楚的时候，民营企业应赶紧挂新三板。如果企业不挂牌新三板，而竞争对手却上了新三板，在新三板上通过50倍市盈率融资，再通过10倍市盈率将企业收购，岂不可惜？因此，当看清楚这个趋势的时候，中小民营企业更应该争先恐后上新三板。

这是很有可能的，老一代民营企业家都到了退休的年龄，中国各个行业的行业集中度远远低于美国、日本，因此，收购成为行业近几年发展的必然趋势。

得新三板者得天下，中介机构重新洗牌

对于券商来说，新三板也是一次难得的机会和挑战。因此有“得新三板者得天下”一说。2014 年，很多券商只收取 50 万元也愿意为企业辅导上新三板（现在涨到了 100 万元左右），赔本也愿意干，就是看准了新三板未来的发展趋势，挂牌后提供后续综合服务，再不断赚取利润。

在这个过程中，很明显传统的大券商做新三板推荐，做市方面明显与中小券商相差甚远。而一些不太出名的中小券商一举在新三板中崭露头角。随着做市业务的深入，如何选择好的标的去做市，以赚取更高的利润，更加考验各个做市券商的实力。以前那种只要 IPO，券商做完一个就有几千万上亿的大把银子赚的好时代已接近尾声。现在更多的是拼能力、拼眼光、拼水平的时候。可以更确切地说，新三板中的券商才更加类似于国外的投行，因为可以施展的空间更大，更能比出水平来。

因此，对于中介机构（主要是券商），可以毫不夸张地说，就是“得新三板者得天下”。

PE 投资机构的第二个春天，可遇不可求

对于私募股权投资机构，新三板又是一次重大的历史性机遇。在 2009 年、2010 年那个“全民 PE”的时代，基本全国符合 IPO 的企业都被私募股权投资机构地毯式扫了一遍，能投的都投完了。以至于 2012 年、2013 年由于 IPO 不开闸，导致整个 PE 行业一片哀鸿。

而现在，新三板对于私募股权基金无限放开。PE 基金既可以投资未上新三板的企业，也可以投资已上新三板还处于协议成交的企业，可以投资已上新三板但是处于做市成交的企业，还可以参与新三板挂牌企业定向增发。也就是，整个

新三板从一级发行市场，到二级转让市场，PE一支基金可以通吃，对于只能投资二级市场的公募基金，又要如何和私募基金PK呢？新三板无疑让私募股权投资机构占尽优势。

私募股权投资机构可以做的事情非常多。可以继续全国地毯式排查。之前以IPO为标准的排查主要看企业的利润情况，而以新三板上市为目标的PE投资，可以不太考虑利润，而更多地考虑增长率、行业排名等更多的价值方面，可投资的企业一下子增加了，因此PE行业迎来了第二春。PE行业的再一次历史性机遇到来了。

从另一个角度看，由于房地产行业低迷，追求高收益的资金不能再留在房地产领域了，那么必须再有一个高收益的领域出现来容纳这些追逐高收益的资金，因此，在这个时期，只有投资于新三板的基金才能满足这个需求。当私募基金融资很容易的时候，就是私募投资基金的春天，这个风已经刮起来了。

新三板会火两年， 之后取决于历史使命的完成情况

任何一个市场都有它的发展过程，从开始设立，到发展，再到高峰，再到平稳。啃哥判断，新三板最多快速发展两年，也就是有两年的超额收益的机会。两年之后，当它一方面完成了拉低A股市盈率的历史性重任，另一方面完成了解决中小优秀企业融资难的问题，中国经济找到了新的增长点，就必然会走向平稳，走向一个赚取正常利润的市场。

而其中赚钱的机会就在这黄金的两年中。现在的新三板已经处于风口，风开始刮了，但是还不大。

上述六方面的总结是啃哥对新三板目前状况的一些认识。君子爱财，取之有道。谈赚钱，那就谈得透彻些、清楚些，解除社会上的一些疑虑，啃哥是这样认为的。

总之，新三板现在处于一个构筑期，是一个赚钱效应非常明显的时刻。你不去赚钱，钱就会被别人赚去，就是这个道理。想着天上掉馅饼，现在天上真的掉下来新三板这个馅饼，没理由不抓住，这是六年才一遇的资本盛宴。

啃哥认为，这次新三板，无论对于投资者、企业还是中介机构，都是一次彻彻底底、完完全全的机会，没有之一。

2015年3月18日
于北京

以一首《学会等待》，结束此文，送给大家：

学会等待

汪国真

不要因为一次的失败就打不起精神，
每个成功的人背后都有苦衷。

你看即便像太阳那样辉煌，
有时也被浮云遮住了光阴。

你的才华不会永远被埋没，
除非你自己想把前途葬送。

你要学会等待和安排自己，
成功其实不需要太多酒精。

要当英雄不妨先当狗熊，
怕只怕对什么都无动于衷。

河上没有桥还可以等待结冰，
走过漫长的黑夜便是黎明。

PORE OVER
THE NEW
OTC MARKET

29

关于新三板未来的猜想

——新三板不是中国的纳斯达克

未来的新三板到底是不是中国的纳斯达克？关于这个问题，啃哥有自己的看法。此处通过详细啃析美国纳斯达克的现有模式，得出结论：未来的新三板一定不会是中国的纳斯达克，而是经过投资者、企业、监管机构等多方的共同努力，发展出来的一个我国特有的、符合中国国情的、崭新的资本市场。

我这个人，借用风吹江南师兄的话，通常会在大多数人悲观的时候比较乐观，大多数人乐观的时候比较悲观。当市场沸腾的时候往往是市场开始走下坡路的时候，当市场冷清的时候往往就是机会来临的时候。一如那个著名的股票交易所看自行车大嫂的故事，她会在交易所没有人存放自行车的时候加仓；又如目前备受鼓励的大学生创业，往往是为了缓解巨大的就业压力，这也反映出创业高峰期已过。

对于新三板将成为中国的纳斯达克，虽然我力挺新三板，但是仍然比较悲观，认为不会发展成为具有那么强竞争力的市场，毕竟社会的各种羁绊仍然存在。毕竟纳斯达克创立于 1971 年，至今已发展了 40 余年，而且还是在美国那个没有羁绊的市场中，才发展到今天的程度。试问，我们又怎敢说“新三板就是中国的纳斯达克”呢？

下面，先介绍一下什么是纳斯达克。为了负责任地回答这个问题，啃哥啃读了几本介绍纳斯达克的书。而要了解纳斯达克，又不得不从美国整个证券市场开始分析。

本篇部分内容摘录自《境外上市实务》[1]和《中国公司在美国上市的途径、困境与出路：转板与升级》[2]。

美国证券市场概述

美国证券市场主要包括纽约交易所（NYSE）、全美证券交易所（AMEX）、纳斯达克股票市场（NASDAQ）等。当然，规模较小的企业还可以选择场外柜台交易市场（OTCBB），在那里上市的企业如果发展良好，还可以升级到更高的股票交易板块。

美国的股票交易所除了上述几个交易所外，还有数个区域性的股票交易所（The Regional Exchanges），较为有名的有：太平洋股票交易所（Pacific Stock

[1] 张朝元. 境外上市实务［M］. 北京：中国金融出版社，2011.

[2] 肖金泉，董华春. 中国公司在美国上市的途径、困境与出路：转板与升级［M］. 北京：法律出版社，2012.

Exchange)、芝加哥股票交易所（Chicago Stock Exchange）、费城股票交易所（Philadelphia Stock Exchange）、波士顿股票交易所（Boston Stock Exchange）和辛辛那提股票交易所（Cincinnati Stock Exchange），但是这几个区域性交易所的交易量仅占总交易量的3%。这些区域性交易所上市的公司多半是为了发展当地的企业而设立的，所以投资人多为当地的居民。

Ken Zhang 啃哥有话说

有人问我，中国的新三板是不是就是美国的OTCBB，我当时说不知道。之后经过仔细查询，我认为中国的新三板并不是美国的OTCBB，它有一些OTCBB的影子，也有一些NASDAQ的影子，是介于两者之间的具有中国特点的交易市场，不能一一对应上。要分析原因的话，大家先要了解清楚这几个市场的具体内涵。

另外可以看出，即使在美国那么发达的资本金融市场，其区域性股权交易市场（相当于中国的四板）也只占了总成交额的3%。因此更可以说，中国的四板其实是非常有限、非常小的一个市场，美国的情况就是很好的例子。

纽约证券交易所与全美证券交易所

纽约证券交易所（New York Stock Exchange，NYSE），是目前为止全世界最大的股票交易市场。纽约证券交易所由主板市场（NYSE）和高增长板市场（NYSE Arca）两个板块组成，是市场流动性强、上市标准和监管程度极高的传统证券市场，其程序透明，股票交易和监控系统完备，比较适合较成熟、规模较大的企业上市融资。

全美证券交易所（American Stock Exchange），又称美国证券交易所，是美国第三大股票交易所。曾在1998年被纳斯达克市场并购，2008年被纽约泛欧交易所集团收购后更名为NYSE AMEX，是面向美国国内和国际中小型成长性企业的上市交易平台。

纽约证券交易所

纽约证券交易所的历史演变

纽约证券交易所是美国最古老的证券交易所，也可以说是世界股票市场的发源地之一。1792 年 5 月 17 日，24 位证券交易商在华尔街 68 号门口的一颗梧桐树下签订了一份协议，史称“梧桐树协议”或“扣子协议”（Buttonwood Agreement）。其商定，以后每周用几个上午在这棵树下聚会，规则有三条：只在会员间进行交易，不准外人参加，交易按规定收取佣金。因此，1792 年 5 月 17 日，就成为纽约证券交易所的诞生之日。这三条规则也成为后来交易所的基本规则。当天按照这个规则进行交易的，是美利坚银行的股票，这家银行就算是纽约交易所的第一家上市公司。直到 1817 年，在这里交易的证券经纪人成立了第一个正式交易组织——纽约证券交易委员会（New York Stock and Exchange Board），并租用特定场所进行交易。在 1863 年，纽约证券交易所正式得到命名。1865 年，纽约证券交易所建立了自己的交易场所。1903 年，纽约证券交易所迁往现在的地址。此后经过多年的发展，于 1934 年 10 月 1 日，正式在美国证券交易委员会（以下简称证监会，即 U. S Securities and Exchange Commission，SEC）注册而成为纽约证券交易所（以下简称纽交所）。

到 20 世纪 30 年代，纽交所战胜了所有的挑战者，成为美国首屈一指的交易所，成交量占美国上市证券交易所的 75%。20 世纪 90 年代，纽交所经历了又一次辉煌，上市司股份达到 29 亿股，而 1886 年时仅为 100 万股。纽交所目前有上千会员，美国著名投资银行都在纽交所场内拥有自己的经纪人。在竞争的压力下，200 多年来，纽交所不断地调整自己的规则。比如，在纽交所地位稳固的时候，曾有一条 Rule 500 规则，规定在纽交所挂牌的公司，如果要退市，必须经过 2/3 以上股东同意，并且反对者不能超过 10%。20 世纪 90 年代中期，为了争取一家电信公司到本所上市，纽交所松动了这条规则。整个 20 世纪 90 年代，为了与纳斯达克竞争，吸引高科技企业，纽交所降低了上市门槛，又调整了会计标准，以吸引非美国公司前来上市。当然，为了执行规则，交易所内部也有自己庞大的监管、调查、执法部门。早在 1817 年，交易章程就规定：交易所可对任何违反交易所规则的行为进行调查、予以处罚。而且，美国证券交易委员会的大多数监管规则，其实最初都是由交易所发明创作出来的。在 NYSE 交易的每只股票都需指定一位交易专员（Specialist）负责。

纽约证券交易所现已与全美证券交易所、欧洲证券交易所合并组成纽约-泛欧交易所集团（NYSE Euronext）。

Ken Zhang 啃哥有话说

通过上文分析可以看出，纽约证券交易所早在1792年就成立，20世纪90年代已达到峰值，达到世界最大。而中国股市在20世纪90年代才蹒跚起步，这200余年的差距，可不是说赶就能够赶上的，但是后发有后发的优势，我们应该有足够的信心才是。

纽约证券交易所主板市场

纽约证券交易所主板市场（NYSE），我们可以很形象地将其比作“世界500强的摇篮”，世界上很多跨国企业都选择在此市场上市融资。在NYSE挂牌上市的中国内地企业包括中石油（PTR）、中石化（SNP）、中国移动（CJL）、巨人网络集团（GA）、侨兴移动通讯（QXM）、先声药业集团（SCR）、橡果国际（ATV）等。

上市条件。见表29.1

表 29.1

NYSE 的上市条件

美国国内公司上市的条件要求
1. 公司最近一年的税前盈利不少于250万美元； 2. 社会公众拥有该公司的股票不少于110万股； 3. 公司至少有2 000名投资者，每个投资者拥有100股以上的股票； 4. 普通股的发行额按市场价格测算不少于4 000万美元； 5. 公司的有形资产净值不少于4 000万美元。
美国以外公司上市的条件要求
作为世界性的证券交易所，纽交所也接受外国公司挂牌上市，上市条件较美国国内公司更为严格，主要包括： 1. 由社会公众持有的股票数目不少于250万股，且公众持股部分市值不低于1亿美元（IPO方式不低于6 000万美元）。 2. 持有100股以上的股东人数不少于5 000名。 3. 须符合下列条件之一： ■ 前三年税前利润总和不低于1亿美元； ■ 总市值达5亿美元，最近12个月总收入为1亿美元以上，过去三年的经营现金流总和不低于1亿美元； ■ 上市时股票市价总值7.5亿美元，最近一个会计年度总收入不低于7 500万美元。 4. 对公司的管理和操作方面有多项要求。 5. 其他有关因素的要求，如公司所属行业的相对稳定性、公司在该行业中的地位、公司产品的市场情况、公司的前景、公众对公司股票的兴趣等。

入市费及年费。纽交所的上市挂牌条件非常严格，而且每年维持的费用也相当高。表 29.2 列示了在纽交所主板市场的入市费及年费的计算方式。

表 29.2

NYSE 的入市费及年费（如遇调整以实际为准） 单位：美元

发行总股数	入市费	年费（每增加 100 万股）
	36 800	
1～2 000 000 股		14 750
2 000 001～4 000 000 股		7 400
4 000 001～300 000 000 股		3 500
300 000 001 股以上		1 900

NYSE 入市费及年费以公司的发行总股数为基准。规定每年的年费最高不超过 250 000 美元，最低不得少于 150 000 美元。

假设 A 公司在 NYSE 发行 5 000 万股股票，入市费及年费计算如表 29.3：

表 29.3

NYSE 年费计算方式 单位：美元

发行总股数	入市费	年费	备注
	36 800		
1～2 000 000 股		29 500	14 750×2
2 000 001～4 000 000 股		14 800	7 400×2
4 000 001～300 000 000 股		161 000	3 500×46
小计	36 800	205 300	
总计		242 100	

A 公司第一年在 NYSE 挂牌时，要支付会费 242 100 美元。第二年以后若还保持发行 5 000 万股，则每年会费为 205 300 美元。

纽约证券交易所高增长板市场

纽约证券交易所高增长板市场（NYSE Arca）是全球知名的全电子交易平台，NYSE Arca 比较适合新兴、高增长的企业上市融资。在纽交所高增长板挂牌上市的中国内地企业包括正保远程教育（DL）等。

表 29.4

在纽交所高增长板首次上市条件

1. 上市股票的市值不低于 1.5 亿美元，且符合下列任意两项：
   - 总资产 7 500 万美元；
   - 收入 5 000 万美元；
   - 股东权益 5 000 万美元；
   - 税前净利润大于零。
2. 公众持股数量不低于 110 万股，且该部分股票市值大于 4 500 万美元。
3. 持股数量不低于 100 股的股东人数不低于 400 名。

啃哥有话说

Ken Zhang

仔细分析下来，纽交所的指标跟中国不完全一样，但也不是非常复杂。所以啃哥说，要怀着尊敬的态度学习，但是不应畏惧。

通过上面详细描述可以看到，纽交所分了两个层次。纽交所主板市场对于企业利润收入都有严格限制，同时年费要 20 余万美元。而高增长板市场只要税前净利润大于零即可，条件要宽松非常多。但是，即使是最高大上的纽交所的财务指标门槛，与 A 股相比，啃哥说，其实也已经差不多了。不比不知道，一比吓一跳。可见 A 股上市条件的门槛之高。

全美证券交易所

全美证券交易所的营业模式与纽交所大体一致，上市条件较纽交所更低，上市公司更偏重于中小企业。截至 2011 年 8 月末，共有 22 家中国公司在全美证券交易所挂牌上市，主要是中国的中小民营企业，包括东方纸业、中国海洋食品集团、中国医药控股有限公司等，很少有国内知名大企业在这个市场上市的。

全美证券交易所的历史演变

20 世纪初，有些人在纽约的华尔街的街角买卖未上市企业的股票，这个市场成为户外街角市场（Outdoors Curb Market）。1910 年，户外街角市场成立了纽约街角市场协会（New York Curb Market Association，NYCMA）。由于 NYCMA 与纽约证券交易所相互竞争，经双方协商，由 NYCMA 经营未上市公司股票的买卖。1921 年，NYCMA 在离纽约证券交易所不远的地方设置办公地点。1953 年，NYCMA 改名为全美证券交易所（American Stock Exchange，

AMEX)。全美证券交易所像NYSE一样，有实体的交易厅，也是以专业交易商为主组成的市场组织。由于交易所市场的竞争，AMEX渐渐地被淘汰。1998年10月，其被纳斯达克市场收购成为NASDAQ-Amex Market Group，但是各市场继续以独立子公司方式运作。2008年又被纽约泛欧交易所集团收购，更名为NYSE AMEX。

NYSE AMEX也是世界上最大的股权市场之一。除了股票以外，很多非美国公司的存托凭证（Deposit Receipts，DR）都在AMEX挂牌。

Ken Zhang 啃哥有话说

有人会问，啥是存托凭证呢？其实是一种跨国的重要股票投资品种，方便购买国外的股票。

百度百科给出的定义是：

存托凭证，又称存券收据或存股证，是指在一国证券市场流通的代表外国公司有价证券的可转让凭证，属公司融资业务范畴的金融衍生工具。存托凭证一般代表公司股票，但有时也代表债券。1927年，J. P. 摩根公司（J. P. Morgan & Company）为了方便美国人投资英国的股票发明了存托凭证。

以股票为例，存托凭证是这样产生的：某国的一家公司为使其股票在外国流通，就将一定数额的股票，委托某一中间机构（通常为一银行，称为保管银行或受托银行）保管，由保管银行通知外国的存托银行在当地发行代表该股份的存托凭证，之后存托凭证便开始在外国证券交易所或柜台市场交易。从投资人的角度来说，存托凭证是由存托银行所发行的几种可转让股票凭证，证明一定数额的某外国公司股票已寄存在该银行在外国的保管机构，而凭证的持有人实际上是寄存股票的所有人，其所有的权利与原股票持有人相同。存托凭证一般代表公司股票，但有时也代表债券。存托凭证的当事人，在本地有证券发行公司、保管机构，在国外有存托银行、证券承销商及投资人。按其发行或交易地点之不同，存托凭证被冠以不同的名称，如美国存托凭证（American Depository Receipts，ADR）、欧洲存托凭证（European Depository Receipts，EDR）、全球存托凭证（Global Depository Receipts，GDR）、中国存托凭证（Chinese Depository Receipts，CDR）等。

全美证券交易所的上市条件

NYSE AMEX 的上市条件虽然没有 NYSE 严格，但也要达到一定要求。NYSE AMEX 的上市条件有四个选择方案，表 29.5 列举了 NYSE AMEX 的主要上市条件。

表 29.5

AMEX 的上市条件（如遇调整以实际为准） 单位：美元

	选择 1	选择 2	选择 3	选择 4
总股本	4 000 000	4 000 000	无	4 000 000
税前利润	750 000	无	无	
公司市值	无	无	75 000 000	50 000 000
公司历史	无	2 年以上	无	
公众持股市值	3 000 000	15 000 000	20 000 000	15 000 000
股东人数/最低公众流动股数	800 名/500 000 股或 400 名/1 000 000 股	800 名/500 000 股或 400 名/1 000 000 股	800 名/500 000 股或 400 名/1 000 000 股	800 名/500 000 股或 400 名/1 000 000股
上市最低股价	3	3	3	2

全美证券交易所的上市费用

表 29.6

NYSE AMEX 的入市费用及年费情况（如遇调整以实际为准） 单位：美元

发行总股本	入市费	年费
0～500 万股（含）	35 000	15 000
500 万～1 000 万股（含）	45 000	17 500
1 000 万～1 500 万股（含）	55 000	20 000
1 500 万～2 500 万股（含）	65 000	20 000
2 500 万～5 000 万股（含）	65 000	22 500
5 000 万股以上	65 000	30 000

NYSE AMEX 的入市费用及年费依发行的总股数而定。例如，A 公司在 NYSE AMEX 发行 5 000 万股，第一年的会费是 87·500 美元（65 000+22 500）。而第二年以后，每年的会费是 22 500 美元。

Ken Zhang 啃哥有话说

全美证券交易所的上市条件分了四种选择，不同选择中各项条件强弱不同，这是比较灵活的一种方式。比如有的公司利润不够，但是历史长，或者市值大，这都是可以的，并不用方方面面都照顾到。

同时需要注意，全美证券交易所的名称是 NYSE AMEX，与纽约证券交易所已经是一家了。上文已说在 2008 年被收购，只是 AMEX 与 NYSE 是一个主人的两个不同的交易所罢了。

美国纳斯达克股票市场

纳斯达克股票市场（NASDAQ Stock Market）是 1971 年在华盛顿建立的全球第一个电子交易市场，又称为店头市场，全世界交易量最大的股票市场。它由全美证券交易商协会（NASD）创办并负责管理，是场外交易市场（OTC）的组成部分。2006 年 7 月，纳斯达克正式将其股票市场分为三个板块，由纳斯达克全球精选市场（NASDAQ Global Select Market）、纳斯达克全球市场（NASDAQ Global Market）和纳斯达克资本市场（NASDAQ Capital Market）三个板块[1]组成，业务领域涵盖技术、零售、通信、金融服务、交通、媒体和生物技术等行业。纳斯达克市场既适合全球成熟优秀的大公司，又适合初创、成长迅速的中小规模的公司上市融资。

虽然 NASDAQ 是一个电子化的证券交易市场，但它仍然有个代表性的“交易中心”存在，该中心坐落于纽约时代广场旁的时报广场四号（Four Times Square，常被称为“康泰纳仕大楼”）。时代广场四号内并没有一般证券交易所常有的各种硬件设施，取而代之的是一个大型的摄影棚，配合高科技的投影屏幕并且有欧美各国主要财经新闻电视台的记者派驻，进行即时行情报道。

NASDAQ 股票市场的历史演变

美国场外交易市场的券商在 1971 年成立了全美证券交易协会（National Asso-

[1] 纳斯达克全球精选市场——全球首次上市最高标准的市场板块，约有 1 200 家符合标准的公司，中国企业中入选这一最高标准市场的有：网易、新浪、携程、搜狐、TOM 在线、盛大、前程无忧、中国医疗科技等。纳斯达克全球市场——纳斯达克上市公司中约有 1 500 家被归入纳斯达克全球市场。纳斯达克资本市场——维持约 600 家公司的规模。

ciation of Securities Dealers，NASD），并且利用全美证券交易商协会自动报价（NSAD Automated Quotation，NASDAQ）的电脑系统来执行报价。NASD是一个法人组织，管理NASDAQ的交易秩序；而NASDAQ是一个拥有自动报价系统的股票证券市场，它是世界上第一个没有交易大厅的电脑交易市场，现在比NYSE拥有更多的挂牌公司及更高的交易金额。纳斯达克股票市场是NASDAQ的音译。

比起在NYSE挂牌的公司，在NASDAQ挂牌的公司规模通常较小，而且公司的历史也较短。但是NASDAQ也有不少知名的大型公司，如Microsoft，Intel，Yahoo，Apple，Dell等著名的高科技公司都在此上市。同时，外国企业如Toyota，Ericsson，Canon，NEC等也选择了在NASDAQ上市。在NASDAQ市场挂牌上市的中国企业也有很多，包括新浪（SINA）、搜狐（SOHU）、网易（NTES）、携程网（CTRP）、百度（BIDU）、分众传媒（FMCN）、如家（HMIN）等。截至1998年末，美国软件业的93.6%、半导体业的84.8%、电脑及其周边设备业的84.5%、通信业87.1%的上市公司都在NASDAQ挂牌上市。

1998年，NASDAQ与美国股票交易所（AMEX）正式合并，成立NASDAQ-AMEX集团。但是NASDAQ与AMEX仍然是独立的市场，两者合并无非是为了给股票发行人和投资人多一点便利和选择。

2007年5月，NASDAQ股票市场并购北欧证券交易商瑞典OMX公司组成纳斯达克-OMX集团（NASDAQ OMX Group）。

当今的NASDAQ市场已成为NYSE的竞争对手，许多符合NYSE上市标准的大公司已选择了NASDAQ，其中包括各行业市值最大的公司及著名的大品牌公司，如星巴克、谷歌、微软、史泰博、英特尔、戴尔、苹果电脑、思科公司、安进公司、美联航、芝加哥商品交易所、第一太阳能公司、阿波罗集团和新闻集团等公司。

NASDAQ是世界上主要的股票市场中成长速度最快的市场，它现在已成为全球最大的证券交易市场。截至2011年1月25日，有6 809个公司的证券在NASDAQ上市，其中有161家中国公司。

Ken Zhang 啃哥有话说

那么多如此强的企业都是在纳斯达克挂牌的，可见其影响力和号召力。而其独创的做市商制度，更促进了这个市场的繁荣。

NASDAQ 股票市场交易特点

NASDAQ 的交易特点是场外交易，场外交易市场不同于交易所会员制，它是以数以千计的证券商为中心连接而成的一个没有正式组织的交易市场。它不像 NYSE 或 NYSE AMEX 有固定的交易厅或交易柜台，NASDAQ 股票市场的股票买卖是经由数十万计的电脑拿牌而完成的。NASDAQ 市场是一个股票经纪商市场（Dealer Market），由分散在各地的证券商扮演做市商（Market Makers）的角色，这些做市商以自有的资金持有相当数量的股票来维持市场的正常运行。它与 NYSE 和 NYSE AMEX 不同。NYSE 及 NYSE AMEX 的证券买卖以拍卖方式进行，而 NASDAQ 市场的交易是由买卖双方谈判达成。

NASDAQ 股票市场使用的报价系统是全美证券交易商协会的自动报价系统。这是一套专门提供给店头市场作为报价使用的电脑系统。顾客向证券商或交易商发出买卖股票的指令（下单），后者通过电脑网络与其他的证券交易商或经纪人取得联系而完成交易。它的最大特点在于其自动撮合及回报成交的机制，它可以取代许多人工难以完成的股票报价及交易信息。这可以使 NASDAQ 股票市场在巨幅股价变动情况发生时，增加系统交易的稳定性，不会像纽约证券交易所，只要股票短时间内巨幅下挫就会出现中断交易的情形。

NASDAQ 拥有自己的做市商，做市商是一些鼓励的股票交易商，为投资者承担某一只股票的买进和卖出。代表着世界上最大的计价证券公司的 519 位券商称作做市商，他们在 NASDAQ 上提供了 6 万个竞买和竞卖的价格。投资者在 NASDAQ 市场上对任何一只挂牌股票的交易都采取公开竞争的方式完成——用他们的自有资金来买卖 NASDAQ 股票。这种竞争活动和资本提供活动使交易活跃地进行，广泛有序的市场、指令的迅速执行都为大小投资者买卖股票提供了有利条件。

这些做市商由 NASDAQ 的会员担任，这与 NYSE 的保荐人构成方式是一致的。每一只在 NASDAQ 上市的股票，至少要有两个以上的做市商为其股票报价；一些规模较大、交易较为活跃的股票其做市商往往能达到 40～45 家。平均来说，非美国公司股票的做市商数目约为 11 家。在整个 NASDAQ 市场中，有 500 多个做市商，其中，在主板上活跃的做市商有 11 个。这些做市商包括美林、高盛、所罗门兄弟等世界顶级的投资银行。NASDAQ 现在付出越来越多的努力，试图通过这种做市商制度使上市公司的股票能够在最优的价位成交，同时又保障投资者的利益。

在纳斯达克市场，做市商既可以买卖股票，又可保荐股票。换句话说，他们可对自己担任做市商的公司进行研究，就该公司的股票发表研究报告并提出推荐意见。

事实上，由于近年来电脑科技的发展，对个体投资人来讲，买卖 NYSE 或 NASDAQ 股票的实际操作程序，实质上已经没有分别了。只要一按电脑的键盘，电脑系统就自动完成所有买卖交易。

在美国，场内交易所买卖的证券是由交易所的董事会来制定完整的交易规则，而场外交易市场由全美证券交易商协会（NASD）来管理。因此，所有在店头市场交易的证券都需由 NASD 来制定规范。NASD 是一个纪律严明的自律性组织（Self Regulatory Organization，SRO），全美国所有的证券公司和证券经纪人都属于这个组织。NASD 的会员证券商总共有 5 500 多家，具有执照的证券经纪人则超过 50 万人。

Ken Zhang 啃哥有话说

NASDAQ 市场虽然是场外市场，但通过技术手段的发展已与场内市场无两样。其次，其特有的做市商模式不同于保荐模式。可能有的读者对于什么是做市商制度还是不太明白，那么，请参考“第二部分 第三章 四、做市交易实务”，从而更能对新三板有个全新的认识。

NASDAQ 上市条件

纳斯达克全球精选市场（Global Select Market）

公司在 NASDAQ 全球精选市场首次上市，必须满足表 29.7 所列三个条件之一。

表 29.7

NASDAQ 全球精选市场上市条件（如遇调整以实际为准）

条件一	条件二	条件三
■ 前三个财年的税前盈利总计不低于 1 100 万美元，且最近两个财年每年不低于 220 万美元、最近三个财年内不得有亏损；	■ 前三个财年现金流总计不低于 2 750 万美元，且每一财年现金流不能为负数；	■ 公司在前 12 个月期间的总市值平均不低于 8.5 亿美元；

续表

条件一	条件二	条件三
■ 股票买入价为 5 美元； ■ 选择 3 名做市商。	■ 公司在前 12 个月期间的总市值平均不低于 5.5 亿美元； ■ 上一个财年的收益不低于 1.1 亿美元； ■ 股票买入价为 5 美元； ■ 选择 3 名做市商。	■ 上一个财年的收益不低于9 000万美元； ■ 股票买入价为 5 美元； ■ 选择 3 名做市商。

纳斯达克全球市场（Global Market）

公司在 NASDAQ 全球市场首次上市，须满足表 29.8 所列三个条件之一。

表 29.8
NASDAQ 全球市场上市条件（如遇调整以实际为准）

条件一	条件二	条件三
■ 股东权益达 1 500 万美元；	■ 股东权益达 3 000 万美元；	■ 市场总值为 7 500 万美元；或者，资产总额及收益总额分别达 7 500 万美元；
■ 最近一个财务年度或者最近三年中的两年中拥有 100 万美元的税前收入；	■ 110 万股公众持股；	■ 110 万的公众持股量；
■ 110 万的公众持股量；	■ 公众持股的市场价值达 1 800 万美元；	■ 公众持股的市场价值至少达到 2 000 万美元；
■ 公众持股的价值达 800 万美元；	■ 每股买价至少为 5 美元；	■ 每股买价至少为 5 美元；
■ 每股买价至少 5 美元；	■ 至少有 400 个持 100 股以上的股东；	■ 至少有 400 个持有 100 股以上的股东；
■ 至少有 400 个持 100 股以上的股东；	■ 3 个做市商；	■ 4 个做市商；
■ 3 个做市商；	■ 两年的营运历史；	■ 须满足公司治理要求。
■ 须满足公司治理要求。	■ 须满足公司治理要求。	

纳斯达克资本市场（Capital Market）

公司在 NASDAQ 资本市场首次上市，须满足表 29.9 所列三个条件之一。

表 29.9

NASDAQ 资本市场上市条件（如遇调整以实际为准）

条件一	条件二	条件三
■ 公司有 2 年的经营记录；	■ 上市证券市值 5 000 万美元；	■ 股东权益为 400 万美元；
■ 股东权益为 500 万美元；	■ 股东权益为 400 万美元；	■ 最近一个财年或最近三个财年内的两个财年持续经营的净收入达 75 万美元；
■ 公众持有股份数量 100 万股；	■ 公众持有股份数量 100 万股；	■ 公众持有股份数量 100 万股；
■ 公众持有股份市值 1 500 万美元；	■ 公众持有股份市值 1 500 万美元；	■ 公众持有股份市值 500 万美元；
■ 至少有 300 个持 100 股以上的股东；	■ 至少有 300 个持 100 股以上的股东；	■ 至少有 300 个持 100 股以上的股东；
■ 股票买入价 4 美元；	■ 股票买入价 4 美元；	■ 股票买入价 4 美元；
■ 选择 3 名做市商。	■ 选择 3 名做市商。	■ 选择 3 名做市商。

NASDAQ 上市费用

NASDAQ 上市费用包括入市费及年费，按公司发行股票的数量分阶段进行计量。我们以 NASDAQ 全球市场和资本市场为例加以说明。

纳斯达克全球市场（Capital Market）入市及年费

表 29.10

全球市场的入市费（如遇调整以实际为准）

发行总股数	入市费（美元）
1～30 000 000 股	100 000
30 000 001～50 000 000 股	125 000
50 000 001 股以上	150 000

表 29.11

全球市场的年费（如遇调整以实际为准）

发行总股数	年费（美元）
1～10 000 000 股	24 500
10 000 001～25 000 000 股	30 500
25 000 001～50 000 000 股	34 500
50 000 001～75 000 000 股	44 500
75 000 001～100 000 000 股	61 750
100 000 000 股以上	75 000

假设A公司在NASDAQ全球市场发行5 000万股，第一年的会费是159 500美元（125 000+34 500）。而第二年后，每年的会费是34 500美元。

纳斯达克资本市场（Capital Market）入市及年费

NASDAQ资本市场的入市费和年费是依据公司的发行总股数而定的，其具体的入市费及年费如下：

表29.12

资本市场入市费（如遇调整以实际为准）

发行总股数	入市费（美元）
1～5 000 000股	25 000
5 000 001～10 000 000股	35 000
10 000 001～15 000 000股	45 000
15 000 001股以上	50 000

表29.13

资本市场年费（如遇调整以实际为准）

发行总股数	年费（美元）
1～10 000 000股	17 500
10 000 001股以上	21 000

假如A公司在NASDAQ资本市场发行5 000万股，第一年的会费是71 000美元（50 000+21 000）。而第二年后，每年的会费是21 000美元。

NASDAQ上市总成本参考标准

表29.14是NASDAQ官方公布的，就美国本土公司在NASDAQ以IPO方式上市的成本推荐标准（如遇调整以实际为准）。

表29.14

美国本土公司在NASDAQ以IPO方式上市的成本推荐标准 单位：美元

	情况1	情况2
总发行金额	2 500万	5 000万
总发行股本	588万股	588万股
费用项目	估算费用	估算费用
承销佣金或折扣	1 750 000	3 500 000
美国证监会收费	9 914	19 828
全美券商协会收费	3 375	6 250

续表

	情况 1	情况 2
印刷机制版费	100 000	100 000
审计费	160 000	160 000
律师费	200 000	200 000
按蓝天法案* 各州收费	25 000	25 999
其他杂费	34 200	34 200
NASDAQ 市场进入费	63 725	63 725
NASDAQ 年费	11 960	11 960
过户代理费	5 000	5 000
合计	2 363 174	4 126 962

* 蓝天法案，由美国各州政府负责实施。该类法案用于规范一个区域内的证券交易，以及股票经纪人和投资顾问的注册。

对于中国企业而言，其上市费用会比美国本土企业高，主要是会计师和律师的费用以及境内顾问费用的增加造成的。

Ken Zhang 啃哥有话说

通过上表可以看出，NASDAQ 的年费和入市费每年 3 万美元左右，但是，申请 IPO 的成本还是很高的。在三个层次中对财务指标的要求是不同的。因此，也可以据此推定，未来新三板的分层制度，一定是在各项指标中，将现有已挂牌和未挂牌的企业，进行二次分层。

场外柜台交易系统

场外柜台交易系统（Over the Counter Bulletin Board，OTCBB），有的机构也简称其为电子板市场或三板市场，是由全美证券商协会所管理的一个交易中介系统。与 NASDAQ 的不同之处在于，OTCBB 没有挂牌条件和标准，不提供自动交易执行体系，也不与证券发行机构发生关系。OTCBB 的典型特点是零散、小规模、简易上市程序及较低的费用。OTCBB 上很少有大的基金或机构投资者，而是以小基金与个人投资者为主。

场外柜台交易系统简介

NASD 为了解决小型企业融资问题成立了一个 OTCBB 的报价系统。它的主要功能只是为做市商提供一个他们所经销股票证券的即时报价系统，与其他的交易所市场比较，OTCBB 的门槛较低。它对公司并没有任何规模和盈利的要求，只要有三名以上的做市商为该股票做市并由注册会计师出具符合 US GAAP（US General Accepted Accounting Principal，美国会计准则）规格的审计报告，就可以在 OTCBB 挂牌上市。

根据 1990 年美国国会制定的《廉价股股票改革法案》（The Penny Stock Reform Act of 1990）中，美国国会要求 SEC 必须依证券交易法第 17B 条的规定，建立一个电子交易系统以给 OTCBB 的股票证券提供一个交易透明的资本市场。经由 OTCBB 系统的建立，廉价股股票的报价和成交咨询可以公开透明地发布。所谓廉价股（Penny Stock），就是不在全国性的股票交易所或 NASDAQ 股票市场发行的股票。

OTCBB 市场是 1990 年 6 月开始试行营运的，是一个小型股票的交易市场。1991 年 SEC 通过了 OTCBB 的管理规则。1998 年 OTCBB 正式由 NASD 的法规处（Compliance Unit）负责管理。在 1999 年以前，OTCBB 主要以监管做市商来规范市场，对上市公司的财务管理较松，财务报告是不需要注册会计师审计的。但 1999 年美国证监会制定了新的规定，OTCBB 的公司必须按季度及年度公布其审计的财务报告。凡是不能按期提供财务报告的上市公司，将有一个月的警告期。警告期满而尚不能提交者，其股票便从 OTCBB 取消挂报价（de－listing），或下降到次一级的粉单市场（Pink Sheet）。至今，有几千只股票在 OTCBB 上挂牌报价，而参与报价的做市商约有 350 家，成长的速度非常快。但是 OTCBB 仅是一个报价系统，而不是一个真实的交易市场。理论上，应该说股票在 OTCBB 挂牌报价，而不是上市。实际上，有了报价，有意愿的投资者就可通过做市商来购买股票，因此虽然 OTCBB 仅具有报价的功能，实际上却达到了股票交易的目的。

OTCBB 的挂牌申请是由做市商填写表格，向 NASD 的法规处直接申请。若批准时，NASD 的市场资处会通知申请的做市商，即可在 OTCBB 报价。

Ken Zhang 啃哥有话说

通过上文可以看出：

■ OTCBB无门槛，只要有财务报告就行，相对于新三板，其门槛更低。

■ 廉价股就是不在全国性的股票交易所或NASDAQ股票市场发行的股票。即用排除法设定了可以在OTCBB挂牌的企业。

■ OTCBB市场之下，还有一个粉单市场存在。

OTCBB的挂牌条件

NASD是OTCBB的管辖机构，其制定的挂牌规则非常宽松，对公司没有任何规模或盈利的要求，只要有三名以上的做市商为该股票做市及由注册会计师出具符合US GAAP规则的审计报告，就可以在OTCBB挂牌上市。它与其他非主流交易平台的上市条件比较如下：

表29.15

OTCBB与Pink Sheet的挂牌条件比较（如遇调整以实际为准）

项　目	OTCBB	Pink Sheet
净资产、净利润或销售量	无限制条件	无限制条件
最少股东人数	约80名	约40名
做市商	3名	1名
公司会计报告	需要	需要
审计公司会计报告	需要	无要求

需要申请Pink Sheet挂牌的公司，首先要有1名做市商的协助认可，接着准备公司的历史资料和财务会计报告，连同挂牌申请书向NASD申请。NASD审核后，确认无误，就通知做市商，公司股票就可在Pink Sheet挂牌。但因为公司的财务报告不需要经过审计的程序，所以在Pink Sheet挂牌的股票的市场流动量（marketability）较低。

相对地，若要申请在OTCBB挂牌的公司股票，要有3名做市商的协助认可，会计报告要有会计师审核签字，连同挂牌申请书向NASD申请。当NASD审核批准后，就可在OTCBB挂牌交易。因为OTCBB的公司具有审计师的审核，它的财务资料能得到公众认定，这增加了OTCBB股票的公信力。因此，OTCBB的股票流动量比Pink Sheet的股票高出甚多。

根据SEC的规则，想要在OTCBB或Pink Sheet上挂牌的公司，要填写申请表格Form 211。要注意的是，申请挂牌是由做市商提出申请的，但是表格的具体填报内容是由公司提供，所以公司必须要了解表格的内容。

Ken Zhang 啃哥有话说

由上可以看出，OTCBB市场上市门槛的确很低，只要是报告经过审计，同时有3名做市商，就可以作为上OTCBB。

关于Pink Sheet，只要有1名做市商即可。以上内容对Pink Sheet介绍不多，这里再进行补充。

Pink Sheet，原名National Quotation Bureau（全国报价局，简称NQB），是在1913年成立的一家企业，因最初是把报价印刷在粉红色的单子上而得名。1963年NQB被出版业大财团买下，使得NQB仍以印刷的方式提供信息，1997年NQB更换新经营团队，开始以电子揭示看板的新技术向客户提供柜台买卖中心的交易信息。2000年6月，NQB更名为Pink Sheets LLC（Liability Limited Company）。

今天的Pink Sheet市场已纳入纳斯达克最低层的一级报价系统，是美国柜台交易（OTC）的初级报价形式。广义的美国OTC市场包括NASDAQ、OTCBB和Pink Sheet，按其上市报价要求高低依次为：NASDAQ→OTCBB→Pink Sheet。

Pink Sheet的功能就是为那些选择不在美国证券交易所或NASDAQ挂牌上市或者不满足挂牌上市条件的股票提供交易流通的报价服务。在Pink Sheet报价的是那些未上市证券（Unlisted Securities），具体包括：由于已经不再满足上市标准而从NASDAQ股票市场或者从交易所退市的证券；为避免成为“报告公司”而从OTCBB退到Pink Sheet的证券；其他的至少有一家做市商愿意为其报价的证券。

在美国证券交易实务中，Pink Sheet里交易的股票，大多是因公司本身无法定期提出财务报告或重大事项报告，而被强制下市或下柜。因此，投资人通常称这种公司为“空头”或“空壳”公司，该类股票为“垃圾股票”。上市没有特别要求，而且Pink Sheet没有连续公布财务等信息的要求。值得一提的是，公司在Pink Sheet交易是不需要交费的。

OTCBB的挂牌维持费用（如遇调整以实际为准）

根据挂牌规定，公司股票要在OTCBB或Pink Sheet挂牌，没有挂牌入市费或年费的要求。但是做市商应客户的要求每下单一次则需付 6 美元作为使用报价系统的费用，而挂牌公司则不需要支付下单费用。虽然如此，OTCBB 的挂牌公司每年都需要申报审计财务报告，审计的费用不低。因此，OTCBB 公司维持挂牌的主要费用有两项：审计财务报告费及证券律师咨询费。前者费用约为 15 000 美元，后者费用约为 8 000 美元。加上其他费用，维持在 OTCBB 挂牌的费用，每年约 25 000 美元。当然，具体费用会随着选择不同的财务和法律机构而变，知名机构的收费可能是普通机构的数倍之多。当一家在 OTCBB 挂牌的公司，无法按时提供审计财务报告时，公司的股票会被除牌（de-listing）而降至 Pink Sheet 的名单上。相对地，Pink Sheet 的基本维持费就少了很多，每年约 6 000 美元，不需要有审计的会计报告。

另外需要注意，以上所述仅仅是财务和法律的基本费用，实际上还要有投资者关系费用、其他咨询服务费用、董事和高管的责任保险、董事薪金等，这些费用有些不是必需的，而且不同的公司会有较大差异。

Ken Zhang 啃哥有话说

一说起中国的新三板，就有人拿美国的 OTCBB 做比较，说中国的新三板就是美国的 OTCBB。其实看看上面对 OTCBB 的详细介绍，大家就会知道，它和新三板还是有很多不同之处的。相对于 OTCBB，中国的新三板门槛更高、更规范，同时兼顾了协议成交、做市交易、竞价交易三种模式。也可以说，中国和美国的资本市场是不同的，不能硬要拿中国的某一个板块和美国的某一个板块对应，这是完全对应不上的。

美国资本市场的转板

从 OTCBB 转板到 NASDAQ

前文已描述过，美国股票 NASDAQ 市场并非单一股票全国性交易市场，而是根据流通性、资金实力等，将 NASDAQ 划分为三个相对独立的市场：纳斯达克全球精选市场，纳斯达克全球市场及纳斯达克资本市场。其中，纳斯达克全球精选市场对上市公司的实力及股票的流通性要求最高，而纳斯达克资本市场门槛最低。因此，大部分自OTCBB市场转板的中国公司优先考虑的就是先行转入纳斯达克资本市场。

由于OTCBB市场自身并无特别的上市要求，所以自OTCBB转入纳斯达克资本市场，需要满足在该市场上首次发行的标准和要求。纳斯达克资本市场的首次发行有三类不同的发行标准，而其中净收入上市标准的要求最低。

根据净收入的上市标准，在OTCBB市场上进行交易的公司，仅需满足以下要求，即可以申请转入纳斯达克资本市场：

（1）流通股达到或超过100万股；

（2）公众股东人数达到或超过300人；

（3）股价达到或超过4美元/股；

（4）有3家以上的做市商；

（5）公司净资产达到400万美元；

（6）公司连续经营达到或超过2年，流通市值达到1 500万美元；

（7）公司总市值达到5 000万美元，流通市值达到1 500万美元；

（8）公司年净收入达到75万美元，流通市值达到500万美元。

根据估测，公司只需要满足第（1）～（5）项，第（6）、（7）、（8）项其中之一，即达到自OTCBB市场转入纳斯达克资本市场的要求。

Ken Zhang 啃哥有话说

由上可知，纳斯达克最低层的全球资本，也是没有利润要求的。所以上纳斯达克，关键要看上了纳斯达克的那个层，这是重点。

从OTCBB转板到全美证券交易所（AMEX）

AMEX曾是美国第二大证券交易所，拥有上百年历史。1998年，AMEX与NASDAQ合并成为NASDAQ-AMEX集团公司。2008年，该集团公司再次与纽约证券交易所（NYSE）合并，成为NYSE-AMEX集团公司。目前，AMEX是美国第三大证券交易市场。

作为美国证券主板交易市场之一，AMEX偏重于中小企业的证券交易。此外，近来新兴的金融证券衍生品也主要在 AMEX 市场上进行交易。相对于 NYSE，AMEX 市场上交易的股票价格普遍偏低，其交易量也相对较少，其上市要求也较为宽松。尽管如此，很多著名公司，如埃克森美孚石油和通用汽车都曾在 AMEX 市场上进行融资，并逐步发展壮大。同时，相较于 OTCBB 市场，AMEX 市场则更为规范，其融资功能也更为成熟。

根据 AMEX 上市相关规则，自 OTCBB 转入 AMEX 市场进行交易的公司至少需要满足以下条件：

（1）公司净资产达到 400 万美元；

（2）公司流通市值达到或超过 300 万美元；

（3）股价达到或超过 3 美元/股；

（4）上一会计年度公司的年税前收入达到 75 万美元；

（5）公众股东人数达到或超过 800 人，公众持股达到或超过 50 万股；

（6）公众股东人数达到或超过 400 人，公众持股达到或超过 100 万股；

（7）公众股东人数达到或超过 400 人，公众持股达到或超过 50 万股，过去 6 个月的日平均交易量达到或超过 2 000 股。

据此规定，如果公司达到上述（1）～（4）的要求，并满足（5）、（6）或（7）项其中之一的要求，即可以向 AMEX 正式递交转板申请，自 OTCBB 市场转入美国主板市场进行交易。

Ken Zhang 啃哥有话说

可见，对此转板并没有利润的要求，只有收入规模、净资产规模的要求。可见美国的理念和中国确实不一样，中国 A 股上市强调最多的就是利润。

从 OTCBB 转板到纽交所（NYSE）

NYSE 是美国目前最成熟的证券市场，其上市标准也较为严格。目前，世界 500 强企业，如美国强生、通用电气、美国在线及花旗集团，大都选择在 NYSE 进行交易。根据 NYSE 的上市规则，自 OTCBB 直接转板至 NYSE 的公司，其规模和市值必须达到以下标准：

（1）公众股东人数达到或超过 400 人；

（2）公众持股达到或超过 110 万股；

（3）公司流通市值达到或超过 1 亿美元；

（4）股价达到或超过 4 美元/股；

（5）公司净资产达到 6 000 万美元。

此外，NYSE 同时要求转板公司的财务状况必须至少满足以下标准之一：

（1）收入标准。过去三年累计税前总收入达到或超过 1 000 万美元；最近两年的年税前收入达到或超过 200 万美元；上一会计年度实现盈利。

或者，过去三年累计税前总收入达到或超过 1 200 万美元；上一会计年度税前总收入达到或超过 500 万美元；前一会计年度税前总收入达到或超过 200 万美元。

（2）现金流标准。全球总市值达到 5 亿美元；上一会计年度净收入达到或超过 1 亿美元；过去三年调整后的现金流总计达到 2 500 万美元；过去三年现金流未出现负增长。

（3）利润指标。全球总市值达到 7.5 亿美元；上一会计年度利润达到 7 500 万美元。

（4）资产标准。全球总市值达到 1.5 亿美元；总资产达到 7 500 万美元；净资产达到 5 000 万美元。

Ken Zhang 啃哥有话说

注意上述四类标准，只要满足"之一"就行，不用都满足。其实，啃哥觉得，这是为了让不同类型的企业都有机会。企业收入规模大，没有利润，行；企业收入规模小，利润足够，行；企业收入、利润都不够，但是总资产、净资产足够大，行。只要企业在某方面有突出表现，就可以了，不用面面俱到。想想中国 A 股对企业的求全责备，其实是走入了另一个方向。就如同中国的教育鼓励孩子成为通才，而美国的教育鼓励孩子成为专才。到底哪种更好呢，很明显，从效果看，某方面突出其实就很好了。所有方面都突出实在太难做到了。

美国转板带来的好处

转板升级后，公司不仅融资渠道拓宽，受投资机构关注度增强，上市后随着业务发展更是可以持续获得再融资。由于升板后上市公司的投资群体扩大、升级到一些有实力的机构、基金及个人投资者，所以公司的估值得到了大幅的提升，转板升级后股价基本上都出现了较大幅度的上升，普遍在70%～100%，甚至达2～3倍。股票成交量都有不同程度的放大，普遍放大10倍以上，公司股票的流动性得到了极大的提高。这些均为公司的再融资奠定了良好的基础。

Ken Zhang 啃哥有话说

很明显，转板后企业价值得到了很大的提升，交易量也进一步提升了。因此，我国新三板也提出了未来转中小板、创业板的计划。但是，再想一想，美国之所以转板政策十分重要，是因为OTCBB市场交易量不活跃导致。

上文详细介绍了美国整个资本市场的状况，以及NASDAQ在美国资本市场中的地位和作用。

可以看出，对于美国资本市场的机构，根据估值和交易活跃度划分，最上层的是NYSE和AMEX，之下是NASDAQ，再之下是OTCBB市场。当然这些都是全国性的交易市场，暂不考虑区域性的股权交易场所。

在中国，最顶上是主板市场（主要是上交所），之下是中小板和创业板（主要是深交所），再之下是新三板。新三板之后就没有全国性的股权交易市场了。

首先，如果用中国的新三板类比美国的OTCBB市场。相同点是都是全国性股权交易市场。不同点又是很明显的，美国的OTCBB市场门槛很低，只要有审计报告以及至少3名做市商，就可以挂牌。而中国的新三板，还要经过新三板公司的审核，新三板公司会给出反馈意见，企业要在规定时间内反馈，没问题了才能上新三板；新三板同时具有协议、做市商、竞价交易（尚未推出）的功能，这是美国OTCBB市场无法做到的。因此可以说，中国的新三板是比美国OTCBB市场挂牌更加严格、企业质量更加好的一个版块。

其次，如果用中国的新三板类比NASDAQ，可以看到很多不同点：

■ NASDAQ分了三个层次，不同层次有不同的上市标准；新三板没有。

■ NASDAQ主要是做市交易，而新三板是协议交易、做市交易、竞价交易全部来。

■ OTCBB作为低于NASDAQ的版块，企业可以转入

NASDAQ；而新三板之下再没有全国性的股权交易市场。

■ NASDAQ最低的层，即NASDAQ全球资本，已与OTCBB企业很接近，便于与OTCBB企业对接转板；而中国的新三板没有这方面设计。

■ NASDAQ三个层次的挂牌标准，又各自再分为三种情况，照顾到不同特长的企业：有收入很大的企业，有利润很高的企业，又有资产规模很大的企业，只要某方面做得好，其他方面可以差一点，并不妨碍企业上NASDAQ；而中国的新三板由于未分层，挂牌条件就是简单的六条，没有细化，或者说有待细化。

最后，啃哥认为，由于中国没有美国的OTCBB之下的Pink Sheet，因此中国的新三板其实充当了双重角色，它既对应着美国的OTCBB市场，也对应着NASDAQ市场。一方面，新三板门槛极低，大量企业可以挂牌；另一方面，其中挂牌的优秀企业将受到追捧，价值在新三板中得到体现。

未来随着中国新三板分层制度的推出，优秀的企业会分到新三板的顶层，而大量表现平平的企业在新三板的底层。或者说，未来新三板分层后，底层将对应纳斯达克全球资本那个层次，而划分到中高层的企业对应纳斯达克的全国精选和全球市场这两个板块。

NASDAQ经过40余年发展，才有了今天的地位。我们的新三板也风生水起，但是还有太多的政策需要推出，太多的投资者需要被引导，太多的企业需要被教育，在这一切做好之前，空谈“新三板就是未来中国的纳斯达克”实在是没有太大的意义。新三板应当参考美国成熟经验，一步一个脚印，扎扎实实走下去。并且有创新，例如协议交易、做市交易、竞价交易同时存在，就是一种创新。

啃哥认为，未来的新三板一定不会是中国的NASDAQ，它会是经过投资者、企业、监管机构等多方的共同稳步努力、教育与再教育，而发展出来的一个中国特有的、符合中国国情的、崭新的资本市场。不会太久，最多两年，就能看出效果来。

2015年2月20日

于北京

PORE OVER
THE NEW
OTC MARKET

30

数据说话：新三板交易量、排队数统计以及中介机构大排名

很多人说新三板交易量不活跃，还有很多人说新三板中介机构不好选择。这里，啃哥用数据说话，我们用最直观的大量数据分析说明新三板到底活不活跃，究竟该怎么选中介机构。

新三板交易量的统计

对新三板抱有成见的人群认为，新三板交易量不活跃。好吧，啃哥用数字来说明新三板交易量到底活跃不活跃，让数字说明一切（见表 30.1）。

表 30.1

新三板成交额统计 单位：万元

时间（2014 年）	9.29—10.10	10.13—10.17	10.20—10.24	10.27—10.31	11.03—11.07	11.10—11.14
1—做市方式	3 405	6 016	8 010	14 675	7 519	12 534
2—协议方式	28 501	22 383	23 543	46 172	30 716	34 511
成交总额（合计）	31 906	28 399	31 553	60 847	38 235	47 045

时间（2014 年）	11.17—11.21	11.24—11.28	12.1—12.5	12.8—12.12	12.15—12.19	12.22—12.26
1—做市方式	25 563	21 565	16 155	21 680	17 060	16 687
2—协议方式	32 781	45 647	36 778	38 786	69 726	44 029
成交总额（合计）	58 344	67 212	52 933	60 467	86 786	60 715

时间（2015 年）	1.5—1.9	1.12—1.16	1.19—1.23	1.26—1.30	2.2—2.6	2.9—2.13
1—做市方式	26 653	21 232	30 361	53 877	55 618	62 027
2—协议方式	33 512	29 310	41 030	61 318	62 753	64 177
成交总额（合计）	60 165	50 543	71 391	115 194	118 371	126 204

数据来源：全国中小企业股份转让系统网站，徐晓东协助整理。

通过新三板公布的交易量可以看出，做市交易从 2014 年 9 月 29 日第一个统计周的 3 405 万元增加到 2015 年 2 月 9 日最后一个统计周的 6.21 亿元，增加了 17.22 倍。协议成交从 2014 年 9 月 29 日第一个统计周的 2.85 亿元，增加到 2015 年 2 月 9 日最后一个统计周的 6.42 亿元，增加了 1.25 倍。就是说，在这 18 周的时间里，周交易总额从 3.19 亿元增加到 12.62 亿元，增加了 3.96 倍。即平均每周增加 22%。

假设按照每周交易额照这样的速度计算，每周交易额增加 22%。经过计算，

2015 年 12 月最后一周交易额将达到 4.5 万亿。假设最后一周 5 个交易日，即 2015 年末的日成交额 9 030 亿元。这样的规模与 A 股相比是什么水平呢？

近三年 A 股 2 500 余只股票总体成交额情况如下：

- 2012 年 A 股总成交额 31.11 万亿元，日均成交 1 296 亿元。
- 2013 年 A 股总成交额 46.35 万亿元，日均成交 1 930 亿元。
- 2014 年 A 股总成交额 73.77 万亿元，日均成交 3 073 亿元。

可以看到，如果新三板按照目前的增长速度增长下去，2015 年年末的日均交易额将超过 A 股 2014 年的日均交易额！也就是说，发展了 25 年的 A 股市场，有可能在 2015 年当年被新三板迎头赶上并远远超越！并且新三板还有十二个刺激市场的大招未释放（详见第 25 篇），如果释放了也许市场发展得更好犹未可知！未来总会超出我们的想象的。

新三板排队企业的统计

新三板与 A 股排队企业数的比较见表 30.2 和表 30.3。

表 30.2

截至 2014 年 10 月 31 日之排队企业

新三板	待出具反馈意见——在审	反馈意见回复审查——在审	落实反馈意见中——在审	在审企业合计	已挂牌企业
数量（个）	480	94	125	699	1 219

		已受理（在审）	已反馈（在审）	预先披露更新（在审）	已通过发审会（在审）	中止审查（在审）	在审企业合计	已挂牌企业
上交所		167	62	16	10	10	265	999
深交所	中小板	68	36	13	9	5	131	737
	创业板	112	82	8	11	10	223	416
数量总计		347	180	37	30	25	619	2 152

数据来源：全国中小企业股份转让系统网站，A 股市场公开数据整理。

表 30.3

截至 2015 年 2 月 12 日之排队企业

新三板	待出具反馈意见（在审）	反馈意见回复审查（在审）	落实反馈意见中（在审）	在审企业合计	已挂牌企业
数量（个）	174	131	126	431	1 981

		已受理（在审）	已反馈（在审）	预先披露更新（在审）	已通过发审会（在审）	中止审查（在审）	在审企业合计	已挂牌企业
上交所		14	2	12	20	220	268	1 009
深交所	中小板	8	10	7	7	102	134	743
	创业板	19	8	32	11	155	225	422
数量总计		41	20	51	38	477	627	2 174

数据来源：全国中小企业股份转让系统网站，A 股市场公开数据整理。

通过上表可以看出，新三板挂牌企业从 10 月 31 日的 1 219 家，激增到 2015 年 2 月 12 日的 1 981 家，增加了 762 家，只用了短短不到 4 个月时间，可见新三板管理层的效率之高。同时，排队企业数量从 699 家减少到 431 家，可以看出新三板公司确确实实是在解决排队过长问题的，通过加快审核，使排队家数迅速减少。

再看看 A 股市场，挂牌企业从 2014 年 10 月 31 日的 2 152 家增加到 2015 年 2 月 12 日的 2 174 家，只增加了 22 家。而排队家数，从 619 家增加到了 627 家，反而增加了 8 家。相比之下，足可见 A 股发行审核的步伐实在太慢。据统计，2014 年全年 A 股新上市股票为 125 只，只有可怜的 125 只！想想偌大个中国，据说有 1 400 万家成规模的民营企业，而只有可怜的 125 家有幸登上主板进行融资，这从一个侧面反映出 A 股市场基本已经丧失了发展中公司股权融资的功能。只是供原有的上市公司不断地圈钱、增发，那么，又怎么服务于民营企业呢？

啃哥想说，通过上面的分析，很明显地看出，A 股发行节奏如此乌龟慢爬，前途堪忧的；而新三板的大步快走，是在打开一片新的天地，这是显而易见的。

因此，通过以上数据，啃哥更加看好新三板的未来。

主办券商推荐项目数量排名

表 30.4

2014 年新三板主办券商推荐项目数量排名（77 家券商）

排名	主办券商	2014 年推荐挂牌项目数量	市场占比	截至 2014 年 12 月 31 日持续督导挂牌企业数量	2013 年净利润（万元）	115 家券商 2013 年净利润排名	新三板排名比净利润排名提高
1	申银万国	84	6.82%	140	171 722	10	9
2	齐鲁证券	72	5.84%	90	84 436	15	13
3	广发证券	55	4.46%	73	237 800	4	1
4	长江证券	50	4.06%	70	100 523	14	10
5	中信建投	48	3.90%	67	172 979	9	4
6	安信证券	46	3.73%	47	51 384	22	16
7	国信证券	44	3.57%	62	178 354	8	1
8	宏源证券	38	3.08%	43	104 801	12	4
9	招商证券	38	3.08%	41	204 826	6	−3
10	东北证券	37	3.00%	44	45 146	25	15
11	东吴证券	37	3.00%	44	34 681	29	18
12	光大证券	31	2.52%	41	10 032	67	55
13	海通证券	26	2.11%	35	346 616	1	−12
14	中原证券	26	2.11%	39	26 826	43	29
15	方正证券	24	1.95%	28	108 174	11	−4
16	国泰君安	24	1.95%	36	251 745	3	−13
17	中信证券	24	1.95%	26	290 885	2	−15
18	国金证券	23	1.87%	22	30 726	33	15
19	西部证券	23	1.87%	36	27 164	42	23
20	南京证券	20	1.62%	30	25 947	44	24
21	广州证券	19	1.54%	6	10 267	66	45
22	国元证券	17	1.38%	17	55 115	21	−1
23	金元证券	17	1.38%	25	7 857	75	52
24	兴业证券	17	1.38%	21	60 058	18	−6
25	山西证券	16	1.30%	21	28 526	40	15
26	平安证券	14	1.14%	15	21 969	28	14
27	上海证券	14	1.14%	23	11 479	63	36

续表

排名	主办券商	2014年推荐挂牌项目数量	市场占比	截至2014年12月31日持续督导挂牌企业数量	2013年净利润（万元）	115家券商2013年净利润排名	新三板排名比净利润排名提高
28	长城证券	14	1.14%	18	37 281	27	-1
29	东方花旗	13	1.06%	25	-7 520	114	85
30	东莞证券	13	1.06%	13	25 611	45	15
31	银河证券	13	1.06%	18	212 515	5	-26
32	中投证券	13	1.06%	14	70 909	16	-16
33	东兴证券	12	0.97%	15	58 232	20	-13
34	首创证券	12	0.97%	14	15 015	56	22
35	湘财证券	12	0.97%	12	13 030	60	25
36	财通证券	11	0.89%	13	23 400	47	11
37	国海证券	11	0.89%	15	29 299	39	3
38	财达证券	10	0.81%	10	24 105	46	9
39	华安证券	10	0.81%	10	21 969	48	10
40	华泰证券	10	0.81%	14	203 746	7	-32
41	华西证券	10	0.81%	7	59 131	19	-21
42	浙商证券	10	0.81%	12	29 433	37	-4
43	中山证券	10	0.81%	10	2 042	87	45
44	大通证券	9	0.73%	11	9 485	69	26
45	国盛证券	9	0.73%	9	14 605	57	13
46	天风证券	9	0.73%	9	9 171	70	25
47	西南证券	9	0.73%	9	48 690	23	-23
48	华创证券	8	0.65%	8	8 615	72	25
49	江海证券	8	0.65%	8	10 839	65	17
50	民生证券	7	0.57%	6	8 986	71	22
51	太平洋证券	7	0.57%	7	7 158	81	31
52	万联证券	7	0.57%	8	8 423	73	22
53	财富证券	6	0.49%	6	11 219	64	12
54	东海证券	6	0.49%	10	21 061	50	-3
55	华福证券	6	0.49%	6	33 449	31	-23
56	华林证券	6	0.49%	8	7 985	74	19
57	华龙证券	6	0.49%	8	16 062	54	-2
58	爱建证券	5	0.41%	5	681	98	41
59	华融证券	5	0.41%	5	29 319	38	-20
60	新时代证券	5	0.41%	6	14 088	59	0
61	中银国际	5	0.41%	6	29 444	36	-24
62	渤海证券	4	0.32%	5	30 300	35	-26

续表

排名	主办券商	2014年推荐挂牌项目数量	市场占比	截至2014年12月31日持续督导挂牌企业数量	2013年净利润（万元）	115家券商2013年净利润排名	新三板排名比净利润排名提高
63	国都证券	4	0.32%	7	30 774	32	−30
64	国联证券	4	0.32%	5	34 158	30	−33
65	日信证券	4	0.32%	4	−6 508	113	49
66	民族证券	4	0.32%	5	15 380	55	−10
67	红塔证券	3	0.24%	3	20 076	51	−15
68	华鑫证券	3	0.24%	3	9 523	68	1
69	信达证券	3	0.24%	6	27 996	41	−27
70	德邦证券	2	0.16%	2	7 201	80	11
71	恒泰证券	2	0.16%	3	39 451	26	−44
72	世纪证券	2	0.16%	3	1 066	95	24
74	西藏同信	2	0.16%	2	1 841	88	16
75	中金公司	2	0.16%	2	21 536	49	−25
76	第一创业	1	0.08%	1	16 103	53	−22
77	中航证券	1	0.08%	1	7 843	77	1
合计		1 232	100%	1 572			

注释：

1. 推荐挂牌项目数量及市场占比是指2014年1月1日至12月31日期间，主办券商累计推荐并成功实现挂牌的企业家数及其市场占比（统计数据以企业挂牌时间为准）。

2. 持续督导挂牌企业数量是指截至2014年12月31日的主办券商持续督导挂牌企业家数（时点数）。

3. 本年年末主办券商持续督导挂牌企业数量＝上一年年末持续督导挂牌企业数量＋本年推荐挂牌企业数量－本年终止挂牌的企业数量（包括被并购、主动申请等原因终止挂牌）－本年与该券商解除持续督导协议的企业数量＋本年该券商承继持续督导服务的企业数量。

数据来源：全国中小企业股份转让系统公司网站、中国证券业协会网站。

Ken Zhang 啃哥有话说

券商排名本来是有很多口径的，而啃哥只拿券商利润排名与券商新三板推荐家数排名比较，因为啃哥觉得，利润是最重要的。不管券商规模有多么大，利润永远是第一位的，利润才是硬指标。利润最高的（不是收入最多的）券商才是最有实力的，因此利润指标最有比较的意义。

通过上表排名，啃哥有三点体会：

■ 115家券商，真正参与到新三板推荐上市的只有77家，也就是说还有38家券商没有参与新三板市场，或者说是“打酱油”去了。

未参与新三板的券商（以2013年利润排名区分），包括：排名13的东方证券，排名24的国开证券，排名34的中信万通，排名52的华泰联合，排名61的宏信证券，排名62的英大证券，排名76的大同证券，排名78的北京高华，排名82到86的高盛高华、银泰证券、华宝证券、川财证券、中天证券，等等。这未参与进来的38家券商，除了个别没有资格外，大部分是不重视新三板的结果。与这样一次历史性机遇擦肩而过，啃哥只能说，实在是可惜。

■ 一次弯道超车的良好机会。

利润最高的券商并不是2014年新三板上推荐挂牌项目数量最多的券商。可以看到，2013年利润前三的券商“海通证券”、“中信证券”、“国泰君安”，推荐挂牌数量排名都在10名以外。充分说明了新三板是一个中小券商“弯道超车”的良好时机，大券商尾大不掉，中小券商遇到了前所未有的历史性机遇，此时迅速占领企业资源，未来就有可能打破现有的券商排名格局，中小券商在未来的新三板中壮大自己，甚至有可能超越现在的“大”券商。

通过上表可以看出，申银万国在2014年推荐了84家企业在新三板挂牌，占了挂牌总数的6.82%，拔得头筹，而其利润排名只是第10位。齐鲁证券2014年推荐挂牌了72家，位居第二，其利润排名只是第15位。这都是抓住新三板机会的识大局的券商。

通过上表最后一列“排名提高”统计可以看出，光大证券排名提高了55位，利润排名只有67位，但是新三板推荐挂牌排名为12位。金元证券净利润排名75位，新三板排名第23位，也提高了52位。这些都是“弯道超车”的典型代表。

■ 再次印证“二八法则”，强者将恒强下去。

前37位，推荐家数超过10家，共推荐了1 008家，占整体的81.82%。77家券商中的48%，推荐了整体的81.82%的企业。再次印证了“二八法则”——参与新三板的77家券商并没有平分蛋糕，只是其中48%的券商切走了80%以上的蛋糕。可以预见未来的发展，将会再次上演强者恒强的一幕，新业务将会向排名前十位的券商集中。其实，第一轮的走马圈地，树立新三板品牌的券商竞争已经基本结束，未来企业选择券商一定会参考2014年的券商新三板排名。这再次印证了市场的机会转瞬即逝，当大多数人看清楚的时候，其实对于券商来说时机已经过去大半。

主办券商办理挂牌公司股票发行金额排名

表30.5

2014年新三板主办券商办理挂牌公司股票发行金额排名

排名	主办券商	发行金额（万元）	市场占比	发行次数	市场占比
1	西部证券	581 934	44.06%	7	2.13%
2	财达证券	107 025	8.10%	3	0.91%
3	申银万国	80 974	6.13%	23	6.99%
4	国信证券	49 255	3.73%	11	3.34%
5	中信建投	48 754	3.69%	15	4.56%
6	齐鲁证券	38 342	2.90%	22	6.69%
7	长江证券	33 202	2.51%	16	4.86%
8	华融证券	30 750	2.33%	4	1.22%
9	光大证券	30 743	2.33%	13	3.95%
10	银河证券	26 229	1.99%	7	2.13%
11	首创证券	19 630	1.49%	6	1.82%
12	广发证券	19 486	1.48%	23	6.99%
13	上海证券	17 080	1.29%	10	3.04%
14	安信证券	15 172	1.15%	6	1.82%
15	太平洋证券	13 000	0.98%	1	0.30%
16	宏源证券	12 462	0.94%	14	4.26%
17	华林证券	12 002	0.91%	1	0.30%
18	东方花旗	11 422	0.86%	6	1.82%
19	中信证券	11 073	0.84%	8	2.43%
20	华龙证券	9 317	0.71%	2	0.61%
21	金元证券	9 230	0.70%	6	1.82%
22	东北证券	8 973	0.68%	11	3.34%

续表

排名	主办券商	发行金额（万元）	市场占比	发行次数	市场占比
23	国金证券	8 929	0.68%	6	1.82%
24	国元证券	8 461	0.64%	5	1.52%
25	广州证券	8 168	0.62%	2	0.61%
26	平安证券	7 853	0.59%	4	1.22%
27	东海证券	7 209	0.55%	2	0.61%
28	国泰君安	6 732	0.51%	5	1.52%
29	中山证券	6 670	0.50%	4	1.22%
30	招商证券	6 538	0.49%	6	1.82%
31	东吴证券	6 393	0.48%	7	2.13%
32	中原证券	4 836	0.37%	6	1.82%
33	大通证券	3 972	0.30%	3	0.91%
34	南京证券	3 946	0.30%	3	0.91%
35	国海证券	3 813	0.29%	2	0.61%
36	天风证券	3 643	0.28%	2	0.61%
37	财通证券	3 568	0.27%	3	0.91%
38	华创证券	3 365	0.25%	1	0.30%
39	长城证券	3 139	0.24%	4	1.22%
40	红塔证券	3 063	0.23%	1	0.30%
41	方正证券	2 916	0.22%	4	1.22%
42	东莞证券	2 782	0.21%	3	0.91%
43	信达证券	2 214	0.17%	3	0.91%
44	中银国际	2 128	0.16%	2	0.61%
45	新时代证券	2 071	0.16%	1	0.30%
46	民生证券	2 040	0.15%	1	0.30%
47	华鑫证券	1 862	0.14%	2	0.61%
48	华安证券	1 832	0.14%	2	0.61%
49	财富证券	1 796	0.14%	2	0.61%
50	海通证券	1 778	0.13%	3	0.91%
51	中金公司	1 760	0.13%	2	0.61%
52	浙商证券	1 726	0.13%	2	0.61%
53	华泰证券	1 650	0.12%	1	0.30%
54	万联证券	1 510	0.11%	2	0.61%
55	湘财证券	1 438	0.11%	1	0.30%

续表

排名	主办券商	发行金额（万元）	市场占比	发行次数	市场占比
56	东兴证券	1 300	0.10%	2	0.61%
57	华西证券	675	0.05%	4	1.22%
58	渤海证券	540	0.04%	1	0.30%
59	恒泰证券	520	0.04%	1	0.30%
60	西南证券	500	0.04%	1	0.30%
61	兴业证券	451	0.03%	4	1.22%
62	世纪证券	365	0.03%	1	0.30%
63	国联证券	350	0.03%	1	0.30%
64	中投证券	302	0.02%	2	0.61%
合计		1 320 858	100.00%	329	100.00%

注释：

1. 发行金额及市场占比是指 2014 年 1 月 1 日至 12 月 31 日期间，主办券商办理挂牌公司股票发行金额及其市场占比（统计数据以企业完成股份登记时间为准）。

2. 发行次数及市场占比是指 2014 年 1 月 1 日至 12 月 31 日期间，主办券商办理挂牌公司股票发行次数及其市场占比（统计数据以企业完成股份登记时间为准）。

数据来源：全国中小企业股份转让系统网站。

Ken Zhang 啃哥有话说

由于新三板挂牌的时候并不能融资，只有挂牌后增发或者转让股份才能带来融资。因此，融资功能体现为挂牌后企业和券商的运作能力。

第一名西部证券，金额达到 58 亿元，占了整体 132 亿元的 44%，可谓是一枝独秀。而成就名不见经传的西部证券的，无疑是其服务的新三板上市公司九鼎投资（430719）的二次增发。详细情况可参考九鼎投资的新三板披露信息。

第二名财达证券，金额达到 10 亿元，占到整体 132 亿元的 8.10%。第三名申银万国，金额达到 8 亿元，占到整体的 6.13%。

前三甲占到整体股票发行金额近 60%，充分说明目前新三板市场仍处于发展初级阶段，发行股票融资功能尚处于起步阶段。

主办券商协助挂牌公司实施并购重组数量排名

表 30.6

2014 年新三板主办券商协助挂牌公司实施并购重组数量排名

排名	主办券商	挂牌公司并购重组项目数量
1	申银万国	5
2	长江证券	2
3	齐鲁证券	1
4	国泰君安	1
5	广发证券	1
6	安信证券	1
7	广州证券	1
8	国海证券	1
9	国信证券	1
10	华创证券	1
11	平安证券	1
合计		16

备注：

1. 挂牌公司并购重组项目数量是指 2014 年 1 月 1 日至 12 月 31 日期间，主办券商协助挂牌公司实施收购及重大资产重组的项目数量（统计数据以披露收购报告书和重大资产重组报告书为准）。
2. 挂牌公司收购的判断标准，适用《非上市公众公司收购管理办法》的有关规定。
3. 挂牌公司重大资产重组的判断标准，适用《非上市公众公司重大资产重组管理办法》的有关规定。

数据来源：全国中小企业股份转让系统网站。

通过上表统计可以看出，2014 年并购重组在新三板只发生了 16 次，还处于非常不活跃的阶段，这也预示着未来巨大的机会。其中，申银万国力拔头筹，做了 5 起，可谓是新三板并购重组的“大拿”了。

做市商做市企业数量及成交情况排名

表 30.7

2014 年新三板做市商做市企业数量及成交情况排名

排名	做市商	做市企业数量	成交量（万股）	市场占比	成交金额（万元）	市场占比	做市股票成交率
1	齐鲁证券	22	456	1.83%	5 154.06	2.43%	54.91%
2	天风证券	20	837	3.35%	10 815.86	5.11%	65.35%
3	广州证券	19	311	1.25%	2 237.72	1.06%	44.24%
4	世纪证券	18	465	1.86%	3 205.64	1.51%	56.99%
5	中信证券	18	1 028	4.12%	11 055.85	5.22%	90.11%
6	国泰君安	17	1 596	6.39%	13 949.35	6.58%	57.36%
7	上海证券	16	2 018	8.08%	10 006.46	4.72%	63.54%
8	申银万国	16	1 341	5.37%	9 626.47	4.54%	50.32%
9	兴业证券	14	297	1.19%	3 041.73	1.44%	33.27%
10	国信证券	13	1 216	4.87%	12 254.03	5.78%	35.48%
11	东方证券	12	6 025	24.12%	56 000.47	26.43%	89.17%
12	东莞证券	10	89	0.36%	474.54	0.22%	42.55%
13	东吴证券	10	1 184	4.74%	8 139.19	3.84%	48.91%
14	中山证券	10	707	2.83%	4 932.46	2.33%	57.35%
15	中原证券	10	122	0.49%	725.14	0.34%	43.70%
16	东海证券	9	537	2.15%	4 243.70	2.00%	50.69%
17	山西证券	9	139	0.55%	1 305.32	0.62%	48.76%
18	华泰证券	8	426	1.70%	5 288.94	2.50%	49.47%
19	海通证券	7	2 511	10.05%	16 471.52	7.78%	61.87%
20	华安证券	7	42	0.17%	285.77	0.13%	50.00%
21	华融证券	7	340	1.36%	2 823.14	1.33%	75.79%
22	光大证券	6	121	0.48%	1 130.34	0.53%	34.70%
23	国都证券	6	460	1.84%	3 041.05	1.44%	55.98%
24	长江证券	6	132	0.53%	1 885.97	0.89%	49.12%
25	财富证券	5	28	0.11%	211.96	0.10%	29.07%
26	广发证券	5	274	1.10%	2 319.69	1.09%	36.96%
27	宏源证券	5	114	0.46%	360.48	0.17%	48.41%
28	金元证券	5	15	0.06%	67.11	0.03%	34.93%
29	万联证券	5	37	0.15%	228.18	0.11%	38.23%
30	西部证券	5	343	1.37%	1 898.45	0.90%	32.35%
31	西南证券	5	157	0.63%	799.73	0.38%	35.61%

续表

排名	做市商	做市企业数量	成交量（万股）	市场占比	成交金额（万元）	市场占比	做市股票成交率
32	中信建投	5	230	0.92%	4 752.90	2.24%	48.94%
33	安信证券	4	6	0.02%	83.18	0.04%	28.78%
34	东兴证券	4	63	0.25%	992.91	0.47%	14.60%
35	华鑫证券	4	37	0.15%	565.03	0.27%	29.16%
36	南京证券	4	89	0.36%	618.67	0.29%	47.04%
37	银河证券	4	353	1.41%	2 896.71	1.37%	79.90%
38	招商证券	4	47	0.19%	1 234.92	0.58%	30.15%
39	中银国际	4	77	0.31%	492.64	0.23%	28.93%
40	财达证券	3	36	0.14%	427.29	0.20%	44.30%
41	恒泰证券	3	77	0.31%	636.70	0.30%	58.13%
42	首创证券	3	126	0.51%	804.03	0.38%	26.07%
43	长城证券	3	144	0.58%	940.44	0.44%	65.84%
44	中金公司	3	36	0.14%	266.86	0.13%	41.67%
45	东北证券	2	18	0.07%	134.18	0.06%	60.40%
46	国海证券	2	21	0.08%	174.44	0.08%	38.16%
47	国金证券	2	14	0.06%	156.58	0.07%	39.75%
48	华福证券	2	9	0.04%	70.44	0.03%	47.69%
49	华龙证券	2	48	0.19%	906.89	0.43%	50.82%
50	江海证券	2	20	0.08%	212.03	0.10%	42.95%
51	浙商证券	2	5	0.02%	47.83	0.02%	34.95%
52	中投证券	2	18	0.07%	212.65	0.10%	26.61%
53	方正证券	1	9	0.03%	40.87	0.02%	29.63%
54	国联证券	1	1	0.01%	8.39	0.00%	26.83%
55	红塔证券	1	61	0.24%	329.27	0.16%	70.94%
56	华创证券	1	2	0.01%	13.31	0.01%	16.52%
57	平安证券	1	2	0.01%	41.81	0.02%	71.88%
58	日信证券	1	38	0.15%	169.75	0.08%	38.02%
59	太平洋证券	1	18	0.07%	575.54	0.27%	34.94%
60	新时代证券	1	10	0.04%	60.45	0.03%	25.45%
61	信达证券	1	0	0.00%	0.83	0.00%	7.69%
合计			24 979	100.00%	211 847.85	100.00%	—

备注：

1. 做市企业数量是指截至2014年12月31日，做市商提供做市报价服务的企业家数（统计数据以企业完成变更股票转让方式时间为准）。

2. 成交量及市场占比是指2014年1月1日至12月31日期间，做市股票成交量及其市场占比。

3. 成交金额及市场占比是指2014年1月1日至12月31日期间，做市股票成交金额及其市场占比。

4. 做市股票成交率是指2014年1月1日至12月31日期间，做市商做市股票成交笔数与委托报价次数的比例（统计数据以做市商有效申报为准）。

数据来源：全国中小企业股份转让系统网站。

2014 年 8 月 25 日推出的做市商交易模式，被市场寄予厚望。至 2015 年 2 月，已有了长足发展。各大券商作为新三板做市商的弄潮儿与重要参与者，其参与程度如何，上表排名中进行了充分的展示。

表 30.7 分析了各个券商做市交易的服务家数，可以清晰地看到，前三甲分别是：齐鲁证券（22 家）、天风证券（20 家）、广州证券（19 家）。

与表 30.4，2014 年主办券商推荐项目数量排名比较，可以发现一个有意思的现象：推荐家数最多的券商申银万国、齐鲁证券、广发证券，在做市券商排名中，前三甲只有齐鲁证券保持住了。可以看出，推荐挂牌家数与做市家数有关系，却也不是非常有关。

因此，可以认为，券商间的竞争，除了在推荐挂牌环节竞争外，在证券做市环节亦可以进行，这两个环节，都是可以脱颖而出、弯道超车的关键环节。

律师事务所服务推荐挂牌情况

表 30.8

2014 年新三板律师事务所服务推荐挂牌情况

排名	律师事务所	服务推荐挂牌项目数量	排名	律师事务所	服务推荐挂牌项目数量
1	国浩律师事务所	77	14	广东信达律师事务所	18
2	北京大成律师事务所	71	15	北京市金杜律师事务所	17
3	北京市中银律师事务所	56	16	北京市天元律师事务所	15
4	上海市锦天城律师事务所	55	17	广东华商律师事务所	15
5	北京德恒律师事务所	53	18	北京市国联律师事务所	14
6	北京国枫凯文律师事务所	42	19	上海市广发律师事务所	14
7	北京市中伦律师事务所	36	20	北京市宝盈律师事务所	14
8	北京市盈科律师事务所	32	21	北京市竞天公诚律师事务所	13
9	北京金诚同达律师事务所	28	22	上海市海华永泰律师事务所	12
10	北京君嘉律师事务所	22	23	北京市浩天信和律师事务所	12
11	北京市康达律师事务所	20	24	北京市君致律师事务所	12
12	天禾律师事务所	20	25	北京市天银律师事务所	11
13	北京市君泽君律师事务所	20	26	湖南启元律师事务所	11

续表

排名	律师事务所	服务推荐挂牌项目数量	排名	律师事务所	服务推荐挂牌项目数量
27	北京观韬律师事务所	10	61	福建大道之行律师事务所	4
28	上海市协力律师事务所	10	62	北京市东易律师事务所	4
29	上海东方华银律师事务所	10	63	福建君立律师事务所	4
30	北京市隆安律师事务所	10	64	江苏泰和律师事务所	4
31	浙江天册律师事务所	9	65	北京市昌久律师事务所	4
33	德恒上海律师事务所	9	66	江苏益友天元律师事务所	4
33	山东文康律师事务所	8	67	北京市齐致律师事务所	3
34	万商天勤律师事务所	8	68	福建天衡联合律师事务所	3
35	北京华沛德权律师事务所	7	69	湖北今天律师事务所	3
36	北京市海润律师事务所	7	70	北京市京悦律师事务所	3
37	广东精诚粤衡律师事务所	7	71	泰和泰律师事务所	3
38	江苏永衡昭辉律师事务所	6	72	华联律师事务所	3
39	北京市炜衡律师事务所	6	73	新疆天阳律师事务所	3
40	广东广信君达律师事务所	6	74	江苏东晟律师事务所	3
41	广东莞泰律师事务所	5	75	北京市嘉源律师事务所	3
42	山东德衡律师事务所	5	76	上海创远律师事务所	3
43	北京市远东律师事务所	5	77	北京市君泰律师事务所	3
44	上海天衍禾律师事务所	5	78	北京市两高律师事务所	3
45	北京芝兰律师事务所	5	79	江苏正华正律师事务所	3
46	北京市天兆雨田律师事务所	5	80	河南亚太人律师事务所	3
47	上海市瑛明律师事务所	5	81	北京市中瑞律师事务所	3
48	江苏世纪同仁律师事务所	5	82	云南法务律师事务所	3
49	北京市中伦文德律师事务所	5	83	重庆志和智律师事务所	3
50	湖北得伟君尚律师事务所	5	84	北京德和衡律师事务所	3
51	北京市君合律师事务所	5	85	北京永瑞律师事务所	3
52	北京市京都律师事务所	4	86	河南路德律师事务所	3
53	北京市邦盛律师事务所	4	87	广东君信律师事务所	3
54	辽宁恒信律师事务所	4	88	天衡联合律师事务所	2
55	北京市高朋律师事务所	4	89	山东众成仁和（德州）律师事务所	2
56	上海市建纬（北京）律师事务所	4	90	北京市首信律师事务所	2
57	北京伯彦律师事务所	4	91	北京市中闻律师事务所	2
58	北京市鑫兴律师事务所	4	92	上海市捷华律师事务所	2
59	湖南金州律师事务所	4	93	北京市华联律师事务所	2
60	北京市冠腾律师事务所	4	94	云南千和律师事务所	2

续表

排名	律师事务所	服务推荐挂牌项目数量	排名	律师事务所	服务推荐挂牌项目数量
95	北京市中咨律师事务所	2	127	天津本诚律师事务所	1
96	辽宁宁大律师事务所	2	128	上海汇衡律师事务所	1
97	北京市重光律师事务所	2	129	山西科贝律师事务所	1
98	上海汉商律师事务所	2	130	广东正大元律师事务所	1
99	北京颐合中鸿律师事务所	2	131	北京凯浩律师事务所	1
100	上海市上正律师事务所	2	132	北京市华唐律师事务所	1
101	北京志霖律师事务所	2	133	浙江六和律师事务所	1
102	北京市长安律师事务所	2	134	广东志润律师事务所	1
103	福建至理律师事务所	2	135	北京市国达律师事务所	1
104	重庆衡泰律师事务所	2	136	广东中信协诚律师事务所	1
105	广东广大律师事务所	2	137	上海市黄河律师事务所	1
106	北京市汉坤律师事务所	2	138	广西全德律师事务所	1
107	宁夏昊德律师事务所	2	139	四川路标律师事务所	1
108	广东正平天成律师事务所	2	140	广西众维律师事务所	1
109	北京市通商律师事务所	2	141	广东君言律师事务所	1
110	国浩律师（上海）事务所	2	142	贵州君跃律师事务所	1
111	上海申浩（昆山）律师事务所	2	143	北京倡衡律师事务所	1
112	国信信扬律师事务所	2	144	贵州中创联律师事务所	1
113	上海市联合律师事务所	2	145	陕西瑞拓律师事务所	1
114	河南明商律师事务所	2	146	国浩律师（福州）事务所	1
115	天册（上海）律师事务所	2	147	上海汉路律师事务所	1
116	北京市地平线律师事务所	2	148	北京泽盈律师事务所	1
117	通力律师事务所	2	149	安徽承义律师事务所	1
118	湖北山河律师事务所	2	150	北京市德贤律师事务所	1
119	新疆元正律师事务所	2	151	广东华信达律师事务所	1
120	湖北正苑律师事务所	2	152	北京市华堂律师事务所	1
121	北京市中伦（广州）律师事务所	2	153	上海正策律师事务所	1
			154	河南麟格律师事务所	1
122	北京市尚公律师事务所	2	155	北京市海铭律师事务所	1
123	重庆坤源衡泰律师事务所	2	156	安徽安泰达律师事务所	1
124	北京市时代九和律师事务所	2	157	天津伟振律师事务所	1
			158	北京市中洲律师事务所	1
125	北京市天拓律师事务所	2	159	云南上义律师事务所	1
126	北京市盈科（深圳）律师事务所	2	160	河南仟问律师事务所	1
			161	浙江泽厚律师事务所	1

续表

排名	律师事务所	服务推荐挂牌项目数量	排名	律师事务所	服务推荐挂牌项目数量
162	河南文丰律师事务所	1	195	浙江波宁律师事务所	1
163	山东中强（潍坊）律师事务所	1	196	北京济和律师事务所	1
			197	广东深天成律师事务所	1
164	北京市君泽律师事务所	1	198	吉林吉人卓识律师事务所	1
165	陕西锦路律师事务所	1	199	广东通法正承律师事务所	1
166	河南中涵律师事务所	1	200	吉林兢诚律师事务所	1
167	上海白玉兰律师事务所	1	201	北京李伟斌律师事务所	1
168	河南中锦律师事务所	1	202	江苏常辉律师事务所	1
169	北京市京师律师事务所	1	203	广东法制盛邦律师事务所	1
170	黑龙江龙广律师事务所	1	204	江苏德擎律师事务所	1
171	上海和华利盛律师事务所	1	205	山西祝融万权律师事务所	1
172	湖北诚明律师事务所	1	206	北京市法大律师事务所	1
173	上海精诚申衡律师事务所	1	207	陕西林麓律师事务所	1
174	北京市集佳律师事务所	1	208	江苏法德永衡律师事务所	1
175	北京市国度律师事务所	1	209	上海艾帝尔律师事务所	1
176	北京市鼎鉴律师事务所	1	210	江苏汇典律师事务所	1
177	北京华联律师事务所	1	211	上海邦信阳中建中汇律师事务所	1
178	福建创元律师事务所	1			
179	北京市星河律师事务所	1	212	江苏简文律师事务所	1
180	北京莫番律师事务所	1	213	上海德美律师事务所	1
181	上海原本律师事务所	1	214	江苏金禾律师事务所	1
182	湖南国风德赛律师事务所	1	215	上海傅玄杰律师事务所	1
183	四川公生明律师事务所	1	216	江苏立泰律师事务所	1
184	北京市鼎业律师事务所	1	217	北京龙朔律师事务所	1
185	北京市涌金律师事务所	1	218	江苏狮山律师事务所	1
186	北京市六合金证律师事务所	1	219	上海虹桥正瀚律师事务所	1
187	广东竞德（天津）律师事务所	1	220	北京鹏凯律师事务所	1
188	湖南万和联合律师事务所	1	221	上海金茂凯德律师事务所	1
189	天津杰森律师事务所	1	222	北京世盈律师事务所	1
190	湖南湘楚律师事务所	1	213	上海润言律师事务所	1
191	北京市中银律师事务所上海分所	1	224	江苏新苏律师事务所	1
			225	北京市维泰律师事务所	1
192	湖南湘和律师事务所	1	226	江苏新天伦律师事务所	1
193	北京市中凯律师事务所	1	227	上海市华荣律师事务所	1
194	湖南云天律师事务所	1	228	江苏亿诚律师事务所	1

续表

排名	律师事务所	服务推荐挂牌项目数量	排名	律师事务所	服务推荐挂牌项目数量
229	北京市未名律师事务所	1	254	天津金诺律师事务所	1
230	北京市世纪律师事务所	1	255	青海树人律师事务所	1
231	北京市国枫律师事务所	1	256	广东君厚律师事务所	1
232	江苏永衡昭晖律师事务所	1	257	山东博翰源律师事务所	1
233	广东经天律师事务所	1	258	北京市振邦律师事务所	1
234	北京市中银（济南）律师事务所	1	259	北京大成（上海）律师事务所	1
235	北京市帅和律师事务所	1	260	远闻（上海）律师事务所	1
236	上海序伦律师事务所	1	261	山东德义君达律师事务所	1
237	江苏纵通律师事务所	1	262	广东南天明律师事务所	1
238	上海远业律师事务所	1	263	山东九公律师事务所	1
237	江苏纵通律师事务所	1	264	云南同春律师事务所	1
238	上海远业律师事务所	1	265	山东康桥律师事务所	1
239	江西求正沃德律师事务所	1	266	浙江康城律师事务所	1
240	四川东方大地律师事务所	1	267	山东李晓明律师事务所	1
241	广东伯高律师事务所	1	268	浙江儒毅律师事务所	1
242	四川瀚航律师事务所	1	269	山东平正大律师事务所	1
243	辽宁恒信律师事务所沈阳分所	1	270	浙江泽大律师事务所	1
			271	山东睿扬律师事务所	1
244	四川平新律师事务所	1	272	浙江智仁律师事务所	1
245	辽宁华夏律师事务所	1	273	山东文瀚律师事务所	1
246	北京市北斗鼎铭律师事务所	1	274	重庆金牧律师事务所	1
247	广东诚公律师事务所	1	275	北京大成（无锡）律师事务所	1
248	天和律师事务所	1			
249	辽宁昭明律师事务所	1	276	山东悦程律师事务所	1
250	天津宝融律师事务所	1	277	重庆源伟律师事务所	1
251	广东东方昆仑律师事务所	1	278	山东雅博律师事务所	1
252	天津嘉德恒时律师事务所	1	279	广东正大联合律师事务所	1
253	宁夏合天律师事务所	1		合计	1 232

数据来源：全国中小企业股份转让系统网站。

对于挂牌新三板的中介选择，券商是最重要的，但是律师、会计师也不能掉以轻心。

表 30.8 列示了 2014 年新三板律师事务所服务挂牌企业的排名。可以看出，相对于券商，律师事务所承接业务相对分散，集中度较低。共有 279 家律师事务

所完成了1 232家企业上新三板的工作，排名前20位的律师事务所共服务了639家企业，占总企业数的52%。

通过地域分析可以看出，服务数量最多的几个律师事务所，集中在北京、上海、广州、深圳。当然，这也是全国经济发展最发达的城市。

会计师事务所服务推荐挂牌数量排名

表30.9

2014年新三板会计师事务所服务推荐挂牌数量排名

排名	会计师事务所	服务推荐挂牌项目数量
1	瑞华会计师事务所	158
2	立信会计师事务所	132
3	北京兴华会计师事务所	112
4	天健会计师事务所	85
5	大华会计师事务所	77
6	中兴财光华会计师事务所	67
7	大信会计师事务所	66
8	天职国际会计师事务所	44
9	华普天健会计师事务所	39
10	中审亚太会计师事务所	37
11	中汇会计师事务所	33
12	中审华寅五洲会计师事务所	30
13	致同会计师事务所	28
14	中准会计师事务所	28
15	信永中和会计师事务所	27
16	中兴华会计师事务所	24
17	利安达会计师事务所	21
18	广东正中珠江会计师事务所	20
19	众华会计师事务所	20
20	中喜会计师事务所	19
21	亚太（集团）会计师事务所	17

续表

排名	会计师事务所	服务推荐挂牌项目数量
22	江苏公证天业会计师事务所	17
23	江苏苏亚金诚会计师事务所	15
24	上会会计师事务所	13
25	北京永拓会计师事务所	13
26	山东和信会计师事务所	13
27	天衡会计师事务所	12
28	中天运会计师事务所	11
29	希格玛会计师事务所	11
30	中勤万信会计师事务所	10
31	众环海华会计师事务所	9
32	福建华兴会计师事务所	7
33	立信中联会计师事务所	6
34	北京天圆全会计师事务所	5
35	四川华信（集团）会计师事务所	4
36	天健正信会计师事务所有限公司	1
37	北京中证天通会计师事务所	1
合计		1 232

备注：服务推荐挂牌项目数量是指 2014 年 1 月 1 日至 12 月 31 日期间，会计师事务所累计服务推荐并成功实现挂牌的项目数量。

数据来源：全国中小企业股份转让系统网站。

Ken Zhang 啃哥有话说

通过上表可以看出：

■ 会计师事务所参与新三板的家数不多，只有 37 家，相比券商、律师事务所，总体数量少了很多。

■ 会计师事务所业务非常集中，前十家完成了 817 家的审计，占整体 1 232 家的 66%。这也说明了国内事务所走向快速集中、做大做强的趋势。

■ 国际四大会计师事务所（安永华明、毕马威振华、德勤华永、普华永道）完全没有出现在新三板企业审计名单中。可以看出，四大会计师事务所仍然固守于原有的高利润、高收费审计，看不上初创的新三板。这是不是也意味着四大在中国新一轮资本大潮中有逐渐落后的趋势呢？

经常有人问我：“啃哥，想上新三板，到底应该选择哪家券商？”“券商、会计师事务所、律师事务所这么多家，太难选择了，赶紧帮忙推荐下吧！”

我想说，上面的排名已说明了一切，肯定是找排名靠前的中介机构。做得多的，做得大的，一般来说都是有一定实力和方法的，选它没错的。

另外，中介机构都是需要相互配合的，那么肯定是有合作经验的更得心应手，磨合得也比较好。啃哥建议，最好让券商推荐会计师事务所、律师事务所，有时候更靠谱些。

2015年2月24日

于北京

专业词汇索引

Pore over
the New
OTC Market

附录 II

新三板政策汇编

(来源：全国中小企业股份转让系统网站，截至 2015 年 3 月 21 日)

啃哥始终觉得，只要某专业领域的知识有边界，就没有什么可怕的。规则再多，都是可以穷尽的。啃哥将新三板的所有官方政策汇总如下，并标明了对应的内容，供大家查阅。

类型	名称	颁布日期	发文单位	对应的内容
法律法规				
1	中华人民共和国公司法	2005-10-27	全国人大常委会	概况、挂牌业务、公司治理与信息披露
2	中华人民共和国证券法	2005-10-27	全国人大常委会	概况、挂牌业务、公司治理与信息披露
3	国务院关于全国中小企业股份转让系统有关问题的决定（国发 [2013] 49 号）	2013-12-13	国务院	概况、挂牌业务
4	国务院关于开展优先股试点的指导意见（国发 [2013] 46 号）	2013-11-30	国务院	融资并购业务
部门规章				
1	优先股试点管理办法（证监会令第 97 号）	2014-03-21	证监会	融资并购业务
2	非上市公众公司收购管理办法（证监会令第 102 号）	2014-06-23	证监会	融资并购业务
3	全国中小企业股份转让系统有限责任公司管理暂行办法	2013-01-31	证监会	概况
4	非上市公众公司监督管理办法（证监会令第 96 号）	2013-12-26	证监会	概况、挂牌业务、公司治理与信息披露

5	非上市公众公司监管指引第1号——信息披露	2013-01-04	证监会	公司治理与信息披露
6	非上市公众公司监管指引第2号——申请文件	2013-01-04	证监会	挂牌业务
7	非上市公众公司监管指引第3号——章程必备条款	2013-01-04	证监会	公司治理与信息披露
8	非上市公众公司监管指引第4号——股东人数超过200人的未上市股份有限公司申请行政许可有关问题的审核指引	2013-12-26	证监会	挂牌业务
9	非上市公众公司信息披露内容与格式准则第1号——公开转让说明书	2013-12-26	证监会	挂牌业务
10	非上市公众公司信息披露内容与格式准则第2号——公开转让股票申请文件	2013-12-26	证监会	挂牌业务
11	非上市公众公司信息披露内容与格式准则第3号——定向发行说明书和发行情况报告书	2013-12-26	证监会	融资并购业务
12	非上市公众公司信息披露内容与格式准则第4号——定向发行申请文件	2013-12-26	证监会	融资并购业务
13	非上市公众公司信息披露内容与格式准则第5号——权益变动报告书、收购报告书、要约收购报告书	2014-06-23	证监会	融资并购业务
14	非上市公众公司信息披露内容与格式准则第6号——重大资产重组报告书	2014-07-23	证监会	融资并购业务
15	非上市公众公司信息披露内容与格式准则第7号——定向发行优先股说明书和发行情况报告书	2014-09-19	证监会	融资并购业务
16	非上市公众公司信息披露内容与格式准则第8号——定向发行优先股申请文件	2014-09-19	证监会	融资并购业务
17	中国证券监督管理委员会公告[2013]49号(关于股东人数超过200人的股份公司申请挂牌、发行等行政许可事宜)	2013-12-26	证监会	挂牌业务
18	非上市公众公司重大资产重组管理办法(证监会令第103号)	2014-06-23	证监会	融资并购业务

19	关于转让优先股有关证券（股票）交易印花税政策的通知	2014-05-27	财政部、国税总局	概况、投资业务
20	关于在全国中小企业股份转让系统转让股票有关证券（股票）交易印花税政策的通知	2014-05-27	财政部、国税总局	概况、投资业务
21	关于实施全国中小企业股份转让系统挂牌公司股息红利差别化个人所得税政策有关问题的通知	2014-06-27	财政部、国税总局	概况、投资业务
22	关于证券经营机构参与全国股份转让系统相关业务有关问题的通知	2014-12-26	证监会	概况
业务规则				
（一）综合类				
1	关于修改《全国中小企业股份转让系统业务规则（试行）》的公告	2013-12-30	全国股份转让系统	概况、挂牌业务、投资
2	关于境内企业挂牌全国中小企业股份转让系统有关事项的公告	2014-02-28	全国股份转让系统	概况
3	关于全国中小企业股份转让系统有限责任公司有关收费事宜的通知	2013-02-08	全国股份转让系统	概况、投资
4	关于发布实施《全国中小企业股份转让系统业务规则（试行）》有关事项的通知	2013-02-08	全国股份转让系统	投资
（二）挂牌业务类				
1	全国中小企业股份转让系统主办券商推荐业务规定（试行）	2013-02-08	全国股份转让系统	挂牌业务
2	全国中小企业股份转让系统股票挂牌条件适用基本标准指引（试行）	2013-06-20	全国股份转让系统	挂牌业务
3	全国中小企业股份转让系统公开转让说明书内容与格式指引（试行）	2013-12-30	全国股份转让系统	挂牌业务
4	全国中小企业股份转让系统挂牌申请文件内容与格式指引（试行）	2013-12-30	全国股份转让系统	挂牌业务
5	全国中小企业股份转让系统主办券商尽职调查工作指引（试行）	2013-02-08	全国股份转让系统	挂牌业务
（三）公司业务类				
1	全国中小企业股份转让系统非上市公众公司重大资产重组业务指引（试行）	2014-07-25	全国股份转让系统	融资并购业务

2	全国中小企业股份转让系统股票发行业务细则（试行）	2013-12-30	全国股份转让系统	融资并购业务
3	全国中小企业股份转让系统股票发行业务指引第1号——备案文件的内容与格式（试行）	2013-12-30	全国股份转让系统	概况、融资与并购业务
4	全国中小企业股份转让系统股票发行业务指引第2号——股票发行方案及发行情况报告书的内容与格式（试行）	2013-12-30	全国股份转让系统	概况、融资与并购业务
5	全国中小企业股份转让系统股票发行业务指引第3号——主办券商关于股票发行合规性意见的内容与格式（试行）	2013-12-30	全国股份转让系统	概况、融资与并购业务
6	全国中小企业股份转让系统股票发行业务指引第4号——法律意见书的内容与格式（试行）	2013-12-30	全国股份转让系统	概况、融资与并购业务
7	《全国中小企业股份转让系统挂牌公司信息披露细则（试行）》	2013-02-08	全国股份转让系统	公司治理与信息披露
8	全国中小企业股份转让系统挂牌公司年度报告内容与格式指引（试行）	2013-02-08	全国股份转让系统	公司治理与信息披露
9	全国中小企业股份转让系统挂牌公司半年度报告内容与格式指引（试行）	2013-07-11	全国股份转让系统	公司治理与信息披露
（四）交易监察类				
1	全国中小企业股份转让系统转让异常情况处理办法（试行）	2015-01-07		
2	全国中小企业股份转让系统股票转让方式确定及变更指引（试行）	2014-07-17	全国股份转让系统	投资
3	全国中小企业股份转让系统股票异常转让实时监控指引	2014-06-09	全国股份转让系统	投资
4	全国中小企业股份转让系统交易单元管理办法（试行）	2014-04-28	全国股份转让系统	投资
5	关于发布全国中小企业股份转让系统过渡期交易结算暂行办法的通知	2013-02-08	全国股份转让系统	投资
6	全国中小企业股份转让系统股票转让细则（试行）	2013-12-30	全国股份转让系统	投资
7	全国中小企业股份转让系统证券代码、证券简称编制管理暂行办法	2013-12-30	全国股份转让系统	挂牌业务

（五）机构业务类				
1	全国中小企业股份转让系统主办券商持续督导工作指引（试行）	2014-10-09	全国股份转让系统	公司治理与信息披露
2	全国中小企业股份转让系统做市商做市业务管理规定（试行）	2014-06-05	全国股份转让系统	投资
3	全国中小企业股份转让系统主办券商管理细则（试行）	2013-02-08	全国股份转让系统	概况
（六）投资者服务类				
1	全国中小企业股份转让系统投资者适当性管理细则（试行）	2013-12-30	全国股份转让系统	投资
（七）两网及退市公司类				
1	关于原代办股份转让系统挂牌的两网公司及交易所市场退市公司相关制度过渡安排有关事项的通知	2013-02-08	全国股份转让系统	投资
2	全国中小企业股份转让系统两网公司及退市公司股票转让暂行办法	2013-02-08	全国股份转让系统	投资
3	全国中小企业股份转让系统两网公司及退市公司信息披露暂行办法	2013-02-08	全国股份转让系统	公司治理与信息披露
（八）其他				
1	关于全国股份转让系统业务支持平台挂牌审查系统上线试运行的通知（股转系统公告［2014］68号）	2014-07-29	全国股份转让系统	挂牌业务
服务指南类				
（一）综合类				
1	股份公司申请在全国中小企业股份转让系统公开转让、定向发行股票的审查工作流程	2013-12-30	全国股份转让系统	挂牌业务
2	全国中小企业股份转让系统申请材料接收须知	2013-03-01	全国股份转让系统	挂牌业务
3	关于做好申请材料接收工作有关注意事项的通知	2013-06-17	全国股份转让系统	挂牌业务
4	关于收取挂牌公司挂牌年费的通知	2013-06-14		
（二）挂牌业务类				
1	全国中小企业股份转让系统股票挂牌业务操作指南（试行）	2014-12-31	全国股份转让系统	挂牌业务
2	已挂牌公司申请书及主办券商推荐意见模板	2013-02-27	全国股份转让系统	挂牌业务

3	全国中小企业股份转让系统挂牌协议	2013-04-11	全国股份转让系统	挂牌业务
4	董事（监事、高级管理人员）声明及承诺书	2014-02-28	全国股份转让系统	公司治理与信息披露
5	推荐挂牌并持续督导协议书	2013-03-14	全国股份转让系统	挂牌业务
6	持续督导协议书	2013-03-14	全国股份转让系统	公司治理与信息披露
（三）公司业务类				
1	全国中小企业股份转让系统挂牌公司持续信息披露业务指南（试行）	2014-12-31	全国股份转让系统	公司治理与信息披露
2	全国中小企业股份转让系统挂牌公司年度报告内容与格式模板	2014-12-31	全国股份转让系统	公司治理与信息披露
3	全国中小企业股份转让系统重大资产重组业务指南第1号：非上市公众公司重大资产重组内幕信息知情人报备指南	2014-07-25	全国股份转让系统	融资并购业务
4	全国中小企业股份转让系统重大资产重组业务指南第2号：非上市公众公司发行股份购买资产构成重大资产重组文件报送指南	2014-07-25	全国股份转让系统	融资并购业务
5	全国中小企业股份转让系统挂牌公司证券简称或公司全称变更业务指南（试行）	2014-05-06	全国股份转让系统	公司治理与信息披露
6	全国中小企业股份转让系统挂牌公司暂停与恢复转让业务指南（试行）	2014-05-06	全国股份转让系统	公司治理与信息披露
7	全国中小企业股份转让系统挂牌公司权益分派业务指南（试行）	2014-05-06	全国股份转让系统	公司治理与信息披露
8	全国中小企业股份转让系统股票发行业务指南	2013-12-30	全国股份转让系统	融资并购业务
9	全国中小企业股份转让系统临时公告格式模板	2014-07-21	全国股份转让系统	公司治理与信息披露
（四）交易监察类				
1	全国中小企业股份转让系统交易单元业务办理指南（试行）	2014-04-28	全国股份转让系统	投资
（五）机构业务类				
1	全国中小企业股份转让系统做市业务备案申请文件内容与格式指南	2014-06-05	全国股份转让系统	投资

2	全国中小企业股份转让系统投资者适当性管理证券账户信息报送业务指南	2014-04-30	全国股份转让系统	投资
3	全国中小企业股份转让系统主办券商和挂牌公司协商一致解除持续督导协议操作指南	2014-04-01	全国股份转让系统	公司治理与信息披露
4	全国中小企业股份转让系统主办券商相关业务备案申请文件内容与格式指南	2013-06-19	全国股份转让系统	
5	关于做好主办券商相关信息在指定平台披露工作的通知	2013-04-02	全国股份转让系统	概况
6	证券公司基本情况申报表	2013-02-27	全国股份转让系统	
7	证券公司参与全国中小企业股份转让系统业务协议书	2013-02-27	全国股份转让系统	
8	证券公司从事推荐业务自律承诺书	2013-02-27	全国股份转让系统	挂牌业务
9	证券公司从事经纪业务自律承诺书	2013-02-27	全国股份转让系统	
（六）投资者服务类				
1	买卖挂牌公司股票委托代理协议	2013-02-27	全国股份转让系统	投资
2	《全国中小企业股份转让系统挂牌公司股票公开转让特别风险揭示书》必备条款	2013-02-27	全国股份转让系统	投资
（七）两网及退市公司类				
1	全国中小企业股份转让系统退市公司股票挂牌业务指南（试行）	2014-06-17	全国股份转让系统	投资
2	全国中小企业股份转让系统两网公司及退市公司股票分类转让变更业务指南（试行）	2014-05-06	全国股份转让系统	投资
3	《两网公司及退市公司股票转让委托协议书》参考文本	2013-07-29	全国股份转让系统	投资
4	《两网公司及退市公司股票转让风险揭示书》参考文本	2013-07-29	全国股份转让系统	投资
（八）登记结算类				
1	中国结算北京分公司两网公司和退市公司证券登记结算业务指南	2014-12-09	中国证券登记结算有限责任公司	投资
2	中国结算北京分公司投资者业务指南	2014-12-05	中国证券登记结算有限责任公司	投资

3	中国结算北京分公司证券资金结算业务指南	2014-11-27	中国证券登记结算有限责任公司	投资
4	中国结算北京分公司 两网公司和退市公司登记结算业务 申请表格	2014-11-25	中国证券登记结算有限责任公司	投资
5	中国结算北京分公司做市业务指南	2014-08-06	中国证券登记结算有限责任公司	投资
6	中国结算北京分公司结算备付金专用存款银行账户信息表	2014-05-15	中国证券登记结算有限责任公司	投资
7	中国结算北京分公司发行人业务指南	2014-04-30	中国证券登记结算有限责任公司	投资
8	关于拟挂牌公司初始登记业务的补充通知	2013-12-31	中国证券登记结算有限责任公司	投资
9	关于公布《中国证券登记结算有限责任公司关于全国中小企业股份转让系统登记结算业务实施细则》的通知	2013-12-30	中国证券登记结算有限责任公司	投资
10	关于印发《全国中小企业股份转让系统股份登记结算业务指南（适用于两网公司和退市公司）》的通知	2013-03-01	中国证券登记结算有限责任公司	投资
11	关于印发《全国中小企业股份转让系统股份登记结算业务指南（适用于原报价转让系统）》的通知	2013-02-08	中国证券登记结算有限责任公司	投资

Pore over
the New
OTC Market

附录 III

读者问答

1. 三板成指与三板做市指数推出来了，大概多久会有相应的三板指数基金呢？指数基金是否意味着实质上降低了投资者门槛（Egham）？

啃哥：关于三板指数，参见《啃啐新三板 1》第 6 章“新三板热点问题补充”中的“对新三板指数的再探讨”，啃哥得出结论是短期内新三板指数基金都是伪概念，无法推出。当然，只要是新三板基金，投资者门槛必然是降低了的。目前，新三板基金投资者门槛基本都是 100 万元起，比起 500 万元的开户门槛已经低很多了。

2. 现在一些基金做的产品大多是三板定向增发或上市后退出的股权类产品，为何直接做新三板股票的不多？（Bob）

啃哥：是的。原因已在书中分析，目前不是基金不想直接买新三板协议和做市交易的股票，而是狼多肉少，买不到。在这种情况下，能够容纳上亿新三板基金的是定向增发以及挂牌前入股（即：Pre-新三板）。

3. 新三板门槛如此高的情况下，普通投资者（如刚工作的大学生）想要投资，怎么去操作呢？（Darren 先生）

啃哥：很遗憾，基本没办法操作。现实总是残酷的，越有钱的人越能赚到更多的钱，或者越有赚到更多钱的机会，一个市场不会让所有人都赚钱的。或许当新三板最赚钱的日子过去之后，门槛才会降低，你才有机会进入。因此，在没钱的时候，建议多学习，多读书，用知识武装自己，知识终究会转变为生产力的，有了充分的知识储备，把握住赚钱的机会就是迟早的事。你这个阶段不适合，也很难参与新三板。

4. 新三板是否可以与 NASDAQ 相类比？（张昊）

啃哥：当然。详见《啃啐新三板 2》第 29 篇“关于新三板未来的猜想”。

5. 十分关心风险控制的问题，请啃哥从做市商角度、产品管理人角度给予指点。（Jane－桢）

啃哥：我认为，风险控制当然是新三板投资的重要环节。啃哥在做 PE 投资时，公司老板总在强调“不怕错过，就怕投错”，其实新三板投资也同理。从做市商的角度，当然是选择最优质的项目来做市，这样未来股价上涨才有支撑，同时未来交易活跃了、交易规模上去了才会有更好的收费（价差的百分之五）。从产品管理人的角度，也就是新三板基金投资经理的角度看，风险控制更多的是关注投资的分散性、选取的拟投资标的价值。在券商公司，风险控制部门和投资部门是相互独立的，任何投资决策最后都要经过风险控制部门审核通过才能执行。这也说明了风控的严格性。

6．新三板对行业有没有限制？是否为全品类行业都能上的趋势？（Simon）

啃哥：对行业没有任何限制。只要满足挂牌6个条件的就都能上新三板。其实，也可以理解为，既然连PE投资机构都可以上新三板了，那么，还有什么行业不能上市呢？

7．新三板行业中蕴含的创业机会是什么？（紫苏子）

啃哥：这个问题比较大。如果把新三板作为一个行业来看待的话（其实不是一个行业），这里的创业机会无非就是成为基金管理人。而比较简单的是成立私募股权投资公司，能找到出资人，即募集到资金；同时能找到项目，可以将资金投出去；再有就是能控制好风险，那么，就可以创业了。其他的创业机会不多。

8．新三板以后会成为四大会计师事务所的业务吗？（初七）

啃哥：可以参考A股。A股目前有多少家是四大审计的呢？并不多。四大审的主要是一些A股、H股同时上市的，或者是跨国的大型企业。目前，新三板中并没有四大会计师事务所的影子，因为新三板企业规模偏小，审计收费低。而等到新三板诞生了大型的、跨国的企业之时，就是四大会计师事务所闪亮登场的时候了。现在时间还没到。

9．新三板方兴未艾，高潮未到，现在出书，需要很强的前瞻性吧？（呼啸麒麟）

啃哥：是的。书中所有的分析都基于理性，是一个客观分析的过程，逻辑推理严密，因此必然水到渠成。

10．新三板交易日趋活跃，在有足够交易量的情况下，未来会不会在推出竞价制度的同时，针对投资人每日有效报价区间制定一定的涨跌幅限制？（李振华）

啃哥：当然有可能呀！当交易非常活跃的时候，很有可能设定涨跌幅限制，或者分层后对交易最活跃的一层设涨跌幅限制。不过新三板市场要发展到那一步还需要相当漫长的时间。

11. 预计泡沫会持续多久？（谷总九鼎）

啃哥：新三板刚起步，哪里来的泡沫？如果认为现在有泡沫，那么以后怎么玩呢？啃哥在前文已分析过，对于一个新兴的市场，一上来就谈泡沫，有点早。

12. 从你个人角度看，新三板投资在未来两年上涨空间有多大？（汤祺）

啃哥：这个问题难以量化。正如读者留言，每个人心中都有一个新三板。啃哥只能说，通过理性分析判断，新三板会有非常光明的未来，大势向上是肯定的，短期会不会有弯路不好说。

13. 新三板上市公司对创始人或控股股东的股权是否有上限要求？比如说不能超过90%。另外，新三板上市成功，如果定向增发，有什么要求？（泽楷）

啃哥：控股股东方面没有上限要求。对于定向增发问题，详见《啃碎新三板1》第6篇中的“新三板定向增发规定”。

14. 证监会对新三板基金的监管与一般股票型基金有不同吗？初入股市且资金不多的投资者适合通过基金投资新三板吗？（宋欣欣）

啃哥：新三板基金分新三板公募基金和新三板专户基金。新三板公募基金与一般的A股股票型基金监管一样；而新三板专户基金由于人数少于200人，因此会更灵活一些。现在新三板专户基金都是100万元起，资金不多根本买不起。等新三板公募基金推出的话，那个时候估计购买门槛会降低一些，可以考虑适当买些，但是门槛降低的时候也就意味着最赚钱的黄金期已过去。

15. 新三板没有涨跌停板制度，如果证监会对基金的操作还有限制，那么基金的操作难度岂不是很大？或者基金本身的净值会波动很大？（宋欣欣）

啃哥：新三板没有涨跌幅限制，但是有做市交易制度。做市交易会形成一个比较平稳的价格曲线，当交易量上去后，不用担心净值波动太大，市场自动会有平衡的。证监会对基金的限制主要是建仓的分散比例和其他一些合规的考虑，再没有其他太严格的操作限制。可以简单理解为新三板基金就是一个资金委托投资，操作难度和普通股基金没啥两样。

16. 国内新三板和美国 OTCBB 市场有何异同？新三板是否对海外投资者开放？是否可以做空？（Stanley）

啃哥：新三板对标的应该是美国纳斯达克和 OTCBB，或者说介于二者之间。详细参见《啃啐新三板 2》第 29 篇“关于新三板未来的猜想”。新三板对海外投资者当然开放，和 A 股开放程度一样。新三板不可以做空。

17. 在新三板二级市场上如何选股？（啊瑞）

啃哥：啃哥如果能回答这个问题，就成股神了。选股每个人都有自己的逻辑，有自己的方法。只要行之有效即可。

18. 作为挂牌企业，在选择做市商时，应该主要考虑哪些因素？目前，做市商似乎已经分成集团和阵营，风格都有什么不同？（杨帆女士，陈录）

啃哥：选择做市商要看做市经验，参见过往业绩是最重要的，与选择中介大同小异。参见《啃啐新三板 1》第 2 篇之“啃哥补充如何选择中介机构”。关于做市商按做市风格分成的集团和阵营，啃哥真没有仔细分析过这个问题，无法发表意见。

19. 新兴市场短期鸡犬升天很正常，但是不是真的能形成市场的自我淘汰机制却很难说。如何防止市场出现“劣币驱逐良币”的情况，需要什么样的制度建设，你有什么好建议？（王长颖）

啃哥：摸着石头过河，走一步看一步，随时调整，随时处理问题，以不变应万变。啃哥的建议就是，遇到问题了及时处理纠正，在摸索中前进，戒骄戒躁。

20. 如果新三板公司转主板，那么投资者的所有股份是否一同转走？有没有扩股、缩股、合并或兑现一说呢？转板过去对上市公司是否属于利好？（西安网友陸小陆）

啃哥：转板的具体制度尚未出台，因此第一个问题啃哥无法回答。个人感觉应该是整体转过去。至于转板是否属于利好，其实要看转板的时候要转入板块的同行业企业市盈率是否高于所在新三板的市盈率。高的话当然是利好，因为转过去企业价值增加；低的话当然不是利好了。这个问题要依据在转板时点的具体状况确定。

21. 请问新三板出来后，现今各板上哪只股票受益最大？（新鲜空气）

啃哥：啃哥不好指名道姓。只能说，PE 投资类、高新技术企业等无法在 A 股上市的（A 股要考核利润指标），又具有异常突出增长性和未来预期的，是最大的受益者。推而广之，新三板解决了改革开放 30 多年来未曾解决的中小民营企业股权融资问题，1 400 万家中小民营企业都是其巨大的受益者。

22. 看到“做市股票瞬间大涨 877.14%，天风证券操作失误引发新三板首例乌龙指”的新闻，为啥不到七万元的成交，却能让指数暴涨？这个指数是个笑话吗？（曹乘瑜）

啃哥：关于这个指数问题，参见《啃哗新三板 1》第 6 篇中“对新三板指数的再探讨”。

23. 最近创业板、中小板的大涨，对新三板有什么影响？ 其他板块会与新三板联动吗？（曹乘瑜）

啃哥：目前联动不明显，因为新三板一天才10亿元左右成交额，而A股一天上万亿成交额，不是一个数量级的资金，当然没有影响。但是，当新三板逐步壮大到一定程度，一定会对创业板、中小板及主板产生重要的联动影响。

24. 投资最大的问题是信息不对称，如何能及时准确地了解到三板公司的信息和证券公司对他们的评估呢？（均均）

啃哥：很遗憾地回答，无法准确做到。任何投资都是在信息不对称中进行的，都是在模糊中求清晰的过程。因此投资需要经验，需要判断，需要搜集更多的信息，让不对称减少一些。因此，投资更应该是基金公司做的事情，而不是散户做的事情。让专业的人做专业的事，就是这个道理。

25. 怎么看待新三板带来的机遇和风险？（婷妹妹）

啃哥：新三板目前有着系统性机遇，是继创业板之后的再一次资本盛宴。至于风险，任何事情都有风险，我们要做的是在风险最小的状况下争取收益最大。通过理性分析判断，或者在特殊的时刻进入是可以最大限度减少风险的。

26. 新三板或Q板上市后购入的股票如何套现退出？（快乐的鱼）

啃哥：Q板是上海的一个区域性板块，是四板的一种，这里不做深入分析。关于新三板购入的股票如何套现退出问题，啃哥觉得，无非就是卖出去变现了呗。关于现在很多人关心的能不能卖出去的问题，参见《啃啐新三板3》第2篇中所分析的“担心新三板的流动性是杞人忧天”。

27. 现在投资新三板产品期限一般是 2 年，你对 2 年以后的行情怎么看？ 毕竟现在资金都在跑步进场，公募都在做新三板，估值已经不低，我们对 2 年后会怎么走有些担心。（茜自如今）

啃哥：谁也无法确定未来情况。但是如果对中国资本市场有信心，对新三板有信心，那么，就至少不应该看跌新三板。啃哥是有信心的，中国目前需要新三板的良好发展反哺实体经济，太需要了。至于“估值已经不低”这样的论断，要看和谁比。

28. 请问个人投资者如何参与新三板定增？（粉丝梅子）

啃哥：个人投资者很难参与新三板定向增发，因为定向增发需要资金量大，企业对入股者还有很多其他方面要求，因此参与定向增发的基本都是机构投资者。参见《啃啐新三板 1》第 6 篇中“新三板定向增发规定”。

29. 设置合格投资者，本意是保护中小股民，但是把一般收入者挡在门外不能享受制度红利，感觉有些劫贫济富，不知道国外是否也这样呢？（冯超）

啃哥：资本永远是逐利的，赚钱的永远是少数。理想美好，现实残酷。国外当然也是这样的。有钱人有更多的赚钱机会，只会更有钱。这是事实，全世界都是一样的。

30. 投资新三板会亏吗？（蔡雪）

啃哥：会的。天下没有既有高收益又无任何风险的事情。只有在理性分析判断后，考虑确定亏的概率，只要概率足够小或者亏损能承担，就是可以操作的。这就是分析判断的重要性。

31. 门外汉请教啃哥：以后进行 A 股 IPO 的企业是否必须先上新三板呢？（柯南）

啃哥：我认为不会有这样的要求。企业如果符合 A 股条件的还是直接上 A 股。而不符合 A 股条件的，可以先上新三板，解决股权融资问题，以后企业成长了就可以再选择要么转入A股板块，要么留在新三板中。这类似于美国的纽约交易所和纳斯达克，不同的板块适合不同发展阶段的企业。当然，如果新三板交易足够活跃了，估值足够高了，转不转到A股其实也无所谓了。

32. 个人投资者如何甄别新三板中的真正有价值的公司？ 毕竟投资者不方便进行尽调。（宋天彤 Mandoline）

啃哥：为什么个人投资者一定要甄别新三板中真正有价值的公司呢？这个出发点就是有问题的。专业的事情交给专业的人去做，个人投资者做好本职工作，去买基金才是正途。什么时候中国的散户由现在A股市场的85%降低到20%以下，也许资本市场才能真正健康。现在新三板正在进行这项工作。是的，买基金的收益要分给基金公司一小部分，但是，别人贡献了专业的知识，分一小部分难道不应该吗？社会是有专业分工的。

33. 现在券商对于新三板的承销保荐，优先放在营业部层面。 对于这部分一级市场业务，券商放在哪个层面比较好？（宋泽雁）

啃哥：这个政策依据是2014年12月25日证监会发布的《关于证券经营机构参与全国股转系统相关业务有关问题的通知》，其中明确营业部有资格，参见《啃啐新三板2》第27篇“政策最终落地，尘归尘，土归土，争论休矣”。啃哥认为，应考虑放在哪个层面更合适，这又与各个证券公司本身特点有关，要具体问题具体分析，不能一概而论。总之合适就是最好的。

34. 新三板上市前的财务及会计核算的注意事项有哪些呢？（饶学权）

啃哥：其实，就两个字——规范。至于什么叫财务规范，相信审计师和券商是最有发言权的，此处不再赘述。

35. 新三板投资门槛很高，有些机构通过垫资让普通投资者参与。那么，新三板的主要风险点有什么？投资者该如何分析，如何规避？（谢新波）

啃哥：还是那句话，不建议投资者去分析个股，因为无论你怎么分析，都很难比得上专业的基金投资机构。至于风险，其实就是进入不进入、买不买新三板基金的问题。这是一个大方向的判断，需要结合自己的风险承受能力，要具体问题具体分析了。总之，想赚钱，必要的风险就必须承担。

36. 师兄，我是股市新手，提一个问题：中国股民的投资行为是源于自身意识还是机构投资者的不成熟？（Xu Xinwei）

啃哥：我们先要明确中国的股民一般是专指A股那85%的散户，不包括机构投资者。啃哥觉得，中国的股民（散户）其实缺乏独立分析，听消息、跟风的多。往往一拥而上，一拥而下。有时候啃哥真心替一些股民心痛，辛辛苦苦积攒的几十万元存款，就因为一个消息果断杀入股市，希望赚大钱，结果损失大半。啃哥就在想，为什么赚钱的时候那么辛苦，投资的时候不好好分析呢？所以说，中国股民的投资行为大多数是源于自身意识的自发投资，还没有形成成熟的委托机构投资者进行专业投资的习惯和氛围。而目前新三板投资者大多数是机构投资者，这是好事情。我反复讲，专业的事情就交给专业的人去做吧，完全没有必要全民炒股、全民开户。

Pore over
the New
OTC Market

附录 IV

留言墙

这本不是一面墙，但也可以认为就是一面墙，一面啃哥心中的墙，一面记载着读者纷繁复杂感受的无边无际的留言墙。

啃哥通过微信公众号、微博、博客搜集朋友、网友、读者们对新书的留言，不到三天的时间，就收到了众多热情读者的留言。啃哥读了一遍又一遍，这些留言感人至深，发人深省，甚至令我热泪盈眶。对这么多素未谋面的热情读者，啃哥不胜感激！为保有留言的原汁原味，不做任何删减修改，全部引用。

无意中看见啃哥的文章《新三板赚钱方式深度解析》，鼓舞人心！此时商品期货市场进入震荡筑底行情，在混沌中徘徊，主板、创业板已经狼多肉少，作为投资者，如果不抓住三板之大势，就愧对这个互联网金融时代。乘着三板之风破浪，是勇敢者的游戏。交易之道，顺势而为！祝啃哥新书出版顺利！**（混沄贸易）**

新三板，新梦想，新财富。**（张涛）**

看过您的新三板的文章，写得很有诱惑力。**（李奕成—Uglee）**

希望新三板能够成为中国的纳斯达克，为中国金融史带来革命性的变化！**（猫猫猫猫。。。。爷）**

力挺啃哥，你写的新三板的文章是我看过最好的，没有之一。**（三板耕耘，黄小晴）**

希望国家政策法规对新三板的支持与引导保持稳定性和长期性，把新三板打造成为中国特色的资本市场，使挂牌企业可以融到资金，企业价值被充分发现！**（夏天）**

拜读过啃哥的《四大那些事》，也有幸邀请到啃哥开堂授课，受益匪浅，期待啃哥新三板的书闪亮登场。**（硕果儿）**

菜鸟，不知道留啥。**（任娜）**

新一波的麦子要结穗儿了。**（朝曦）**

每个人的心中，都有一个新三板！**（刘旭）**

资本盛宴之前，啃定横刀立马！**（Ace）**

又有新书啦！**（文启斯）**

金融何处不书生！**（白华）**

愿中国有更多人加入“啃一族”。**（Yeeting 一婷）**

永远不要放弃你真正想要做的事，怀着伟大梦想的人总比追求现实的人强大。**（Lawyer Wang）**

特别喜欢跟九鼎的人聊工作聊专业，充满朝气和向上的正能量，这是真心话！我觉得啃哥热爱自己的工作，对自己的工作兴趣满满、信心满满。我特别羡慕这样的人。同时觉得这样工作一定很幸福和满足！**（雅文）**

洋洋洒洒千言，又要有见地、有看点、有文采，不容易，已经佩服得很。**（一笑而过）**

膜拜中，向啃哥大神学习！祝新书大卖6000万册！**（臧启红）**

祝愿啃哥新书热卖，也祝愿自己今年顺利通过中级！**（Bigbaby）**

专注持久，必有所成！**（逸仙）**

能够全神贯注于这个风口，信心的力量来自啃哥！**（木糖醇）**

通过啃哥了解了新三板，在给公司内部培训时，都直接用啃哥微信的内容。十分感谢，预祝著作大卖！**（公众号 “销售有道”）**

预祝Ken哥新书热卖！**（EY故人）**

之前看了您的《四大那些事》，非常有趣，所以更加期待新书啦。希望继续欢乐地涨姿势（长知识）。嗯，祝新书大卖！读者越来越多！啃哥加油！**（Grace）**

研究有匠心，浑然似天成！**（Zhong Ling）**

啃哥威了个武，犀利。**（岳元龙）**

最火新三板，啃哥最勤奋，与您共分享！**（嘎子哥）**

加油，虽然现在没看到，不过一边工作一边写书很棒。**（流萤）**

迷失的会再迷失，相逢的还会再相逢。**（Aladdin's Magic）**

作为将要进入四大打拼的小朋友，看了啃哥的书对未来更加期待了！以后要向您学习，同时祝新书大卖，有更多好的作品！**（小聪）**

恭喜师弟在新三板看到巨大投资机会，充分揭示风险，如何做好风险控制是大事。**（草原雄鹰）**

啃哥威武，新书大卖，粉丝越来越多。**（田牛牛）**

请问可以改变一下配图吗？**（肖瑶）**

冬吴会谈，新三板，新风口，新思维。**（冬吴会谈）**

啃哥张驰的文章《新三板赚钱方式深度分析》，分析得太全面，深入浅出，连我这个门外汉都看得懂。谢谢！**（琳子 1021）**

期待啃哥新书，粉你没商量。但是……换张照片吧，形象也很重要啊！啊！啊！**（郝晶晶）**

新三板正处在资本市场的下一个关键风口，投资新三板，畅享财富人生。**（郭郭）**

新三版市场不仅是企业融资的市场，更给投资者创造了一个新机会。**（杭州银行王凯）**

财富再分配，抓住机遇，分享改革的盛宴！**（Jackie Fan）**

新三板必将成为众多企业走资本市场的主要途径之一，我个人认为企业上新三板要从以下几个方面着手准备：搭建组织架构，产权界限清晰，企业运作规范，税务风险归零，主业突出持续。**（深圳市思迈特财税咨询有限公司 咨询总监 何云华）**

著书立言，惠泽大众。希望啃哥在实现自我价值的同时，能够启发大众的思维！**（Freedom）**

一个偶然的原因看到了啃哥写的《四大那些事》，看到了朋友圈分享的啃哥关于新三板的一篇文章，便毫不犹豫地在接下来一周看完了啃哥微信里的所有文章，也毫不犹豫去买了《四大那些事》。感谢啃哥带着我见识到了另外一片更广阔的天空，开阔了眼界！曾国藩说，古之成大事者，识为主才为辅，人谋居半天意居半！谢谢啃哥！**（Freedom）**

与啃哥共事三年，他是我崇拜的偶像，给我的印象一直是寓内功于沉默之中，所以我真的没想到啃哥会一不小心“火”了，而且势头无法阻挡。我觉得与其说是微信自媒体的无穷效力造就了啃哥，不如说是新三板的无限魅力给了啃哥机会，最关键的是啃哥抓住了机会，所以啃哥成了名副其实的新三板专家。新三板的魅力在于“他”像是一个处于青春期的少年，含蓄又深邃，冲动又傲娇，不鸣则沉默，一鸣则冲天，年轻任性地为资本市场杀出一条新的血路。啃哥是新三板的大力“鼓吹者”，毫无疑问，今天啃哥因新三板而火，但谁又能知未来新三板不会因啃哥而荣呢？我要向啃哥学习这种对新三板的啃研精神，并有幸借啃哥新书宝地立贴为证，多在自己的领域深啃细作，积累土经验，发表土观点，希望啃哥多指导！**（龚成威）**

偶然看到啃哥的文章，觉得啃哥对新三板的认识和分析非常实用到位，对我起到了很好的提示和引领作用。会一直关注你的新书！很庆幸看到了你的文章！谢谢！**（张培毅）**

似深夜大海里，灯塔上的一盏明灯！似黎明正东方，祥云中的一轮红日！新三板市场为广大创业者和中小企业家指明了前进的方向！而啃哥的著作就像那一盏明灯和一轮红日照亮了无数在资本市场里夜行的和赶早的人们！在此祝啃哥新书热卖！粉丝大增！**（西安天晟企业管理有限公司　陆小陆）**

无论新三板是否可以成为中国的纳斯达克，都希望做新三板的审计师们，可以负责地审好这些企业，引导企业的良性发展，让投资人放心。**（学弟李耀光）**

曾经与四大擦肩而过，看了啃哥的《四大那些事》找到了很多共鸣。如今在投行工作，更是期待啃哥的新书！**（Ryan Wong）**

新三板，爱你爱不完！哥出书，啃你没商量！啃哥威武！Duang～新书大卖！**（老刘）**

财富与梦想齐飞，互联网与新三板一色，都是处在风口的黄金色。**（张多奎）**

啃哥的剖析鞭辟入里，甩某些经济学家N条街！**（张枪枪）**

您好！刚刚拜读了《新三板赚钱方式深度分析》一文，文中观点对我来说是只能意会不可言传，而您则是如此直白、系统地讲了出来，深感佩服！**（笑看风云）**

看过啃哥的新三板文章，有理有据，有见地，有诱惑。盼新书大卖，给读者一座黄金屋。**（Lillian Lau）**

啃新常赢，天道酬勤。**（关关）**

学习无时无刻，积累无处不在，啃哥总是给读者带来满满的正能量。**（黄欣）**

啃是一种信念。赞！**（弄璋弄瓦）**

啃哥加油！**（莎莎）**

啃哥师兄的分析入木三分，实为机构和散户的福利。新三板，新机遇。**（Xu Xinwei）**

哇！**（Coco）**

你太有才了！**（亮亮）**

有为青年，定成大器。**（中融信托 赵国祥）**

去年开始投资新三板，坚持到现在硕果累累，其中不乏有啃哥的影响，也被其执着所感动。啃哥好像是新航线上的灯塔，给了那些曾经迷茫的新三板投资人鼓舞的光。加油！**（Lz）**

历尽艰辛转行金融，结果却依然很迷茫。直到遇见新三板，我才确信这就是我的方向！**（ZNUEL 的 LILIN）**

做久了投资，转型做了实业。希望一年后能做成一家新三板挂牌企业。**（陆鑫）**

博约并举，明暗无缺，深入浅出，实事求是。UIBER 为大学长点赞！**（涛涛）**

祝啃哥和新三板一样，与梦想一起成长。**（吴俊）**

新三板的爆发是中国金融市场的新机遇，而啃哥的爆发则是无数个日积月累的能力！正是每次加班后笔耕不辍和牺牲自己节假日的夜以继日，才有了这部书的呈现！衣带渐宽终不悔，为伊消得人憔悴，啃哥为事业和家庭所做出的努力令人敬佩！我会在英国一直关注新三板和啃哥。**（帝国理工曾辉）**

Ken 哥，共同工作四年，见证过你的努力、认真、才华，愿你事业有成的同时开心健康，真心希望你所有的努力都有收获。**（张玥）**

有幸与啃哥共事数月，一次又一次地被他在工作中敬业、勤奋的精神所打动。等到《四大那些事》出版后迫不及待地拜读了全书，又让我见识到了一个更加生动丰富的四大以及一个更加具有远大理想、独立思考精神和强大专业素养的啃哥。一直关注着啃哥的新三板系列文章，毫不夸张地说，这是我见过关于新三板最全面、最有深度的分析，以至于每次和企业家推荐新三板时都会反复参考这些文章并咨询啃哥。相信这样一个勤奋、专业、有思想的啃哥能够成为新三板这个全新领域的引路者，帮助一批优秀的企业抓住这次难得的机会。祝愿啃哥工作顺利，新书大卖！**（吴憾）**

新三板股权的无限制流通蕴藏着巨大财富，但也有巨大的风险，啃哥新书再次亮剑，为大家在这次财富盛宴中保驾护航。啃哥专注、专业、勤奋，对新三板政策有深刻的理解，是一位在新三板市场前沿的舞者。祝愿啃哥新书取得卓越的成绩，祝福每位读者在学习到新三板知识的同时，也能在这次盛宴中赚取超多钱。**（好友刘东）**

啃哥人如其名，书如其名。他在财务审计和资本市场中拥有丰富的从业经历，而且不断对所见所知进行思考和总结，与他共事，你会被他对问题的执着钻研和对生活的热情所感染，我相信大家在书中也可以感受到这一点。十分期待他的新书。**（青青子衿悠悠我心）**

认识啃哥时间不长，但被他的勤奋和钻研精神折服。新三板领域，啃哥的观点新颖、务实、透彻，每文必详读，新书绝对值得期待。祝啃哥新书大卖!!!!!! **（彭惠）**

从四大到新三板，啃哥以蚂蚁啃骨头的精神为大家啃下了一座又一座金山。**（曹燕红）**

啃哥的职业经历给财务出身的童鞋们树立了一盏明灯，当大家在几年的财务工作之后苦苦思索自己未来的职业发展时不妨读一读啃哥的书，从四大到企业再到走上专业投资人的道路，啃哥对自身专业知识的积累，对市场的把握和思索，值得我们学习和借鉴。**（姜楠 Jasmine）**

从《四大那些事》到新三板专辑，创新、勤奋、坚韧，且能把理论和实践完美结合的啃哥，是当今资本市场里一道亮丽的风景线。啃哥的文章影响了很多人，把他誉为新三板代言人名副其实，期待新书畅销。**（紫薇花开）**

对于投资，只有看得清楚，想得明白，才能投得放心，投得智慧。啃哥对新三板的诸多分析全面而深入，道出了新三板最近如此火热背后的逻辑，也暗示了其中风险。读罢深感啃哥对新三板研究的专业性，令人受益匪浅，当亦以此自勉之。**（李震杰）**

从四大，到新三板，精彩纷呈！最期待，你的下一部诚意之作——《从海外上市看新三板挂牌》。**（芮建良）**

在没有山岗的地方，也能俯视世界。祝张驰师弟继续进步！**（李岩松）**

现在常听到这样一句话——“站在风口上，猪也能飞起来”。新三板——中国的纳斯达克！1990—2000 年，纳斯达克从 330 点涨到了 5000 点，创造了几十倍财富，汇聚了当今全球顶尖的高科技企业。如果再有这样的历史机遇，您愿意参与吗？无疑，新三板就是那个最大的风口，处处可见随风起舞的“猪”，但是随风起舞的“猪”们都不曾想过，说这句话的其实是“鹰”！大风有刮起的一天，可是也终究会风平浪静的一天，当风停的时候鹰还是鹰，没有风也一样飞翔，可是猪们呢？对于迫切地想要翩翩起舞的“猪”们，最重要的不仅仅是要找到起飞的风口，还要学会长出一双

翅膀，才能在风停之时继续飞翔。**（吴芳）**

Ken哥是认识多年的老朋友，他有一种锲而不舍的钻研精神，也有一颗非常热情的心，去把自己所学的知识、经验分享给大家。让我们也能参与到这次多年一遇的造富机会中！**（吴芳）**

Ken哥的专注、敬业由来已久，看好Ken哥哦。**（江磊）**

新三板，新色彩！啃哥点评新三板，色彩更丰富！**（SHIYOU）**

新三板是中国注册制改革的先锋，啃哥是新三板的先锋，祝啃哥成为中国最优秀的新三板基金经理!!!**（马占田）**

啃透啃穿，啃到精髓，啃到本质，啃出大机会！啃得好！**（老四）**

你好啃哥，我看了你的新三板文章，找到共鸣了。**（一休）**

啃哥吉祥。**（刘金涛）**

啃哥手下三年小虾兵前来膜拜!!很荣幸在EY一直跟着啃哥干活，曾经的“朝（整）夕（日）相（加）处（班）”和分道扬镳后的时有联系，让我也算是啃哥成长历程的见证者。路上的啃哥从未停歇，虽跟不上您的脚步（差距啊!!!），但依然可以继续跟随，有您在的前方，真好！最后预祝新书大卖！**（Lin，闫琳）**

啃哥于我亦师亦友，当初选择PE这个行业离不开他的指引和鼓励，每每当我带着问题来到他面前，啃哥必是知无不言言无不尽。啃哥真诚、实在、勤奋，同时深怀一颗感性的心，如果啃哥生于古时，必定也是位悲天悯人的诗人。与他共事的时光于我的职业生涯和成长过程是非常珍贵并值得回味的。有幸成为第一批《四大那些事》的读者，至今记得啃哥谈起书稿时脸上洋溢的光彩，那是一种对自己人生阶段的回顾与肯定，也是与人分享的快乐与自豪。如今啃哥选择了更为广泛的方式与更多有同样志趣的朋友分享他的思考和体会，我想他必定乐在其中，也相信能够同时使更多读者乐在其中，深思于其中。我愿一直做他的聆听者，做他思考与实践的伙伴。**（张统宇）**

사랑해요 **（啃哥夫人）**

Pore over
the New
OTC Market

后记

文章再长，也终有写完的时候。“神龟虽寿，犹有竟时。腾蛇乘雾，终为土灰。”告一段落后，突然感觉有点失落，很多想说的话似乎还没有说完，言犹未尽的感觉如此强烈。

在开始写这本书的时候，只是想选取自己过去一年对新三板的各种评论中精彩部分整理成册。但是，越汇总感觉问题越多，越觉得自己分析得不够深入，有太多的内容并未能真正展开。同时，考虑到许多读者不了解新三板的基础知识，直接阅读这些评论文章会很吃力。因此，在编辑的建议下，啃哥专门花了很多工夫认真分析了新三板公司发布的五大手册，确保了此书的完整性，便于读者深入理解。

为什么我会如此乐此不疲地分析新三板呢？起因是 2014 年 4 月的一次争论。那时我所任职财务总监兼董秘的公司经过2年多的准备，本准备上报中小板，但是，眼看着600多家企业排队，一年只上市100家的A股现状，预计排队时间将超过2年。然而，彼时新三板异军突起，各种政策利好不断。为了说服公司董事长、股东以及券商，我查阅各方资料，深入思考，撰写文章，阐明新三板有关内容。要知道，如果上中小板，券商的收费将是上千万元；而如果上新三板，券商收费只有区区100万元。可想而知压力之大，因此必须分析透，才能有说服力。

从那个时候起，也就是从那一篇文章开始，啃哥踏上了新三板独立啃析之旅。

当然，更深层次的原因，源自我个人的感悟。2011年，我从北京到广东省汕头市，在一家中型民营制造企业中任高管三年，深深感受到民营企业在目前这个市场环境中生存的不易。我曾六个月谈了十几家银行，居然没有一家银行愿意给企业放贷款，而仅仅是因为企业是轻资产行业，没有可以抵押的资产。为什么这么优秀的企业、这么有前景的行业却不能得到银行的资金支持呢？这是我不断思考和问询的。

那个夏天的夜晚，我经常一个人走去汕头礐石大桥的海边，瞭望着漆黑一片的大海，吹着海风，思考这些问题。同时在思考的，还有自己的前途，在安永华明会计师事务所六年审计工作的经验，令我充分感受到了规范和流程的重要性；在九鼎投资这个私募股权投资公司的经历，又让我充分感受到拼搏、高效的内涵。进而，自己突然再到了一个三线城市的民营企业，天天面对着烦琐、冗杂的财务相关工作，有一种说不出的压抑和失落。想一想当年四大的那些同事，现在要么在四大升到了高级经理；要么去了大型金融机构，担任要职；要么去了知名外企，拿着高薪。想想在九鼎一起尽调过的兄弟们，也都春风得意，在PE行业逐渐有所建树。而自己，却在这里，在一个陌生的城市里，一个人，做着自认为非常有意义的工作。严重的失落和压抑时时伴随着我。当初，我之所以会去一个民营制造业企业参与最细致的管理，初衷是希望深入企业，真正了解企业，便于今后在投资领域有更大的发展。但是，当时支持我这种想法的只有我自己。

还有，就是年龄问题。转眼间我已经过了而立之年，那些想做的事情，竟都没有起色。那些未完成的事情，当年的雄心壮志，似乎都在逐年减退；当年的那些豪言壮语，只能深深埋在心底。

正是上述几方面原因，迫使我想做些什么。能立即动手去做的，就是通过文字表达自己的思想。看到社会上对金融业纷纷攘攘、褒贬不一的评论，我发现大家多是去看个热闹。市面上很少有深入分析的文章，既然如此，我来做好了。

也就是从一年前开始，我几乎把所有的业余时间，都投入到了写作中，以自己的眼光，用自己的语言，分析各种金融政策，希望影响更多的人，去彻底地啃一些问题。而在这个过程中，我又刚好从事着新三板有关工作，面对这样一个快速发展的板块，我更坚定了深入分析新三板领域的各种问题的信心。

其实，在开始撰写新三板评论之前，我先用了6个月左右的时间，完成了那本《四大那些事》，回顾了自己在四大会计师事务所6年的工作生活道路。从结束了那本书开始，就发现如果不能每天表达自己的思想，每天认真思索一些问题，不写一些文字出来，这一天过得都不踏实。从此，走在独立创作道路上的步伐更加坚定有力。

在11年前，我刚大学毕业，那年我读过一篇胡适先生的文章，印象深刻。胡适在1932年6月27日《写给大学毕业生的一封信》中提到：大学毕业生毕业后，第一是容易抛弃学生时代求知识的欲望，第二是容易抛弃学生时代理想的人生的追求。因此，先生特意给出了三个方子："总得时时寻一两个值得研究的问题！""总得多发展一点非职业的兴趣。""你得有一点信心。"是的，"总要研究一两个问题"。在十年后，我才开始动手研究问题，在分析总结了四大那些事之后，再继续研究分析新三板，并自封"啃哥"。

因为我知道，"啃"永远没有止境。总得寻找一两个问题，那么，秉承啃的精神去认真分析一两个问题吧，分析到最透彻，就足够了。

啃哥写文章，不求多少人看，不求多热闹，只求真实表达自我，真正做到"不随波逐流，只扪心自问"。

当然，这套书只是啃哥关于新三板的头两部。新三板市场在快速、剧烈地变化着，新的政策将会不断推出，各种现象还会层出不穷，这些都需要不断地深入思考、认真总结、透彻分析。啃哥将继续秉承"啃"的精神，继续精益求精地啃下去，啃出新三板一片新天地。新三板是一个没有讲完也永远讲不完的故事，只要您愿意听，啃哥会一直讲下去。

啃哥很庆幸，能够在中国资本市场发生巨大历史变革的时刻，发出自己关于金融的思考之声。虽然很浅显，却都是对自己思考的记录。有人觉得金融很高大上，确实如此，但那是美国的金融，在 CFA 三级考试中就能确切感受到。但是，国内的金融，还处于很初级的阶段。在啃哥这里没有学者，没有专家。啃哥与您一样，大家都是草根。但是，这并不妨碍我们一起去啃那些看似高大上的东西，例如新三板，再如评价 A 股市场，等等。虽然有难度，但只要秉承蚂蚁搬家的精神，一点点、一粒粒地啃下去，终究能啃出点东西来。啃哥一直是这样认为，也在这样身体力行着。我们坚持下去，谁知道会发生什么呢?

中国的民营企业撑起了经济和就业的大半边天，可是资本市场并没有为它们提供应有的配套服务。我在民营制造业企业工作的日子里，每天都在计较成本、效率、利润，民企的每一分钱，都是通过点滴节省、加班加点、不断更新改造的汗水换来的。而资本市场，本可以促进这些企业的增长，却根本没有去做，这又是多么的不配比！现在突然有了机会，本来是为民营企业服务的，可若是因为传统制造业或者其他传统行业中的老板们看不懂，不敢接触新三板而再次错过，就实在太令人揪心了。从另一个角度，啃哥更希望为民营企业代言，为赚取“刀尖上利润”的中国制造业代言。民营企业家改变思想，拥抱资本市场，拥抱新三板，确实是当务之急！

再有，从投资者的角度看，总有人跟我说：“啃哥，新三板我看不懂，是不是只能买新三板基金了?”我总说，这就对了，散户的出场才是中国资本市场的出路和未来。从 A 股到新三板，中国资本市场正在剧烈地变革着，历史性、跨越性的变革已经开始出现，并愈演愈烈，您看到了吗?

大家闭着眼睛想一想，在中国需要发挥金融对经济结构调整和转型升级的支持的时候，生生造出了一个新三板，说明什么问题? 改革有两种，一种是原有基础上的改良；另一种就是新造一个市场出来，通过增量改革倒逼存量改革，这在新三板发展过程中展现得淋漓尽致。为什么新三板可以这么大刀阔斧地干，而以前的 A 股不可以呢? 就因为新三板是“初生的婴儿”，没有羁绊，义无反顾。

我总认为，对于新三板，就如同一个孩子，当它还是幼儿，在茁壮成长的时候，各方赞扬接踵而来，有人说他能够成为伟人，成为大家，成为总理。结果会如何呢? 啃哥认为，孩子是需要鼓励的，当所有人都说他能够成为总理的时候，他真的就会逐渐具备总理的素质。对新三板，我们更应有的态度是包容、鼓励，促进其健康发展。

胡适先生有一篇很有名的文章，叫《差不多先生》，描写讽刺社会上那些随波逐流、缺乏深入研究精神、得过且过的人们。这也是中国历来被诟病的社会现象。啃哥希望通过自己的文章改变一些什么。

啃哥的文章都是在分析现象，咬文嚼字，逻辑推理，当然，更深层次的目的是启发读者，希望读过啃哥书籍、文章的朋友，在各自的领域也深入“啃”下去。啃哥相信通过本书和啃哥的文章，能够影响一些人，哪怕只有几个人、十几个人、几百个人。“星星之火，可以燎原”，如果社会出现更多的啃哥、啃弟、啃妹、啃姐等等（这里的啃和社会上的啃老不是一个概念，别混淆啊），这些人再去影响更多的人，发生一个连锁反应，那个时候，相信将再不会有随波逐流的声音，而是代之以拥有独立思考、独立见解、表里如一的人们。而那个时候，也将是一个崭新的时代！其实，我们正走在路上，抵达那个时代，将不会太久了！啃哥坚信！

正如曾国藩在《致沅弟》家书中所写道的：凡人作一事，便须全副精神注在此一事，首尾不懈。不可见异思迁，做这样想那样，坐这山想那山。人而无恒，终身一无所成。

正如当年君安证券张国庆所说：多少风云事，已随大江去；我辈逢此时，岂能空此世。

正如德隆系唐万新那句名言：但凡我们用生命去赌的，一定是最精彩的。

也正如胡适先生所说：我们时时是需要一点信心的。

谨以此书献给所有生命不息、奋斗不止、追求独立思考、表里如一的人们！

啃哥张驰

2015年3月于北京